PUBLICATIONS
DE L'ÉCOLE DES LANGUES ORIENTALES VIVANTES
QUATRIÈME SÉRIE — TOME XIV

DESCRIPTION

DES

ILES DE L'ARCHIPEL

PAR CHRISTOPHE BUONDELMONTI

VERSION GRECQUE PAR UN ANONYME

PUBLIÉE D'APRÈS LE MANUSCRIT DU SÉRAIL

AVEC UNE TRADUCTION FRANÇAISE ET UN COMMENTAIRE

PAR

ÉMILE LEGRAND

PROFESSEUR A L'ÉCOLE NATIONALE DES LANGUES ORIENTALES

PREMIÈRE PARTIE
ORNÉE DE 52 CARTES GÉOGRAPHIQUES

PARIS
ERNEST LEROUX, ÉDITEUR
LIBRAIRE DE LA SOCIÉTÉ ASIATIQUE,
DE L'ÉCOLE DES LANGUES ORIENTALES VIVANTES, ETC.
28, RUE BONAPARTE, 28

1897

PUBLICATIONS DE L'ÉCOLE DES LANGUES ORIENTALES

Quatrième série — Tome XIV

DESCRIPTION DES ILES DE L'ARCHIPEL

PAR CHRISTOPHE BUONDELMONTI

IMPRIMERIE LEMALE & Cie, HAVRE

DESCRIPTION

DES

ILES DE L'ARCHIPEL

PAR CHRISTOPHE BUONDELMONTI

VERSION GRECQUE PAR UN ANONYME

PUBLIÉE D'APRÈS LE MANUSCRIT DU SÉRAIL
AVEC UNE TRADUCTION FRANÇAISE ET UN COMMENTAIRE

PAR

ÉMILE LEGRAND

PROFESSEUR A L'ÉCOLE NATIONALE DES LANGUES ORIENTALES

PREMIÈRE PARTIE
ORNÉE DE 52 CARTES GÉOGRAPHIQUES

PARIS
ERNEST LEROUX, ÉDITEUR
LIBRAIRE DE LA SOCIÉTÉ ASIATIQUE,
DE L'ÉCOLE DES LANGUES ORIENTALES VIVANTES, ETC.
28, RUE BONAPARTE, 28

1897

PRÉFACE

PRÉFACE

Quand on consulte, dans l'édition qu'en a donnée Louis de Sinner, le *Liber insularum Archipelagi* de Christophe Buondelmonti [1], on est fréquemment arrêté par des obscurités si profondes qu'elles rendent parfois le texte complètement inintelligible. Ces obscurités proviennent de plusieurs causes, mais principalement de la langue exécrable employée par l'auteur, langue qu'il semble avoir pris à tâche de défigurer par une foule d'infractions aux règles de la grammaire latine, partout traitée avec le plus absolu mépris.

Comme on ne connaît pas le prototype de l'ouvrage de Buondelmonti, il est permis de supposer que bien des fautes qui déparent le texte que nous en possédons, ne doivent pas être mises à l'actif du voyageur florentin. Mais on peut affirmer aussi, sans redouter un démenti, que,

---

[1] Christoph. Buondelmontii, Florentini, Librum insularum Archipelagi e codicibus Parisinis regiis nunc primum totum edidit, præfatione et annotatione instruxit Gabr. Rud. Ludovicus de Sinner, Helveto-Bernas. Lipsiæ et Berolini, apud G. Reimer. 1824 (In-8° de 263 pages et deux planches hors texte).

si la langue de Buondelmonti eût été moins négligée, partant plus facile à comprendre, les nombreuses copies que l'on a faites de son livre ne seraient pas si détestables.

Il n'entre pas dans notre dessein de chercher à établir un texte se rapprochant le plus possible d'un original inconnu. Si Buondelmonti eût écrit en un latin passable, la tentative, bien que hardie, aurait présenté quelque chance de succès; mais essayer de retrouver le texte primitif dans de pareilles copies, autant, à notre avis, chercher la quadrature du cercle. Que choisir, en effet, comme criterium? La classe de manuscrits dont la langue est la plus voisine du latin classique, ou celle dont le texte est le plus remarquable par sa barbarie? Là est la question. Elle ne nous paraît pas facile à résoudre. Peut-être de plus habiles que nous y parviendront-ils. Nous le souhaitons vivement.

Nous devons les prévenir que M. G. Goyau, ancien membre de l'École française de Rome, a fait naguères de longues et sérieuses recherches en Italie, dans l'espoir d'y retrouver le manuscrit même que Christophe Buondelmonti avait envoyé au cardinal Giordano Orsini. Mais tous les efforts de ce jeune érudit n'ont abouti qu'à un résultat négatif.

On a cherché aussi ce manuscrit dans les archives de la famille Buondelmonti, passées en d'autres mains; mais, là encore, on a été déçu. Si, d'ailleurs, un manuscrit autographe de Buondelmonti se fût rencontré dans lesdites archives, il est évident que ce n'eût pas été celui que l'auteur avait offert au cardinal Orsini, mais peut-être son brouillon. On s'en serait contenté. Mais brouillon et copie semblent irrévocablement perdus; à moins, pourtant, qu'ils ne se dissimulent sur les rayons de quelque bibliothèque privée ou même dans une de ces bibliothèques publiques peu explorées et dont l'inventaire reste encore à dresser.

D'un autre côté, il y a certainement des manuscrits moins mauvais que ceux de Paris, utilisés par Louis de Sinner, mais il en existe aussi de pires. Des uns et des autres nous avons sous les yeux soit des collations complètes, soit des spécimens pris au hasard. Par malheur, il n'y a pas grand'chose à en tirer pour l'amélioration du texte de Buondelmonti.

Toutefois, il est un manuscrit que je n'ai pu consulter et dont je dois l'indication à l'obligeance de M. Léon Dorez. Il pourrait se faire qu'il présentât un texte excellent, car il a été transcrit à une date extrêmement rapprochée de celle à laquelle Buondelmonti rédigea son ouvrage. Si cette copie ne procède pas immédiatement de l'original, elle n'en est sûrement pas très éloignée. Le manuscrit en question se trouve à la Bibliothèque de Holkham-Hall (Norfolk) et porte le n° 475. C'est un volume in-4° écrit sur vélin et portant le titre ci-dessous reproduit :

Christophori Buondelmonti Florentini Liber de insulis Archipelagi.

Il se termine par l'intéressante souscription ci-après :

Nicolaus Scanavinus de Monte Rubeo scripsit in portu Chii, sub anno Domini M° CCCC° XX° VIIII°, die XVII augusti, in nave de Auria.

Il a appartenu à un de nos compatriotes, comme en témoigne cette note qui se lit en tête : *E libris Armandi Dubourdin doct. med. Monsp(eliensis).*

PRÉFACE

*
* *

La nature même de l'ouvrage de Christophe Buondelmonti le destinait à être victime de l'ignorance des copistes. Les noms de personnes et de localités, qui y fourmillent, devaient fatalement être estropiés de multiples façons. Presque toutes les fois qu'il m'est arrivé de consulter le *Liber insularum Archipelagi*, j'ai été frappé par quelque inexactitude apparente ou réelle. J'avais, à différentes reprises, proposé des corrections sur les marges de mon exemplaire; j'y en ai maintenu le plus grand nombre, mais plusieurs aussi ont dû être supprimées. Veut-on nous permettre d'en donner un exemple? En voici un des plus intéressants.

Dans la description de l'île de Corfou, Buondelmonti parle du cap Amphipolis. De tous les auteurs de l'antiquité, Ptolémée est le seul qui en fasse mention. Confiant dans les anciennes éditions de ce géographe, j'avais noté sur mon exemplaire : « Au lieu d'Amphipolis, il faut lire Amphipagus. » Mais, depuis lors, a paru (en 1883) le tome premier de l'édition de Ptolémée par Charles Müller. Ce savant a adopté la leçon Ἀμφίπυργος, fournie par le Vaticanus 191; cependant, il a donné, dans son commentaire, les variantes Ἀμφίπυγος (avec différentes graphies provenant de l'iotacisme), Ἀμφίπαγος et (d'après trois manuscrits de Florence et trois anciennes versions latines) Ἀμφίπολις [1]. Cette dernière leçon n'est probablement pas la

---

(1) Claudii Ptolemæi *Geographia* (Paris, *Didot*, 1883, 8º), p. 531, note 13.

meilleure, mais elle est à conserver dans le texte de Buondelmonti, et elle prouve que ce géographe avait entre les mains sinon le texte de Ptolémée, au moins une traduction latine, très vraisemblablement celle de Jacques Angelo, dédiée au Crétois Alexandre V (qui fut pape de mai 1409 à avril 1410) et dont il devait circuler des copies [1]. Cet exemple est une preuve qu'il ne faut pas trop se hâter de corriger Buondelmonti. Si l'on poussait la critique à ses dernières limites, on risquerait d'ajouter aux connaissances de l'auteur, tout en s'imaginant ne redresser que la méprise d'un copiste étourdi.

La grande obscurité du texte latin a aussi donné naissance à des erreurs d'une autre espèce, que les géographes ont perpétuées durant des siècles. Je me contenterai d'en signaler une.

Il n'est presque pas de vieille carte de Céphalonie, où l'on ne trouve indiquée une localité appelée Pétilia. Or une localité de ce nom n'a jamais existé dans cette île. Voici le passage du texte : « Ad occiduum ergo (Cephaloniæ) Viscardus portus a Roberto Viscardo, domino Apuliæ, dictus apparet. In qua olim Petilia, etc. [2] » Les mots *in qua* ne se rapportent pas à *Cephalonia* sous-entendu, mais bien à

---

(1) Elle ne fut achevée d'imprimer pour la première fois que le 23 juin 1462, à Bologne. In-folio de 62 feuillets et 26 cartes. Cf. Hoffmann, *Lexicon bibliographicum*, t. III, p. 491.

(2) *Liber insularum Archipelagi*, p. 58.

Apulia, et Pétilia est cette ville du Brutium que l'on disait fondée par Philoctète et qui fut, sous Auguste, la capitale de la Lucanie. Le traducteur grec n'a pas, lui non plus, compris la phrase et a métamorphosé Pétilia en Πυθία[1]. Personne, jusqu'à ce jour, n'avait élucidé ce passage. Le dernier savant qui s'en soit occupé, l'excellent géographe grec Antoine Miliarakis, bien que rejetant l'existence d'une ville de Pétilia dans l'île de Céphalonie, se demande pourtant encore si ce vocable ne serait pas une corruption de Παλική[2].

Signalons une obscurité d'un autre genre. Dans la description de l'île de Zante, on lit ce passage : « Ad trionem denique prope medium civitas insurgit, quæ a terræmotis sæpe deleta est; *ibique ducissa mecum in progenie sepulta iacet* [3]. » Le dernier membre de phrase paraît de prime abord inintelligible. *Quid sibi voluerit nescio,* écrit Louis de Sinner[4]. Quant à la version grecque, elle n'est guère plus claire que l'original. Je crois avoir saisi le sens de ce rébus. A mon avis, Buondelmonti veut dire qu'une duchesse de sa famille a reçu la sépulture dans la ville de Zante. Cette duchesse est certainement Magdeleine Buondelmonti, fille

---

(1) Voir ci-après, p. 10, ligne 29.
(2) Γεωγραφία πολιτική νέα καὶ ἀρχαία τοῦ νομοῦ Κεφαλληνίας (Athènes, 1890, 8°), p. 226, note 98.
(3) *Liber insularum Archipelagi,* p. 60.
(4) *Liber insularum Archipelagi,* p. 151.

PRÉFACE XIII

de Manente Buondelmonti et de Lapa degli Acciajuoli. Elle avait épousé Léonard Ier Tocco, comte palatin de Zante et Céphalonie, *duc de Leucade* et seigneur de Vonitsa. Lors du décès de son mari, vers 1381, Magdeleine devint régente et mourut postérieurement au 11 mars 1401 [1]. Il n'y a rien de surprenant à ce qu'elle ait été enterrée dans la capitale de la plus belle des îles dont elle était souveraine.

En d'autres cas, il faut tenir compte de l'état des connaissances historiques et géographiques dans le premier quart du quinzième siècle, des traditions qui circulaient, des légendes que racontaient pèlerins et matelots. J'ai eu plus d'une fois l'occasion de constater que l'ignorance de Buondelmonti n'est pas toujours aussi crasse qu'on pourrait le croire. Ses affirmations en apparence les plus saugrenues s'appuient souvent sur des faits réels. Si l'on recherche comment Buondelmonti a pu être amené à émettre une opinion insoutenable, on obtiendra presque toujours un résultat instructif et curieux. Un savant mythographe, ou même un inconnu comme K. Kysæus senior [2], n'a pas tort de sourire en lisant dans la description de Corfou que cette île « Cercyra vel Corcyra *a rege* olim dicta est [3] »; mais

---

(1) Cf. Charles Hopf, *Chroniques gréco-romanes*, p. 530.
(2) Dans une dissertation inédite de 20 pages, qui se trouve entre nos mains et est intitulée : *De antiquis insulæ Corcyræ nominibus,* avec la date de septembre 1839.
(3) *Liber insularum Archipelagi*, p. 54.

cela ne prouve pas que, s'il a fait connaissance avec la nymphe Kerkyra dans Pausanias ou Apollonius de Rhodes [1], il soit versé dans les légendes médiévales et y ait savouré la merveilleuse histoire du roi Kerkyrinos (« qui gouvernait Corfou du temps des Romains ») et de sa fille Kerkyra, vierge et martyre [2]. Or, grâce aux pieux récits, la chrétienne, qui aima mieux mourir que de renier sa foi, a supplanté la gracieuse fille d'Asopos, enlevée par Poseidon. Buondelmonti s'est imaginé que Kerkyrinos, le père de la sainte, avait donné son nom à l'île d'Alcinoüs. En cela, comme en beaucoup d'autres choses, il est de son époque. On ne doit pas lui demander plus qu'il ne peut donner, mais il peut parfois y avoir profit à examiner ses assertions, même les plus étranges.

Je pourrais multiplier des exemples analogues à ceux que je viens de donner, mais ceux-là suffisent présentement. On en trouvera, dans notre Commentaire, une foule d'autres du même genre.

---

[1] Pausanias, II, 5, 2; Apollonius de Rhodes, IV, 566-569.

[2] *Historia Kerkirini regis et Kerkire filie eius.* Cette Histoire, qui ne comprend guère qu'une cinquantaine de lignes, fait partie d'un recueil de pièces concernant Corfou et m'appartenant. Écrite au seizième siècle, elle est certainement un résumé des détails que l'on trouve sur sainte Kerkyra dans la Vie des SS. Jason et Sosipatros, dont le seul texte connu figure dans le Parisinus grec 1534 (f. 139 r° à 155 v°), et a été publié d'abord par André Moustoxydis (*Delle cose Corciresi*, Corfou, 4°, pp. XI-XX), ensuite par André Maurommatis ('Ακολουθία des susdits saints, Corfou, 1850, 8°, pp. 20-40). Dans cette Vie, le roi est nommé Κερκυλλῖνος, tandis que l'auteur de l'*Historia* avait dû avoir sous les yeux un texte donnant Κερκυρῖνος.

LE MANUSCRIT DU SÉRAIL.

Revenons plus directement au texte de notre auteur. Il y a déjà plus de vingt-deux ans, j'avais conçu le projet d'une nouvelle édition du *Liber insularum Archipelagi*. Disons à la suite de quelles circonstances. Je me trouvais à Constantinople, en 1875. Grâce au regretté docteur H. Basiadis, j'entrai en relations avec un jeune Turc, qui avait fait d'assez bonnes études à Paris et dont le père occupait un poste important dans l'administration ottomane. Je lui exprimai le désir que j'avais d'examiner les manuscrits du Sérail. Je caressais le naïf espoir que l'on mettrait peut-être sous mes yeux quelque comédie de Ménandre. C'était un souhait que m'avait fait en riant M. Georges Perrot, le jour où j'étais allé lui dire au revoir. Mon Turc répondit évasivement et je ne pensais plus à cette affaire, quand, un matin, il vint me chercher pour aller au Sérail. Notre visite ne dura pas moins de deux heures. Je vis, entre autres volumes, une demi-douzaine de manuscrits grecs, parmi lesquels figurait la traduction du *Liber insularum Archipelagi*. Je dois à la vérité d'avouer que le rapide coup d'œil que je pus lui accorder me le fit prendre pour un texte byzantin, dont Buondelmonti aurait donné une mauvaise traduction latine. Je restai sur cette impression durant de longues années. J'essayai plus tard, à maintes reprises, d'obtenir copie du manuscrit du Sérail, mais toutes mes tentatives échouèrent.

Cependant, il y a quatre ou cinq ans, ayant rencontré un Grec qui jouissait d'une certaine influence à la Sublime Porte, je l'entretins de mon désir. Il m'assura qu'il lui serait très facile de le réaliser. Quelques semaines après son retour à Constantinople, il m'écrivit qu'il avait obtenu l'autorisation nécessaire et qu'un calligraphe expérimenté se tenait prêt à exécuter la transcription dans les meilleures conditions; mais il ajoutait que, avant d'aller plus loin, il croyait devoir m'informer que M. Salomon Reinach avait publié (ce que j'ignorais) plusieurs fragments de cette traduction grecque [1], et qu'il était présumable que cet érudit avait entre les mains une copie intégrale du manuscrit.

Je m'adressai alors à M. Salomon Reinach, qui, avec la meilleure grâce du monde, me répondit qu'il possédait effectivement une copie exécutée par feu Emmanuel Miller et qu'il se ferait un plaisir de la mettre à ma disposition. Une fois nanti de cette copie, dont la réputation de l'habile paléographe me garantissait la bonne exécution, je crus qu'il était inutile de m'en procurer une nouvelle.

Je ne suis malheureusement pas en état de donner une description exacte du manuscrit du Sérail, mes souvenirs à cet égard n'étant plus assez précis. Emmanuel Miller l'a signalé, en tête de sa copie, comme un chartaceus in-4° du seizième siècle. C'est bien l'impression que j'en avais

---

[1] Notamment la Description de Délos, dans la *Revue archéologique* de janvier-février 1883 (tirage à part, Paris, Joseph Baer, 1883, 8°, de 14 pages et un feuillet blanc); les Descriptions de Constantinople, d'Embaros et de Mandraki, dans le volume publié par le Syllogue hellénique de CP. à l'occasion du vingt-cinquième anniversaire de sa fondation (CP. 1888, 4°, pp. 181-187).

gardée, et qui vient d'être rafraîchie par l'entrée récente dans notre Bibliothèque nationale de deux cahiers provenant de ce volume. Ils constituent aujourd'hui le n° 1184 du Supplément grec et se composent de seize feuillets mesurant 230 millimètres sur 155 [1].

Ce codex fragmentaire commence par les mots εἰς τὸ φρούριον ἀσφαλείας χάριν, qui appartiennent à la description de l'île de Nio (voir plus loin, p. 59, n° 40, ligne 10); il se termine avec la description de Gallipoli, par les mots καὶ ἄπελθε ἐν εἰρήνῃ (voir plus loin, p. 82, ligne 89).

Les intitulés sont tracés à l'encre rouge.

Nous avons soigneusement collationné la copie de Miller sur ces seize feuillets. Cela nous a permis d'y introduire quelques améliorations portant sur de très légères erreurs, provenant certainement de la rapidité avec laquelle Miller avait dû exécuter sa transcription.

Nos feuilles 4 et 5 étant déjà imprimées, quand nous eûmes (grâce à la bonne amitié de M. Henri Omont) le susdit fragment à notre disposition, les corrections n'ont pu être introduites dans le texte que pour les pages 81 et 82. Nous en avons aussi donné quelques-unes au bas de la page 82. Voici les autres et avec elles un certain nombre de leçons fautives du manuscrit :

Page 59, n° 40 (Description de Nio). Ligne 17, le ms. porte πειρᾶται. Ligne 20 : κατερόφησεν.

---

[1] Voir Henri Omont, *Catalogue des manuscrits grecs, latins, français et espagnols et des portulans recueillis par feu Emmanuel Miller* (Paris, Leroux, 1897, 8°), pp. 45-46.

Page 60, n° 41 (Description d'Anaphé). Ligne 9, πειρᾶται.

Page 60, n° 42 (Description de Bouport). Ligne 9, οὐχ est dans le manuscrit.

Page 61, n° 43 (Description de Kinéra et Lévata). Ligne 5, καὶ est dans le manuscrit.

Page 61, n° 44 (Description du Caloyer). Ligne 19, il y a χειμόνος dans le manuscrit.

Page 62, n° 45 (Description de Cos). Lignes 1 et 2 : Κώ. Ligne 8, Περίπατον est dans le manuscrit. Ligne 10 : ὀχυρότατον ms. Ligne 14 : εἰσβάλλει ms. Lignes 34 et 35 : χειμόνι et κατὰ πολύ ms. Lignes 41-42 : ὡς φασί. Ligne 55 : τὲ ms. Ligne 66 : ῥωμαλαῖος ms. Ligne 70 : ἔριψεν ms. Ligne 78 : γεγωνοτέρα ms. Ligne 79 : πλήνιος. ἀριστέου ms. Ligne 89 : κολχοὺς ms. Ligne 90 : ἀπερχόμενος est donné par le ms. Ligne 94 : ἀφορόν ms. Ligne 99 : ἀλαχοῦ ms. Ligne 101 : τὶς ms. Ligne 105 : ἐσθίασίν ms. Ligne 106 : après Ἀσίας il faut ajouter ἐστίν.

Page 66, n° 46 (Description de Calamos). Ligne 7 : χῖον ms. Lignes 9-10 : πατοῦντα τὲ. Ligne 18 : après τὴν, il faut ajouter τῶν μαρμάρων παλαιότητα καὶ τὴν τοσαύτην. Ligne 19 : ποικιλλίαν ms. Ligne 30 : ἐς ἀεί. Ligne 32, il faut lire : φύεταί τε καὶ αὐξάνει καὶ ἡ.

Page 67, n° 47 (Description de Léros). Ligne 9 : φαλακρὸς ms. et φάλακρος copie de Miller. Ligne 13, lire : Ἔχει δὲ καί.

Page 67, n° 48 (Description de Patmos). Ligne 7 : τὲ ms.

Page 69, n° 51 (Description d'Icaria). Ligne 1 : ἦλθε ποτὲ ὡς ὁ βάρων. Ligne 5 : ὑπατίας ms. Ligne 22 : κλύδονος ms. Ligne 23 : εἰς est répété en marge du manuscrit.

Page 70, n° 53 (Description de Phormachi et Agathousa). Ligne 5 : πειρᾶται ms. Ligne 12 : χειμόνος ms.

Page 70, n° 54 (Description de Samos). Ligne 12 : τὲ ms. Ligne 32 : ὡς φασίν ms. Ligne 33 : δὐσμυρίους ms.

Page 72, n° 55 (Description des Fourni). Ligne 6 : κλύδονος

ms. Ligne 9 : πειράτας ms. Ligne 14 : χῖον ms. Ligne 16 : ὀμιχλώδη ms. Ligne 22 : κακοπαθίας ms. Ligne 26 : μὴ δὲ ms.

Page 73, n° 56 (Description de Ténosa). Ligne 5, lire : καὶ τοῖς. Ligne 6 : ψηφῖδες ms.

Page 73, n° 57 (Description de Psara). Lignes 1 et 2 : ψάρας ψάρα. Ligne 13, lire : οἱ δ'ἐν αὐτῇ ὄντες βάρβαροι. Ligne 22 : ὁρμήσαν. παρέπεμψαν.

Page 74, n° 58 (Description de Chio). Ligne 1 : χῖον ms. Ligne 2 : αἰγέῳ ms. Ligne 7 (avant ἐν ταύτῃ), il y a en marge ἱστορία. Ligne 8 : μινόταυρον ms. Ligne 10 : φαῖδραν ms. Ligne 12 : χῖον ms. Ligne 17 : ποικίλλοις ms. Ligne 23 : τὲ ms. Ligne 25 : ἀλίθουσϊ ms. Ligne 39, lire : μετὰ ποταμοῦ καὶ αὐτὸς καὶ. Ligne 41 : χῖος ms. Ligne 45, après ἐρημιτῶν il y a, dans le manuscrit, une virgule qui est à conserver. Ligne 52 : βορὰν ms. Ligne 54 : σχῖνοι ms. Ligne 55, il y a, dans le ms. après ἔδαφος, une virgule qu'il faut conserver. Ligne 62 : καλαμοτή ms. Ligne 65 : πιγρίον ms.

Page 76, n° 59 (Description de Métélin). Ligne 1 : τῆς manque dans le ms. Ligne 2 : χῖον ms. Ligne 3 : αὐτὴν est en marge du ms. Ligne 5 : αἰγέῳ ms. Ligne 12 : ajouter καὶ après ποτὲ. Ligne 15 : νϋκταῖος ms. et en marge ἱστορία. Ligne 17 : ζῇθον τὲ ms. Ligne 21 : τὲ ms. Ligne 24 : χειμόνος ms. Ligne 29 : κλύδονα ms. Ligne 34 : δυνατοτάτη ms. Ligne 38 : τὲ ms. Ligne 52 : πάλαι en marge du ms. Ligne 53 : ἐπιπολὺ ms. Ligne 57 : Θεόδωρος ἐστί ms. Ligne 59 : τὲ ms.

Page 78, n° 60 (Description de Ténédos). Ligne 3 : αἰγέῳ ms. Ligne 23 : ἀναδίδοσι. Ligne 27 : αἴρεται ms.

Le lecteur a pu remarquer que, parmi les fautes diverses commises par le copiste du manuscrit du Sérail, il en est une d'un caractère tout particulier ; c'est celle qui affecte le mot πειραταί (pluriel de πειρατής), partout écrit πειρᾶται, comme s'il s'agissait de la troisième personne singulière de l'indicatif présent de πειρῶμαι. Cette anorthographie est constante dans le manuscrit. Les erreurs de ce genre sont presque inconnues dans les manuscrits copiés par des Grecs ; ceux-ci se trompent fréquemment sur la nature de l'accent, mais rarement sur la place qu'il doit occuper. En présence d'une telle constatation, il est permis de se demander si le manuscrit du Sérail n'aurait pas été écrit par un « barbare ».

COPIE D'EMMANUEL MILLER.

La copie exécutée par Emmanuel Miller appartient actuellement à M. Salomon Reinach. Elle se compose de 81 feuillets, dont les 27 premiers mesurent 232 millimètres sur 185, les suivants 245 millimètres sur 190. M. Salomon Reinach les a fait monter sur onglets et recouvrir d'une élégante et confortable reliure pleine en veau fauve, sur le dos de laquelle on lit, sur six lignes : *Bondelmonte. Iles de l'Archipel. Copie de Miller.* Et tout au bas les initiales du propriétaire : S. R.

Nous prions M. Salomon Reinach d'agréer nos remerciements les plus sincères pour l'extrême bienveillance avec laquelle il nous a confié cette copie, qu'il a laissée entre nos mains pendant plusieurs années.

NOTES BIOGRAPHIQUES SUR CHRISTOPHE BUONDELMONTI.

Nous n'en savons pas beaucoup plus long aujourd'hui sur Christophe Buondelmonti que n'en connaissait Louis de Sinner, en 1824. Plusieurs de nos amis ont fouillé les Archives de Florence, avec l'espoir d'y découvrir quelques documents inédits concernant ce personnage; malheureusement leurs recherches ont été vaines.

Nous en sommes donc réduit aux maigres détails que Buondelmonti a disséminés dans ses ouvrages.

Que Christophe Buondelmonti appartînt à l'illustre famille florentine de ce nom, c'est ce sur quoi ne laisse subsister aucun doute le renseignement qu'il donne dans sa description de l'île de Zante, où il déclare qu'une duchesse de sa famille avait reçu la sépulture dans la capitale de cette île. Nous avons dit plus haut que cette duchesse était Magdeleine Buondelmonti, femme de Léonard Tocco. Voilà donc un point hors doute.

Maintenant, il est peut-être superflu d'ajouter que Buondelmonti lui-même a déclaré, à plusieurs reprises, qu'il était de Florence [1]. Il quitta sa ville natale au sortir de l'adolescence et se rendit à Rhodes pour y étudier les lettres grecques [2]. Il y séjourna huit années [3]. C'est à l'expiration de ce laps de temps qu'il parcourut les îles helléniques. Il y aurait consacré six années [4]. Il est vrai

---

(1) Voir notamment l'acrostiche reproduit à la page suivante.
(2) *Liber insularum*, p. 51.
(3) *Liber insularum*, p. 74.
(4) *Liber insularum*, p. 51.

que, dans la description de l'île d'Égine, par laquelle se termine l'ouvrage, il ne parle plus que de quatre ans [1]; mais il est très probable que, en ce passage, les copistes ont par inadvertance transformé les chiffres VI en IV.

Christophe Buondelmonti était prêtre [2] et avait très vraisemblablement embrassé la vie religieuse, car le traducteur grec a eu sous les yeux une rédaction où le voyageur florentin est qualifié de *moine* [3]. Il était, selon toutes les apparences, curé d'une église de Florence. Flaminio Cornaro en fait un *Ecclesiæ Sanctæ Mariæ supra Arnum archipresbyter* [4], mais n'apporte aucune preuve à l'appui de cette assertion.

Si Christophe Buondelmonti passa réellement huit années à Rhodes et six autres à voyager, étant donné qu'il envoya son ouvrage en 1420 au cardinal Giordano Orsini, c'est-à-dire peu de temps après avoir accompli ses pérégrinations, il aurait donc quitté Florence vers 1406.

En adoptant la date 1420 comme étant celle à laquelle Buondelmonti adressa son livre au cardinal Orsini, je m'en tiens tout simplement à la phrase que donne l'acrostiche formé par les 82 lettres initiales des 82 chapitres de l'original, savoir :

CRISTOFORVS BONDELMONT DE FLORENCIA PRESBITER NVNC MISIT CARDINALI IORDANO DE VRSINIS MCCCCXX.

---

(1) *Liber insularum*, p. 133.
(2) Voir l'acrostiche reproduit dans la présente page.
(3) Voir plus loin, p. 73, ligne 33.
(4) *Creta sacra*, t. I, préface, p. 5.

Le titre que portent certaines copies donne, il est vrai, 1422, mais ce titre n'est évidemment pas l'œuvre de Buondelmonti. Il est tout différent dans d'autres manuscrits, notamment dans celui de Holkham-Hall, que neuf années séparent de l'original; dans d'autres enfin, notamment celui de M. Charles Schefer, il manque complètement. Et, d'ailleurs, comment admettre que Buondelmonti ait inscrit en tête de son livre la date de 1422, alors que, dans l'acrostiche qu'il a pris la peine de former, il donne celle de 1420? On ne peut raisonnablement supposer que cette dernière ait été altérée par les copistes, contre la négligence ou l'arbitraire desquels la protégeait la façon même dont elle est formulée.

C'est donc 1420 qu'il faut retenir. Plus d'un argument milite en sa faveur. Buondelmonti passe huit ans à Rhodes; or, dès 1415, il est en voyage et, en 1419, il n'est pas encore arrivé au terme de ses pérégrinations; nous allons en donner la preuve [1].

Louis de Sinner a, d'ailleurs, pataugé de la belle façon dans les dates. D'après lui, Buondelmonti a voyagé quatre ans seulement, en a passé deux autres à rédiger son livre et l'a envoyé, en 1422, au cardinal Orsini. D'où il conclut que Buondelmonti a quitté Florence en 1414 [2]. De toutes façons, cette date est inacceptable. En effet, même en admettant que les deux années que de Sinner, se basant sur je ne sais quelle chimérique hypothèse, affirme avoir

---

[1] Voir les cinq notes que nous reproduisons plus loin.
[2] *Liber insularum*, p. 17.

été employées par Buondelmonti à rédiger son livre, en admettant, disons-nous, que ces deux années dussent être comptées dans le total des huit passées à Rhodes, nous aurions encore quatre ans de voyage à y ajouter, ce qui nous donnerait douze ans d'absence de Florence. Or, si l'on retranche 12 de 1422, on obtient 1410 et non 1414.

Mais voici qui prouve que Buondelmonti a bien consacré six années à ses pérégrinations, comme il l'affirme lui-même, et non quatre, comme le veut de Sinner.

Au cours de son voyage, Christophe Buondelmonti a fait l'acquisition de plusieurs manuscrits grecs. On en connaît cinq, aujourd'hui conservés à la bibliothèque Laurentienne de Florence, et sur lesquels il a inscrit de sa main de précieuses notes, que nous demandons la permission de reproduire dans leur ordre chronologique.

1) Bibliothèque Laurentienne, pluteus 7, cod. 30 : *Gregorii expositio Cantici Canticorum* (Bandini, t. I, pp. 290-292), etc. Cod. chart. in-4º du XIVº siècle, comprenant 245 feuillets écrits. A l'avant-dernière page, on lit :

Anno Domini M.CCCC.XV, V mensis maii, apud castellum Belvedere insulæ Cretæ a quodam caloghero emi istum librum hyperperis VIIII, presbyter Christophorus Raynerii de Bondelmontibus de Florentia, scolaris in græcis scientiis.

2) Bibliothèque Laurentienne, pluteus 87, cod. 6 : *Aristotelis Physicæ auscultationis liber quartus, Joannis Philoponi in ipsum commentarius* (Bandini, t. III, col. 386-

387). Cod. gr. membr. in-4° du XIe siècle, comprenant 326 feuillets. A la fin on lit :

Anno Domini M.CCCC.XV, V mensis septembris, ego presbyter Christoforus de Bondelmontibus de Florentia emi hunc librum in monte Iucta in monasterio S. Salvatoris insulæ Cretæ, hyperperis XI.

3) Bibliothèque Laurentienne, pluteus 57, cod. 21 : *Libanii Declamationes XXXVIII* (Bandini, tome II, col. 361-364). Cod. gr. chart. in-4° du XIVe siècle, comprenant 307 feuillets. A la fin, on lit :

M.CCCC.XVIII. ego presbyter Christophorus emi librum istum Candiæ.

4) Bibliothèque Laurentienne, pluteus 69, cod. 27 : *Hori Apollinis Hieroglyphica et Procli Lycii Elementa physica* (Bandini, t. II, col. 645). Cod. gr. chart. in-4° du XIVe siècle, comprenant 75 feuillets. A la fin on lit :

Ego Christophorus presbyter de Bondelmont de Florentia hunc emi librum apud Andron insulam maris Ægæi. M.CCCC.XIX. mensis iunii.

5) Bibliothèque Laurentienne, pluteus 69, cod. 34 : *Plutarchi vitæ quædam* (Bandini, t. II, col. 648-649). Cod. gr. chart. in-4° du XIVe siècle, comprenant 161 feuillets. On lit à la fin :

Ego Christophorus presbyter de Bondelmont de Flo-

rentia hunc emi librum apud Embrum insulam in Ægæo mari. M.CCCC.XIX [1].

De ces notes, il ressort que, parti de Rhodes antérieurement au 5 mai 1415, Buondelmonti était encore à Andros au mois de juin 1419. D'autre part, il semble hors de doute qu'il visita la Crète à différentes reprises, car on ne peut guère admettre que, s'y trouvant déjà en 1415, il y ait séjourné sans interruption jusqu'en 1418.

Avant d'adresser au cardinal Orsini le texte définitif de son *Liber insularum*, Buondelmonti lui en avait fait parvenir un résumé actuellement perdu ou inconnu. C'est ce premier envoi qu'il avait désigné par deux mots grecs, qui, défigurés par des copistes ignorants, sont successivement arrivés à former d'abord *ensenium* [2], puis *anserinus*. Ces expressions ont, à leur tour, fini par devenir le patronymique de l'auteur dans certaines copies. Ainsi, en tête de celle de la Laurentienne (Cod. lat. 25 du pluteus 29), on lit : *Christophori Ensenii Descriptio Cycladum et aliarum insularum*. Celle de M. Charles Schefer est dénuée de titre, mais on lit à la fin : [X] *pofforus ego anserinus, venerande*

---

[1] La présence de ces manuscrits à la Laurentienne ne prouve nullement, comme certains l'ont affirmé, que Christophe Buondelmonti ait été envoyé dans le Levant, par Cosme de Médicis, pour y en faire l'acquisition; elle prouve simplement que ces volumes sont passés des mains de Buondelmonti dans celles des Médicis. Il est d'ailleurs établi que Cosme ne conçut la pensée de réunir des manuscrits que bien postérieurement (pendant son exil à Venise, en 1433) à l'époque où Buondelmonti voyageait en Grèce. Cf. G. Tiraboschi, *Storia della letteratura italiana*, t. VI (Milan, 1824, 8º), pp. 195 à 199.

[2] Voir *Liber insularum*, p. 133.

pater, etc. C'est une copie de ce genre que le traducteur grec avait entre les mains.

Le barbare *ensenium* a jadis torturé plus d'un Saumaise. Cependant, le chanoine Bencini, dans une lettre adressée à Louis de Sinner, l'a traduit exactement par *munusculum* [1]. De son côté, Fiacchi déclare [2] que « la voce *ensenium* viene forse da xenium, regalo ». Rien de plus juste, si l'on supprime *forse*. Mais ni Bencini, ni Fiacchi, ni de Sinner n'ont su quoi faire des deux premières lettres, *en*. Après avoir cité l'opinion de Fiacchi, de Sinner ajoute : « Ensenium pro ἐνξένιον (*sic*, il aurait au moins dû écrire ἐγξένιον), sive fortasse, sed minus placet, pro *insegna*, *enseigne*, Italorum et Gallorum, a quo *enseniator* apud Cangium in Lex. i. a. quod nos dicimus *Carte routière*. »

Cela n'a pas l'ombre du bon sens et ne fait guère d'honneur à l'esprit critique de Sinner, pourtant mis sur la bonne voie par ses deux correspondants italiens.

Ensenium est tout simplement ἓν ξένιον (= ἕνα κανίσκι, ἕνα πεσκέσι), *un cadeau*.

Ce que nous venons d'exposer prouve qu'il ne faut pas voir dans *Anserinus* un sobriquet injurieux appliqué à Christophe Buondelmonti.

LES CONNAISSANCES GÉOGRAPHIQUES DE CHRISTOPHE BUONDELMONTI.

On est mal fondé à prétendre, comme l'a fait Louis de Sinner, que, dans sa description des îles grecques, Buon-

---

[1] *Liber insularum*, p. 255.
[2] *Liber insularum*, p. 256.

delmonti soit un géographe très exact [1]. Il a commis une foule d'erreurs, le fait est indéniable. Parmi ces erreurs, certaines sont dues à l'insuffisance des moyens d'information dont il disposait (notamment l'extrême rareté des livres grecs à cette époque, jointe à la grande difficulté de s'en procurer, lors même qu'on disposait des fonds nécessaires à cet effet); certaines autres proviennent de causes différentes, qu'il serait trop long d'énumérer ici, mais que notre Commentaire mettra en pleine lumière.

Louis de Sinner accuse Buondelmonti de mentionner des auteurs grecs qu'il n'avait jamais pratiqués ou même d'une existence problématique [2]; mais il oublie complètement de fournir les preuves de cette grave accusation. Qu'y a-t-il de surprenant à ce que Buondelmonti cite le nom d'*Epiphanius Cypricus*, dans lequel l'éditeur suisse semble ne pas avoir reconnu saint Épiphane, évêque de Chypre [3]; celui du moine Barlaam, presque son contemporain, c'est-à-dire Barlaam le Calabrais, mort, vers 1350, évêque de Gerace, auteur de nombreux ouvrages, et dont le plus beau titre de gloire est d'avoir enseigné le grec à Pétrarque? De Sinner affirme encore, tout aussi légèrement, qu'il ne faut pas faire le moindre cas de la déclaration de Buondelmonti, quand il invoque le témoignage de Ptolémée [4], et pourtant je crois avoir démontré ci-dessus que le voyageur florentin connaissait ce géographe autrement

---

(1) *Liber insularum*, p. 21.
(2) *Liber insularum*, p. 22.
(3) *Liber insularum*, p. 149.
(4) *Liber insularum*, p. 22.

que par ouï-dire. Nous sommes convaincu de la parfaite honnêteté littéraire de Buondelmonti. Il faut se montrer indulgent pour les erreurs qu'il a commises. A l'époque où il florissait, combien de gens réputés savants possédaient une érudition assez variée pour écrire, même avec toutes ses imperfections, le *Liber insularum Archipelagi?*

On ne doit pas oublier que Buondelmonti fut un précurseur. Il a devancé Cyriaque d'Ancône; et, pourtant, c'est à peine si les historiens de l'humanisme daignent citer son nom. On n'a pas suffisamment remarqué que ce prêtre florentin avait eu le premier l'idée de visiter et de décrire les pays grecs, qu'il y avait admiré les monuments de l'art antique et les avait signalés à l'attention de ses contemporains, notamment ceux de Délos, où, aidé de ses compagnons de voyage, il avait en vain essayé de replacer sur son piédestal la colossale statue d'Apollon. Les inscriptions elles-mêmes attirent son attention; il en mentionne plusieurs; il en reproduit une seule [1], qu'il dit avoir lue sur une pierre, parmi les ruines d'un temple, dans une localité aujourd'hui appelée Sainte-Rouméli (province de Sphakia, commune de Saint-Jean), mais le malheur veut que les épigraphistes les plus autorisés, que j'ai consultés à ce sujet, s'accordent à la déclarer apocryphe.

Buondelmonti connaît passablement la mythologie grecque, et il en donne des explications qui, si elles font sourire aujourd'hui, étaient naguères en honneur et ne sont, au fond, ni plus ni moins admissibles que celles de la nouvelle école.

---

(1) Voir plus loin, p. 110.

Buondelmonti apporte aussi à l'histoire médiévale de la Grèce des contributions dont l'exactitude se trouve rarement en défaut. Il en est plusieurs que l'on avait contestées, mais dont des découvertes récentes sont venues attester la parfaite véracité. Je demande la permission d'en donner un exemple.

On connaît la jolie épigramme d'Antipater le Macédonien (*Anthol.* IX, 421):

> Νῆσοι ἐρημαῖαι, τρύφεα χθονός, ἂς κελαδεινός
> ζωστὴρ Αἰγαίου κύματος ἐντὸς ἔχει,
> Σίφνον ἐμιμήσασθε καὶ αὐχμηρὴν Φολέγανδρον,
> τλήμονες, ἀρχαίαν δ'ὠλέσατ' ἀγλαίην.
> ἦ ῥ' ὑμᾶς ἐδίδαξεν ἕνα τρόπον ἡ τότε λευκὴ
> Δῆλος, ἐρημαίου δαίμονος ἀρξαμένη.

(*Traduction.*) Iles désertes, parcelles du sol terrestre, que les flots Égéens entourent d'une bruyante ceinture, ô infortunées, imitant Siphnos et l'aride Pholégandros, vous avez perdu votre antique beauté. C'est Délos, jadis prospère, qui a dû vous donner cet enseignement, car, la première, elle a eu le malheur de connaître la solitude.

Il ressort de ces vers que, à une époque fort ancienne [1], l'île de Pholégandros (= Polycandros) était déjà déserte. Elle n'avait pas cessé de l'être à l'époque où Buondelmonti la visita ; il le déclare formellement. Or, dans une bonne monographie de Pholégandros récemment publiée [2], Za-

---

[1] Antipater vivait au siècle de Philippe, soit le père d'Alexandre le Grand, soit l'avant-dernier roi de Macédoine, père de Persée.

[2] Dans le Δελτίον de la Société historique et ethnographique de Grèce, tome II, pp. 475-515.

phirios D. Gavalas commence par rejeter en termes dédaigneux l'assertion de Buondelmonti et va même jusqu'à insinuer que ce voyageur n'avait pas visité cette île. Mais, quand il exprimait cette opinion (pp. 5o5-5o6), Gavalas ignorait encore l'existence d'un important mémoire qu'il reproduit intégralement plus loin (pp. 512-514) et qui vient corroborer le témoignage de Buondelmonti. Il résulte, en effet, de ce précieux document que Pholégandros ne fut recolonisée qu'en l'année 1577, c'est-à-dire un siècle et demi après le passage de Buondelmonti.

Malgré ses défauts, tout aussi incontestables que ses qualités, Buondelmonti a été impudemment mis au pillage par presque tous les géographes qui se sont occupés des îles grecques depuis le quinzième siècle jusqu'au dix-huitième. Il n'y a guère d'exception à faire que pour Nicolas Sophianos, dont l'œuvre est aussi consciencieuse que personnelle, et pour ceux qui se sont inspirés de ses travaux.

Toutefois, en s'appropriant les monographies de Buondelmonti, les géographes ne se sont pas bornés à les reproduire telles quelles, souvent ils ne les ont pas comprises, par suite de ces obscurités de rédaction dont il a été précédemment question, et ils ont ainsi mis en circulation une multitude d'erreurs, qu'il serait injuste d'imputer au voyageur italien, quoiqu'il ait involontairement fourni l'occasion de les commettre.

Parmi ceux qui se sont enrichis des dépouilles de Buondelmonti, les plus connus sont Domenico Mario Negri (*Geographia,* Bâle, 1557, f°), Thomas Porcacchi (*Le isole più famose del mondo,* Venise, 1572, 1576, 1604 ; Padoue, 1610, f°), et Marc Boschini (*L'Arcipelago,* Venise, 1658, 4°). Mais il en est beaucoup d'autres, que l'on ne semble pas avoir soupçonnés, et, en première ligne, Bartolomeo da li Sonetti. L'ouvrage de cet auteur, dédié au doge François Mocenigo (1478-1485), parut seulement en 1532, à Venise. Bartolomeo raconte dans sa préface qu'il a quinze fois visité les îles dont il donne la description, mais les observations qu'il en a rapportées concordent trop parfaitement avec celles de Buondelmonti pour qu'on puisse douter de l'emprunt que ce sonneur de sonnets s'est permis de faire à son devancier. Qu'on en juge. L'exemple est pris au hasard.

S(ONETTO) PER LINSULA DI CERIGO.

Questa insula mia quindece lontana
verso il garbino da capo Malea
fu ditta antiquamente Citharea
da Venus che nel mar ditta e Diana.

E molto montuosa e poco piana ;
il castel Cetheron se vede in ea,
dove fu celebrata questa dea
sol per gli antiqui error da gente vana.

In questo Paris, fiol del re Priamo,
rapite Helena e in Troya meno via,
per cui in le storie tanto mal legiamo.

E volta circa da sessanta mia;
tre castelli habitati vi troviamo;
le Dragonere da levante i stia.

Nota bene. Les détails empruntés à Buondelmonti sont imprimés en italiques. Le reste n'est guère que du remplissage.

PRÉFACE   XXXIII

 E do e daso esia
La vogo in ostro intende quel che dico
che al presente e chiamata Cericho
e de linsula prima veramente
del pelago de Egeo verso el ponente.

 S'il se rencontre jamais un homme assez courageux pour donner une édition définitive du texte de Buondelmonti, il ne lui suffira pas de collationner les nombreux manuscrits latins du *Liber insularum*, il devra, en outre, étudier les ouvrages de tous ceux qui l'ont soit copié, soit traduit; car il en existe des versions italiennes et même des versions françaises. Parmi ces dernières, nous signalerons le Portulan qui constitue le manuscrit français 2794 de notre Bibliothèque nationale. Ce qui concerne les îles grecques y est en majeure partie traduit de Buondelmonti. C'est à l'obligeance de M. Henri Omont que nous devons l'indication de ce Portulan.

 La version grecque, que nous publions aujourd'hui, aidera, elle aussi, nous l'espérons, à améliorer le texte du *Liber insularum*. Le traducteur grec a eu à sa disposition un manuscrit relativement en bon état. Il ne l'a pas toujours compris, il est vrai, mais les erreurs dans lesquelles il est tombé ne sont pas de celles qu'on ne saurait réparer. J'en signalerai ici quelques-unes, qui proviennent soit de ce que le traducteur a mal lu le texte qu'il avait sous les yeux, soit de ce que ce texte présentait réellement des leçons fautives.

 1°) Description de l'île de Crète, n° 11, p. 69, ligne 8, il a lu *carmen*, au lieu de *carnem*.

PRÉFACE

2°) Dans la Description de Rhodes, n° 13, p. 73, ligne 20, il a pris *salo* (de *salum*, mer) pour un nom propre.

3°) Dans la Description de Céos, n° 27, p. 86, ligne 9, il a lu *signum* au lieu de *sinum*.

4°) Dans la Description de Délos, n° 32, p. 92, ligne 11, il a pris *scipionem* pour un nom propre. Méprise déjà signalée par M. Salomon Reinach [1].

5°) Le texte de la Description de Samos (n° 54) devait être en assez mauvais état. Voir notre Commentaire.

6°) Dans la Description d'Agathousa et Phormachi, n° 53, p. 108, ligne 4, il a pris l'adverbe *cito* pour un nom propre.

D'un autre côté, la version grecque permet déjà d'introduire dans le texte tel que l'a publié de Sinner un nombre assez considérable de corrections. En voici plusieurs prises au hasard :

1°) Description de Corfou, n° 1, p. 54, ligne 10, l'expression *torniamentis*, à laquelle de Sinner a eu le tort de substituer *tormentis*, doit céder la place à *liniamentis*. Cf. la *Descriptio insule Candie*, p. 102, ligne 6.

2°) Description de Rhodes, n° 13, p. 72, ligne 31, lire *signa*, au lieu de *signo;* p. 73, ligne 17, au lieu de *diu*, lire *duo*.

3°) Description de Chalki, n° 15, p. 75, ligne 9, au lieu de *minutum*, lire *munitum*.

4°) Description de Milo, n° 23, p. 81, ligne 16, lire *ferentem* au lieu de *furentem*.

5°) Description de Serphini, n° 25, p. 84, ligne 11, au lieu de *virga*, lire *virgo*.

6°) Description de Délos, n° 32, p. 92, ligne 11, au lieu de

---

[1] *La Description de Délos de Bondelmonte*, p. 8 du tirage à part.

adscenderat, lire *absconderat*. Correction déjà signalée par M. Salomon Reinach [1].

7°) Description de Cos, n° 45, p. 101, ligne 2, au lieu de *acrem ineptam*, lire *aerem ineptum*.

8°) Description des îles Fourni, n° 55, p. 110, ligne 14, au lieu de *Phoebo*, lire *cibo*.

9°) Description de Gallipoli, n° 61, p. 118, ligne 27, au lieu de *nimis*, lire *minis*.

De Sinner s'est demandé quel pouvait bien être le degré de connaissance du grec que possédait Buondelmonti. Chose curieuse, cet helléniste, qui jouit encore aujourd'hui d'une certaine réputation, se montre parfois d'une ignorance incroyable. Ainsi, à propos des Échinades, que Buondelmonti affirme avoir tiré leur nom des ἐχῖνοι, *hérissons de mer* ou *oursins*, qui abondent dans les parages de ces îles, de Sinner écrit cette note : « Quid in mente habuerit noster, definire non ausim; an ἔχιδνα, an ἔχινος *(sic)* ? sed nec unum, nec alterum pro *pisce* usurpatur. Credo ergo labi eum ut alias sæpius. » Cette fois, c'est bien de Sinner qui se trompe.

Voici quelques-unes des étymologies fantaisistes proposées par Buondelmonti :

1°) Le nom de Κάρπαθος vient du grec καρπός (n° 12).
2°) Le nom de Σίμεια vient de l'adverbe vulgaire σιμά (n° 14).
3°) Le mot Καρία vient de καρύδι, *noix* (n° 17). Il a évidemment pensé à καρύα, *noyer*.
4°) Σύκανδρος vient de σῦκον, *figue* (n° 20).
5°) Πολύκανδρος vient de πόλις et ἄνδρες (n° 21).

---

(1) *La Description de Délos de Bondelmonte*, p. 8 du tirage à part.

6°) Μῆλος est confondu avec μύλος, *moulin* (n° 23).

7°) Μήκων (nom médiéval de Μύκονος) vient de μῆκος, *longueur*, ou de μικκόν, *un peu*.

8°) Παναγία (Panaya) vient de πᾶν, *tout*, et de γειά (grec vulgaire pour ὑγεία, ὑγίεια), *santé*, « quasi tota sanitas » (n° 36).

Mais les étymologies exactes ne manquent pas non plus, par exemple καλόγερος vient bien de καλός, *bon*, et de γέρος, *vieillard*.

Ces citations donneraient, en somme, une assez piètre idée du savoir de Buondelmonti en fait de grec, si l'on ne se rappelait que les plus grands hellénistes du seizième siècle (auxquels je demande pardon de les comparer à notre auteur) ont proposé maintes étymologies qui ne valent pas mieux que celles dont nous venons de donner quelques spécimens.

LA *DESCRIPTIO INSULE CANDIE.*

La *Descriptio insule Candie*, dont nous donnons le texte ci-après (pp. 101 à 137), a été publiée pour la première fois, il y a longtemps déjà, par Flaminio Cornaro, dans sa *Creta sacra*, t. I (Venise, 1755, 4°), pp. 77 à 109. La rareté de cet ouvrage nous a engagé à donner une nouvelle édition de la *Descriptio;* mais nous avons pris soin d'en faire exécuter une copie sur le manuscrit de la Laurentienne [1] (cod. lat. 42 du pluteus 29). Grâce à cette copie, une quantité de mauvaises lectures se trouvent éliminées.

---

[1] Ce ms. est un membranaceus in-4° du quinzième siècle, comprenant 27 feuillets écrits. Cf. Bandini, *Cat. codd. lat.*, t. II, col. 58-59.

Le texte donné par le manuscrit de la Laurentienne est publié *talis qualis*. Ses erreurs les plus grossières, qu'il eût été facile de corriger, ont été scrupuleusement respectées.

On s'est demandé quel était ce Nicolas, sur les conseils duquel Buondelmonti avait rédigé cette Description de la Crète. Il lui dit, dans un endroit (p. 131) : « Tu qui cuncta sis (*lire* scis), Nicolae. » On ne peut évidemment pas prendre ce passage à la lettre, mais il est permis d'en conclure que le personnage auquel il s'adresse, possédait des connaissances nombreuses et variées. Si l'on cherche dans l'histoire littéraire de l'époque quel savant de ce nom aurait pu mériter d'être interpellé de la sorte, on est forcé de reconnaître que ce pourrait bien être Niccolò Niccoli. On n'ignore pas, en effet, l'amour de ce Florentin pour les livres, la passion avec laquelle il acquérait et copiait lui-même les manuscrits, l'assistance qu'il prodiguait à ceux qu'il voyait disposés à s'instruire. On sait aussi qu'il avait formé le projet de se rendre dans le Levant pour y réunir lui-même des volumes grecs, mais que son âge avancé et d'autres raisons lui firent abandonner ce dessein. Il mourut le 23 janvier 1437, à l'âge de 73 ans [1].

Il n'y a donc rien de téméraire à supposer, avec Flaminio Cornaro [2], que Niccolò Niccoli avait pu encourager Christophe Buondelmonti à l'étude, à parcourir les îles de la Grèce pour en faire la description et y recueillir des manuscrits.

---

(1) Cf. Tiraboschi, *Storia della letteratura italiana*, t. VI (Milan, 1824, 8°), pp. 188-191.

(2) *Creta sacra*, t. I, p. 76.

La *Descriptio Cretae* que nous donnons (pp. 139 à 156), d'après la *Creta sacra*, t. I (pp. 1 à 18), est un résumé de la précédente, dont les plus grosses fautes de grammaire ont été corrigées.

⁂

Les trente-six cartes intercalées dans notre traduction sont reproduites zincographiquement d'après les originaux appartenant à M. Charles Schefer, administrateur de l'École des langues orientales. Ces originaux font partie d'un fort bel atlas factice, acheté à Turin, il y a quelques années. Les cartes italiennes de ce genre sont rares, et l'on n'avait pas, jusqu'à ce jour, signalé de cartes semblables avec légendes en français. Celles-ci, toutefois, paraissent avoir été gravées par un étranger, tant y sont nombreuses les fautes d'orthographe. Il est clair que l'artiste ne comprenait pas le texte qu'on l'avait chargé de reproduire. Ce léger défaut ne diminue en rien l'intérêt desdites cartes, lesquelles concordent presque partout avec les descriptions de Buondelmonti. Faut-il en conclure que leur auteur s'est inspiré du *Liber insularum?* Je serais assez disposé à l'admettre, tout en faisant observer qu'elles fournissent une foule de détails puisés à une autre source. Un exemple. Buondelmonti signale, à Délos, l'existence d'une tour, sans la désigner par une appellation quelconque. Or, cet édifice, aujourd'hui disparu et qu'aucun voyageur ne mentionne, est indiqué sur la carte et y porte le nom de *Tour de Porphire*.

PRÉFACE

Nous prions M. Schefer de vouloir bien agréer nos plus sincères remerciements tant pour l'indication qu'il nous a donnée de ces précieuses cartes que pour la parfaite obligeance avec laquelle il nous les a confiées et mises à la disposition du graveur.

Les seize phototypies, placées à la fin de ce volume, sont empruntées au manuscrit latin 4825 de notre Bibliothèque nationale, lequel contient un texte du *Liber insularum*. L'état des aquarelles originales, où domine la couleur verte, n'a pas permis d'obtenir un meilleur résultat, malgré le soin et l'habileté dont ont fait preuve MM. Aron frères, dans l'atelier desquels ces reproductions ont été exécutées. Nous regrettons de n'avoir pas connu plus tôt le manuscrit de Buondelmonti appartenant à M. Schefer; il est orné de dessins au trait d'une netteté si parfaite, qu'il y aurait eu un notable avantage à leur donner la préférence.

Les numéros qui figurent au-dessus des phototypies correspondent à ceux du *Liber insularum* et de sa traduction grecque.

Parmi les cinquante-deux reproductions que nous offrons au lecteur, on s'étonnera sans doute de ne pas trouver une carte de l'île de Crète. Ce n'est pas un oubli, mais une lacune regrettable, qu'il nous sera peut-être permis de combler, lors de la publication de notre Commentaire.

Ce Commentaire aura des proportions assez considérables. On peut déjà juger de la multitude de points sur lesquels il portera, si l'on veut bien prendre la peine de remarquer les nombreux appels de notes dont sont parsemées notre traduction française et la *Descriptio insule Candie*. Dans la préface qui précédera ce Commentaire, nous passerons en revue les documents utilisés pour le rédiger; nous y dirons aussi le concours que nous a constamment prêté notre ami Antoine Miliarakis, l'érudit géographe grec, auquel nous devons d'avoir pu éclaircir bien des points, qui, sans lui, seraient demeurés obscurs.

Paris, 30 novembre 1897.

ΛΑΤΙΝΟΥ ΤΙΝΟΣ ΧΡΙΣΤΟΦΟΡΟΥ ΑΝΣΕΡΙΝΟΥ

ΠΕΡΙ ΤΩΝ ΝΗΣΩΝ

ΠΡΟΣ ΙΟΡΔΑΝΗΝ ΤΟΝ ΚΑΡΔΗΝΑΛΙΟΝ
ΤΗΣ ΡΩΜΑΙΚΗΣ ΕΚΚΛΗΣΙΑΣ

Τὴν παροῦσαν βίβλον, ἣν νεωστί, τὴν καθ' ἡμᾶς περιπλέων θάλασσαν ἱστορίας χάριν, συνεταξάμην, αἰδεσιμώτατε Ἰορδάνη καρδηνάλιε, περὶ τῶν καλουμένων Κυκλάδων νήσων καὶ τῶν ἄλλων τῶν σποράδην κειμένων, δηλονότι περί τε σχήματος αὐτῶν καὶ μεγέθους καὶ τῶν κατὰ διαφόρους καιροὺς ἐν αὐταῖς πεπραγμένων μέχρι τῆς σήμερον, σοὶ μᾶλλον, ἤπερ ἄλλῳ τινὶ τῶν πάντων, δίκαιον εἶναι καθάπαξ ᾠήθην πέμψαι, νόμῳ τε φιλίας καὶ τῆς σῆς περὶ τὰ καλὰ φιλοτιμίας.

Ἐγὼ γάρ, ἀρ' οὗ, μετὰ κινδύνων τῶν παρὰ τῶν τῆς ἡμετέρας πίστεως ἀλλοτρίων ἐμοὶ πολλάκις ἐπενεχθέντων καὶ θαλασσίων κλυδώνων, πάντα σχεδὸν ἐν ἓξ κατέμαθον ἔτεσι, παρῳχηκυίας καὶ τῆς ἐμῆς ἤδη νεότητος καὶ τοῦ τῆς ἡλικίας ἄνθους, τὴν τῶν Κολασσαέων χαριεστάτην κατέλαβον πόλιν, ὡς ἂν γένοιτο πέρας αὕτη τῶν ἐμῶν πόνων καὶ τῶν ἔνθεν κακεῖθεν ἐν διαφόροις ἐμπορίοις περιοδευμάτων.

Ἐπεὶ δέ μοι καὶ μετρία τις τῶν ἑλληνικῶν λόγων εἴδησις γέγονεν, ὁ τῆς σῆς χάριτος ἔρως εἰς τὰς τοῦ σοῦ δούλου ἀκοὰς ταχέως διέπτη· ὅς, ἐξ οὗπερ εἰς τὴν θύραν τοῦ ἐμοῦ νοὸς ἀπερείσατο, ἐς δεῦρο κεκράτηται· ὅπως δὲ καὶ ἐς ὕστερον ἐπὶ

πολὺ διαμείνῃ, διὰ τουτουὶ τοῦ βιβλίου, τοῦ ὑπ' ἐμοῦ νεωστὶ
σὴν χάριν ταχθέντος, ἠγωνισάμην.

Λάβε λοιπόν, δέομαι, δῶρον μικρὸν ἀπὸ διαστήματος πεμφθέν σοι μακροῦ, ἐν ᾧ διηγήματα πλεῖστά τε καὶ χαρίεντα παλαιῶν ἀνδρῶν ὡς ἐν συνόψει θεάσῃ καὶ τῶν ἡρώων ἔργα μέγιστα, τὰ μετ' ἀρετῆς ἀπανταχοῦ πεπραγμένα · ἐπὶ τούτοις καὶ τὰ θάλλοντα καὶ λελευκωμένα ὄρη μετὰ πηγῶν ὁμοῦ καὶ νομῶν καὶ πεδίων, εἰς ἅπερ αἱ νύμφαι κατέρχονται · ἔτι δὲ καὶ τὰς ἐν ξηροτάταις πέτραις πλανωμένας αἶγας, καὶ τελευτῶν λιμένας μετὰ τῶν αὐτοῖς παρισταμένων ἀκρωτηρίων καὶ σκοπέλων · καὶ ἔτι φρούρια καὶ τὰ ἐξηπλωμένα πελάγη, ἐν οἷς ἔσται καὶ τέλος τοῦ ἡμετέρου σκοποῦ · ὁμοίως δὲ καὶ τὰ πασῶν τῶν νήσων ὀνόματα καὶ τῶν τόπων, περὶ ὧν διαληψόμεθα, καὶ τεταγμένως ἐνταῦθα θήσομεν. Οὕτως ἐντεῦθεν τοῖς ἀναγινώσκουσιν ὁδὸς γένοιτο φανερὰ πόνου χωρίς.

Ἔστω δὴ λοιπὸν ἡ ἡμετέρα ἀρχὴ ἀπὸ τῆς Κερκύρας, ἥτις ὑπὸ πολλῶν σήμερον πρώτη τῆς Ἑλλάδος πασῶν τῶν πρὸς ἑσπέραν κατονομάζεται νήσων. Ταύτῃ δ' ἀκολουθήσει Παχυσός, εἶτα Λευκάς, Ἰθάκη, Κεφαληνία, Ζάκυνθος, Στροφάδες, Σαπιέντζια, Κυθηρία, Σκύλλα, Κρήτη, Κάρπαθος, Ῥόδος, Σίμεια, Χάλκη, Ἐπισκοπή, Νίσυρος, Ἀστυπάλη, Σαντορήνη, Σύκανδρος, Πολύκανδρος, Πολύμεια, Μῆλος, Σύφανος, Σερφήνη, Θερμία, Κέως, Ἄνδρος, Καλόγερος, Τῆνος, Μήκων, [Δῆλος,] Σοῦδα, Πάρος, Ἀντίπαρος, Σάντα Παναγία, Νάξος, Ποδίαι, Ῥαγέα, Ἴος, Ἀνάφη, Βουπρώτη, Κινέρα καὶ Λεβάτα, Καλόγερος, Κῶς, Κάλαμος, Ἔρω, Πάτμος, Δίψη, [Κρουσία,] Ἰκαρία, Μανδρία, Ἀγάθουσα, Φορμάχη, Σάμος, Φοῦρνοι, Τενόζα, Ψαρά, Χῖος, Μιτυλήνη, Τένεδος, Καλλιούπολις, Μαρμαρᾶς, Καλώνυμος, Πέρα, Κωνσταντινούπολις, Λῆμνος, Ἴμβρος, Σαμοθράκη, Θάσος, Ἄθως (τὸ νῦν Ἅγιον Ὄρος), Σανστράτη, Δρόμος, Μάκρη, Σκύαθος, Ἅγιος Ἠλίας, Σκύρος, Εὔριπος, Αἴγινα.

Λείπεται νῦν, πάτερ, περιεκτικὰς ἀποδεῖξαι ἰδιότητας καὶ τὰς κύκλῳ ἐπαρχίας μετὰ τοῦ θαλασσίου μεγέθους, καὶ ὅπερ σήμερον ἐν αὐτοῖς τὰ πρωτεῖα φέρει. Λέγεται τοίνυν τὸ Ἀρ-
60 χιπέλαγος πρῶτον εἶναι, ὡς καὶ τοὔνομα αὐτὸ δηλοῖ· κύριον γὰρ τῆς θαλάσσης σημαίνει. Ἀπὸ Ῥόδου λοιπὸν δι᾽ εὐθείας γραμμῆς μέχρι καὶ τοῦ Μαλέου ἀκρωτηρίου μίλια εἰσὶ τετρακόσια πεντήκοντα · καὶ ἀπὸ Κρήτης μέχρι Τενέδου πεντακόσια, ἐν οἷς ἅπασα ἡ τοῦ Ἀρχιπελάγους περιέχεται θά-
65 λασσα, ὅπου καὶ ἡ κάτω ἐπερείδεται Ἀσία· ἐν ᾗ αἱ τῆς Κιλικίας καὶ Παμφυλίας καὶ Φρυγίας ἐπαρχίαι πλατύνονται. Ἐπεὶ δὲ οἱ Τοῦρκοι ταύτην ἐκτήσαντο, ἀπὸ τούτων καὶ Τουρκία ὠνομάσθη. Οὗτοι γὰρ, εἰς ἀταχίστους πόλεις ὁρμήσαντες, ὑπετάξαντό τε αὐτὰς καὶ τὰ σφίσιν ὑπήκοα ἔθνη εἰ-
70 ρηνικῶς κυβερνῶσι.

Πρὸς δὲ τὸν δυτικὸν τοῦ Ἑλλησπόντου πόρου, ἡ Ἑλλὰς εὐθὺς ὁμαλὴ διόλου ἐκτείνεται, εὔφορος οὖσα λίαν ἐν πᾶσι μέχρι καὶ αὐτῆς τῆς Ἀδριανουπόλεως· ἀριστερὰ δὲ πρὸς Θεσσαλονίκην ἐπαρχία ἱκανῶς οἰκουμένη εὑρίσκεται, ὅπου
75 πόλεις καὶ τόπους ἐῶμεν, καὶ εἰς ὑψηλὰ καταντῶμεν ὄρη, ἔνθεν εἰς Εὔβοιαν καὶ τοὺς τῶν Ἀθηνῶν ἐρχόμεθα τόπους, ὧν μέγιστον μέρος Τοῦρκοι κέκτηνται.

Τὸ δ᾽ Αἰγαῖον πέλαγος ἀπὸ ῥηγὸς τοῦ Αἰγέως, τοῦ Θησέως πατρός, ὀνομασθῆναι φασίν· ὅπερ, ἀπὸ τοῦ Ἑλλησπόντου
80 ἀρχόμενον καὶ πολλοὺς διερχόμενον κόλπους, μέχρι καὶ τοῦ Μαλέου ἀκρωτηρίου ἐξαπλοῦται. Πᾶσαι οὖν αἱ νῆσοι αἱ ἐν τοῖς τοῦ Ἀρχιπελάγους σκοπέλοις οὖσαι ἀπὸ τῶν Κυκλάδων ἔσχον τὴν ἐπωνυμίαν. Κύκλος γὰρ ἑλληνικῶς τζιρκούλους λατινικῶς ἑρμηνεύεται, ὡς τῆς θέσεως αὐτῶν οὔσης κυκλω-
85 τέρους.

Τελεσθεισῶν τοίνυν τῶν γενικῶν διαιρέσεων τοῦ τοιούτου διαγράμματος, πρὸς τὴν κατὰ μέρος τῶν λεχθεισῶν νήσων ὑποστρέψωμεν διήγησιν · ἐν αἷς εἰσὶ καὶ ἐρυθρὰ γράμματα,

ἅπερ ἐν τῷ ἀπαριθμεῖν τὸ ἐμὸν καὶ σὸν ὄνομα καὶ ἐν ποίῳ
90 καιρῷ καὶ τόπῳ τὸ παρὸν ἐτέλεσα σύνταγμα, δῆλόν σοι γενήσεται. Ὡς ἂν δὲ καὶ εἰς τὴν τούτων κατάληψιν ἀκριβῶς
ἐλθεῖν δυνηθείης, ἐν τῷ μέλανι τὰ ὄρη, ἐν τῷ λευκῷ δὲ ἡ
ὁμαλὴ, καὶ ἐν τῷ πρασίνῳ τὰ ὕδατα φανερῶς ἐκτεθήσονται.

11. ὀῄθειν. — 15. κλυδόνων. — 21. ἔρος que l'on pourrait peut-être conserver.
— 22. οὔρα. — 30. θάλοντα. — 52. φάρα. — 57. περιεκτικὲ. ἰδία. — 78. αἰγέον.

1. Περὶ τῆς Κερκύρας.

Ἡ νῆσος αὕτη, ἥτις πρῶτον ἀφ' ἡμῶν δείκνυται, Κέρκυρα μὲν τὸ πάλαι ἐλέγετο, ἀπό τινος ῥηγὸς τὴν ἐπωνυμίαν σχοῦσα· νῦν δὲ Κορυφοὶ ὀνομάζεται. Ταύτης ἡ περίμετρος
5 ἑκατὸν μιλίων ἐστί.

Πρὸς μὲν οὖν μεσημβρίαν ὀρεινὴ καθόλου τυγχάνει, ὅπου καὶ δένδρη βαλάνων καρποφόρα εἰσὶ πολλά.

Ἐν Ἀμφιπόλει δὲ τῷ ἀκρωτηρίῳ φρούριον τοῦ ἁγίου Ἀγγέλου ἰσχυρότατόν ἐστιν· ὅπερ οἱ πλέοντες πόρρωθεν ὁρῶσιν.
10 Ἀπ' ἀνατολῆς δὲ μέχρι Κορυφῶν καὶ ἐπέκεινα, πρὸς τὸ ἀρκτικώτερον, πεδιὰς χαριεστάτη καλῶς ὑπὸ πολλῶν ἐθνῶν οἰκουμένη ἐφήπλωται· καὶ ἐν αὐτῇ τῇ Κερκύρᾳ πόλις παλαιὰ ἔτι καὶ νῦν ὁρᾶται τορεύμασι ποικίλοις καὶ κίοσι παντοδαποῖς ὡραϊσμένη. Ἀφ' ἧς ὄρος ὑψηλότατον Φάλαρις ὀνο-
15 μαζόμενον φαίνεται· ἀφ' οὗ πάλιν Δοδώνη τις ὁρᾶται λόχμη ἐν πεδιάδι· ὅπου καὶ ἱερὸν τοῦ Διὸς ἦν κατεσκευασμένον, εἰς ὅπερ φασὶ περιστερὰς δύο ἀπ' οὐρανοῦ ἐθίσαι κατέρχεσθαι καὶ εἰς παλαιὰς καθίζειν βαλάνους, ἀφ' ὧν τοὺς ἐρωτῶντας λαμβάνειν τὰς ἀποκρίσεις. Τούτων ἡ μὲν μία, ὥς φασιν,
20 εἰς Δελφούς, ἡ δ' ἑτέρα εἰς τὸ τοῦ Ἄμμωνος ἱερὸν εἰς Ἀφρικὴν ἀπέπτη.

Ἐν τοῖς ποσὶ δὲ τοῦ ὄρους τούτου σκόπελός τις ἐστὶν, ὅν φασιν οἱ παλαιοὶ ἐοικέναι τῇ τοῦ Ὀδυσσέως νηΐ.

Ἐγγὺς δὲ τῆς Λευκίμης ἀκρωτήριόν ἐστι Κασσιώπης
25 πόλεως, τείχεσιν ὀχυροῖς ἠσφαλισμένης, ἥτις πάλαι ὑπὸ πειρατῶν ἐφθάρη· ὅπου καὶ πεδιὰς ἀναφαίνεται, ἐν ᾗ λίμνη τις νοσώδης ἐστί.

Περὶ δὲ τὴν τῆς πόλεως ταύτης πλευρὰν ναός ἐστιν, οὗ

ὄνομα τῆς τοῦ Κυρίου μητρὸς, εἰς ὃν οἱ μετ' εὐσεβείας παραγενόμενοι εἰσακούονταί τε καὶ ἱλαροὶ εἰς τὰς ἑαυτῶν ὑποστρέφουσι πατρίδας.

Ἀπὸ δὲ τῆς ἄρκτου ἡ Ἤπειρος ἄρχεται ὄρεσι μεγάλοις,
ἥτις ἀπὸ τοῦ ἄρξαντος αὐτῆς πρῶτον οὕτως ὠνομάσθη. Ἔστι
δ' ἐκεῖ καὶ πόλις Βούτροτον λεγομένη, ἐς ἣν καὶ ἡ τοῦ Ἑλένου
μήτηρ παρεγένετο, φεύγουσα τὴν τῆς Τροίας ἅλωσιν, καθά
φησιν ὁ Βιργίλιος « τοὺς τῆς Ἠπείρου αἰγιαλοὺς ἐπλεύσαμεν,
καὶ τὸν Χαόνιον εἰσήλθομεν λιμένα, καὶ εἰς τὴν τοῦ Βουτρότου
ὑψηλὴν ἀνήλθομεν πόλιν. »

Διὰ ταύτης τῆς νήσου καὶ ὁ Τῖτος Κούϊντος Φλαμίνιος,
ὅτε κατὰ Φιλίππου τοῦ τῶν Μακεδόνων βασιλέως ἐστράτευ-
σεν, ὅπως τὸν ῥωμαϊκὸν διαπεράσῃ στρατὸν ἀσφαλῶς, τὴν
ὁδὸν ἐποιήσατο.

9. ὀργῶσι. — 13. ποικίλλοις. — 33. οὕτων.

2. Περὶ τῆς Παχυσοῦ.

Ἄνωθεν τῆς Κερκύρας πρὸς ἕω καὶ ἡ Παχυσός ἐστι νῆσος,
ἧς ἡ περίμετρος μιλίων ἐστὶ δέκα · ἐν ᾗ κώμη τίς ἐστιν ὑπ'
ὀλίγων οἰκουμένη ἀνθρώπων, διὰ τὰς τῶν Τούρκων ἐνέδρας.
Κατὰ μέσον οὖν αὕτη, πρὸς τὴν τοῦ ἡλίου ἀνατολὴν, ὁμαλὴ
τυγχάνει, καὶ διὰ τοῦτο πλείστας κέκτηται ἀμπέλους καὶ
δένδρα ἥμερα. Ἔστι δ' ἐν αὐτῇ καὶ λιμὴν ἀσφαλέστατος.
Ταύτην τὴν νῆσον ἡνωμένην μετὰ τῆς Κερκύρας εἶναι πάλαι
φασὶν οἱ περὶ τὰς ἱστορίας ἐσχολακότες · ὑπὸ δὲ συνεχῶν
σεισμῶν τοῦ τε Ποσειδῶνος καὶ Αἰόλου ἀπορραγεῖσαν καθ'
ἑαυτὴν γενέσθαι · ὅθεν καὶ πορθμός τις ἐκεῖ θαλασσίου ὕδατος φαίνεται. Ἀπὸ γοῦν τοῦ μέρους ἐκείνου ἡ Κέρκυρα νυκτὸς
καὶ ἡμέρας ἐλαττοῦται.

10. ἀπορραγεῖσαν.

3. Περὶ τῆς Λευκάδος.

Πλέοντες μετὰ τῶν ἡμετέρων νεῶν πρὸς ἕω, καὶ ἀπὸ Κερκύρας ὑπὲρ τὰ ἑκατὸν μίλια πόρρω γενόμενοι, εἰς τὸ παλαιότατον τῆς Λευκάδος εἰσερχόμεθα ὄρος, ὅπερ διὰ τὴν ἐκ παλαιοῦ
5 γινομένην τῶν θαλασσίων ὑδάτων εἰσροήν τε καὶ ἐκροήν, τετράκις γὰρ τῆς ἡμέρας αὕτη γίνεται, νῆσος ἀπεκατέστη μιλίων ὀγδοήκοντα πηγαίοις κατάρρυτος ὕδασι δένδρεσι πυκνοῖς κατεσκιασμένοις.

Ἐν μέσῳ δὲ ταύτης πεδίον ἐστὶ μέγα, ἐν ᾧ καὶ παντο-
10 δαπῶν ἀγέλαι νέμονται ζώων.

Πρὸς ἕω μὲν οὖν γενόμενος λιμένα ἄριστον, εἰ δὲ καὶ πρὸς ἄρκτον ἐπείγῃ, ἕτερον εὑρήσεις ἀσφαλέστερον ὄρεσι καὶ δρυμῶσι καὶ πηγαῖς καθωραϊσμένον. Ἐντεῦθεν, μετ' οὐ πολὺ διάστημα, πηγή τις εὑρίσκεται ἐν τῷ αἰγιαλῷ ῥοωδεστάτη,
15 ἐς ἣν οἱ περίοικοι καὶ οἱ ὁδοιπόροι γενόμενοι ἀναψύχονται. Ἐκ δεξιῶν δέ, ἐν ταῖς τῶν ὀρῶν ῥίζαις, πόλις παλαιοτάτη καταφαίνεται ἐκ παλαιοῦ ἐφθαρμένη· ἐν ᾗ καὶ ἱερὸν ὑπῆρχεν Ἀπόλλωνος παλαιότατον. Εἰς τοῦτον γοῦν τὸν τόπον καὶ ὁ τρωϊκὸς Αἰνείας προσορμίσας τὰ ἑαυτοῦ κατέλιπεν ὅπλα, ὥς
20 φησι Βιργίλιος· « αἴφνης ἡ Λευκὰς καὶ αἱ τοῦ ὄρους ἐξοχαὶ κατάσκιοι, καὶ ὁ φοβερὸς καταφαίνεται τοῖς πλέουσιν Ἀπόλλων. »

Ὕστερον δέ, χρόνου διερρυηκότος συχνοῦ, ταύτην ὁ Ὀκτάβιος Καῖσαρ ἀνεκαίνισεν ἐφθαρμένην οὖσαν, ὡς εἴρηται,
25 καὶ ἱερὸν Ἀπόλλωνος κατεσκεύασε, καὶ Νικόπολιν ὠνόμασε, μετὰ τὸ τὸν Ἀντώνιον καὶ τὴν Κλεοπάτραν ἐν ἐκείνοις που τοῖς τόποις νικῆσαι. Μαρτυρεῖ δὲ τοῦτο καὶ Βιργίλιος οὑτωσὶ φάσκων· « ἐνταῦθα κατὰ τῶν Ἰταλῶν πολέμους ὁ Αὔγουστος εἰργάσατο Καῖσαρ. »

30 Ἀπαντικρὺ δὲ ταύτης τῆς πόλεως πύργος ἐστίν· οὐ πόρρω δὲ τούτου καὶ φρούριον μετὰ γεφύρας κατεσκευασμένον ὁρᾶται,

ὅπου ἀὴρ ἐν τῷ θέρει νοσώδης πνέει. Ἐν γοῦν τοῖς τόποις τούτοις καὶ πεδιὰς ἐξαπλοῦται ἱκανή.

Ἐντεῦθεν πρὸς ἄρκτον μὲν εἰ πορευθῆναι θελήσεις, δρυμῶνα καὶ τὸν Ἀμβρακικὸν θεάσῃ κόλπον· πρὸς ἕω δὲ νήσους ἐρήμους τε καὶ ἀκάρπους, ἐν αἷς πάλαι μὲν ᾤκουν ἄνθρωποι· νῦν δὲ, διὰ τὰς τῶν πειρατῶν ἐφόδους, ἀοικήτους αὐτὰς γενέσθαι συνέβη.

14. ῥοοδεστάτη. — 19. προσωρμήσας.

4. Περὶ τῆς Ἰθάκης.

Δείξαντες τὴν Λευκάδα, νῦν πρὸς τὴν Δουλιχίαν πορευθῶμεν, ἥτις Ἰθάκη μὲν πάλαι ἐλέγετο, νῦν δὲ Κομπαρέα ὀνομάζεται, καὶ περικλείεται βουνοῖς ὑψηλοτάτοις καὶ ὄρεσιν· ὅθεν καὶ ἀνωφελὴς σχεδὸν τυγχάνει παντάπασι καὶ ἀοίκητος, πλὴν ὀλίγης τινὸς πεδιάδος ἐν μέσῳ οὔσης καὶ δένδρων καὶ οἰκιῶν ὀλίγων. Ἔχει δὲ καὶ λιμένας περὶ αὐτὴν οὐκ ὀλίγους. Τὸ μὲν οὖν μῆκος αὐτῆς ἀπ' ἄρκτου πρὸς μεσημβρίαν τριάκοντα μιλίων ζητῶν εὑρήσεις, τὸ πλάτος δὲ τριῶν.

Ἀπὸ ταύτης δύο ἄκραι δυσὶν ἀνοίγονται κέρασιν ἐπικινδυνόταται τοῖς πλέουσιν οὖσαι.

Διαβεβαιοῦνται δέ τινες ὡς Ὀδυσσεὺς ἐκεῖνος, ὁ τῶν Ἑλλήνων σοφώτατος, ὃς σχεδὸν πρὸς ἅπαντα εὐμήχανος ἦν, τὴν τοῦ Ἰθάκου θυγατέρα ἔγημε Πηνελόπην, ἀφ' ἧς καὶ τὸν Τηλέμαχον ἔσχεν υἱόν· ὕστερον δὲ, τῆς Ἑλένης ὑπὸ Πάριδος ἁρπασθείσης, καὶ εἰς τὸν τῆς Τροίας πόλεμον μετὰ τῶν ἄλλων Ἑλλήνων ἀπελθεῖν ἀναγκασθεὶς, μανίαν ὑπεκρίθη. Τοῦ οὖν Παλαμήδους πρὸς αὐτὸν ἐρχομένου, ζῶα ἐκ διαφόρων γενῶν, ὅπως λάθῃ, ὑπὸ ζυγὸν ἔθηκε πρὸς τὸ δῆθεν ἀροτριᾶν· ὅθεν καὶ ἅλας σπείρειν εὑρέθη οἷα μαινόμενος· ἀλλ' ὁ Παλαμήδης, πανοῦργος καὶ αὐτὸς ὢν, τὴν τοῦ Ὀδυσσέως ἀπάτην ἑτέρῳ ἐξήλεγξε τρόπῳ. Λαβὼν γὰρ τὸν ἐκείνου παῖδα Τηλέ-

μαγον, νήπιον ἔτι ὄντα, πρὸ τοῦ ἀρότρου ἔθηκεν. Ὀδυσσεὺς
δ', ὡς εἶδε τὸν ἑαυτοῦ παῖδα, ἐξέκλινε τὸ ἄροτρον, ἵνα μὴ
25 αὐτὸν ἀποκτείνῃ· καὶ, οὕτω γνωσθεὶς, εἰς τὸν τρωϊκὸν πόλεμον ἀπελθεῖν ἠναγκάσθη.

Τῆς γοῦν Τροίας μετὰ πολὺν ἁλούσης χρόνον, καὶ φιλο-
νεικίας μεταξὺ αὐτοῦ τε καὶ τοῦ Αἴαντος περὶ τῶν τοῦ Ἀχιλ-
λέως ὅπλων γενομένης, τὴν νίκην αὐτὸς, τῷ περιόντι τῆς
30 τῶν λόγων δυνάμεως, ᾔρατο καὶ τὰ ὅπλα ἔλαβεν.

Ἐκεῖθεν δ' ἀπάρας, ὅπως πρὸς τὴν ἰδίαν ὑποστρέψῃ πατρίδα, πολλὰς καθ' ὁδὸν ὑπέστη πλάνας, ὑπὸ βιαίων ἐλαθεὶς
πνευμάτων. Οὐδὲ γὰρ ἐπ' ὀλίγον αὐτῷ ἡ πλάνη γέγονε χρόνον·
ἀλλ' ὅλους δέκα ἐνιαυτοὺς ἐν αὐτῇ δαπανήσας καὶ πλεῖστα
35 ὑπομείνας δεινὰ, τελευτῶν εἰς ταύτην τὴν νῆσον κατήντησεν·
ἀφ' ἧς πάλιν εἰς τὴν ἑαυτοῦ οἰκίαν ἐπανελθὼν, καὶ τοὺς τῆς
Πηνελόπης μνηστῆρας εὑρὼν, πάντας ἀπέκτεινεν, ἀνδρείως
κατ' αὐτῶν ἀγωνισάμενος. Μετ' οὐ πολὺ δὲ καὶ αὐτὸς τὸν βίον
ἀπέλιπε. Καὶ ὁ Βιργίλιος· « τοὺς τῆς Ἰθάκης ἐφύγομεν σκο-
40 πέλους, τὰ τοῦ Λαέρτου βασίλεια, καὶ τὴν τὸν ἀπηνῆ Ὀδυσσέα ἐνεγκαμένην ἐπαρώμεθα γῆν. »

15. τὴν ἑλένην. 16. ἁρπασθεῖσαν.

5. Περὶ τῆς Κεφαληνίας.

Τελέσαντες τὸν περὶ τῆς Ἰθάκης λόγον, νῦν ἀρξώμεθα
τῆς Κεφαληνίας· ἥτις πάλαι Κεφαλὴ ἐλέγετο· ἡ δὲ κεφαλὴ ἑλληνικῶς κάπουτ λατινικῶς σημαίνει· φαίνεται γὰρ
5 αὕτη τοῖς ἀπὸ τῆς ἄρκτου πλέουσι στρογγύλη ὥσπερ ἀνθρώπου κεφαλή. Ἀπὸ γοῦν τῶν τρωϊκῶν μέχρι τῆς σήμερον
κεφαλὴ τῆς ἡγεμονίας τῶν νήσων τούτων αὕτη ὑπῆρξε, καὶ
ἡ ἐπιγραφὴ τῆς δουκικῆς ταύτης ἀρχῆς ἀπὸ ταύτης ἄρχεται.

Ἀνέγνων δὲ καὶ ἐν ταῖς παλαιαῖς ἱστορίαις τὸν Ὀδυσσέα
10 γενέσθαι ἡγεμόνα τῆς ἐπαρχίας ταύτης. Ἔσχεν οὖν ἡ νῆσος
τὴν ἐπωνυμίαν ἀπὸ τῆς κεφαλῆς, ὡς εἴρηται, καθότι καὶ

αὕτη στρογγύλη διόλου τυγχάνει καὶ ὄρεσι τραχεῖα. Ἡ περίμετρος δὲ αὐτῆς ἑκατὸν ἐγγύς που μιλίων ἐστί, καὶ ἐν τῷ μέσῳ ὄρος ὑψοῦται μέγιστον Ἔλατος καλούμενον, ἐν ᾧ πλῆθος ἐλάτων καὶ βαλάνων ἐστὶν ἐν σχήματι κύκλου.

15 Λέγεται δὲ καὶ μέχρι τοῦ νῦν ὡς τὰ ἐκεῖσε πλανώμενα ἄξια ζῶα μηδόλως εὑρίσκοντα ὕδωρ πιεῖν, κεχηνέναι ὑπὸ δίψης καὶ τὸν ἀπὸ τῶν ἐκεῖσε ὀρῶν πνέοντα λαμβάνειν ἀέρα, ὃς ἀντὶ πόσεως αὐτοῖς γίνεται. Εὑρίσκονται δὲ καὶ ἀσπίδες ἐκεῖ πολλαί, ἑρπετὰ θανατηφόρα, ἅπερ, αἰσθόμενα τῆς τοῦ 20 ἀνθρωπίνου σώματος θερμότητος, ὑπνώττουσι μετ' ἀνθρώπων, μηδαμῶς αὐτοὺς βλάπτοντα.

Ἔστι καὶ πρὸς τὰς τοῦ ἡλίου ἀνατολὰς ἐν τῷ αἰγιαλῷ καὶ ναὸς τοῦ ἁγίου Φραγκίσκου, ὃν αὐτὸς ἔκτισε, καὶ ἡμεῖς μετ' εὐσεβείας προσκυνοῦμεν.

25 Ὑπῆρξε μὲν οὖν αὕτη σχεδὸν τελευταία ἣν Ῥωμαῖοι ἐν τῷ καιρῷ τοῦ μακεδονικοῦ πολέμου ἐκ παραδόσεως ἔσχον.

Πρὸς ἑσπέραν δὲ λιμὴν Βισκάρδος ὀνομαζόμενος φαίνεται ἀπὸ Ῥοβέρτου Βισκάρδου, τοῦ τῆς Ἀπουλίας ῥηγός· ἐν ᾗ ἦν ποτε ἡ Πυθία, ὅπου καὶ Χείλων, ὁ λακεδαιμόνιος φιλόσο-
30 φος, οὐκ ὀλίγον διέτριψε χρόνον, καθά φησιν Ἐπιφάνιος ὁ Κύπριος· οὗ τὸ ἀξίωμα τοσοῦτον ἦν, ὥστε τὸ ἑαυτοῦ ἀπόφθεγμα ἐν τῷ τοῦ Ἀπόλλωνος ἱερῷ [χρυσέοις] γράμμασι γραφῆναι. Τὸ δὲ ἦν · Γνῶθι σαυτόν. Ταύτης τῆς παραγγελίας τὴν δύναμιν μεγίστην εἶναι ὁ Κικέρων φησί, καὶ οὕτω μεγίστην, 35 ὡς μηδένα τῶν πάντων ἀνθρώπων δυνηθῆναι τοιαύτην γνώμην ἐξενεγκεῖν. Ὅταν γάρ φησι Γνῶθι σαυτόν, τὴν σὴν βούλεται ψυχήν. Οὐδὲ γὰρ περὶ τῶν τοῦ ἀνθρώπου μελῶν ἢ τοῦ σχήματος, ὅπερ ἐστὶ ῥᾴδιον εἰς κατάληψιν, τοῦτο ἐφθέγξατο, ἀλλὰ διδάσκει ἡμᾶς τὰ τῆς ἡμετέρας ψυχῆς ἁμαρτήματα ἀνα-
40 πλάττειν, καὶ πρὸς διόρθωσιν ἄγειν, καὶ ὡς χρὴ ἡμᾶς αὐτοὺς ταῖς ἐνεργείαις διαμετρεῖν, καὶ μὴ τὴν τῆς ψυχῆς εὐγένειαν ὑπ' ἀργίας ἐᾶν διαφθαρεῖσθαι, ἢ τὴν δόξαν αὐτῆς δι' ὁρμῆς καταγελάστου.

Οὐ μὴν ἀλλὰ καὶ Βελισάριος, ὁ Ἰουστινιανοῦ τοῦ βασι-

45 λέως ἀνεψιὸς, μετὰ τοῦ ἰδίου στόλου ἐνταῦθα ἀφίκετο καὶ
ἑαυτὸν ἀπὸ θαλασσίου ἐρρύσατο κινδύνου. Οὗτος ἀκούων
τὴν Ἰταλίαν ὑπὸ Γότθων ἀδίκως δουλωθεῖσαν, εὐσεβείᾳ τινὶ
κινηθεὶς, μετὰ δυνάμεως ναυτικῆς ἐς Ἀφρικὴν παρεγένετο,
καὶ τοὺς Γότθους ἀπ' αὐτῆς τε καὶ Τρινακρίας ἐδίωξεν.
50 Ἐντεῦθεν εἰς Νεάπολιν ἀφικόμενος, ἐπεὶ τὰς τῆς πόλεως
πύλας αὐτῷ οὐκ ἀνέῳξαν, ἐνιαυτὸν ὅλον διέτριψεν εἰς πολιορ-
κίαν · ἣν βίᾳ λαβὼν, ἄνδρας τε καὶ γυναῖκας καὶ παῖδας
νηπίους, καὶ πάντα ἁπλῶς ὅσα εὗρεν ἐν αὐτῇ, πυρὶ καὶ
σιδήρῳ διέφθειρεν · ἔπειτα, ἐς Ῥώμην ἀπιὼν, τοὺς Γότθους
55 φυγεῖν παρεσκεύασεν.
Ἀπαντικρὺ δὲ τῆς Ἰθάκης ἡ Σάμος ἐστὶ καὶ πρὸς
μεσημβρίαν λιμὴν τοῦ Ἁγίου Ἰσιδώρου τοῖς πλέουσιν
ἀσφαλέστατος.

16. κυγηκέναι. — 44. βελλισάριος. — 46. ἐρύσατο. — 50. ἐπὶ.

6. Περὶ τῆς Ζακύνθου.

Περὶ τῆς Κεφαληνίας διεξελθόντες τὰ ἱκανὰ, νῦν καὶ
περὶ τῆς Ζακύνθου τινὰ λέξωμεν. Ἡ νῆσος αὕτη ἀπό τινος
ἄρχοντος ἢ, ὥς φασιν, ἄνθους ταύτης ἔτυχε τῆς ἐπωνυμίας.
5 Ἀνθηρὰ γὰρ διόλου καὶ χαρίεσσα τυγχάνει. Κεῖται δ' ἀπαντικρὺ τοῦ Κορινθιακοῦ κόλπου, ἀφ' ἧς ἀπελθεῖν τινας εἰς
Ἱσπανίαν λέγεται κἀκεῖ παλαιὸν μὲν, χαριέστατον δ' ὅμως
τῶν Ῥωμαίων φρούριον ἀνακαινίσαι τε καὶ οἰκῆσαι, ὅπερ
ὕστερον ὑπ' Ἀννίβου καταπολεμηθὲν ἐξηφανίσθη.
10 Αὕτη καὶ Ἱερουσαλὴμ πάλαι ὠνομάζετο, καὶ Ῥοβέρτος
δὲ Βισκάρδος, ὁ τῆς Ἀπουλίας ἡγεμὼν, εἰς τὸν τοῦ Κυρίου
τάφον ἀπελθεῖν βουληθεὶς, εἶδε καθ' ὕπνους ὡς ἐκεῖ ἔσται
αὐτῷ καὶ τὸ τοῦ βίου πέρας. Ἤδη δ' ἀπεργόμενος, τὴν νῆσον
ταύτην ὑπὸ ἀπλοίας κατέλαβεν · ἔνθα καὶ, βαρέως νοσήσας

καὶ ὡς Ἱερουσαλὴμ αὕτη ὀνομάζεται μαθὼν, μετ' οὐ πολλὰς ἡμέρας τὸν βίον ἀπέλιπεν.

Ἀπὸ μὲν οὖν τοῦ ἀρκτῴου μέρους ὁμαλὴ διόλου καὶ νομὰς ἔχουσα δροσερὰς φαίνεται· ἀπ' ἀνατολῆς δὲ λιμήν ἐστι Νάκτιον ὀνομαζόμενος· καὶ, τούτου ἔμπροσθεν, ἐν πεδίῳ λίμνη πίσσης διαλελυμένης, εἰς ἣν βοῦς ὑπὸ μυίας πληγεὶς καταπεσὼν ἀποπνίγεται. Ταύτης ἔγγιστα καὶ ναῦς ποτε, οἶνον κρῆτα ἔχουσα εἰς φόρτον καὶ ἐξ οὐρίας πλέουσα νυκτὸς ἱστίοις ὅλοις, ἐξώρμησε, τῶν ναυτῶν τὴν τοῦ πλέειν ἐπιστήμην ἀκριβῶς μὴ εἰδότων, καὶ τῇ ἐκεῖσε ψάμμῳ προσερείσατο ἀβλαβής, καὶ οὕτως ἀκίνητος ἔμεινεν.

Ἐπὶ τούτοις ἡ Βερρονίκη ἀκούσασα ὡς ἡ νῆσος αὕτη Ἱερουσαλὴμ ὀνομάζεται, ἀφίκετο πρὸς αὐτὴν, εὐσεβείας χάριν· δείξασα δὲ τοῖς τὴν νῆσον οἰκοῦσι καὶ τὸ τοῦ Χριστοῦ σουδάριον, καὶ περὶ τοῦ θανάτου αὐτοῦ δὴ τοῦ ἡμετέρου Σωτῆρος διδάξασα, πρὸς τὴν ἡμετέραν ἅπαντας πίστιν ἐλθεῖν παρεσκεύασεν.

Εὑρίσκεται αὐτόθι ἐν ὄχθῃ τινὶ, ὥς φασι, πρὸς τὸ τῆς ἀνατολῆς μέρος, καὶ φλέβα μετάλλων πρὸς μεσημβρίαν ἀφορῶσα καὶ διὰ δένδρων κατασκίων ἐπὶ πολὺ διήκουσα μέχρι καὶ αὐτῆς τῆς τῶν ὀρῶν ἐπικρατείας.

Πρὸς μὲν οὖν τὴν ἑσπέραν λιμὴν τεναγώδης τοῦ Ἁγίου Νικολάου ἐστὶ, πλησίον δὲ τούτου πεδιάς τις ἐκτέταται πρὸς ποίησιν ἁλῶν ἐπιτηδεία.

Ἀπὸ δὲ τοῦ ἀρκτῴου μέρους, περί που τὸ μέσον τῆς νήσου, πόλις ἐστὶν, ἥτις ὑπὸ σεισμῶν πολλάκις συχνῶν ἐκακώθη· ὅπου καὶ ἡ ἐμὴ κατὰ γένος δοὺς τέθαπται.

Πλουτεῖ οὖν ἡ νῆσος αὕτη, ἧς καὶ ἡ περίμετρός ἐστι μιλίων ἑξήκοντα, ἀέρα εὔκρατον καὶ ἀρκούντως ὑγιεινόν, εἰς τὴν τῶν οἰκητόρων ἁπάντων εὐφροσύνην. Ὅρα καὶ τί φησι περὶ αὐτῆς ὁ Βιργίλιος· « ἤδη ἐν μέσῳ κυμάτων ἡ νομὰς ἔχουσα πλείστας καταφανής ἐστι Ζάκυνθος. »

17. δι' ὅλου. — 14. D'abord κατέλαβεν ὑπὸ ἀπλοίας. — 32. ὄχθῃ.

7. Περὶ τῶν Στροφάδων.

Λείπεται νῦν, πάτερ Ἰορδάνη, ἐν τούτῳ τῷ Ἰονίῳ πελάγει πρῶτον μὲν σκοπέλους τινὰς ἁγιωτάτους πρὸς νότον κειμένους σοι δεῖξαι, ἔχοντας τὴν περίμετρον οὐ μείζονα ἑνὸς
5 μιλίου, οἵτινες ἐκ παλαιοῦ τινος σεβασμιώτατοι ἐνομίζοντο χρόνου· ἔπειτα δὲ καὶ τὰς καλουμένας Ἐχινάδας νήσους, τὰς ἀπὸ τῶν θαλασσίων ἐχίνων οὕτω κληθείσας, αἵτινες ἐγγύς εἰσι τοῦ Ἀχελώου ποταμοῦ· μετὰ ταῦτα δὲ καὶ τὰς ἀπὸ τῆς στροφῆς Στροφάδας ὀνομασθείσας, ἐν αἷς καὶ ἀδελ-
10 φότης οἰκεῖ μοναχῶν δίαιταν ἐχόντων σκληρὰν ἐξ ἰχθύων μόνον καὶ ὕδατος. Ἐπεὶ δ' οἱ πάλαι αὐτόθι οἰκοῦντες ὑπὸ βαρβάρων ληφθέντες ἐπράθησαν, διὰ τοῦτο οἱ ὕστερον ἐλθόντες, ὅπως μετ' ἀσφαλείας τὴν τοῦ Θεοῦ ὁδὸν διανύωσιν, ᾠκοδόμησαν πύργον, ἐν ᾧ ἐρημικὸν ὡς ἀληθῶς διάγουσι βίον.
15 Εἰσὶ δ' ἐκεῖ ὑπὲρ τοὺς πεντήκοντα συνηγμένοι ἐκ διαφόρων συγγενειῶν τε καὶ οἰκιῶν.

Αὗται λοιπὸν αἱ Στροφάδες μετὰ τῆς πλησίον μικρᾶς νήσου, ἐν τῷ καιρῷ τοῦ Φηνέως, τοῦ τῆς Ἀρκαδίας ἡγηός, ὑπὸ πειρατῶν ᾠκίσθησαν. Οὗτος ὁ Φηνεὺς τοὺς ἰδίους παῖδας
20 ἐκτυφλῶσαι λέγεται εἰσηγήσει Ἀρπαλύκης τῆς αὐτῶν μητρυιᾶς· ὅθεν, εἰς ἐκδίκησιν τῆς τῶν παίδων συμφορᾶς ὁρμήσαντες οἱ πειραταί, τὴν Ἀρκαδίαν κατέλαβον κἀκείνην ἐπολιόρκουν, αὐτὸν τὸν Φηνέα κολάσαι βουλόμενοι. Ζῆθος δὲ καὶ Κάλαϊς, οἱ τῆς Ἀρπαλύκης ἀδελφοί, τοὺς μὲν πειρατὰς
25 ἐλθόντες ἐφυγάδευσαν· ἐκεῖνον δὲ ἠλευθέρωσαν τοῦ κινδύνου, ὤθησάν τε αὐτοὺς διώκοντες μέχρι καὶ αὐτῶν τῶν Στροφάδων καλουμένων νήσων, ἃς αὐτοὶ ἀπὸ τῆς στροφῆς οὕτως ὠνόμασαν, ὅτι πρὸς αὐτὰς ἐστράφησαν οἱ πειραταὶ κενοί, μηδὲν ἀνύσαντες.

30 Λέγεται δὲ καὶ τὸν Αἰνείαν εἰς Ἰταλίαν ποτὲ φεύγοντα τὴν τῆς Τροίας ἅλωσιν, καὶ τούτους καταλαβόντα τοὺς τόπους,

προς εστίασιν μετά των εταίρων τραπήναι · καθημένων ούν πάντων και εσθιόντων, τας από της Αρκαδίας εκδιωχθείσας Άρπυίας και τας νήσους ταύτας καταλαβούσας εισπεσείν τε
35 τη τραπέζη και τας κειμένας τροφάς, τας μεν αρπάζειν τοις όνυξι, τας δε χραίνειν αφή μεμολυσμένη. Άρπυιαι δ' ωνομάσθησαν από της αδδηφαγίας, καθότι τας νήσους ταύτας οικούντες πειραταί πάντας τους πλησιάζοντας εμίαινον τη σφών αυτών φειδωλία και αρπαγή · εδίωξαν δε αυτάς και από τού-
40 των των νήσων οι περί τον Αινείαν σιδήρω.

Όθεν και από του κακού εις το αγαθόν νυν αύται ετράπησαν και τοις πλέουσιν εγένοντο φίλαι · όσον γαρ αυτάς πάλαι εμίσουν και πόρρωθεν οράν ηβούλοντο, τοσούτον νυν εγγύς αυτών μετά πολλής ευνοίας και ευσεβών δεήσεων επι-
45 θυμούσι γενέσθαι και προς τούτο σπεύδουσιν.

Έστι δ' εν αυταίς, ως είρηται, πύργος και εν αυτώ ναός, ένθα και μοναχοί της των κανονικών καλουμένων συνέρχονται τάξεως · οις ο ηγούμενος, ο παρά Λατίνοις λεγόμενος πρίωρ, τους των αγίων πατέρων αναγινώσκων βίους διασαφεί. Οποίος
50 άρα ο βίος αυτών εστι, πάτερ αιδεσιμώτατε, κρίνον · σκληρότατος γαρ τω όντι παρά πάντων νομίζεται, του τόπου τούτου στενωτάτου και ου πλείονος ενός μιλίου, ως είρηται, την περίμετρον όντος και οκτακόσια της γης απέχοντος στάδια. Εν τούτοις η των κρεών εδωδή καταφρονείται παντάπασιν,
55 ιχθύσι δε μόνον πολλάκις ηλίω ξηρανθείσι και άρτω ξηρώ και ύδατι την εαυτών συνέχειν ζωήν χαίρουσιν, όπως εντεύθεν άσπιλον την εαυτού ψυχήν έκαστος τω υψίστω αποδούναι δυνηθείη.

9. ὠνομασθείσας. — 19. ὠκήσθησαν. — 20. ἁρπαλικῆς. — 21. ὡρμήσαντες. — 22. ἀρκαδείαν. — 24. ἁρπαλικῆς. — 32. ἐσθίασιν. — 33. ἀρκαδείας. — 41. αἶσθον *(sic)*, au lieu de ma restitution ἀγαθὸν, rendue certaine par le texte latin, qui porte *bonum*. — 49. διασαφοῖ.

8. Περὶ τῆς Σαπιεντείας.

Ἐντεῦθεν εἰς τὴν Σαπιένteιαν ἔρχομαι, ἥτις, ἔμπροσθεν τῆς πόλεως Μεθώνης, μικρὰ καὶ ἄκαρπος φαίνεται. Λέγεται δὲ Σαπιέντεια καθότι μετὰ φρονήσεως τοῖς πλέουσι προσήκει
5 ταύτην διαπερᾶν, φυλαττομένοις τοὺς ἐκεῖσε κεκρυμμένους σκοπέλους (σαπιέντεια γὰρ λατινικῶς σοφία καὶ φρόνησις ἑλληνικῶς ἑρμηνεύεται), ἢ διότι γυνή τις τοῦ ἑλληνικοῦ γένους τὴν οἴκησιν ἐν ταύτῃ τῇ νήσῳ ποιουμένη τὰ μέλλοντα τοῖς παριοῦσιν ἐδήλου ταῖς ἑαυτῆς ἐπῳδαῖς.
10 Μέσον ταύτης ὄρος ἵσταται, ἐν ᾧ οἱ τὴν Μεθώνην οἰκοῦντες σημαίαν ἱστᾶσιν, ὅπως τοῖς περιϊσταμένοις καταφανὴς εἴη.

Πρὸς τὸ τῆς ἀνατολῆς δὲ μέρος καὶ ἕτεραι ἀοίκητοι καταφαίνονται νῆσοι αἶγας μόνον ἔχουσαι. Εἰς γοῦν τὴν μικροτέραν αὐτῶν μία τριήρης ποτὲ τῶν Τούρκων, ἐν τῷ τοῦ μεγά-
15 λου Ἀμοιρᾶ καιρῷ, ἀωρὶ τῶν νυκτῶν προσώρμισε, καὶ οἱ ἐν αὐτῇ ὄντες κατὰ τῆς ἐκκλησίας εὐθὺς ἀποβάντες ἐξώρμησαν, ἣν καὶ κυκλώσαντες, καὶ τὴν θύραν, ὡς μοναχοῦ τινος ἤκουσαν ψάλλοντος, ζητήσαντες, οὐδαμοῦ εὕρισκον, καὶ οὕτω μέχρι πρωΐας ἐπλανῶντο· ὡς δ᾽ ἡμέρα διέλαμψε, τὰς
20 τῶν χριστιανῶν ἐπιβουλὰς φοβηθέντες, ἀναχωρῆσαι διενοοῦντο, εἰ καὶ ἀπὸ τοῦ αἰγιαλοῦ οὐχ οἷοί τ᾽ ἐγένοντο ἀπελθεῖν πρὸ τοῦ τὰς ἐπενεχθείσας ὑπ᾽ αὐτῶν ζημίας τοῖς μοναχοῖς ἀναπληρῶσαι.

Ἀπαντικρὺ δὲ τῶν λεχθεισῶν τούτων νήσων δύο ἵστανται
25 πόλεις, ὧν ἡ μὲν πρώτη ἐστὶν ἡ Μεθώνη οἶνον πολὺν ἔχουσα, δῶρον Διονύσου· ἡ δὲ δευτέρα ἡ καλουμένη Κορώνη τῷ τῆς Παλλάδος ἐστεφανωμένη φυτῷ, ἔχει γὰρ πλεῖστον ἔλαιον. Ἀμφότεραι γοῦν εἰς τὴν τοῦ Μορέου ἐπαρχίαν εἰσὶ τεταγμέναι, ὅστις πάλαι Πελοπόννησος ὠνομάσθη ἀπὸ Πέλοπος,
30 υἱοῦ τοῦ Ταντάλου, ὥς φησι Βαρλαάμ, ἀνὴρ ἐν πολέμοις ἐπιφανής. Ὁ γὰρ Πέλοψ μετὰ Οἰνομάου, τοῦ τῆς Ἤλιδος

καὶ Πίσσης βασιλέως, ἀγωνισάμενος καὶ νικήσας αὐτὸν ἱππικῷ ἅρματι, τὴν αὐτοῦ θυγατέρα Ἱπποδάμειαν ἔσχε, καὶ ἔπειτα ἀπὸ τοῦ ἰδίου ὀνόματος Πελοπόννησον ὠνόμασε τὴν
35 πρότερον Ἄργος καλουμένην, βασιλεύσας αὐτῆς μετὰ τὸν τοῦ Οἰνομάου θάνατον.

1. τῆς manque. — 4. πλείοσι. — 5. φυλαττόμενοι. — 15. προσώρμησε.

9. Περὶ τῆς Κυθηρίας.

Περιττόν μοι δοκεῖ διηγήσασθαι περὶ τῶν ἐν τούτοις τοῖς τόποις φαινομένων σκοπέλων, μηδενὸς ἀξίου εἰς διήγησιν ἐν αὐτοῖς εὑρισκομένου · ὅθεν, τὸν περὶ τούτων σιγῇ παραδρα-
5 μόντες λόγον, εἰς τὴν καλουμένην Κυθηρίαν ἔλθωμεν νῆσον · ἥτις πρώτη τῶν πρὸς ἑσπέραν τοῦ Ἀρχιπελάγους νήσων παρὰ πάντων ἀξιοῦται εἶναι. Ἔστι δὲ σχεδὸν ἅπασα ὀρεινή, ἔχουσα ἐν αὐτῇ καὶ φρούριον Κύθηρα ὀνομαζόμενον, ὅπου ἡ Ἀφροδίτη διαφερόντως τιμᾶται, ἀφ' οὗ δὴ ἥ τε νῆσος καὶ
10 αὐτὴ ἡ Ἀφροδίτη ἔσχον τὴν ἐπωνυμίαν · ἧς καὶ τὸ εἴδωλον ἦν ἐν αὐτῇ. Γεγλυμμένη γὰρ ἵστατο παῖς ὡραιοτάτη ἐν θαλάσσῃ νηχομένη καὶ κατέχουσα ἐν τῇ δεξιᾷ θαλασσίαν κογχύλην, ῥόδοις τε κεκαλλωπισμένη καὶ ὑπὸ περιστερῶν περιϊπταμένων παραπεμπομένη. Τοιαύτη δ' ὅμως οὖσα συνέ-
15 ζευκται τῷ Ἡφαίστῳ, τοῦ πυρὸς ὄντι θεῷ, ἀγροίκῳ καὶ δυσειδεστάτῳ. Ἵσταντο δὲ ἔμπροσθεν αὐτῆς καὶ τρεῖς παιδίσκαι θαυμαστοῦ τινος κάλλους, αἵτινες ἐκαλοῦντο Χάριτες · ὧν αἱ μὲν δύο τὸ πρόσωπον πρὸς αὐτὴν ἔστρεφον, ἡ δὲ λοιπὴ τοὐναντίον · ταύτης πλησίον καὶ ὁ υἱὸς αὐτῆς Ἔρως πτερωτὸς
20 καὶ τυφλὸς ἵστατο, ὃς τόξον καὶ ὀϊστοὺς κατέχων τὸν Ἀπόλλωνα πόρρωθεν ἔβαλλε · δι' ἣν αἰτίαν οἱ θεοὶ ταραχθέντες τὸν παῖδα εἰς τὸν τῆς μητρὸς κόλπον περίφοβον φυγεῖν ἠνάγκασαν.

Ἀλληγορία. Ὁ πλανήτης οὗτος ὁ καλούμενος Ἀφροδίτη

γυναικείας ἐστὶ κράσεως, καὶ διὰ τοῦτο ἐν εἴδει παιδὸς, ἥτις θερμοτέρας καὶ ὑγροτέρας τυγχάνει κράσεως, ζωγραφεῖται. Τῷ Ἡφαίστῳ δὲ συζευχθῆναι λέγεται καὶ τῇ θαλάσσῃ χαίρειν, καθότι μεθ' ὑγρότητος καὶ θερμότητος τὸν Ἔρωτα τίκτει, τὸν τῆς ἀγάπης θεόν, δηλονότι τὴν τῆς σαρκὸς ἡδονήν· ἐπεὶ ὁ ἀστὴρ οὗτος ἐρεθίζει τοὺς ἀνθρώπους πρὸς συνουσίαν.

Αἱ δὲ τρεῖς παιδίσκαι τρία σημαίνουσι πλημμελήματα: φειδωλίαν, πρὸς τὸ κερδαίνειν μετὰ τῆς τῶν ἀφροδισίων σαρκικῆς ἐνεργείας· [φιλοσαρκίαν, πρὸς τὸ διαπράττεσθαι τὸ σαρκικὸν ἔργον]· καὶ ἀπιστίαν, χρημάτων γὰρ ἕνεκα ἐρᾶν τοὺς ἀνθρώπους διδάσκει. Πτερωτὸς δὲ λέγεται εἶναι, διότι ταχέως παραγίνεται καὶ συζεύγνυται· τυφλὸς δὲ, ὡς ὅποι ἐρᾷ οὐ φροντίζει.

Ἀπὸ ταύτης τῆς νήσου καὶ Πάρις, ὁ τοῦ Πριάμου υἱὸς, Ἑλένην, τὴν τοῦ Μενελάου σύνευνον, οὐκ ἄκουσαν ἥρπασεν. Ἔτυχε γὰρ αὐτὴν ἐλθεῖν ἐν ἡμέρᾳ ἑορτασίμῳ εἰς ἱερὸν ἐγγὺς τοῦ αἰγιαλοῦ κείμενον, ὅπερ καὶ νῦν ἐστι γνώριμον· ὅπου, ὡς εἶδον ἀλλήλους, ἡ ἑκατέρων μορφὴ αἰτία γέγονεν ἁρπαγῆς· ἀφ' ἧς μεγάλη τις ὕστερον ἐπηκολούθησε συμφορά. Πάντες γὰρ οἱ τῶν Ἑλλήνων ἡγεμόνες συνωμοσίαν κατὰ τῶν Τρώων ἐποιήσαντο προθύμως τοῦ τὴν πόλιν ἐρημῶσαι· οἵτινες, ὡς πολλάκις ζητήσαντες, μάτην ἐδόκουν τὴν τῆς αἰτήσεως πρεσβείαν ποιεῖσθαι, ἐστράτευσαν εἰς Ἴλιον ὑφ' ἡγεμόνι Ἀγαμέμνονι μετὰ μεγίστου στρατοῦ· καὶ πολιορκήσαντες ἔλαβον μετὰ δέκα ἐνιαυτοὺς, καὶ τῷ Μενελάῳ τὴν Ἑλένην ἀπέδωκαν, μεθ' ἧς αὐτὸς ὑποστρέφων [εἰς] Λακεδαίμονα, πολλοῖς κλύδωσιν εἰς Αἴγυπτον ἀπελαύνεται πρῶτον· ἔπειτα τὴν πατρίδα, μετὰ πολλοὺς οὓς ὑπέστη κινδύνους, κατέλαβεν.

Ἡ τῆς νήσου ταύτης περίμετρος μιλίων ἐστὶν ἑξήκοντα. Εἰσὶ περὶ αὐτὴν καὶ σκόπελοι μεθ' ὑδάτων ποτίμων καὶ διειδεστάτων, καὶ πηγὴ ὁμοίως Δραγουνάρα ὀνομαζομένη ἔτι καὶ νῦν ἐστιν. Οἰκοῦσι δ' ἐν αὐτῇ πάνυ ὀλίγοι, οὐκ οἶδ' ὅτου χάριν.

12. θαλασσείαν. — 34. ἐρᾶν. — 51. κλύδοσιν.

10. Περὶ τῆς Σκύλλης.

Μετὰ δὲ τὴν νῆσον ταύτην, μετ' οὐ πολὺ διάστημα, καὶ τὴν Σκύλλαν μετὰ τῶν λοιπῶν νήσων ἀπαριθμῆσαι δυνάμεθα · ἧς ἡ περίμετρος μιλίων ἐστὶ δέκα. Ἐν ταύτῃ τῇ νήσῳ
5 πάλαι μὲν ἦν φρούριον ὑπ' ἀνθρώπων οἰκούμενον · νῦν δὲ οὐδένα ἔχει τὸν οἰκοῦντα, πλὴν μόνον ὄνων ἀγρίων πλῆθος.

Λέγεται δὲ ὅτι, εἴ τις ἐκεῖ ἐπὶ δέρματος ἀγρίου ὄνου κατακοιμηθῇ, οὐ φοβήσεται δαίμονας · καὶ ἐπιληπτικὸς θεραπευθήσεται, εἰ τὸ ἀπὸ τοῦ μετώπου τοῦ ὄνου δέρμα λαβὼν περία-
10 πτον ποιήσῃ, ἢ καὶ ἐὰν μέρος τοῦ ὄνυχος καύσας τὴν σποδὸν πίῃ, ἢ καὶ δακτύλιον ἀπ' αὐτοῦ ποιήσας φορῇ · καὶ γυνὴ ὠδίνουσα ταχέως τέξεται, εἰ τῷ τούτου χρήσηται καπνῷ · τῷ πυρέττοντι δὲ εἰ παράσχοις τὴν ἀπὸ τῶν τῆς κεφαλῆς ἢ τῆς γνάθου τριχῶν σποδὸν τῷ ξυρῷ τμηθεισῶν καὶ καυθεισῶν, ἀπαλλάξεις
15 τῆς νόσου · ὠφελεῖ δὲ καὶ τὸ ἀπὸ τῶν ὤτων αἷμα πινόμενον τοὺς τεταρταῖον πάσχοντας · εἰ δὲ καὶ ἀλοιφὴν μετ' αὐτοῦ τε καὶ τοῦ τῆς δρακοντίας βοτάνης ὀποῦ καὶ τοῦ ῥοδίνου ἐλαίου ποιήσαντες τοὺς νεφροὺς πρὸ τοῦ πυρετοῦ χρίσωσι, θεραπευθήσονται. Θεραπεύονται πρὸς τούτοις καὶ τὰ συσχεθέντα μέλη
20 ὑπὸ ῥεύματος κλυσθέντα μετὰ τοῦ ἐκείνων ζωμοῦ, ἢ ἀλειφθέντα μετὰ ζωμοῦ καὶ λίπους θηλείας ὄνου · καὶ ὁ τῶν ὀστέων δὲ μυελὸς εἰς οὐλὰς καὶ νάρκωσιν νεύρων τὰ μέγιστα ὠφελεῖ.

Εἰς ταύτην ποτὲ τὴν νῆσον Τοῦρκοι ἐλθόντες ἐναυάγησαν.
25 Οἱ δ' ἀπὸ τῆς Κρήτης τοῦτο ἀκούσαντες ἡτοίμασαν αὐτοῖς ταχέως τὴν εἰς τὸν ᾅδου ὁδόν.

Ὁμοίως δὲ καὶ ναῦς ἀωρὶ τῶν νυκτῶν εἰς ταύτην ὁρμήσασα κατεάγη · οἱ δ' ἐν αὐτῇ πλωτῆρες ἐπὶ σανίδων νηχόμενοι ἡμέρας ὀκτὼ καταντικρὺ τῆς Κυθηρίας ἅπαντες ἀπώλοντο,
30 πλὴν ἑνός, ὃς ἐν σκοπέλῳ τινὶ ἐναπολειφθεὶς διήρκεσεν εἰς ἐνιαυτὸν ταῖς τῶν δένδρων καὶ βοτανῶν ῥίζαις τρεφόμενος καὶ

τελευτῶν σῶος διεσώθη, καταλαβόντων τινῶν ὑπὸ ἀπλοίας τὸν σκόπελον.

10. εἰ. — 14. ἀπαλλάξῃς. — 27. ὡρμήσασα. — 29. ἀπόλοντο.

11. Περὶ τῆς Κρήτης.

Εἰ καὶ ἅπερ περὶ τῆς Κρήτης νήσου μέλλω διηγήσασθαι ἐνταυθὶ, ἐν τῇ βίβλῳ ἣν ἰδίᾳ περὶ αὐτῆς συνεταξάμην πλατύτερον γεγραμμένα τις εὑρήσει ζητῶν, ὅμως, διὰ τὴν τῶν
5 ἀναγινωσκόντων ὠφέλειαν, διὰ βραχέων ἐνταῦθα εἰς τρία τὴν νῆσον διαιρήσω μέρη.

Ἔστι τοίνυν αὕτη ἐν μέσῳ σχεδὸν τῆς καθ' ἡμᾶς θαλάσσης, ὄρεσι πάντοθεν περικυκλουμένη καὶ ὑπ' ἀνέμων ἐνοχλουμένη. Τὸ μὲν οὖν ἀπ' ἀνατολῆς πρὸς δύσιν αὐτῆς μῆκος
10 μιλίων ἐστὶ διακοσίων τριάκοντα, τὸ δὲ πλάτος τριάκοντα πέντε. Καὶ πρὸς ἕω μὲν Σαλμὼν ὄρος, ὃ καὶ πρὸς νῆσον Κάρπαθον ἀποκλίνει· πρὸς ἑσπέραν τὸ λεγόμενον Κορύκιον ἀνυψοῦται, ὅπερ πρὸς τὸ τοῦ Μαλέου ἀκρωτήριον ἀφορᾷ.

Ὠνομάσθη δὲ Κρήτη ἀπὸ Κρήτου, υἱοῦ τοῦ Νεβρῶν, ἢ,
15 διὰ τὸ τὴν γῆν αὐτῆς ὁμοίαν εἶναι τῇ κολλώδει ἐκείνῃ καὶ λευκῇ γῇ τῇ οὕτω καλουμένῃ, ταύτην ἔσχε τὴν ἐπωνυμίαν.

Ἡ νῆσος αὕτη ἑκατὸν ἔσχε πόλεις καὶ τῶν πλειόνων οἱ θεμέλιοι ἔτι καὶ νῦν σώζονται ὑπὲρ τὸν ἑξήκοντα ἀριθμὸν ὄντες.

Κρόνος οὖν, ὥς λέγεται, υἱὸς Γῆς καὶ Οὐρανοῦ, ἀνὴρ παν-
20 οῦργος καὶ μέγα δυνάμενος, ἐβασίλευσεν ἐν αὐτῇ, καὶ τοὺς ἀνθρώπους ὡς θεὸν αὐτὸν σέβεσθαι προσέταξε. Πρῶτος οὗτος χαλκοῦν ἔκοψε νόμισμα, τὸ αὐτοῦ ὄνομα ἐγχαράξας, καὶ τοὺς τὴν νῆσον οἰκοῦντας τὴν γῆν ἐργάζεσθαι μὴ εἰδότας ἐδίδαξε, καὶ σπέρματα καταβάλλειν, καὶ ταῦτα συλλέγειν ἐν καιρῷ
25 τῷ προσήκοντι διετάξατο. Ἐπὶ τούτοις καὶ ἱερὸν ἐδείματο εἰς ἔπαινον ἴδιον, καὶ ἑορτὴν τελεῖσθαι κατ' ἐνιαυτὸν παρεκελεύσατο, ἣν καὶ Κρόνια ἀφ' ἑαυτοῦ ὠνόμασεν. Ἔλαβε δὲ εἰς

γυναῖκα τὴν ἑαυτοῦ ἀδελφὴν Ἑστίαν λεγομένην· ἀφ' ἧς καὶ πολλοὺς ἔσχεν υἱούς, οὓς ἅπαντας, ὥς φασι, κατέπινεν, ἵνα
30 μὴ αὐτὸν τῆς βασιλείας ἀνδρωθέντες ἐξώσωσι.

Τοῦ οὖν Διὸς ὕστερον γεννηθέντος, φοβηθεῖσα ἡ μήτηρ ἵνα μὴ καὶ αὐτὸς ταὐτὰ τοῖς προτέροις αὐτοῦ ἀδελφοῖς πάθῃ, εἰς Ἴδην τὸ ὄρος ἐξέπεμψε καὶ τοῖς λεγομένοις Κουρήταις τὸν παῖδα φροντίζειν παρέδωκεν. Οἳ καὶ παραλαβόντες εἰς ἄντρον
35 ἐκόμισαν, τὴν τοῦ πατρὸς ἐπιβουλὴν φυλαττόμενοι· ὅθεν καὶ τὸν τοῦ παιδὸς κλαυθμὸν τῇ τῶν κυμβάλων τε καὶ τυμπάνων κρούσει ἐκάλυπτον, ὅπως μὴ ἐξακούηται· αἱ δὲ μέλισσαι, τῷ τοιούτῳ χαίρουσαι ἤχῳ, μέλι εἰς τὸ τοῦ παιδὸς φέρουσαι ἐνέβαλλον στόμα. Δηλοῖ δὲ τοῦτο τὰς διὰ γάλακτός τε καὶ
40 μέλιτος τρεφούσας αὐτὸν τίτθας.

Ὡς γοῦν ὁ παῖς εἰς ἀνδρὸς ἡλικίαν ἔφθασε, πρῶτον μὲν κατὰ Τιτάνων ἐπολέμησεν, ἔπειτα καὶ τὸν πατέρα τῆς βασιλείας ἀπεβουκόλησεν, ὠμότατον ὄντα καὶ σάρκας ἀνθρωπίνας θύειν διδάξαντα ἄλλους τε πολλοὺς καὶ τοὺς ἰδίους υἱούς. Οὗτος
45 ὁ Ζεύς, μετὰ τὴν τοῦ πατρὸς φυγήν, βασιλεὺς τῶν Κρητῶν γενόμενος, τὴν ἑαυτοῦ ἀδελφὴν ἔλαβεν εἰς γυναῖκα· δόξης δὲ τυγχάνων ἐραστής, ἱερὰ εἰς τὸ ἑαυτοῦ ὄνομα ἐν πολλοῖς ἀνώρθωσε τόποις. Ἐγένοντο μὲν οὖν καὶ ἕτεροι τῷ Διὶ τούτῳ ὁμώνυμοι· οὗτος δ' ὁ κρῆς μείζων πάντων ὑπῆρξε, καθότι
50 καὶ πολλὰ ἀγαθὰ τῷ ἀνθρωπίνῳ χρησιμεύοντα βίῳ ἐξεῦρεν. Ἀποθανὼν δὲ τέθαπται τὸ ἑαυτοῦ σῶμα ἐγγὺς τοῦ φρουρίου τοῦ καλουμένου Αὔλακρα, εἰ καὶ ἐν οὐρανῷ λέγεται αὐτὸ εἶναι ἀποθεωθέν.

Ἐν ταύτῃ τῇ νήσῳ καὶ ὄρος ἐστὶ τῷ Διὶ τούτῳ ὁμώνυμον,
55 περὶ δὲ τοὺς πρόποδας αὐτοῦ πρὸς τὸ ἀρκτικώτερον, ὡς ὁ Πτολεμαῖος διαλαμβάνει, σπήλαιον χερσὶ κατεσκευασμένον εὑρίσκεται, λευκὸν διόλου, τεσσαράκοντα πήχεων τὸ μῆκος, καὶ τὸ πλάτος τεσσάρων, στόμα ἔχον στενόν. Ἐν γοῦν τῇ κεφαλῇ τούτου τάφον Διὸς τοῦ μεγάλου, ἀπό τινος ἐγκεκο-
60 λαμμένου ἐν αὐτῷ ἐπιγράμματος, ὑπὸ δὲ τοῦ χρόνου ἤδη ἐφθαρμένου, ἔγνωμεν εἶναι.

Ἐκτὸς δὲ τοῦ σπηλαίου οἰκοδομαὶ τοῦ ἱεροῦ μέγισται καταφαίνονται. Ὁπόταν οὖν πρὸς νότον ἀποκλίνωμεν, ἐγγὺς τοῦ αἰγιαλοῦ πρὸς ἀνατολὴν, καὶ τὴν Ἱεράπολιν ὁρῶμεν οἰκο-
65 δομὰς ἔχουσαν πλείστας ἐκ μαρμάρων μεγίστων τε καὶ καλλίστων · ἐν ᾗ καὶ ἱερόν ἐστι μέγιστον ἔχον ἐν προθύροις τουτὶ τὸ ἐπίγραμμα ἑλληνικοῖς γράμμασι · « τὴν κεφαλὴν γύμνωσον καὶ τοὺς πόδας κάθαρον καὶ εἴσελθε. »

Οὐ πόρρω ταύτης καὶ ἡ μεγαλοπρεπεστάτη ἐστὶ Κισσα-
70 μούπολις, καὶ ἀκρωτήριον ἐγγύς που πάλαι μὲν Κάδδιστον, νῦν δὲ Σπάδα ὀνομαζόμενον. Μετὰ ταύτην ἡ Κυδωνία, ἥτις σήμερον Χανέα κοινῶς καλεῖται, καὶ χαριεστάτη παρὰ πάντων νομίζεται · εἰς ἣν πρῶτον ὁ Μέτελλος κατήντησε κατὰ Κρητῶν στρατευόμενος · ὃς τὴν νῆσον ἅπασαν πυρὶ καὶ σιδήρῳ
75 διέφθειρεν, εἰς ἀντέκτισιν, οἶμαι, τοῦ αὐτῶν πλημμελήματος, ὅτι τὸν Μάρκον Ἀντώνιον ἐν θαλάσσῃ ἡττηθέντα καὶ παντάπασι συντριβέντα αὐτοὶ ἐς Ῥώμην κατήγαγον, ὥς φησι Τίτος ὁ Λίβιος ἐν τῇ ἑαυτοῦ ἱστορίᾳ.

Ἔρχομαι ἤδη καὶ εἰς τὴν καλουμένην Ῥέθυμον πόλιν καὶ
80 εἰς τὴν Κάνδακον, ἥτις σήμερον Κάνδεια λέγεται καὶ μητρόπολις ἐστὶν, ἀφ' οὗ ταύτην ἀνεκαίνισαν · ἔτι τε εἰς τὰ τῆς Τερσόνης πάλαι ὑψηλὰ τείχη, καὶ εἰς τὴν ποτὲ μὲν Πυξόπολιν, νῦν δὲ Ἰστρήνην λεγομένην, ἐν ᾗ πηγή τις ὀκτὼ μυλώνων ἀνοίγεται. Εὑρήσει δέ τις καὶ ἕτερα φρούρια ἐν ταῖς
85 τῶν ὀρῶν κορυφαῖς, οὐ πόρρω τῆς θαλάσσης · ἐν οἷς καὶ Σαρδόπολις ἐστὶν, ἥτις πάλαι τῶν καλουμένων γιγάντων ἦν. Ἀπὸ γοῦν τῆς ἕω πρὸς τὸ τῆς νήσου ἔσχατον καὶ Σαλμῶν ὄρος ἐκτείνεται πάντων τῶν ἐγγὺς ὑψηλότατον.

Καταλιπόντες δὲ τοῦτο καὶ πρὸς ἑσπέραν περί που τὸ μέ-
90 σον τῆς νήσου γενόμενοι, τὸ Δικταῖον ὁρῶμεν ὄρος ἔχον ἐν τῇ κορυφῇ πεδίον εἰς νομὴν ἄριστον, μιλίων ὀκτωκαίδεκα τὴν περίμετρον.

Πρὸς νότον δὲ πλατεῖά τις καὶ ὁμαλὴ ἐπὶ πολὺ ἐκτείνεται γῆ Μεσαρέα ἰδιωτικῶς λεγομένη · περὶ δὲ τὸ μέσον αὐτῆς
95 οὐ μικρὰ ἴχνη τῆς περιφανοῦς πόλεως Γορτύνης ἔτι καὶ νῦν

καταφαίνονται, ἥτις καὶ πρώτη πασῶν τῶν τοῦ βασιλέως Μίνωος ἐτύγχανε πόλεων · κατεσκεύαστο γὰρ μετὰ τέχνης πολυτελοῦς καὶ μετὰ ὑδραγωγῶν, τὴν πόλιν ἅπασαν ἀρδευόντων · ἐν ᾗ καὶ δύο χιλιάδας κιόνων τε καὶ εἰδώλων τῷ χρόνῳ
100 καταπεσόντων αὐτὸς ἀπηριθμησάμην. Κατὰ γοῦν τὸ μέγεθος ὁμοία ἐστὶ τῇ ἡμετέρᾳ Φλωρεντίᾳ.

Ὁ δὲ Λαβύρινθος, ὥς φασιν, ἐν τῷ ὄρει ἐστὶ πρὸς τὸ ἀρκτῶον μέρος μετὰ γλαφυροῦ τινος στόματος κατεσκευασμένος · ἔνθα καὶ τὸν ὑπὸ τοῦ Δαιδάλου τεθέντα Μινώταυρον
105 ἀπέκτεινεν ὁ Θησεὺς τῇ τῆς Φαίδρας ἀπάτῃ, ἥτις ἀδελφὴ ἦν αὐτοῦ τοῦ Δαιδάλου.

Βαδίζων δὲ τὴν εἰς τὸ ὄρος πρὸς ἑσπέραν οὐ πόρρω τῶν δέκα μιλίων, καὶ τὴν Ἴδην τὸ ὄρος εὑρήσεις ὑψηλότατον καὶ κατὰ πολὺ περιβόητον · πρὸς δὲ καὶ τὴν Κνωσίαν πόλιν περί
110 που τοὺς αὐτοῦ πρόποδας. Ἔχει δὲ τὸ ὄρος τοῦτο κορυφὰς πέντε, ὧν ἡ μέση τῶν ἄλλων ὑψηλοτέρα τυγχάνει, ὅπου καὶ ὁ Κρόνος, ὡς λέγεται, ἱερὸν ἱδρύσατο εἰς ἴδιον ἔπαινον καὶ τὸν ἔμμετρον λόγον ἱερὸν νομίζειν διετάξατο. Ἔστιν ἐν αὐτῷ καὶ χιὼν ἀπὸ τοῦ μέσου μέχρις ἄκρας κορυφῆς δι' ὅλου
115 ἐνιαυτοῦ. Τὸ μὲν οὖν διάστημα τὸ ἀπὸ Κνωσίας μέχρι καὶ τῆς Ἀπτεραπόλεως μιλίων ἐστὶ τεσσαράκοντα, τὸ δὲ ὕψος εἴκοσι. Ἐν γοῦν τούτῳ τῷ διαστήματι πολλά εἰσιν ἄξια διηγήσεως, ἅπερ νῦν ἐῶμεν, τὸ μῆκος τοῦ λόγου φυλαττόμενοι.

Ἦλθον δὲ καὶ εἰς τοὺς αὐτόθι κατασκίους δρυμῶνας, τοὺς
120 πρὸς ἑσπέραν, καὶ ἀπὸ τῶν δώδεκα ῥωμαϊκῶν οἴκων εἰς κατοίκησιν, ἐν τῷ τοῦ Κωνσταντίνου τοῦ βασιλέως καιρῷ · οἵτινες, ἀπὸ γένους εἰς γένος τῷ μακρῷ μεταβάντες χρόνῳ, τό τε ἐπώνυμον αὐτὸ καὶ τὸ τὰς οἰκίας τοῦ γένους αὐτῶν διαιροῦν σημεῖον μέχρι καὶ τοῦ νῦν ἔτι διασώζουσι, καὶ ἔτι
125 τὰ τῶν Ἑλλήνων ἔθιμα κατ' ἀκρίβειαν. Καὶ πρῶτον μὲν Χορτάτζοι, λατινικῶς Σατούριοι, πεντακόσιοι τὸν ἀριθμὸν εἰσίν · ἔπειτα δὲ Μελισσηνοί, ἤτοι Βεσπασιανοί, τριακόσιοι · εἶτα Λίγνοι, ἤτοι Φλεκτίλιοι, χίλιοι ἑξακόσιοι · Βλαστοί, ἤτοι Παπινιᾶνοι, διακόσιοι · Κλάδοι, ἤτοι Ῥάμουλοι, ἑκα-

130 τὸν ὀγδοήκοντα · Σκορδίλοι, ἤτοι Ἀγλιᾶται, ὀκτακόσιοι · Κιόνιοι, ἤτοι Κολονένσες, τριάκοντα · Ἀρκούλιοι, ἤτοι Οὐρσῖνοι, ἑκατὸν ἐναπελείφθησαν.

Πρὸς δὲ τὴν τῆς νήσου ταύτης γωνίαν τὸ Λευκὸν καλούμενον ὄρος ὑψοῦται, ἀφ' οὗ ποταμοὶ ἔνθεν κἀκεῖθεν πλεῖστοι κατέρχον-
135 ται, καὶ ἐν τοῖς κατασκίοις αὐτοῦ δρυμῶσι τοσαῦταί τε καὶ τοιαῦται κυπάρισσοι φύονταί τε καὶ τρέφονται, ὡς οὐκ ἄν τις ῥᾳδίως τῷ διηγουμένῳ πιστεύσειεν, ἀφ' ὧν καὶ σανίδες ἁπανταχοῦ πέμπονται. Ὅρα καὶ τί φησι περὶ αὐτῆς ὁ Βιργίλιος · « ἡ τοῦ Διὸς νῆσος Κρήτη ἐν μέσῳ κεῖται πόντῳ, ὅπου ἡ Ἴδη
140 τὸ ὄρος καὶ ἡ τοῦ ἡμετέρου γένους ἔστιν ἀρχή · ἑκατὸν οἰκοῦνται πόλεις, ἄφθονα καὶ μεγάλα βασίλεια. »

32. ταῦτα. — 41. ἔφρασε. — 51. τῷ. — 53. ἀποθεοθέν. — 78. λίθυος. — 90. δίτρον. — 102. φασι. — 104. μινόταυρον. — 116. πτεναπόλεως. — 125. ἔθημα. — 127. βεσπεσιανοί. — 128. λίγιοι. — 129. παπιμάνοι. κλαύδιοι. — 131. κολονένσες. — 136. κυπάρισοι.

12. Περὶ τῆς Καρπάθου.

Περὶ τῆς Κρήτης ἤδη διέλαβον. Νῦν ἔρχομαι εἰς τὴν Κάρπαθον, ἥτις ἀπό τινος Καρποῦ οὕτω λεγομένου ἀνδρός, υἱοῦ τοῦ Τιτᾶνος, τὴν ἐπωνυμίαν ἔσχε · καρπὸς δὲ ἑλληνικῶς
5 φρούκτους λατινικῶς ἑρμηνεύεται. Ἐν ταύτῃ τῇ νήσῳ καὶ ἡ Παλλὰς ἔτυχε τοῦ τοιούτου ὀνόματος, καθότι ἐν αὐτῇ ἐτράφη. Πρότερον γὰρ Ἀθηνᾶ ἐκαλεῖτο, θεὰ οὖσα τῆς φρονήσεως · ἐγεννήθη δὲ αὕτη ἀπὸ τῆς τοῦ Διὸς κεφαλῆς · ἡ καὶ καθ' ὁμοιότητα γυναικός τινος κυρίας ἐνόπλου ἦν γε-
10 γλυμμένη, ἔχουσα περὶ τὴν κεφαλὴν ὕδραν ἀντὶ δεσμοῦ, καὶ κόρυθα μετὰ κόμης, καὶ τῇ μὲν δεξιᾷ δόρυ, τῇ δ' ἀριστερᾷ ἀσπίδα ἀπὸ κρυστάλλου μετὰ τοῦ γοργονείου τέρατος κατεῖχεν · ἐσθὴς δ' ἦν αὐτῇ τρισὶ χρώμασι βεβαμμένη. Ταύτης ἐγγὺς καὶ ἐλαία ἦν μετὰ γλαυκὸς ἐπάνω καθεζομένης.
15 Ἔνοπλος τοίνυν ἦν, ἐπείπερ ἀνὴρ φρόνιμος ὡπλισμένος ὑπάρ-

χει ταῖς ἀρεταῖς · καὶ ἡ μὲν ἀσπὶς ἰσχύος, τὸ δὲ δόρυ ἰσό-
τητος καὶ δικαιοσύνης σημεῖον ἦν · ἡ δὲ περὶ τὴν κεφαλὴν
κόρυς, νηφαλεότητος καὶ σωφροσύνης, ἡ ὕδρα δόξης τε καὶ
φρονήσεως, ἡ ἐλαία εὐσεβείας καὶ ἐλέους, ἡ γλαῦξ ταπεινώ-
20 σεως καὶ ἐπικρύψεως · καὶ τὸ μὲν τριττὸν τοῦ ἐνδύματος
χρῶμα τὰς τρεῖς ἐδήλου θεωρητικὰς ἀρετάς · τὸ κρύσταλλον
δὲ τὸ λαμπρὸν τῆς ἀληθείας · ἡ φοβερὰ εἰκὼν τὸν τοῦ θεοῦ
φόβον · ἡ Γοργὼ τὴν τοῦ θανάτου εἰκόνα ἢ τοῦ διαβόλου, ἡ
δὲ κόμη τὴν τιμήν.
25 Ὑπῆρξε μὲν οὖν ἡ νῆσος αὕτη πατρὶς τοῦ Ἰαπετοῦ, ὅστις
καὶ δύο ἔσχεν υἱούς, Προμηθέα τε καὶ Ἐπιμηθέα, μεγίστης
τετυχηκότας φύσεως καὶ σπουδῆς ἀκμαιοτάτης · οὕς φασι
πηλὸν ἀπὸ γῆς λαβόντας τὸ τοῦ ἀνθρώπου πλάσαι εἴδωλον,
ὅπερ ἡ Ἀθηνᾶ ἐρασθεῖσα, τὸν Προμηθέα μεθ᾽ ἑαυτῆς εἰς οὐ-
30 ρανὸν ἀνεβίβασεν, ὅπως εἴ τι τῶν οὐρανίων πρὸς τὴν τοῦ ἰδίου
ἔργου τελείωσιν λαβεῖν ἐθελήσοι, δυνηθείη ἐκεῖθεν ἐκλέξα-
σθαι. Οὗτος οὖν ἀπὸ τοῦ ἡλιακοῦ δίσκου μίαν τῶν ἀκτίνων
κλέψας, ἐνέβαλε τῷ τοῦ ὁμοιώματος στήθει καὶ οὕτως ἐψύ-
χωσεν. Οὗ χάριν ὁ Ζεὺς ὀργισθεὶς αὐτὸν ἐκεραύνωσε, καὶ ἐν
35 τῷ Καυκάσῳ ὄρει ἰσχυρῶς δεσμεύσας, τὸ ἑαυτοῦ ἧπαρ γυψὶ
παρέσχεν εἰς ἀΐδιον ἑστίασιν · ὅπου καὶ περὶ φύσεως διε-
ρευνώμενος καὶ σπουδάζων ἀρχὴν τῆς ἡμετέρας φύσεως τὴν
γῆν εἶναι ἀπεφήνατο, εἰς δὲ τὴν ἄλλην φύσιν ἐλθὼν ἀπὸ τοῦ
οὐρανοῦ τὴν ψυχὴν παραχθῆναι κατέμαθε, δι᾽ ἧς τὸ ἡμέτερον
40 ἐζωώθη σῶμα · τὴν δ᾽ ἀκτῖνα τοῦ ἡλίου λέγεται κλέψαι
καθότι τοῖς οὐρανίοις διαφερόντως ἔχαιρε, τὸ ἑαυτοῦ πάθος
ἐντεῦθεν παραμυθούμενος · τὸ δὲ ἀετὸν ἢ γύπα τὸ ἧπαρ κατ-
εσθίειν οὐδὲν ἄλλο σημαίνει εἰ μὴ ὡς οἱ σπουδάζοντες ἄνδρες
τὰ μὲν ἐκτὸς ὠχρὰ παρασκευάζουσι, τὰ δὲ ἐντὸς δαπανῶσιν.
45 Ἐν ταύτῃ τῇ νήσῳ καὶ φρούρια ἦν ἑπτά, ὧν τὰ τρία ἔτι
καὶ νῦν ἐν τοῖς ὄρεσι σώζονται. Ταύτης ἡ περίμετρος μιλίων
ἐστὶν ἑβδομήκοντα. Πρὸς μὲν οὖν τὸ ἑῷον μέρος Ὄλυμπος
πόλις ἐστί, μετὰ λιμένος Τριστόμου καὶ σκοπέλου · πρὸς δὲ
τὸ ἑσπέριον, περὶ τὸν λιμένα τὸν καλούμενον Θέατρον, ἐν

50 τῷ ἀκρωτηρίῳ δύο ὑπῆρχον φρούρια, Τοῦρκον δηλονότι καὶ
Ἀρκασᾶς, ὅπου νῦν ὁ ἅγιος τιμᾶται Θεόδωρος. Ἀπαντικρὺ
δὲ Κρησὼ λεγομένη νῆσός ἐστι καὶ Μενέτης καὶ Κόρακες
φρούρια ἐγγὺς τοῦ Γομάλου λεγομένου καταφαίνονται ὄρους.
Ἀπὸ δὲ τοῦ ἀρκτώου μέρους, ἐγγὺς τῆς θαλάσσης, Φράντου
55 πόλις μεγαλοπρεπὴς ἦν · οὐ πόρρω δὲ ταύτης περί που τὸ
μέσον τῆς νήσου καὶ τὸ καλούμενον Ἀγκινάρα ὄρος, καὶ ὁ
τοῦ Ἁγίου Ἠλία φόρος ὁρᾶται. Ἀπ' αὐτοῦ δ' ἔτι τοῦ ἀρκτώου μέρους πεδιὰς ἐξαπλοῦται, ἧς ἐν τῇ κεφαλῇ λιμὴν
ἐστιν Ἀγαθὴ λεγόμενος.

60 Πάντες οὖν οἱ τὴν νῆσον ταύτην οἰκοῦντες ἄνθρωποι αἰ-
σχροὶ ταῖς ἰδέαις εἰσὶν, ὅτι τὴν πίσσην ἐργάζονται, ἀφ' ἧς καὶ
μολύνονται · διαζῶσι δὲ μόνῳ τῷ γάλακτι τρεφόμενοι.

Εἰς ταύτην ποτὲ οἱ Τοῦρκοι λάθρα ἐν νυκτὶ παρεγένοντο,
κέρδους χάριν · οὓς ἐννοήσαντες οἱ πρὸς φυλακὴν τεταγμένοι
65 ἀνδρείως τε κατ' ἐκείνων ἀντέστησαν καὶ τὴν τριήρη κατέκαυσαν. Ὑποστρέψαντες δ' ἐκεῖνοι περίλυποι (ἐπλανῶντο γὰρ
ἐν τῇ νήσῳ λαφυραγωγεῖν προθυμούμενοι), ἐπεὶ ταύτην εὗρον
κεκαυμένην, τὴν μὲν λείαν κατέλιπον, φεύγοντες δὲ εἰς τὰ ὄρη
πλείους τῶν ἑκατὸν ἐφθάρησαν.

12. κρυττάλου. — 15. ὁπλισμένος. — 21. κρύσταλον. — 22. λαμπρός. —
33. ἐνέθαλλε. — 36. ἐσθίασιν. — 37. κατὰ au lieu de καὶ — 53. καταφαίνοντος.

13. Περὶ τῆς Ῥόδου.

Καιρὸς ἤδη λοιπὸν καὶ περὶ τῆς παλαιοτάτης πόλεως Ῥόδου εἰπεῖν, ἥτις τῶν τῆς κάτω Ἀσίας βασιλέων καὶ τῶν
ἐμπόρων, καὶ τῶν ἀπὸ διαφόρων τῆς οἰκουμένης μερῶν εἰς
5 αὐτὴν ἐρχομένων ξένων ὑπῆρξεν ὑποδοχή · ἡ δὲ κάτω [Ἀσία]
πάλαι μὲν Ἑλλάς, νῦν δὲ Τουρκία ἐστί τε καὶ λέγεται.

Ῥόδος δὲ λέγεται ἀπὸ τοῦ ῥόδου, ὅπερ λατινικῶς ῥόζα
λέγεται, ἢ ὅτι τὸ τοιοῦτον ἄνθος ἐν ταύτῃ μᾶλλον ἢ ἐν τοῖς

ἄλλοις τοῦ κόσμου μέρεσιν ἄριστόν τε καὶ κάλλιστον γίνεται· ἢ ἀπὸ τῆς ῥοιᾶς, τῆς κατὰ τὴν ἡμετέραν τῶν Λατίνων φωνὴν μάλουμ πούνικουμ σημαινούσης· πλήρης γὰρ ἦν ἀνθρώπων πάλαι ἡ πόλις αὕτη καθ' ὁμοιότητα τῆς ῥοιᾶς, καὶ δίκην ἀσπίδος κυκλωτερῶς ἐπλατύνετο. Ἀπὸ γὰρ τοῦ Ἁγίου Στεφάνου μέχρι τοῦ Ἁγίου Ἰωάννου τῶν Λεπρῶν καὶ τοῦ Ἁγίου Ἀντωνίου καὶ τοῦ Ἁγίου Καλλινίκου, καὶ ἀπ' αὐτοῦ πάλιν μέχρι τοῦ προλεχθέντος Ἁγίου Ἰωάννου ἡ τοῦ σχήματος ἐσώζετο περίοδος· ἐν γοῦν τῷ διαστήματι τούτῳ διακόσιοι ἦσαν πύργοι, ὡς φασὶν οἱ τὰ παλαιὰ συγγραψάμενοι. Τούτων δ' ἕκαστος πεντήκοντα ἦν τὸ ὕψος πηχῶν, καὶ ἐν τῷ μέσῳ ὁ Κολοσσὸς τὸ εἴδωλον θαυμαστῷ τινι μεγέθει ὑπερεῖχε· πηχῶν γὰρ ἦν ἑβδομήκοντα, ἐν ᾧ καὶ σημαία ἦν, ἥτις ὀγδοήκοντα μιλίοις πόρρωθεν ὁρᾶτο· οὐ μὴν ἀλλὰ καὶ τὰς τῆς πόλεως ἐξοχὰς προσγειοτέρας ἐποίει φαίνεσθαι ὁ προρρηθεὶς Κολοσσὸς τῷ ἑαυτοῦ ὕψει. Ὑπῆρξε δὲ αὕτη ἡ πόλις δυνατωτάτη διαφερόντως, καὶ πλεῖστον ἐν τῇ ἑαυτῆς ἀκμῇ διήρκεσε χρόνον· ὅθεν καὶ κατὰ τῶν Αἰγυπτίων πολλάκις πόλεμον ἤρατο· ὑφ' ὧν καὶ ἡττηθεῖσα ὕστερον διεφθάρη.

Τινὲς δὲ βούλονται τόν τε Κολοσσὸν αὐτὸν καὶ τοὺς πύργους ἅπαντας ἐκ θεμελίων ὑπὸ σεισμῶν ἀνατραπῆναι συχνῶν, καὶ πλείστους ἐντεῦθεν ἄνδρας φονευθῆναι· διάφοροι καὶ γὰρ περὶ τούτου καθεστήκασι δόξαι· ὅθεν οὐδ' αὐτὸς τολμῶ περὶ πράγματος οὕτω παλαιοῦ γνώμην ἐξενεγκεῖν, τὴν ἐμὴν ἀμάθειαν ἅπαξ εἰδώς. Τοσαῦται γάρ, ὡς ἴσμεν, καθεστήκασι γνῶμαι ὅσαι καὶ κεφαλαί· καὶ σχεδὸν ἅπαντες βουλήσει μᾶλλον ἰδίᾳ ἢ ὀρθῷ λόγῳ εἰώθασι κρίνειν τὰ πράγματα. Εὗρον ὅμως αὐτὸς ἐν βιβλίῳ ἑλληνικῷ τὸν Κολοσσὸν εἴδωλον εἶναι χαλκοῦν πηχῶν ἑβδομήκοντα, ὡς προείπομεν, ἔχον ἐν μέσῳ τῷ στήθει κάτοπτρον μέγα τε καὶ λαμπρόν, ὅπως ἀπ' Αἰγύπτου ἀπαίρουσαι νῆες ὁρᾶν αὐτὸ δύναιντο· οὐ μὴν ἀλλὰ καὶ ἕτεροι κολοσσοὶ ὑπὲρ τοὺς χιλίους εἰς ἅπασαν τὴν νῆσον ἐπάνω κιόνων ἵσταντο· πρὸς δὲ καὶ πλῆθος ἔτι πολὺ κιόνων γεγλυμμένας ἐχόντων κεφαλὰς τῇ τῆς ἐλάφου ὁμοίας.

Εὕρομεν δὲ αὐτόθι περιπατοῦντες καὶ τὸ τοῦ Καίσαρος
45 χάραγμα μετὰ καὶ πλείστων ἀγγείων μεστῶν σποδοῦ νεκρῶν
κεκαυμένων. Τὰ τοίνυν μέχρι τῆς σήμερον ἔτι σωζόμενα τῶν
τοιούτων ἴχνη ἱκανὴν παρέχουσι μαρτυρίαν τοῦ μεγαλοπρεπεστάτην γενέσθαι τὴν πόλιν. Νεωστὶ γὰρ ἐγγὺς τοῦ Ἁγίου
Ἀντωνίου καὶ τοῦ ἡμετέρου Σωτῆρος Χριστοῦ πεντακόσια
50 εὑρέθησαν εἴδωλα παντοίων εἰδῶν ἐν λάκκῳ τινὶ ἀμπελῶ-
νος.

Συγκρινομένη λοιπὸν ἡ νῦν οὖσα μετὰ τῆς παλαιᾶς ἐκείνης πόλεως ὀλίγη τίς ἐστι, καὶ πρὸς σύγκρισιν οὔκουν ἀξία·
ἀφορᾷ δὲ πρὸς ἕω καὶ εἰς τέσσαρα διαιρεῖται μέρη· ὧν τὸ
55 μὲν πρῶτον κατέχει ὁ μέγας μαΐστωρ τοῦ Ὁσπιτίου τοῦ
Ἁγίου Ἰωάννου· τὸ δὲ δεύτερον οἱ ἀδελφοὶ τῆς λεχθείσης
τάξεως· ἐν τῷ τρίτῳ δὲ τὸ ὁσπίτιον αὐτῶν ἐστιν, εἰς ὅπερ
καὶ συνεχῶς παραγίνονται· ἐν δὲ τῷ τετάρτῳ καὶ τελευταίῳ
οἱ ἔμποροι μετὰ τῶν Γραικῶν ὁμοῦ ποιοῦνται τὴν οἴκησιν·
60 οἳ καὶ Κολασσαεῖς ἀπὸ τοῦ Κολοσσοῦ ἀπανταχοῦ λέγονταί
τε καὶ γράφονται.

Ἔστι τοίνυν ἡ νῆσος αὕτη χαριεστάτη πασῶν τῶν ἐμπε-
ριειλημμένων τῇ καθ' ἡμᾶς ταύτῃ θαλάσσῃ νήσων· ἧς καὶ
ἡ περίμετρος μιλίων ἐστὶ πεντήκοντα καὶ ἑκατὸν πρὸς τοῖς
65 τέσσαρσι· καὶ ἡ πρὸς ἑσπέραν δὲ αὐτῆς παράλιος ἅπασα,
ἀρχομένη ἀφ' ἑνὸς ἄκρου τοῦ πρὸς ἄρκτον μέχρι καὶ αὐτοῦ
τοῦ νοτίου μέρους ὁμαλὴ διόλου τυγχάνει, ἔχουσα φρούρια
καὶ κώμας ὅτι πλείστας. Μία δὲ τούτων ὑπῆρξε μὲν πάλαι
πόλις, ἥτις καὶ Βασιλικὰ ἐλέγετο, ὅπερ λατινικῶς ἰμπερατό-
70 ρια δηλοῖ· νῦν δὲ εἰς τὸ μηθὲν ἀπεκατέστη.

Οὐ μὴν ἀλλὰ καὶ πρὸς νότον φρούρια δύο καὶ κῶμαι πολλαὶ ἐφθαρμέναι καταφαίνονται, ὅπου Πολάχη, Κατάνη καὶ
Ἀγανέα φρούρια ὀχυρὰ ἔτι καὶ νῦν ἵστανται, καλῶς ὑπ'
ἀγροίκων οἰκούμενά τε καὶ γεωργούμενα μετὰ πλήθους ζώων,
75 τῶν εἰς τὴν αὐτῶν χρείαν ἐπιτηδείων· καὶ ἀπὸ τοῦ ἑῴου
μέρους, ἐγγὺς τοῦ σάλωνος, τεῖχος μετὰ μεγίστων ᾠκοδομημένον λίθων διὰ τῶν ὀρῶν καὶ δρυμώνων ἐπὶ πολὺ λίαν, ὡς

φασιν, έκτέτατο πάλαι, καὶ τὴν νῆσον διῄρει. Ὅθεν καὶ φανερῶς δείκνυται δύο ταύτην γεγονέναι βασιλέων ἀρχήν.

80 Ἔπειτα Λίνδον φρούριον ὁρῶμεν, ἐν ᾧ καὶ διαφόρους θυσίας ἐτέλουν τῷ Ἡρακλεῖ θεσμοῖς ἀλλοτρίοις · κρέατα γὰρ αὐτῷ τε καὶ τοῖς ἄλλοις ἔθυον θεοῖς.

Φαίνονται δὲ πρὸς τούτοις καὶ ἕτερα οὐκ ὀλίγα φρουρίων ἴχνη μεγαλοπρεπῶν περὶ τὴν νῆσον τῷ χρόνῳ ἐφθαρμένα καὶ
85 παντάπασιν ἔρημα. Φάρακλον γὰρ καὶ Φάνδον καὶ κώμην τινὰ λεγομένην Ἀρχάγγελον πρὸ ὀφθαλμῶν ἔχομεν.

Ἔπειτα πρὸς αὐτὴν τὴν περιφανεστάτην πόλιν τῆς Ῥόδου καταντῶμεν, ὅπου τοσαύτη τις ἡ τῶν δένδρων χλόη τυγχάνει καὶ ἡ τῶν τόπων χάρις, ὡς θαυμαστόν τι θέαμα τοῖς ὁρῶσι
90 καθίστασθαι, καὶ μάλιστα ἡ τοῦ παραδείσου ἐκείνου τοῦ ἀπὸ τῶν Φλωρεντίνων αὐτόθι γεγονότος θέα τίνα οὐκ ἂν θαυμάζειν πείσειεν.

Ἔστιν ἐν τῷ μέσῳ τῆς νήσου καὶ ὄρος Ἀρταμίτιον καὶ ποταμὸς ἐγγὺς Γαδουρᾶς λεγόμενος · ἐξ ἀριστερῶν δὲ κώμη
95 τῆς παρθένου μητρὸς Μαρίας Ἀπολλωνία λεγομένη · ἐν ᾗ καὶ θαύματα γίνονται πλεῖστα · πλησίον δὲ τῆς πόλεως ἐν τῷ ὄρει καὶ φρούριον τὸ καλούμενον Φίλερμον ἐστίν, ὅπου καὶ ἡ πασῶν τῶν χαρίτων κυρία συνεχῶς ὑπὸ πολλῶν προσκυνεῖται.

100 Ἀπὸ ταύτης τῆς πόλεως καὶ τοὺς ναυτικοὺς νόμους τὴν ἀρχὴν ἐσχηκέναι φασί.

Καὶ ὁ Ἀπολλώνιος δὲ ὁ γραμματικός, ὃς περὶ τῶν ὀκτὼ τοῦ λόγου μερῶν βιβλίον ἐξέδωκεν (ἀφ' οὗ καὶ ὁ Πρισκιανὸς πλεῖστα λαβὼν καὶ ἰδιοποιησάμενος, τέχνην καὶ αὐτὸς γραμ-
105 ματικῆς λατινικῶς συνετάξατο), Ῥόδιον ἑαυτὸν μαρτυρεῖ.

Καὶ ὁ ἡμέτερος Τούλλιος εἰς ταύτην ποτὲ τὴν πόλιν ἐλθὼν πολλοῖς τῶν Ἑλλήνων ἐνέτυχε σοφοῖς · ἔνθα καὶ λόγον πανηγυρικὸν ἐξεφώνησεν ἄριστον ἐπὶ παρουσίᾳ παντὸς τοῦ πλήθους καὶ αὐτῶν τῶν σοφῶν · οὗ χάριν καὶ παρὰ τῶν
110 Ῥοδίων μέγιστον ἔπαινον καὶ θαυμαστὸν ἐκτήσατο.

Οὐ μὴν ἀλλὰ καὶ Παῦλος ὁ ἀπόστολος πρὸς Ῥοδίους ἐπιστολὴν πέμπει καὶ Κολασσαεῖς ἀπὸ τοῦ Κολοσσοῦ ὀνομάζει · οἵτινες καὶ μέχρι τοῦ νῦν ἀπανταχοῦ οὕτω λέγονταί τε καὶ γράφονται, ὡς προείπομεν.

115 Ἐν τούτοις ἐν καιρῷ ὑετοῦ ἅπαξ τῆς ἡμέρας ὁ ἥλιος φαίνεται, κἂν ὅτι μάλιστα ὕσῃ. Τοῦτο δ' οἶδα σαφῶς τῇ τῶν ὀκτὼ ἐτῶν πείρᾳ, ἣν αὐτὸς μετὰ τοῦ Βάρρωνος ἔσχον ὁμοῦ.

16. γαληνέτου. — 24. προηθεὶς. — 33. παίγματος. — 35. D'abord δόξαι. — 55. ὁσπιτίου. — 57. ὁσπίτιον. — 77. ἐπιπολυλίαν. — 106. τοὐλιος. —117. βάρωνος.

14. Περὶ τῆς Σιμείας.

Αὕτη ἡ νῆσος ἐν τῷ τοῦ Σατούρνου καιρῷ Σίμεια ὠνομάζετο, ἀπὸ τοῦ ἄρξαντος ἐν αὐτῇ Σιμέτου, ἢ ἀπὸ τοῦ σιμὰ κατὰ τὸ κοινὸν τῶν Γραικῶν ἰδίωμα, ὅπερ λατινικῶς πρόπε
5 λέγεται, διότι ἐγγύς ἐστι τῆς κάτω Ἀσίας. Μετὰ γοῦν τῶν γειτόνων συναναστρεφόμενοι οἱ ἐν αὐτῇ τὸν ἑαυτῶν μετὰ πόνου διῆγον βίον. Ὕστερον δὲ ὁ τοῦ Ἰαπετοῦ υἱὸς Προμηθεύς, ἀνὴρ μέγιστος, εἰς αὐτὴν ἐλθών, πολλὰ τοὺς οἰκοῦντας ἐδίδαξε τῷ ἀνθρωπίνῳ συντελοῦντα βίῳ · ὃς καὶ τὸν ἄνθρω-
10 πον ἔπλασεν ἀπὸ πηλοῦ τῇ τοῦ ἰδίου νοὸς δυνάμει · ὅπερ ἀκούσας ὁ Ζεὺς μετέβαλεν αὐτὸν εἰς σίμειαν, ἤτοι μιμώ (ἡ γὰρ λατινικῶς σίμεια λεγομένη μιμὼ ἑλληνικῶς ἑρμηνεύεται) · καὶ οὕτω τὸν βίον διήνυσεν.

Οἱ γοῦν οἰκοῦντες νῦν ταύτην πανοῦργοι τυγχάνοντες τὰς
15 τῶν Ῥοδίων καὶ Τούρκων μετὰ τῶν ἑαυτῶν πλοιαρίων διέρχονται πόλεις, καὶ τὰ πρὸς τροφὴν οὐκ ἄνευ σπουδῆς ἐρανίζονται.

Προσερείδονται τῇ νήσῳ ταύτῃ πρὸς μεσημβρίαν καὶ σκόπελοι, ὧν χάριν οἱ πλέοντες τὰ ἱστία χαλῶσι φοβούμενοι μὴ
20 εἰς αὐτοὺς αἴφνης ἐμπέσωσι.

Πλησίον δὲ τῆς θαλάσσης φρούριόν ἐστιν ὀχυρότατον, καὶ ἐν τοῖς ὄρεσιν ἕτερον ἔρημον.

Ταύτης ή περίμετρος μιλίων εστί τριάκοντα. Γίνεται δὲ αὐτόθι καὶ οἶνος ἄριστος ἐν ταῖς πέτραις · τὰς γὰρ ἀμπέλους
25 αἶγες ἄνωθεν τῇ ἑαυτῶν πιαίνουσι κόπρῳ.

7. προμυθεύς. — 11. μετέβαλλεν. — 12. λατινικῆς.

15. Περὶ τῆς Χάλκης.

Πόρρω δὲ πάνυ τῆς προλεχθείσης καὶ ἡ πάλαι μὲν Κάρυστος, νῦν δὲ Χάλκη λεγομένη φαίνεται νῆσος, ἧς ἐβασίλευσαν μὲν οἱ Τιτᾶνες · υἱὸς δὲ τοῦ Βριάρεω ἑνὸς αὐτῶν τοὺς οἰκή-
5 σοντας ἔταξεν · εἰ καὶ ἐπ' ὀλίγον διήρκεσαν οἱ νεμόμενοι διὰ τὸ εἶναι αὐτὴν ξηρὰν καὶ παντάπασιν ἄκαρπον · ὅθεν οὐδ' ἐφρόντισαν οἱ πάντα κατατολμῶντες ἄνθρωποι οἰκοδομὰς ἐν αὐτῇ τιθέναι μεγίστας. Τοσαύτη δὲ ἀφθονία σύκων ἐστίν, ὥστε αἱ περιπλέουσαι νῆες πανταχοῦ ταῦτα κομίζειν.
10 Ἀπὸ γοῦν τοῦ ἑῴου μέρους λιμήν ἐστι καὶ ἐν τῷ ἄκρῳ τούτου φρούριον παλαιότατον καὶ λίαν ὀχυρότατον φαίνεται · ὅπου λέγεται καὶ τὸν ἅγιον Νικόλαον ἀπειρηκότα τῷ μήκει τῆς ὁδοιπορίας καθῖσαι, καὶ τὴν ὀρθὴν τῆς ἀληθείας ὁδὸν τοὺς αὐτόθι οἰκοῦντας διδάξαι, οἵτινες τοσαύτην ἔσχον χάριν ταῖς
15 ἑαυτῶν δεήσεσιν, ὥστε ἐν τοῖς τοῦ σιδήρου μετάλλοις ἀεὶ διατρίβοντες καὶ πονοῦντες τὰ μέγιστα, ἅτε ἐν ξηροτάτοις καὶ πετρώδεσιν οὖσι τόποις, μήτε κινδυνεύειν, μήτε μὴ ἐλαττοῦσθαι κατὰ τὴν τοῦ σώματος δύναμιν. Σώζονται δὲ μέχρι τοῦ νῦν ἀβλαβεῖς καὶ οἱ μέταλλα ταῦτα ἔχοντες τόποι, οὓς καὶ
20 εἰς προῖκα ταῖς θυγατράσι λογίζονται, ὅταν αὐταῖς τι παρασχεῖν ἐθέλωσιν ἄξιον.

Διὰ δὴ ταῦτα καὶ ἱερὸν εἰς τὴν αὐτοῦ τιμὴν ἐδείμαντο πλουσιώτατον ἀπό τε χρυσοῦ καὶ ἀργύρου, ὅπερ προθυμότατα κυβερνῶσιν ἐξ ὅλης τῆς ἑαυτῶν ψυχῆς.

6. πάντα πᾶσιν. — 12. ἀπηρηκότα. — 13. καθῆσαι. — 17. δυνεύειν.

16. Περὶ τῆς Ἐπισκοπίας.

Δείξαντες τὴν Χάλκην, νῦν πρὸς τὴν πάλαι μὲν Δηλήφανον, νῦν δ' Ἐπισκοπίαν λεγομένην, δράμωμεν. Τὸ μὲν οὖν δηλήφανος ὄνομα, ὅπερ ἑλληνικῶς ἐκφέρεται, μανιφέστα ἒτ ἀππάρενς λατινικῶς ἑρμηνεύεται. Ἐπισκοπία δὲ λέγεται ἀπὸ τῆς ἐπὶ τῆς σημαινούσης λατινικῶς σούπρα ἤτοι ἐπάνω καὶ σκοπὸς ἤτοι σπεκουλάτωρ καθ' ἡμᾶς, ἐπειδὴ ἐν ὑψηλοῖς ὄρεσιν ἵσταται καὶ πάνυ πόρρωθεν ὁρᾶται. Ἐκτείνεται δὲ ἀπ' ἀνατολῶν εἰς δυσμὰς καὶ τὸ καθόλου τοῦ μήκους αὐτῆς διάστημα μιλίων ἐστὶν ἐγγύς που τριάκοντα πέντε. Ἀπὸ μὲν οὖν τῆς ἕω ὄρος ὑψοῦται φυλλοβόλον καὶ περὶ τοὺς αὐτοῦ πρόποδας δύο σκόπελοι καταφαίνονται· ὧν ὁ ἕτερος Ἀσκία κατονομάζεται· ἀπὸ δὲ τῆς ἄρκτου φρούριον τοῦ Ἁγίου Στεφάνου, καὶ ἐν αὐτῷ λιμὴν καὶ πεδιὰς φανεροῦται· πρὸς δύσιν δ' ἕτερον φρούριον Ζουκάλορα λεγόμενον ἐστί, πολλῆς μεστὸν ἀθλιότητος· καὶ ἐν τῷ μέσῳ ἕτερα δύο φρούρια κακῶς οἰκούμενα ἔτι καὶ νῦν ἵστανται, ἅτινα πρὸς νομὴν αἰγῶν μᾶλλον ἢ πρὸς ἀνθρώπων οἴκησιν τυγχάνουσιν ἐπιτήδεια.

4. ἐτἀπάρενς. — 14. δυσὶν.

17. Περὶ τῆς Νησάρου.

Δείξαντες τὴν Ἐπισκοπίαν, νῦν πρὸς τὴν πάλαι μὲν Κάριστον (et en marge Καρίαν), νῦν δὲ Νήσαρον λεγομένην, ἔρχομαι, ὅπως καὶ αὐτὴν καὶ τὸ ἐν αὐτῇ αἰτναῖον ὄρος δῆλον ποιήσω, εἴ γε δυνήσομαι.

Ἐν ταύτῃ ποτὲ καὶ Φλαμίνιος ὁ ὕπατος ἀπὸ τῶν ἀνατολικῶν μερῶν ὑποστρέφων καὶ κατὰ Γαλατῶν στρατευόμενος χρησμὸν ἔλαβεν ὡς ἡ νίκη μετ' αὐτοῦ ἔσται· καὶ οὕτω θαρρήσας ἀληθῆ τὴν μαντείαν μετ' οὐ πολὺ ταύτην ἀπέδει-

10 ξεν · ἀφ' ἧς αἰτίας καὶ δόξαν τοῦ πρὸς λόγους εὐνοϊκῶς ἔχειν ἔσχεν αὕτη ἡ νῆσος.

Καὶ Κλεοπάτρα ποτὲ μετὰ τοῦ Ἀντωνίου ἐκεῖθεν τὴν ὁδὸν ποιουμένη, ἐπεὶ τοῖς αὐτῶν προστάγμασιν οὐκ ἐπείσθησαν οἱ ἐγχώριοι, ἅπασαν τὴν νῆσον ὀργισθέντες διέφθειραν.

15 Ταύτης ἡ περίμετρος μιλίων ἐστὶν ἐγγὺς ὀκτωκαίδεκα. Φαίνονται δὲ καὶ φρούρια πέντε, ἀφ' ὧν δύο μέν εἰσι, τὰ μᾶλλον ὑπερέχοντα, Μανδράχη καὶ Παλαιόκαστρον · ἡ Πανδονίκη δὲ καὶ Νίκαια καὶ τὸ Ἄργος κυκλωτερῶς εἰσὶ κείμενα.

Περὶ δὲ τὸ μέσον αὐτῆς ὄρος ἐστὶν ὑψηλότατον, οὗ ἡ κο-
20 ρυφὴ θεῖον ἀνερεύγεται νυκτὸς καὶ ἡμέρας, ὡς καὶ ἐν τῇ Λιπάρᾳ τῇ νήσῳ συμβαίνει. Κατερχόμενος μὲν οὖν ἀπὸ τοῦ ὄρους, καὶ πόρρω τῆς κορυφῆς αὐτοῦ γενόμενος ὡς λίθου βολήν, πηγὴν ἀναδιδομένην εὑρήσεις λίαν θερμοτάτην. Περὶ δὲ τὴν πεδιάδα βαθύτατος λάκκος καὶ σκοτεινός ἐστιν, εἰς
25 ἐν τὰ ὕδατα κατέρχονται · ὅπου καὶ οἱ τὴν νῆσον οἰκοῦντες μεγίστην ποσότητα θείου τοῖς ἐμπόροις παρασκευάζουσιν. Ἐπεὶ δὲ ἡ τῆς θερμότητος καῦσις ἀπὸ τοῦ μέσου ἐς κορυφὴν αὐτὴν ἀκμάζει, οὐδείς ἐστιν ὁ τολμῶν τὸ ὄρος ἀνέρχεσθαι ἄνευ ξυλίνων ἐμβάδων.

30 Γίνεται ἐν ταύτῃ τῇ νήσῳ καὶ τοσοῦτον πλῆθος ἰσχάδων, ὡς κατ' ἐνιαυτὸν μικρὰς φορτίζεσθαι νῆας.

Πρὸς γοῦν τὸ ἀρκτῶον μέρος, περί που τοὺς πρόποδας τοῦ ὄρους, σπήλαιόν ἐστιν ἐγγὺς τῆς θαλάσσης, εἰς ὅπερ οἱ ὑπ' ὀδύνης τινὸς συσχεθέντες παραγενόμενοι καὶ χρονιώτερον
35 ἐμμείναντες ὑγιεῖς πρὸς τὰς ἑαυτῶν ὑποστρέφουσι πατρίδας.

Ἐπεὶ δὲ κοίλη, ὡς ὑπονοεῖται, ἡ νῆσος αὕτη τυγχάνει, διὰ τοῦτο καὶ συνεχέστερον ἀπὸ σεισμῶν ἐνοχλεῖται · καὶ οὕτω σφοδρῶς, ὥστε καὶ τοὺς ἀπὸ τύχης εὑρεθέντας αὐτόθι ξένους ἐκπλαγέντας τῷ φόβῳ ἀπέρχεσθαι, τὸν τόπον ἐπαρω-
40 μένους · ὅθεν καὶ οἱ οἰκοῦντες ἀντ' οὐδενὸς λογίζονται τοιοῦτον κατέχειν τόπον, ὃς πλουτεῖ τὸ ἔσχατον τοῦ κακοῦ.

10. εὐνοηκῶς. — 24. βαρύτατος.

18. Περὶ τῆς Ἀστυπαλαίας.

Ὁ ἐμὸς ἤδη καὶ πρὸς τὴν πάλαι μὲν Στυμφαλαίαν, νῦν δὲ Ἀστυπαλαίαν καλουμένην, ἐπάγεται δρόμος · περὶ ἧς ὁ Πλίνιος οὕτω φησίν : « ἡ τῆς ἐλευθέρας πόλεως Ἀστυπα-
5 λαίας περίμετρος ὀργυιῶν ἐστι χιλιάδων ἐννέα καὶ ὀγδοή-κοντα », καὶ ὁ Ὀβίδιος : « ἔνθεν Ἀνάφην, ἐκεῖθεν τὰ τῆς Ἀστυπαλαίας ἑνοῖ ἑαυτῇ βασίλεια. κἀκείνη μὲν βασιλείαν, ταύτῃ δὲ πόλεμον ὑπεσχέθη. πάντα δ' ὁμοῦ τοῖς ἰχθυροῖς Ἀστυπαλαίας ὕδασιν. » Ἐστένωται μὲν οὖν ἡ νῆσος αὕτη
10 περὶ τὸ μέσον, περὶ δὲ τὰ ἄκρα ἱκανῶς ἐξαπλοῦται · ἐν οἷς καὶ φρούρια πλεῖστα ἠρημωμένα ὁρῶνται.

Πρὸς οὖν τὸ ἀρκτῶον μέρος φρούριόν ἐστι Βαθὺ καλούμενον, πρὸς μεσημβρίαν δὲ καὶ δύσιν ἡλίου ἡ Ἀστυπαλαία καλουμένη πόλις ὁρᾶται. Μένουσιν ἔτι μέχρι τῆς σήμερον
15 ἐν τῇ νήσῳ ταύτῃ καὶ λείψανα φρουρίων τινῶν παλαιότατα καὶ λιμένες περὶ αὐτὴν ἄριστοι, πάλαι ὑπὸ πειρατῶν ἠρημωμένοι, οἳ καὶ μέχρι τοῦ νῦν ὁρῶνται, παντὸς ἐστερημένοι κόσμου.

Συνέβη δὲ εἰς ταύτας τὰς νήσους καὶ μέγαν στόλον ἐλθεῖν πειρατῶν, ἐν τῷ τοῦ Ἀμουράτπεῖ καιρῷ, τοῦ τῶν Τούρκων
20 ἡγεμόνος · ὑφ' ὧν καὶ ἐφθάρησαν παντάπασι.

Καταλειφθεῖσαν λοιπὸν ὑπὸ τῶν ἰδίων αὐτὴν καὶ ἀοίκητον ἐς δεῦρο διαμείνασαν μόνος ὁ ἀπὸ τῶν Βενετίκων εὐγενὴς ἀνὴρ Ἰωάννης ἐκεῖνος ὁ Κηρῖνος ἤρξατο ἀνακαινίζειν ἰδίοις δαπανήμασι, κατὰ τὸν καιρὸν τῆς ἐν Κωνσταντίᾳ συνόδου.

4. πλήνιος.

19. Περὶ τῆς Σαντορήνης.

Μαρτυροῦσιν οἱ τὰς ἱστορίας πάλαι ἀκριβέστερον συγγραψάμενοι ὡς ἡ νῆσος αὕτη Ἄγασα μὲν τὸ πρῶτον ἐλέγετο,

ἔπειτα δὲ Φιλέταιρα ὠνομάσθη ἀπὸ τοῦ ἡγεμονεύσαντος ἐν
αὐτῇ Φιλεταίρου · ὕστερον δὲ Καλλίστη ἀπὸ τῆς ἐνούσης
αὐτῇ ἀγαθῆς ποιότητος, ἔπειτα Θηρασία πρὸ τοῦ καταβυ-
θισθῆναι · ἀφ' οὗ δὲ τὸ ἥμισυ αὐτῆς τοῦτ' ἔπαθε, Σαντορήνην
ἐκάλεσαν, καὶ τοῦτο μέχρι τοῦ νῦν ἐπεκράτησε τοὔνομα.

Ἐνομίζετο δὲ λίαν εὔκαρπος καὶ καλῶς οἰκουμένη · διὰ δὲ
τὴν τοῦ Ἡφαίστου καῦσιν, τὸ ἥμισυ, ὡς εἴρηται, μέρος ὁ
τῆς θαλάσσης κατέπιε βυθός. Ταύτην δὲ τὴν μοῖραν ὡς σελήνην ἐν τῇ θαλάσσῃ κεκαυμένην ὁρῶμεν καὶ τὴν Θηρασίαν
ὀνομάζομεν.

Μεταξὺ γοῦν τῶν δύο τούτων χάος ὑδάτων ἐναπελείφθη
μέγιστον · οὗ τὸ βάθος τοσοῦτόν ἐστιν ὥστε τὸν περιφανέστατον δοῦκα τῶν νήσων τούτων Ἰάκωβον χιλίων ὀργυιῶν
σχοινίον ἐγκαθιέντα, μηδ' ὁπωσοῦν τὸν πυθμένα εὑρεῖν δυνηθῆναι · ἀφῆκαν δὲ καὶ τὸ σχοινίον οἱ κατέχοντες εἰς τὴν ἄβυσ-
σον, διὰ τὴν τοῦ βάρους ὑπερβολήν.

Ταύτης ἡ περίμετρος μιλίων ἐστὶ τεσσαράκοντα · ἐξαπλοῦται δὲ καθ' ὁμοιότητα σελήνης μηνοειδοῦς. Ἦν ἐν αὐτῇ πάλαι καὶ πόλις μεγαλοπρεπὴς ἀπὸ τοῦ δυτικοῦ μέρους
ἐγγὺς τῆς θαλάσσης, ἣν οἱ οἰκήτορες μετὰ τὸ φθαρῆναι
καταλιπόντες φρούριον εἰς ὄρος ὑψηλὸν ᾠκοδόμησαν ὀχυρώτατον.

Ἐκεῖ καὶ ἡμεῖς μετὰ Γενουϊτικῆς ποτὲ νηὸς πλέοντες, εἴδομεν ὀκτάποδα ἑξήκοντα ὀργυιῶν κυκλοῦντα διάστημα, καὶ
τοὺς ἑαυτοῦ ἐξαπλοῦντα πλοκάμους, καὶ πρὸς ἡμᾶς τὴν ὁδὸν
ποιούμενον. Ὑπὸ γοῦν τοῦ φόβου καταλιπόντες τὴν ναῦν πρὸς τὰς
ὄχθας ἐδράμομεν, ἔνθα καὶ ὑψηλὸν τινὰ τόπον καταλαβόντες,
ὥσπερ ἄλλο τι τέρας ἐθεώμεθα τὸν ὀκτάποδα · ἀνέμου δ' ἐξ
οὐρίας μετ' οὐ πολὺ πνεύσαντος καὶ τὰ ἱστία κοιλάναντος,
ἀπήλθομεν χαίροντες.

Πέντε δέ ποτε τριήρεις τῶν Ἐνετῶν ἀπὸ τοῦ Βηρυτοῦ
ὑποστρέφουσαι ἐν τῷ τόπῳ τούτῳ κατεβυθίσθησαν, τῶν ἀνδρῶν διασωθέντων.

Εὑρέθη ποτὲ ἐν ταύτῃ τῇ νήσῳ καὶ τριῶν ὁμοῦ ἀξιολόγων

ἀρχῶν στόλος, τῆς τε Ῥωμαϊκῆς φημὶ καὶ τῆς Ῥοδίων καὶ
ἔτι τῆς τοῦ Ἀττάλου βασιλέως, μετὰ παντοίων μηχανημά-
40 των καὶ ὀργάνων πολεμικῶν ἐπ᾽ ἀπωλείᾳ τῆς πόλεως. Εἶτα
τελευταῖον ὑπὸ Ῥωμαίων κατεπολεμήθη, μὴ δυνηθεῖσα ἐπὶ
πολὺν διαρκέσαι χρόνον, διὰ τὴν ἐκείνων ὑπερβάλλουσαν δύναμιν.

16. ὁποσοῦν. — 25. ἴδομεν. — 33. βηριτοῦ. — 39. ἀτάλου. — 42. ὑπερβάλου-
σαν.

20. Περὶ τῆς Συκάνδρου.

Περὶ τῆς προλαβούσης διεξελθόντες τὰ ἱκανά, νῦν πρὸς
τὴν Σύκανδρον σπεύσωμεν · ἥτις ἀπὸ τῶν σύκων ταύτης
ἔτυχε τῆς ἐπωνυμίας, πολλῶν ἐκεῖ πάλαι γινομένων · σῦκον
5 δὲ ἑλληνικῶς φίκους λατινικῶς ἑρμηνεύεται. Ἔστιν οὖν κατὰ
πολὺ ὀρεινὴ καὶ ἀπὸ παλαιοῦ τινος χρόνου ἀνήροτος ἐς δεῦρο
διὰ τοῦτο διέμεινεν · οὐ μὴν ἀλλὰ καὶ διὰ τὰς τῶν Τούρκων
καὶ τῶν ἄλλων πειρατῶν ἐπιβουλὰς καὶ τὴν τῶν οἰκούντων
τὴν νῆσον ἀγροίκων ἀπραγμοσύνην, καὶ ἔτι τὴν τῶν λιμένων
10 ἀνεπιτηδειότητα. Εἰς ταύτην ποτὲ ὄνοι καταλειφθέντες τυχαίως πλανῶνται καὶ μέχρι τῆς σήμερον, οὓς οἱ βουλόμενοι
κρατῆσαι οὐκ ἄνευ πόνου τοῦτο κατορθῶσι.

Φασὶ δέ τινες ὡς ἀνήρ τις γενναῖος ὀνόματι Μέλιος μετὰ
δύο νεῶν ἐντεῦθεν ἐπὶ συμμαχίᾳ τῶν Ἑλλήνων κατὰ τῆς
15 Τροίας ἀπάρας, τὴν Δῆλον κατέλαβε καὶ τὸ ἐκεῖσε μαντεῖον
πόρρωθεν προσκυνήσας ὡς τὴν αὐτοῦ ὁδὸν ἥνυεν, ἐναυάγη-
σεν ἀπερχόμενος, χειμῶνος σφοδροῦ γεγονότος · ἀφ᾽ ἧς αἰτίας
καὶ ἀνδρῶν ἔρημος ἡ νῆσος αὕτη ἐναπελείφθη, διὰ τὸ καὶ
τὰς αὐτόθι γυναῖκας ἐναπολειφθῆναι χήρας. Ὁ μακρὸς δὲ
20 χρόνος ἔτι καὶ μᾶλλον ἠλάττωσε τό τε φρούριον καὶ τὰς κώμας καὶ τελευτῶν παντάπασιν ἐξηφάνισεν.

21. Περὶ τῆς Πολυκάνδρου.

Ἔστιν εἰς τὴν τῶν νήσων τούτων ἀκολουθίαν καὶ ἡ καλουμένη Πολύκανδρος · ἥτις ἀπὸ βοτάνης τινὸς πολυκάνδρου λεγομένης ταύτης ἔτυχε τῆς ἐπωνυμίας, ἢ μάλιστα τοὺς ἐπιληπτικοὺς ὠφελεῖ, ἢ ἀπὸ τοῦ πόλις καὶ ἄνδρες, ἤγουν πόλις ἀνδρῶν · καλῶς γὰρ ᾠκεῖτο πάλαι ἡ νῆσος αὕτη, εἰ καὶ ὁ πολὺς χρόνος εἰς τὸ μηθὲν ταύτην ἀπεκατέστησεν. Ἔστι δὲ μικρὰ πάνυ · ἡ γὰρ περίμετρος αὐτῆς μιλίων ἐστὶν εἴκοσι, καὶ ἐν τῷ μέσῳ θάλλουσι δένδρη καὶ βοτανῶν εἴδη παντοδαπῶν. Φασὶ δὲ καὶ μοναχόν τινα φονευθῆναι αὐτόθι, πολὺν τῷ Θεῷ ἐν στενοτάτῳ σπηλαίῳ καθεζόμενον δουλεύοντα χρόνον, ὑπὸ τῶν τῆς ἡμετέρας πίστεως ἐναντίων τὴν νῆσον ταύτην τότε καταλαβόντων · πῦρ γὰρ ἀνάψαντες περὶ τὸ σπήλαιον ἀπέπνιξαν. Ὡς γοῦν ἀπελθεῖν ἠβουλήθησαν, φωνὴ οὐρανόθεν ἐξηκούσθη λέγουσα · « ἄνδρα ἀθῶον καὶ ἐμοὶ κατὰ πολὺ φίλτατον ἀπεκτείνατε · διὰ τοῦτο οὐκ ἄνευ ποινῆς ἀπελεύσεσθε, ἀλιτήριοι. » Καὶ εὐθὺς ὁ ταῦτα εἰπών, τὸ ξίφος σπασάμενος, ὥρμησε κατὰ τῶν φαύλων ἐκείνων ἀνδρῶν, καὶ τοὺς μὲν φονεῖς ἀπέκτεινε, τοὺς δὲ λοιποὺς ἀφῆκεν εἰς τὰς ἑαυτῶν πατρίδας πορεύεσθαι. Οἱ δὲ οὐ μόνον τὸ τοιοῦτον μετ' εὐσεβείας ἁπανταχοῦ διηγοῦντο, ἀλλὰ καὶ τὴν τοῦ Χριστοῦ πίστιν ἀσμένως ἐδέξαντο.

9. θάλουσι.

22. Περὶ τῆς Πολυμείας

Βούλονταί τινες τὴν Πολύμειαν ταύτην νῆσον μηδέποτε ὑπ' ἀνθρώπων οἰκισθῆναι. Ἐγὼ δέ φημι, ὡς ἐπειδὴ καὶ δρυμῶνας ἔχει καὶ πεδία πρὸς νομὴν ζώων ἱκανώτατα, πρὸς δὲ καὶ οἰκιῶν ἴχνη ἔτι καὶ νῦν σωζόμενα καταφαίνονται, καὶ ἀνθρώπους πάντως ἐν αὐτῇ οἰκῆσαι. Τί δ' ὅμως ὑπῆρξε παλαιὸν ἐν τῇ νήσῳ ἀγνοεῖται παρὰ πάντων ἐν τῷ παρόντι.

Ἐκεῖνο δ' ἴσως λέγεται ὡς μία ποτὲ τῶν Τούρκων τριήρης ἐπὶ τῷ λαβεῖν αἶγας εἰς ταύτην ἐλθοῦσα τὴν νῆσον, τὸν Αἴολον διὰ τοῦτο ἐρεθίσαι πρὸς ὀργήν · ὃς δὴ Βορέαν ἀπὸ τοῦ σπηλαίου ἀφεὶς ἄνεμον, ὑποβρύχιον κατεπόντισε, ταῖς κεκρυμμέναις ἐκεῖσε προσαράξας πέτραις. Ὡς δὲ τοῦτ' ἔμαθον οἱ τῆς τριήρεως ἄνθρωποι, περὶ τὴν νῆσον πλανώμενοι, μέγα ἀνώμωξαν, καὶ μετ' οὐ πολὺ τὰς ἑαυτῶν ψυχὰς ἅπαντες τῷ Μωάμεθ παρέδωκαν.

Ἡ περίμετρος αὐτῆς μιλίων ἐστὶν ὀκτωκαίδεκα. Ἐν ταύτῃ φασὶ καὶ τὸν φάλκωνα τρέφειν τοὺς ἑαυτοῦ νεοσσοὺς εἰς ὅλον ἐνιαυτὸν ἐν ὑψηλοῖς καὶ πετρώδεσι τόποις.

1. τῆς manque. — 3. οἰκηπθῆναι. — 4. ἱκανότατα. — 13. ἀνώμοξαν.

23. Περὶ τῆς Μήλου.

Πολλὰς τῶν τὰς ἱστορίας περιεχουσῶν ἑλληνικὰς βίβλους αὐτὸς ἀναγνούς, Ἰορδάνη μοι πάτερ αἰδεσιμώτατε, οὐδαμοῦ εὗρον περὶ τοῦ ὀνόματος τῆς νήσου ταύτης ταὐτὰ φρονεῖν τοὺς συγγραφεῖς ἅπαντας · τοὐναντίον μὲν οὖν καὶ διαφωνεῖν. Λύτικα Ἀριστοτέλης Μελίδα ὀνομάζει, ἀπὸ τοῦ πλήθους, οἶμαι, τοῦ ἐν αὐτῇ γινομένου ἐν τοῖς κοίλοις ὄρεσι μέλιτος, ὡς καὶ ὁ Πλίνιος φησὶ τῷ Ἀριστοτέλει προσκείμενος · Γοργίας δὲ Ζεφύραν ἀπὸ τοῦ βασιλεύοντος ἐν αὐτῇ ἀνέμου ζεφύρου · Καλλίμαχος Μιμαλλίδα ἀπὸ γυναικός τινος κυρίας οὕτως ὀνομαζομένης · Ἡρακλείδης Συρίφην ἀπὸ τοῦ συριγμοῦ, ἐπεὶ τὰ ἐκεῖσε ὕδατα ἀφ' ὑψηλοῦ τινος τόπου χαμαὶ κατερχόμενα καὶ πίπτοντα ἦχόν τινα συριγμῷ ἐοικότα ἀποτελοῦσι · νῦν δὲ λέγεται Μῆλος, ὅπερ λατινικῶς μολεντίνουμ σημαίνει, ἐπειδὴ πλῆθος πολὺ λίθων εὑρίσκεται ἐν αὐτῇ, ἀφ' ὧν τοὺς μυλῶνας κατασκευάζουσι · σχεδὸν γὰρ παρὰ τούτους ἑτέρους ζητῶν τις οὐχ εὑρήσει · διά τοι τοῦτο καὶ δικαίως ταύτης ἔτυχε τῆς ἐπωνυμίας.

Ὁρίζεται δὲ τῷ Αἰγαίῳ πελάγει, καὶ καταντικρὺ τοῦ Μα-
20 λέου ἀκρωτηρίου εἰς ὕψος αἴρεται μέγα. Εὑρίσκεται πολλάκις ἐν αὐτῇ καὶ σάρδος λίθος · ὃς ἐπάνω μέν ἐστιν ἐρυθρὸς, λευκὸς δὲ ἐν τῷ μέσῳ, ὑποκάτω δὲ μέλας · τὸν γοῦν κατέχοντα αὐτὸν σώφρονα ἀπεργάζεται.

Εἰς ταύτην ποτὲ καὶ Μενεσθεὺς, ὁ τῶν Ἀθηναίων βασι-
25 λεὺς, ἐλθὼν, ὑποστρέφων ἀπὸ τοῦ τρωϊκοῦ πολέμου, ὅπως ἀνακληθείη τῆς νόσου, ἐς ἣν ὑπό τε ναυτίας καὶ κλυδώνων πολλῶν περιέπεσε, μετ' οὐ πολὺ τέθνηκεν · οὗ ὁ τάφος μέχρι καὶ τοῦ νῦν ἔτι μεγαλοπρεπέστατος φαίνεται, μετ' ἐπιγράμματος ἐγκεκολαμμένου.

30 Ἡ περίμετρος τῆς νήσου μιλίων ἐστὶν ἐγγὺς ὀγδοήκοντα · περὶ δὲ τὸ μέσον πρὸς ἄρκτον λιμήν ἐστιν ἄριστος καὶ περὶ αὐτὸν πλῆθος ὑδάτων ἰατρικῶν ἐκ θείου θερμῶν, καὶ πύργος ἔτι καὶ πεδιὰς μετὰ οἰκιῶν οὐ πάνυ πολλῶν.

Πρὸς δὲ τὴν ἕω καὶ αὐτὴν αὖθις τὴν ἄρκτον πόλις ἐστὶν
35 ὀχυρωτάτη, ἥν φασί ποτε τοὺς αὐτόθι δούλους ἐπαναστάντας καιροῦ τινὸς λαβομένους ἐπιτηδείου πρὸς τὴν αὐτῶν ἐγχείρησιν (ἀπόντες γὰρ ἦσαν πρὸς τὰ ἴδια σχολάζοντες ἔργα οἱ ταύτην οἰκοῦντες), λαβεῖν τε καὶ τὴν βασιλεύουσαν αὐτῆς ἀποκτεῖναι · ὅπερ μαθόντες οἱ τῆς πόλεως ἄνθρωποι ἔδραμον εὐ-
40 θὺς μεθ' ὅπλων καὶ ὀργάνων πολεμικῶν πλείστων, καὶ παρακαθίσαντες χρονιώτερον εἷλον οὐκ ἄνευ μέντοι πόνου πολλοῦ καὶ αἵματος, καὶ τοὺς κακίστους ἐκείνους δούλους συλλαβόντες, ἅπαντας τῷ ᾅδῃ παρέπεμψαν, κακῶς ἀπολέσαντες.

Εὗρον καὶ τὴν Κυβέλην τιμωμένην αὐτόθι · γεγλυμμένην
45 γὰρ εἶδον αὐτὴν ἐφ' ἁμάξης, στέφανον πυργοειδῆ περὶ τὴν κεφαλὴν ἔχουσαν λίθοις παντοίοις ὡραϊσμένον · ἠκολούθουν αὐτῇ καὶ ἀλεκτρυόνες · τὴν δ' ἅμαξαν εἷλκον πυροειδεῖς λέοντες · ἐκείνη δὲ κλεῖδα κατεῖχεν ἐν τῇ χειρί. Ἡ μὲν οὖν Κυβέλη τὴν γῆν ἀλληγορικῶς σημαίνει · ἡ ἅμαξα δὲ τὸν ἀέρα,

καθότι ή γῆ εἰς ἀέρα ἀνήρτηται · οἱ τροχοὶ τὸ τοῦ κόσμου ἄστατον καὶ ἀβέβαιον δηλοῦσιν, ὃς τροχοῦ δίκην περιστύγεται· οἱ λέοντες τὴν μητρικὴν εὐσέβειαν καὶ πειθώ· πᾶσα γὰρ θηριωδία τε καὶ ὠμότης τῇ μητρικῇ ὑποτάσσεται διαθέσει · ὁ δὲ τῶν πολυτελῶν λίθων κόσμος τὴν τῆς γῆς εἰς ἀέρα ἀνάρτησιν, ὡς εἴρηται · ὃς δὴ τῆς τῶν χρωμάτων λαμπρότητος αἴτιος ἅπασι τοῖς λίθοις καθίσταται · οἱ ἀλεκτρυόνες τοὺς ἐκείνης σημαίνουσιν ἱερεῖς, οἵτινες εὐνοῦχοι ὑπῆρχον καὶ Κορύβαντες ὠνομάζοντο · οἱ πυργωτοὶ στέφανοι τὰς πόλεις σημαίνουσιν, αἵτινες εἰσὶν ἁπανταχοῦ γῆς · ἡ δ' ἐν τῇ χειρὶ κλεὶς οὐδὲν ἕτερον, ὡς οἶμαι, βούλεται, εἰ μὴ τὸ τὴν γῆν ἐν ἔαρι μὲν ἀνοίγεσθαι, ἐν δὲ χειμῶνι κλείεσθαι.

Ἔστιν ἐν αὐτῇ καὶ φρούριον Πολώνεια λεγόμενον πρὸς δύσιν ἡλίου · ἔμπροσθεν δὲ τούτου σκόπελοι καὶ νῆσοι φαίνονται ἀγεώργητοι πλεῖσται ἔνθεν κἀκεῖθεν διεσπαρμέναι.

6. μηδένα. — 8. πλήνιος. — 10. μιναλίδα. — 13. κατεγόμενα. — 14. En marge, on lit cette remarque judicieuse : τοῦτο ψεῦδος. — 19. αἰγέφ. — 26. κλυδώνων. — 52. λέγοντες. — 64. διεσπαρκέναι (?).

24. Περὶ τῆς Συφάνου.

Εἰπόντες περὶ τῆς Μήλου, νῦν εἰς τὴν Σύφανον ἐρχόμεθα νῆσον, ἐς ἣν παραγενόμενος ὄρη καὶ σκληρὰν περιπατήσεις ὁδόν, ὅθεν καὶ αἶγες ἐν αὐτῇ νέμονται πλεῖσται. Ταύτης ἡ περίμετρος μιλίων ἐστὶ τεσσαράκοντα. Πρὸς μὲν οὖν τὸ ἑῷον μέρος, ἐγγὺς τῆς Σαράγλης, Σύφανος πόλις ὁρᾶται, ἀπὸ τῆς νήσου τὴν ἐπωνυμίαν σχοῦσα · πρὸς δὲ τὸ ἑσπέριον Σχῖνος καὶ Σίγνος τόποι ἐξαπλοῦνται, καὶ πρὸς μεσημβρίαν λιμὴν περικλείεται μετὰ πόλεως πάλαι διεφθαρμένης, ἥτις Πλαμόλη ὠνομάζετο. Ἀπαντικρὺ δὲ τοῦ λιμένος, τὸν Χυτριανοῦ οὕτω λεγόμενον σκόπελον ὁρῶμεν · καὶ ἐν τῷ μέσῳ πύργον Ἐξάβελλον καλούμενον, ἀφ' οὗ πηγὴ ἀναδίδοται ἐς θάλασσαν ῥέουσα · ἔνθα καὶ κῆπός ἐστι παντοδαπὰ γένη μήλων τρέφων.

Αὐτόθι καὶ τὸν Πᾶνα τιμᾶσθαι φασὶν, ὡς δηλοῖ καὶ τὸ ἐφ'
20 ὑψηλοῦ τινος τόπου ἱστάμενον αὐτοῦ εἴδωλον, ἐφθαρμένον
ἤδη ὑπὸ τοῦ χρόνου. Οὐ μὴν ἀλλὰ καὶ Παῦλος καὶ οἱ λοιποὶ
τῶν ἀποστόλων τὰς νήσους ταύτας διερχόμενοι, καὶ διδάσκον-
τες τὸν λόγον τοῦ θεοῦ, ἅπαντα τὰ εἴδωλα διέφθειραν. Γράφεται δὲ ὁ Πὰν ἢ καὶ πράττεται κερασφόρος τε καὶ ὑπέρυθρος ·
25 καὶ διὰ μὲν τοῦ κέρατος τὴν ὑπὲρ ἡμᾶς χώραν τοῦ κόσμου
νοοῦμεν · διὰ δὲ τῆς ἐρυθρότητος τὸ πῦρ καὶ τὸν ἀέρα · οἱ
δ' ἐν τῷ στήθει ἀστέρες τοὺς τοῦ οὐρανοῦ ἀστέρας δηλοῦσι,
καὶ οἱ ἑπτὰ ἐν τῷ στόματι κάλαμοι τοὺς ἑπτὰ πλανήτας · ἡ
γυνὴ τὰ δένδρη καὶ τὰς βοτάνας, καὶ οἱ τῶν αἰγῶν πόδες τὰ
30 ζῶα σημαίνουσιν.

Οἰκοῦσι δ' ἐν αὐτῇ τῇ νήσῳ ὀλίγοι καὶ ἄθλιοι, καὶ τὸ πλεῖστον μέρος εἰσὶ γυναῖκες, αἵτινες τῇ τῶν ἀνδρῶν ὀλιγότητι
βίον σώφρονα μέχρι γήρους διάγουσι · τηροῦσι δὲ καὶ τὴν
καθολικὴν πίστιν, εἰ καὶ τὴν ἡμετέραν τῶν Λατίνων ἀγνοοῦσι
35 φωνήν.

3. D'abord ξηράν. — 33. λατινικῶν.

25. Περὶ τῆς Σερφήνης.

Ἡ Σερρήνη νῆσος ὀρεινή ἐστι διόλου, καὶ ἡ περίμετρος
αὐτῆς μιλίων ἐστὶ τεσσαράκοντα · ὠνομάσθη δὲ οὕτως ἀπό
τινος βοτάνης τῆς καλουμένης σέρρης, ἥτις εἰς τὰς τῶν νε-
5 φρῶν ὀδύνας μάλιστα ὠφελεῖ, ἢ ἀπὸ τοῦ οἰκίσαντος αὐτὴν
Σερρήνου.

Πρὸς γοῦν τὸ μεσημβρινὸν μέρος λιμήν ἐστι, καὶ τούτου
ἔμπροσθεν σκόπελος οὐ πάνυ ὑψηλός · περὶ δὲ τὴν πεδιάδα
φρούριον, ὅπερ τὸ τοῦ κτίσαντος αὐτὸ Σερφήνου ὄνομα ἔτι
10 καὶ νῦν διασώζει. Ἔστιν ἐν ταύτῃ τῇ νήσῳ καὶ αἰγῶν πλῆθος
πολύ, ὧν τὰ κρέα ἐν ἡλίῳ ξηραίνοντες οἱ αὐτόθι οἰκοῦντες
ἐσθίουσι.

Τιμᾶται δὲ καὶ ὁ Ἀπόλλων παρ' αὐτοῖς ἐν ἡλικίᾳ παιδός· γέρων γὰρ ταυτὶ περιφέρει τὰ σημεῖα : ἐν μὲν τῇ κεφαλῇ χρυσοῦν τρίποδα, ἐν τῇ χειρὶ δὲ φαρέτραν μετὰ τόξου καὶ βελῶν, καὶ ἐν τῇ ἑτέρᾳ κιθάραν· ἐν δὲ τοῖς ποσὶ δρακόντειον τέρας τρεῖς ἔχον κεφαλὰς διαφόρων ζώων, κυνὸς δηλονότι, λύκου καὶ λέοντος. Ἐγγὺς δὲ ἦν καὶ δάφνη μετὰ περιϊπταμένου κόρακος. Καὶ τὰ μὲν σημεῖα ταυτί· ἡ δ' ἀλληγορία τούτων ἐστὶν αὕτη.

Ἀλληγορία. Ἀπόλλων ὁ ἥλιος ἑρμηνεύεται, ὃς ἐν μὲν τῷ πρωῒ παῖς, ἐν δὲ τῇ μεσημβρίᾳ ἀνήρ, ἐν τῇ ἑσπέρᾳ δὲ γέρων. Τόξον δὲ κατέχει καὶ βέλη, ἐπειδὴ τὰς ἀκτῖνας αὐτοῦ πέμπει πρὸς ἡμᾶς· κιθάραν, διότι ἐκθηλύνει τοὺς ὑγιῶς ἔχοντας οὐρανίοις μελῳδήμασι· τρίποδα, καθότι τρεῖς ὠφελείας πᾶσι παρέχει, τοῖς τῷδε τῷ παντὶ περιεχομένοις, λαμπρότητα, χρῶμα καὶ ἀκμὴν ἐναπόθετον, ἥτις ἐν πᾶσι τοῖς ζώοις ἐνεργεῖ· τὸ δὲ τρικέφαλον τέρας τοὺς τρεῖς σημαίνει χρόνους· τὸν ἐνεστῶτα, τὸν παρεληλυθότα καὶ τὸν μέλλοντα· ἡ γὰρ τοῦ κυνὸς κεφαλὴ τὸν μέλλοντα δηλοῖ χρόνον, ἐπειδὴ οὗτος μόνος ἡμᾶς ὥσπέρ τις κύων σαίνει τῇ ἐλπίδι τοῦ μέλλοντος· ἡ δὲ τοῦ λύκου τὸν παρεληλυθότα, ἐπεὶ οὗτος λύκου δίκην ἁρπάζει καὶ φεύγει· ἡ τοῦ λέοντος δὲ τὸν ἐνεστῶτα σημαίνει, ὃς οὐκ ἀξιοῖ φεύγειν, ἀλλ' ἵσταται ὥσπέρ τις λέων· ἡ δὲ δάφνη τὸ τὴν Παρθένον, τὸ ἐν οὐρανῷ ζῴδιον, ἐν τῷ θέρει μάλιστα ἐπικρατεῖν.

Ἐν ταύτῃ τῇ νήσῳ οὐδὲν ἕτερον εὑρήσεις ζητῶν, εἰ μὴ πολλὴν ἀθλιότητα, καὶ τοὺς αὐτόθι οἰκοῦντας ἀλόγων ζώων δίκην βιοῦντας· καί, τὸ δὴ χεῖρον, ὅτι μετὰ τρόμου διάγουσι πολλοῦ νυκτὸς καὶ ἡμέρας, φοβούμενοι μὴ εἰς τὰς τῶν ἐχθρῶν χεῖρας ἐμπέσωσι.

5. οἰκήσαντος et ι au-dessus de η. — 34. ἵστασθαι.

26. Περὶ τῆς Θερμείας.

Μετὰ τὴν προλεχθεῖσαν καὶ ἡ Θέρμεια νῆσος ἐστίν, ἥτις ἀπὸ τοῦ θερμοῦ ἢ τῆς θερμότητος ταύτης ἔτυχε τῆς ἐπωνυμίας. Θερμὸν δὲ ἑλληνικῶς τέπιδουμ λατινικῶς σημαίνει. Ἔστι δὲ λίαν ὀρεινὴ καὶ τὴν περίμετρον οὐκ ἐλάττονα τῶν τεσσαράκοντα μιλίων ἔχει.

Πρὸς μὲν οὖν τὴν ἕω ναὸς τῆς Ἁγίας Ἑλένης ὁρᾶται, ὅπου καὶ πεδιάς ἐστι, καὶ περὶ τὸ ἄκρον αὐτῆς ἡ ὁμώνυμος τῇ νήσῳ κεῖται πόλις· ἥν ποτε Τοῦρκοι λαβόντες νυκτὸς ἠρέμωσαν, προδοθεῖσαν ὑπὸ δούλου τινὸς τῶν ἐντός. Νῦν δὲ οἰκεῖται καλῶς.

Πρὸς ἑσπέραν δὲ, περί που τὸν ναὸν τῆς Ἁγίας Λουτζίας, λιμένες εἰσὶν ἄριστοι ὅπου καὶ πόλις ἦν πάλαι καλῶς ᾠκοδομημένη καὶ, ἐν τῷ μέσῳ σχεδὸν τῆς νήσου περὶ τὸ ὄρος, πύργος ἵσταται, ἀφ' οὗ ῥύαξ μέχρι θαλάσσης διήκων ἀρδεύει τὰ μεταξὺ πάντα. Ἔστι καὶ πεδιὰς ἥμερος αὐτόθι κρέα πολλὰ ἔχουσα, Ἐπισκοπὴ λεγομένη· οὐ μὴν ἀλλὰ καὶ πρὸς τὸ τῆς μεσημβρίας μέρος κόλπος τίς ἐστι, καὶ πεδιὰς ἑτέρα τῆς Μέρκας ἐγγὺς περιέχεται· ἥτις εὖ ἔχει πρὸς εὐφορίαν παντοίων καρπῶν, καὶ οἴνου, καὶ κρεάτων ἔτι καὶ μετάξης.

Εἰς ταύτην ποτὲ τὴν νῆσον Τοῦρκοι τυχαίως ἐλθόντες, ἐγγὺς τῆς πόλεως ἐν τῷ λιμένι διανυκτερεῦσαι διενοοῦντο. Δύο δὲ τριήρεις τῶν Κρητῶν, ἀωρὶ τῶν νυκτῶν φθάσασαι, εὑρόν τε αὐτοὺς καὶ πάντας τῷ ᾅδῃ παρέπεμψαν οἱ ἐν αὐταῖς εὑρεθέντες χριστιανοί, ἀνδρείως κατ' ἐκείνων ἀγωνισάμενοι.

24. αὐτα.

27. Περὶ τῆς Κέω.

Νῦν πρὸς τὴν Κέω ἤδη παραγίνομαι νῆσον, ἥτις πρὸς τοῦ Καινέως τοῦ Τιτᾶνος, υἱοῦ τῆς Γῆς, ταύτης ἔτυχε τῆς ἐπωνυμίας · ὃς τοσοῦτον ποδώκης ἦν καὶ ἅμα ὑπερήφανος, ὥστε μετὰ τῶν ἀδελφῶν αὐτοῦ κατὰ τοῦ Διὸς ἐπαναστῆσαι · πολὺν δὲ πρὸς ἀλλήλους πολεμήσαντες χρόνον, ὕστερον ἡττήθησαν αἰσχρῶς ὑπ' αὐτοῦ τοῦ θεοῦ, καὶ τῆς Κρήτης ἐξώσθησαν νήσου. Ἔνθεν γοῦν κακεῖθεν μακρὸν πλανώμενοι χρόνον, καὶ τὸν ἑαυτῶν διὰ τοῦτο δαπανήσαντες πλοῦτον, οὗτος ὁ Καινεὺς τῶν λοιπῶν αὐτοῦ ἀδελφῶν τυγχάνων πρεσβύτερος, πρὸς ταύτην ἀπειπὼν τὴν νῆσον κατήντησε, καὶ θυγατέρας δύο ἐγέννησεν ἐν αὐτῇ τῷ εἴδει καλλίστας, Λητὼ καὶ Ἀστρώαν · περὶ ὧν πολλὰ εἰπεῖν ἔχων ἐν τῷ παρόντι ἀφίημι.

Ἔστι δὲ ὀρεινή, καὶ τὴν περίμετρον ἔχει μιλίων πεντήκοντα. Πρὸς γοῦν τὴν τοῦ ἡλίου δύσιν λιμήν ἐστι, καὶ μεταξὺ τούτου τε καὶ τῆς πόλεως πεδιὰς, ἐν ᾗ πολλὰ τῶν ἀγρίων ζώων πλανῶνται · καί τι φρούριον περιέχεται παλαιὸν Ἰουλὶς ὀνομαζόμενον, ὅπου καὶ τοιοῦτον ἔθος πάλαι σώζεσθαι ἐπυθόμην. Ὃς γὰρ τῶν αὐτόθι ὑπὸ γήρους ἀπειρηκὼς ἢ νόσου χρονίας φαρμάκῳ τοῦ ζῆν ἑαυτὸν ἀπήλλαττεν, οὗτος μακάριός τε ἐλέγετο, καὶ ὁ ἐκείνου θάνατος πολλῶν ἐπαίνων [ἄξιος] ἐνομίζετο.

Συνέβη δέ ποτε καὶ τὸν Πομπήϊον Σίστον ἐς Ἀσίαν ἀπὸ Ῥώμης πλέοντα, ἄκοντα ὑπὸ χειμῶνος εἰς τοῦτον ἐλαθῆναι τὸν τόπον · πυθόμενον δὲ ὡς γυνή τις τῶν ἐγχωρίων οἰκοδεσποίνη ἀρετῇ τε καὶ χρόνῳ τὰ πρεσβεῖα φέρουσα θανατᾷ καὶ διὰ τοῦτο πιεῖν τὸ φάρμακον βούλεται, ἐλθεῖν τε λέγεται πρὸς αὐτὴν καὶ δεηθῆναι μὴ ἑαυτὴν ἀναιρήσειν, μηδ' οὕτω φαύλῳ ἔθει ἀκολουθῆσαι. Ἐκείνη δ' ἐν κλίνῃ κειμένη καὶ περὶ αὐτὴν τὰς ἐξ αἵματος ἔχουσα γυναῖκας τοιούτοις πρὸς τὸν Πομπήϊον ἐχρήσατο λόγοις · « ἐγὼ μὲν, ὦ Ῥωμαίων ἄριστε, πέμπτον καὶ ἐννηκοστὸν ἤδη χρόνον τῆς ἡλικίας ἄγω, καὶ ἱλαρόν μοι ἡ τύχη ἀεὶ μέχρι καὶ τοῦ νῦν ἐδείκνυε πρόσωπον, καὶ τὸν κόλπον ἀνεῳγμένον πρὸς ὑποδοχὴν εἶχεν · ὅπως δὲ μὴ, φυσήματι αἰφνιδίῳ χρησαμένη, ἐχθρὰ ἀντὶ φίλης γένηται κἀντεῦθεν ἐς τέλος τὴν ἐμὴν μετ' ἀθλιότητος διανύσω ζωήν, πολλῶν ἀτυχημάτων πεῖραν λαβοῦσα, ἀποθανεῖν διὰ τοῦτο μᾶλλον αἱροῦμαι · ὁ γὰρ ἐν εὐτυχίᾳ θάνατος ἱλαρώτερος. » Ταῦτα εἰποῦσα, καὶ τοὺς περιϊσταμένους πάντας προσαγορεύουσα ἄνδρας τε καὶ γυναῖκας, καὶ τοὺς θεοὺς ἐπικαλεσαμένη, γενναίως τὸ φάρμακον ἔπιεν. Ἀποπνεύσασα δὲ ταχέως τῆς σωματικῆς φρουρᾶς ἀπηλλάγη.

Ἐν ταύτῃ τῇ νήσῳ καὶ πηγή τις εὑρίσκεται, ἧς τὸ ὕδωρ οἱ πίνοντες ἀμβλύνονται μὲν εὐθὺς τὰς αἰσθήσεις, ὕστερον δ᾽ αὖθις πρὸς τὴν προτέραν ἕξιν ἀποκαθίστανται.

Ἐπεὶ δὲ τῆς νήσου ταύτης ἐγγύς, πρὸς δυσμὰς ἡλίου, τό τε Ταίναρον καὶ τὸ τοῦ Πηγάσου σημεῖόν ἐστι καὶ τὸ Μυρτῶον ἔτι πέλαγος, εἰς ὅπερ πολλοὶ παράκεινται σκόπελοι καὶ νῆσοι ἀνθρώπων ἔρημοι, διὰ τοῦτο πολλῶν ὀνόματα ἐξ αὐτῶν τῇ γραφῇ παραδώσω, ἵνα μὴ ἑκὼν ταῦτα ὑπ᾽ ἀμελείας δόξω σιγᾶν. Εἰσὶ δὲ ταῦτα · Μακρόνησος, Ἀλβέρα, Κιττισός, ἀφ᾽ ἧς ἦν καὶ ὁ ποιητὴς Πρόκλος, ὃς, ἔρωτι γυναικός τινος Σαμίας ἑλληνίδος ἁλούς, πολλὰ ἔπη εἰς τὸν ἐκείνης ἔπαινον συντάξας ἐξέδωκεν.

2. προ (?). — 4. ποδώκυς. On pourrait aussi écrire πόδωκυς. — 11. ἀστρόαν. 18. ἀπηρηκώς. — 36. λαθών. — 37. ἱλαρότερος.

28. Περὶ τῆς Ἄνδρου.

Τὴν νῆσον ταύτην τὴν καλουμένην Ἄνδρον πολυώνυμον εἶναι φανερόν ἐστιν · ἐξ ὧν μάλιστα οἱ σοφοί, αὐτίκα ὁ Μυρσίλος Καῦρον ὠνόμασε, Καλλίμαχος Ἀντάνδρον. Ἄνδρος δὲ ὠνομάσθη ἀπὸ τῆς θυγατρὸς Ἀνίου τοῦ ῥηγός. Ἔστι δὲ ἀρκούντως ὡραία καὶ ὑδάτων μεστή · οὐ μὴν ἀλλὰ καὶ πάντα πρὸς τὴν τῶν ἀνθρώπων χρείαν ἐπιτήδεια πλουσίως παρέχει · ὀρεινὴ δὲ πᾶσα τυγχάνει · καὶ ἡ περίμετρος αὐτῆς μιλίων ἐστὶν ὀγδοήκοντα. Ἡ μὲν οὖν πόλις πρὸς ἕω ἄνευ λιμένος οἰκεῖται · πρὸς δύσιν δὲ μικρὰ νῆσος μετὰ παλαιοῦ τινος καταφαίνεται φρουρίου, ἐς ἣν διὰ γεφύρας τινὸς ἤρχοντο οἱ βουλόμενοι λι-

οἴνης πολυτελῶς ᾠκοδομημένης. Ἐν δὲ τῇ θαλάσσῃ ἐγγὺς τοῦ αἰγιαλοῦ πύργος ὁρᾶται, εἰς ὃν πάλαι οἱ περίοικοι τὴν νύκτα παραγενόμενοι διεβίβαζον, τὴν τῶν πειρατῶν ἐπιβουλὴν
15 φυλαττόμενοι.

Λέγεται δὲ καὶ τὰς θυγατέρας τοῦ βασιλέως Ἀνίου φευγούσας εἰς ταύτην τὴν νῆσον ἐλθεῖν. Περὶ ὧν ὁ Ὀβίδιος οὕτω μυθεύεται. Φησὶ γὰρ τὸν Διόνυσον, τῶν γυναικῶν τούτων ἕνεκα, τὴν δωρεὰν ταύτην παρὰ τῆς Ἑκάτης λαβεῖν ὡς, εἴ
20 τί περ ἂν ταῖς χερσὶ κρατήσωσιν αὗται, τοῦτο εἰς σῖτον, οἶνον καὶ ἔλαιον μεταβάλλεσθαι· ὅπερ γνοὺς ὁ τῶν Ἑλλήνων βασιλεὺς Ἀγαμέμνων, ἠνάγκασεν αὐτὰς μετ' αὐτοῦ κατὰ τῆς Τροίας στρατεῦσαι· αἱ δὲ μὴ βουλόμεναι ἀπελθεῖν, καὶ διὰ τοῦτο φεύγουσαι, ὁ ἀδελφὸς αὐτῶν εἰς τὰς τοῦ Ἀγαμέμνο-
25 νος χεῖρας προδοὺς αὐτὰς ἔθηκεν· ὁ δὲ λίαν ὀργισθείς, δεσμὰ κατ' αὐτῶν ἡτοίμαζεν· ἐκεῖναι δέ, τὰς χεῖρας εἰς οὐρανὸν ἄραται, βοήθειαν παρὰ τοῦ πατρὸς αὐτῶν Διονύσου ἐξελιπάρουν· ὃς ἐλεήσας εἰς περιστερὰς αὐτὰς μετέβαλεν. Καὶ τὸ μὲν μυθῶδες, τοῦτο· τὸ δ' ἀληθὲς οὕτως ἔχει. Ὡς αἱ τοῦ
30 Ἀνίου θυγατέρες εἰς ὠνὴν ἀγρῶν εὐφυῶς εἶχον καὶ ἐπιμέλειαν μεγίστην ἐκέκτηντο· ὅθεν καὶ καθ' ὑπερβολὴν ἐγένοντο πλούσιαι, πάντοθεν ἐς αὐτὰς τῶν ἀγαθῶν συρρεόντων. Ὁ γοῦν Ἀγαμέμνων τοῦτο μαθών, πάντα τὸν ἐκείνων πλοῦτον κατὰ τῆς Τροίας πλέων ἀφείλετο, καὶ οὕτω πενέσταται ἀντὶ
35 πλουσίων ἐγένοντο, καί, ὡς περιστεραὶ φιλήδονοι, πρὸς αἰσχρὰν μίξιν ἀφροδισίων, κέρδους χάριν, ἐλθεῖν ἠναγκάσθησαν.

Τί δ' ἐν αὐτῇ τῇ νήσῳ γέγονε λόγου ἄξιον, δεικνύουσι καὶ τὰ μέχρι τοῦ νῦν ἔτι σωζόμενα ἴχνη· οὐδὲν γὰρ ἕτερον εἰς ἅπασαν σχεδὸν εὑρήσεις τὴν νῆσον εἰ μὴ μεγάλα τε καὶ μεγα-
40 λοπρεπῆ τορεύματα λίθων.

Ἐν ταύτῃ καὶ τὸν Ἑρμῆν ἴσμεν πάλαι τιμώμενον· τὸ γὰρ εἴδωλον αὐτοῦ ἔτι καὶ νῦν ἵσταται πτερωτόν, σκῆπτρον ἐν ταῖς χερσὶν ἔχον ὄφεσιν ἐντετυλιγμένον, καὶ περὶ τὴν κεφαλὴν κόρυθα· ἔμπροσθεν δὲ αὐτοῦ ἀλεκτρυὼν ἵστατο· ἡ δὲ
45 κεφαλὴ κυνὸς ἦν. Γράφεται τοίνυν πτερωτός, ἐπεὶ ὁ τοῦ

Ἑρμοῦ ἀστὴρ ὡς ἀνωτάτω ποιεῖται τὸν ἑαυτοῦ δρόμον· ὑπνῶδες δὲ σκῆπτρον λέγεται φέρειν διὰ τὸ τοὺς ἀνθρώπους οἷον ὑπνώττειν τῇ τῶν λόγων ἡδύτητι· κεφαλὴν δὲ κυνός, ἐπείπερ φιλόσοφοί τε καὶ ῥήτορες ἐν τῷ ὁμιλεῖν δάκνουσι κυνὸς 50 δίκην· κόρυθα μετὰ ἀλεκτρυόνος, καθότι οἱ ἔμποροι σπουδαῖοί εἰσὶν, ἔνθεν κἀκεῖθεν ὁδεύοντες, καὶ τὸ προκείμενον ἀμείβοντες πρὸς τὸ σφίσι συνοῖσον.

Ἐν ταύτῃ τῇ νήσῳ καὶ ὁ Καρχηδόνιος ποιητὴς Τερέντιος ἤρξατο πρῶτον τῆς ἰδίας κωμῳδίας, ὅστις τὰ τῶν ἀνθρώπων 55 ἤθη τῇ ἑαυτοῦ ποιήσει κατεζωγράφησε νέων τε καὶ γερόντων· ὅθεν καὶ Ἀνδρίαν τὴν πρώτην αὐτοῦ κωμῳδίαν ὠνόμασεν.

Αὕτη τοίνυν, ἡ τοσοῦτον αὐξυνθεῖσα, νῦν διὰ τὰς τῶν Τούρκων συνεχεῖς ἐπιβουλὰς καθ' ὑπερβολὴν ἐσμικρύνθη, εἰ καὶ, ἐν συγκρίσει τῶν ἄλλων, βέλτιον ἔχειν δοκεῖ.

3. μύρσιος. — 5. ἀνέου. — 6. ὡραῖα, — 16. ἀνέου. — 18. En marge : μῦθος. — 28. μετέβαλλεν. — 29. En marge : ἀλληγορία. — 30. ἀνέου. — 36. μίξιν. — 43. ἐντετυλιμένον. — 45. En marge : ἀλληγορία. — 57. ἄνδρειαν. — 58. αὐξηνθεῖσα.

29. Περὶ σκοπέλου τοῦ λεγομένου Καλογέρου.

Μεταξὺ τῆς Κέω καὶ τῆς Ἄνδρου τῶν νήσων σκόπελός τις πετρώδης καὶ λίαν τραχὺς Καλόγερος ὀνομαζόμενος καθ' ἑαυτὸν ἵσταται. Ἐτυμολογεῖται δὲ τοῦτο τὸ ὄνομα ἀπὸ τοῦ καλὸς 5 ἤτοι βώνους λατινικῶς καὶ γέρων σένεξ, δηλονότι βώνους σένεξ, κατ' ἀντίφρασιν· κακὸς γάρ ἐστι καὶ τοῖς πλέουσιν ἀπειλητικὸς ἐν πᾶσι καιροῖς. Ὅθεν καὶ πολλαὶ νῆες νυκτὸς πλέουσαι κατεβυθίσθησαν εἰς τοῦτον ἐμπεσοῦσαι τὸν σκόπελον, καὶ ἐν τῷ ἡμετέρῳ δὲ καιρῷ μία ναῦς, ἀπὸ τοῦ Γαλατᾶ ἀπάρασα, εἰς 10 τὸν σκόπελον τοῦτον ἐναυάγησεν· ὅθεν καὶ πάντες οἱ πλέοντες πόρρωθεν αὐτὸν ὁρῶντες ἀναθέματι καθυποβάλλουσι, καὶ ἀλλήλοις τῷ δακτύλῳ δεικνύοντες εἰς τὸ τῆς θαλάσσης ἐνδότερον τὰ ἱστία τρέπουσι.

Εἰς αὐτόν ποτε καὶ δύο τριήρεις τῶν Τούρκων ἐμπεσοῦσαι
15 κατεάγησαν· οἱ δ' ἐν αὐταῖς ὄντες ἄνθρωποι διεσώθησαν εἰς
τὸν σκόπελον ἀναβάντες, ἔνθα καὶ ἡμέρας τρεῖς ἔμειναν ἄσι-
τοι· κατὰ δὲ τὴν τρίτην ἡμέραν μία τῶν ἡμετέρων χριστιανῶν
ναῦς πλέουσα καὶ τοὺς ἀνθρώπους ἰδοῦσα μακρόθεν καθημέ-
νους καὶ ἐλεήσασα, ἐπλησίασέ τε καὶ πάντας ἀπὸ τοῦ κινδύνου
20 ἡμιθανεῖς ἐρρύσατο· οἱ καὶ φαγόντες καὶ εἰς τὴν προτέραν
αὐτῶν ἐπανελθόντες δύναμιν κατὰ τῶν εὐεργετῶν ἐπανέστη-
σαν· οὓς καὶ νικήσαντες εἰς τὴν ἑαυτῶν καὶ ἄκοντας ἤγαγον
πατρίδα· κἀκεῖ εἰς δουλείαν ἀΐδιον τοὺς καλῶς πράξαντας
κατεδίκασαν.
25 Ἐν ταύτῃ τῇ νήσῳ καὶ οἱ φάλκωνες εἰς ἐνιαυτὸν τρέφουσι
τοὺς ἰδίους νεοσσοὺς περί που τὰς τῶν πετρῶν ἐξοχάς.

17. μετά. — 20. ἐρύσατο.

30. Περὶ τῆς Τήνου.

Ταύτην τὴν νῆσον ὁ Ἀριστοτέλης Ὑδροῦσαν ὠνόμασεν ἀπὸ
τοῦ πλήθους, οἶμαι, τῶν ὑδάτων· Δημοσθένης καὶ Αἰσχίνης
Φιοῦσαν· νῦν δὲ Τῆνος λέγεται ἀπὸ τοῦ σχήματος αὐτῆς·
5 στρογγύλη γάρ ἐστιν ὥσπερ καδδίσκος, ὃς τῆνος λατινικῶς
λέγεται. Κεῖται δὲ ἐγγὺς τῆς Ἄνδρου, καὶ τὴν περίμετρον
ἔχει μιλίων τεσσαράκοντα. Ἐν γοῦν τῷ διαστήματι τούτῳ
δύο ἵστανται σκόπελοι.

Ἐν ταύτῃ φασὶ γενέσθαι ποτὲ καὶ μίαν γυναῖκα ἐπαοιδόν,
10 ἥτις ἅπαξ ἰδοῦσα τοὺς ἐχθροὺς πλησιάσαντας ἐπὶ φθορᾷ ἰδίας
πόλεως εἰς τὸ ὑψηλότερον ἀνῆλθεν ὄρος· κἀκεῖ ἑαυτὴν γυμ-
νώσασα καὶ τὴν τῆς κεφαλῆς κόμην ξάνασα, καὶ τὰς χεῖρας
εἰς οὐρανὸν ἀνατείνασα, ἐχρῆτο τῇ ἐπῳδῇ, ἣν οὔπω ἐτέλεσε
καὶ εὐθὺς ἄνεμος ἀπὸ τῆς Ἀφρικῆς σφοδρὸς πνεύσας τὸν ἐκεί-
15 νων στόλον ἅπαντα κατεπόντισεν· ἀφ' ὧν καὶ πολλοὶ εἰς
τὴν νῆσον ταύτην διεσώθησαν· οὓς ὕστερον αὐτὴ τῇ ἑαυτῆς

τέχνη ἀναισθήτους ἀπεκατέστησε, καὶ οὕτω δοῦλοι ἀντ' ἐλευθέρων γεγόνασιν. Ἐγένοντο δὲ καὶ πλούσιοι ἐντεῦθεν οἱ πολῖται ἅπαντα τὰ ἐκείνων λαβόντες.

20 Ἤκμασε μὲν οὖν ἡ νῆσος αὕτη εἰς τὸν τοῦ Ἀλεξάνδρου καιρόν· ὕστερον δὲ ὑπὸ Ῥωμαίων ἐφθάρη.

Συνέβη ποτὲ ἐλθεῖν ἐς αὐτὴν καὶ μίαν ἀπὸ τῆς ἑσπέρας νῆα ἵππους πολλοὺς ἔχουσαν· ἥτις, κλύδωνος σφοδροῦ γενομένου, κατεβυθίσθη, τῶν ἐμψύχων πάντων διασωθέντων· ὅθεν οἱ ἵπποι
25 ἐναπολειφθέντες τῇ νήσῳ εἰς ἄπειρον ηὐξύνθησαν ἀριθμόν.

Ἔστι καὶ ἐν τῷ Παχίνῳ λεγομένῳ ὄρει, περὶ τὸ μέσον τῆς νήσου, πολίδριον εὔφορον, καὶ πρὸς τὸ τῆς ἀνατολῆς μέρος πύργος ἐν τῇ θαλάσσῃ τοῦ Ἁγίου Νικολάου· καὶ ἕτερος ἔτι πρὸς τὸ ἑσπέριον ὀχυρώτατος· πρὸς δὲ τὸ ἀρκτῷον δρυμῶν χα-
30 ριέστατος, καὶ πρὸς μεσημβρίαν φρούριον οἰκούμενον, οὗ τὰ ἴχνη μέχρι τοῦ νῦν σώζονται.

23. κλύδωνος. — 29. ὀχυρώτατος.

31. Περὶ τῆς Μήκωνος.

Εἰπόντες περὶ τῆς Τήνου τὰ ἱκανά, νῦν πρὸς τὴν Μήκωνα ἐρχόμεθα νῆσον, ἥτις ἀπό τινος βασιλέως ταύτης πρῶτον ἔτυχε τῆς ἐπωνυμίας, ἢ ἀπὸ τοῦ μήκους· μῆκος γὰρ ἑλληνικῶς
5 λογγιτοῦδο λατινικῶς ἑρμηνεύεται.

Ἐγένετο τοίνυν αὕτη καθ' ὑπερβολὴν λαμπρά, καθὼς καὶ τὰ ἐν αὐτῇ λαμπρῶς ᾠκοδομημένα μαρτυροῦσιν. Ἔστι δὲ πλησίον τῆς Δήλου· καὶ διὰ τοῦτο οἱ ἐκ διαφόρων τῆς οἰκουμένης μερῶν ἐρχόμενοι ξένοι εἰς τὴν τοῦ εἰδώλου θέαν, ἐν
10 αὐτῇ ᾤκουν, ὅπως εἰς αὐτὸ πολλάκις τοῦ ἐνιαυτοῦ παραγίνεσθαι δύνωνται.

Συνέβη δέ ποτε καὶ Τούρκους ἐλθεῖν εἰς αὐτὴν πειρατάς· οἵτινες, τῆς νεὼς ἀποβάντες καὶ ἐπὶ φθορᾷ τῆς νήσου ὁρμή-

σαντες, μοναχόν τινα εὗρον ἐν σπηλαίῳ τινὶ καθεζόμενον καὶ
τὸν ἀληθῆ Θεὸν λατρεύοντα. Ὡς δὲ εἰσῆλθον ἐντός, αἴφνης
τοῦ σπηλαίου καταπεσόντος, ἅπαντες ἀπώλοντο, τοῦ μοναχοῦ ἐκείνου χωρίς.

Ἔστι μὲν οὖν ἡ νῆσος αὕτη μία τῶν λεγομένων Κυκλά-
δων· κεῖται δὲ ἐν τῷ Αἰγαίῳ πελάγει, καὶ ἡ περίμετρος
αὐτῆς μιλίων ἐστὶ τριάκοντα. Ἔχει δὲ καὶ λιμένα μετὰ
λιθίνων βραχιόνων· καὶ πρὸς μὲν τὸ τῆς μεσημβρίας μέρος
ναοὶ καταφαίνονται τρεῖς εἰς ὄνομα Γεωργίου, Στεφάνου καὶ
Ἰωάννου τῶν ἁγίων· πρὸς δὲ τὸ ἑῷον ὁ τῆς ἁγίας Ἄννης
ἐστὶ μετὰ τοῦ Παντέρμου λεγομένου λιμένος· ἔστι δὲ ἡ
νῆσος ξηρὰ καὶ αἶγας ἔχουσα πλείστας ἐν αὐτῇ πλανωμένας.

13. ὡρμήσαντες. — 19. αἰγέῳ. — 24. πανδερίνου.

32. Περὶ τῆς Δήλου.

Λείπεται νῦν περὶ τῆς Δήλου εἰπεῖν· ἧς καὶ οἱ συγγραφεῖς πολλάκις μέμνηνται, διὰ τὸ εἶναι αὐτὴν ὑπὲρ τὰς ἄλλας
τῶν Κυκλάδων νήσους περίφημον καὶ μᾶλλον λαμπράν.
Βεβαιοῖ δὲ τὴν τῆς νήσου ταύτης εὐγένειαν καὶ ἡ παλαιότης
ἅπασα· διαφόρου δ' ἔτυχε κλήσεως. Οἱ μὲν γὰρ Δῆλον, οἱ
δὲ Ἀστέρειαν, ἄλλοι Κορώνην, ἕτεροι Μήδειάν τε καὶ Λί-
γειαν, τινὲς δὲ Κινετὼ καὶ ἄλλοι Περίπλην ὠνόμασαν· νῦν
δὲ λέγεται Δῆλος.

Περὶ ἧς οἱ ποιηταὶ οὕτως ἐμυθεύσαντο, ὡς ὁ Ζεύς, συγγενόμενος τῇ τοῦ Καινέως τοῦ Τιτᾶνος θυγατρί, ἔγκυον αὐτὴν
ἐποίησεν· ὅπερ γνοῦσα ἡ Ἥρα, ἔπεμψε τὸν Φύτωνα εἰς τὴν
ἐκείνης δίωξιν· ἡ δὲ ἁπανταχοῦ φεύγουσα καὶ τόπους τόποις
ἀμείβουσα, τέλος ὑπὸ τῆς ἀδελφῆς αὐτῆς Ἀστερείας εἰς νῆσον
μετεβλήθη· καὶ οὕτως ἀποβὰς ὁ Φύτων ταύτην ἐτιμωρήσατο
διὰ τὴν πρὸς τὴν μητέρα ὕβριν.

Φασὶ δέ τινες τὸν Ἀπόλλωνα παρασχεῖν τῇ ἑαυτοῦ μητρὶ

ὠδινούσῃ μαῖαν τὴν Ἄρτεμιν πρὸς τὴν τῆς λοχείας ὑπηρε-
σίαν· ὅθεν καὶ τὸ τῆς παρθένου Ἀρτέμιδος ὄνομα εἰς τὸ τῆς
Φωτεινῆς μυθικώτερον μεταβάλλουσιν· ἅπασαι γὰρ αἱ τί-
κτουσαι ἐπικαλοῦνται τὴν Φωτεινήν, ἤγουν αὐτὴν τὴν Ἄρτεμιν, ὅπως ἀσινῆ τὰ νήπια τῷ φωτὶ παραδώσῃ· ὅτι δὲ ἡ
Ἄρτεμις τοῦ Ἀπόλλωνος καὶ τῆς Λητοῦς ὑπῆρξε θυγάτηρ,
δῆλον ἐκ τῆς ἁπάντων τῶν ποιητῶν σχεδὸν μαρτυρίας· οἳ
καὶ παρθένον αὐτὴν εἶναι διὰ παντὸς βούλονται. Ἐπεὶ δὲ τοῦ
μετ' ἀνδρὸς συνοικεῖν ἅπαξ κατεφρόνησε, τοῖς κυνηγεσίοις ἑαυτὴν ἐξέδωκε καὶ μετὰ τῆς σελήνης περιπατοῦσα νυκτὸς τὰ
θηρία ἐδίωκε· κἀντεῦθεν τὰς τῆς Ἀφροδίτης ἡδονὰς ἀπε-
κρούετο τῇ ἐκείνης ψυχρότητι· ὅθεν καὶ τῶν παλαιῶν τινὲς
σελήνην αὐτὴν εἶναι ἐνόμισαν, ὡς ταύτῃ συνοῦσαν ἀεὶ καὶ
τὰ μάλιστα ἡνωμένην. Φέρειν δὲ αὐτὴν καὶ τόξα καὶ βέλη
φασίν· οὐ μὴν ἀλλὰ καὶ θεὰν αὐτὴν τῶν πεδίων ἐκάλεσαν·
καὶ περὶ αὐτὴν νύμφας ἵστασθαι διωρίσαντο σεβομένας ὡς
ἰδίαν αὐτῶν θεάν, Δρυάδας δηλονότι [καὶ Ὀρειάδας] καὶ Νηί-
δας καὶ Νηρηίδας· αἵτινες παρ' Ἕλλησιν καὶ μέχρι τῆς
σήμερον διαφημίζονται· ἑκάστη δὲ τούτων ἰδίαν ἔχει ὑπηρε-
σίαν.

Ἡ μὲν οὖν σελήνη μήτηρ ἐστὶ τῆς ὑγρᾶς οὐσίας· πολυ-
πλασιάζει γὰρ τὴν ἐν δρυμῶσι καὶ ὄρεσι καὶ ἐν θαλάσσῃ καὶ
ἐν πηγαῖς ὑγρότητα· ἀπογεννᾷ δὲ καὶ τὰς ἐν τοῖς ἀγροῖς
βοτάνας καὶ σπέρματα· ἡ αὐτὴ καὶ Περσεφόνη λέγεται.

Ὁ δὲ Ἀπόλλων διαφόροις ὀνόμασι, κατὰ τὰς ἐνούσας
αὐτῷ διαφόρους δυνάμεις, ὀνομάζεται, ἥλιος, Φοῖβος, Τιτάν·
ὁ αὐτὸς καὶ Δήλιος ἀπὸ τοῦ τόπου λέγεται. Τὸ τοίνυν πλα-
νᾶσθαι τὴν Ἄρτεμιν νυκτὸς τὸ γενέσθαι πρότερον τὴν σελήνην δηλοῖ, εἶτα αὐτὸν τὸν Ἀπόλλωνα, ἤτοι τὴν ἡμέραν,
ἥτις παρὰ τοῦ ἡλίου φωτίζεται.

Δῆλος δὲ ἐκλήθη ἡ νῆσος αὕτη καθότι πρότερον μὲν ἦν
ἀφανὴς ὑπὸ τῶν ὑδάτων καλυπτομένη· ὕστερον δὲ γέγονε
φανερά· δῆλον γὰρ τὸ φανερὸν σημαίνει· ἡ αὐτὴ καὶ Ὀρτυ-
γία πρότερον ἐκαλεῖτο, ἀπὸ τοῦ πλήθους, οἶμαι, τῶν ἐν

αὐτῇ ὀρτύγων. Ἔστι δὲ καὶ ὄρος ἐν τῇ νήσῳ Κύνθιον καλούμενον, ἀφ' οὗ καὶ ἡ Ἄρτεμις ὠνομάσθη Κυνθία διὰ τὸ ἐν αὐτῷ γεννηθῆναι. Ὁ δὲ Ἀπόλλων ταύτης ἔτυχε τῆς ἐπωνυμίας ἀπὸ υἱοῦ τοῦ Ἡφαίστου καὶ τῆς Ἀθηνᾶς· ὃς πρῶτος γέγονε τῆς ἰατρικῆς εὑρετής. Ἔστι περὶ τοὺς πρόποδας τοῦ ὄρους τούτου καὶ πηγή, ἥτις αὐξάνει καὶ αὖθις μειοῦται κατ' ἐκείνην τὴν ὥραν καθ' ἣν ἔτι καὶ ὁ Νεῖλος· ὅπερ ἐστὶ θαυμαστόν.

Ἐτιμᾶτο δὲ ὁ Ἀπόλλων διαφερόντως [ἐν τῇ Δήλῳ, καὶ ἐκ μακρῶν] τῆς οἰκουμένης μερῶν δῶρα εἰς τὸ τούτου ἐκομίζοντο ἱερόν, μετὰ παρθένων ὁμοῦ τῶν πρὸς τὴν τοῦ θεοῦ θεραπείαν ἐπιτηδείων.

Λέγεται δέ ποτε καὶ τοὺς Ταρκινίου, τοῦ ἐν Ῥώμῃ πάλαι βασιλεύσαντος, υἱούς, ὃς θεῖος ὑπῆρξε τοῦ Βρούτου, ἐλθεῖν εἰς ταύτην μετὰ δώρων τὴν νῆσον, ὅπως κατὰ τὸ ἔθος τῷ Ἀπόλλωνι θύσωσι· ἠκολούθει δὲ αὐτοῖς καὶ ὁ Βροῦτος, μωρίαν ὑποκρινόμενος ἐν ἀνδρὸς σχήματι γελοίου· ὃς καὶ τὸν Σκηπίωνα μετὰ χρυσοῦ εἰς τιμὴν τοῦ θείου ἐλθόντα πολλοῦ θεασάμενος ἐγέλα. Ἐρωτησάντων δὲ ἐκείνων περὶ τοῦ τίς ἄρα μετὰ τὸν Ταρκίνιον ἐγκρατὴς γενήσεται τῆς τῶν Ῥωμαίων ἀρχῆς, ἀπεκρίθη τὸ μαντεῖον: ὅστις ἂν πρῶτος φθάσας φιλήσῃ τὴν ἑαυτοῦ μητέρα. Ὅπερ ἀκούσας ὁ Βροῦτος πρηνὴς ἔπεσεν εὐθύς, ὡς δῆθεν συμποδισθείς, καὶ τὴν γῆν κατεφίλησεν. Ἐξωσθέντων δὲ ὕστερον τῶν Ταρκινίου υἱῶν τῆς βασιλείας, δῆλον γέγονεν ὡς ὅ τε Ἀπόλλων καὶ Βροῦτος αὐτὸς τὴν γῆν, τὴν κοινὴν πάντων μητέρα, εἰς νοῦν ἔθεντο. Οὗτος γὰρ μετὰ τὴν τοῦ Ταρκινίου φυγὴν πρῶτος ὑπάτευσεν.

Εἰσὶ δὲ δύο νῆσοι συνεχεῖς, ἀφ' ὧν ἡ ἐλάττων ἡ Δῆλος ἐστίν, ἧς ἡ περίμετρος μιλίων ἐστὶ τεσσάρων· τῆς δὲ ἑτέρας δέκα. Ἐκτείνονται γοῦν καὶ ἀμφότεραι ἀπ' ἄρκτου πρὸς μεσημβρίαν.

Εἴδομεν ἐν τῇ Δήλῳ καὶ παλαιὸν ἱερὸν ἐν πεδιάδι μετὰ πολλῶν κατεσκευασμένον κιόνων, καὶ εἴδωλον μέγιστον ἐν γῇ κείμενον, οὗ τὸ μέγεθος τοσοῦτον ἦν ὡς μὴ δυνηθῆναι ἡμᾶς ἅπαντας, ὑπὲρ τοὺς χιλίους ὄντας, αὐτὸ ἀνορθῶσαι μετὰ ὀργάνων καὶ σχοινίων πολλῶν τῶν ἡμετέρων τριήρεων· ὅθεν καὶ εἰς τὸν ἴδιον κατελείψαμεν τόπον παντάπασιν ἀπειπόντες.

90 Πρὸς δὲ καὶ ἕτερα πάμπολλα ἐθεασάμεθα εἴδωλα μετὰ θαυμαστῆς τινὸς κατεσκευασμένα τέχνης χαμαὶ κείμενα, καὶ ἕτερα ἔτι ὑπὸ μικρῶν τινῶν καταχωσθέντα λόφων. Ἦσαν δὲ καὶ οἰκίαι κατεσκευασμέναι πλεῖσται, ὧν αἱ θύραι τε καὶ θυρίδες πρὸς τὸ ἱερὸν ἐτύγχανον, καὶ ἐν τῷ μέσῳ τῶν οἰκιῶν
95 πύργος ἵστατο · εἰς ὄν, μετὰ τὴν τοῦ ἱεροῦ καὶ τῆς τῶν εἰδώλων θεραπείας καθαίρεσιν καὶ τὴν τῶν ἐθίμων ἁπάντων παῦσιν, ἐρχόμενοι οἱ οἰκήτορες ἀνεψύχοντο.

Ὅρα καὶ τί φησιν ὁ Βιργίλιος : « ἐνταῦθα φερόμεθα. Αὕτη ἐν ἀσφαλεῖ ἀπειρηκότας ἡμᾶς ἐδέξατο λιμένι εὐμενεστάτη
100 οὖσα · ἐν ᾧ εἰσελθόντες τήν τε τοῦ Ἀπόλλωνος ἐσεβάσθημεν πόλιν καὶ τὸ τοῦ θεοῦ ἱερὸν μετὰ παλαιοῦ τινὸς κατεσκευασμένον λίθου. »

6. ἡ μὲν. — 11. ἔγγυον. — 18. ὑπερεσίαν. — 23. Au lieu de Ἀπόλλωνος (qui est un simple lapsus calami) il faut lire Διός. — 25. διαπαντός. — 57. μιοῦται. — 67. ἠκολούθη. — 83. ἴδωμεν. — 96. ἐθίμων. — 98. φερόμενα. — 99. ἀπηρηκότας.

33. Περὶ τῆς Σούδας.

Ἔστι πρὸς ἑσπέραν νῆσος ὀνομαζομένη Σούδα, ἧς ἡ περίμετρος μιλίων ἐστὶ τεσσαράκοντα. Αὕτη καὶ Γέρος πάλαι, κατὰ τὴν κοινὴν τῶν Ἑλλήνων διάλεκτον, ὅπερ λατινικῶς
5 σένεξ ἑρμηνεύεται, ἐκαλεῖτο.

Εἰς τοῦτον τοίνυν τὸν σκόπελον καὶ δούξ τις ἐκ Καλαβρίας Σιδὶν λεγόμενος τὴν τῶν ἰδίων ἐχθρῶν ἐπιβουλὴν φεύγων, καὶ διὰ τοῦτο τὴν μεγάλην καλουμένην Ἑλλάδα καὶ ἅμα τὴν ἑαυτοῦ πατρίδα Σκυλακίαν καταλιπών, μετὰ πολλοὺς θαλασ-
10 σίους κλύδωνας, οὓς ἐρχόμενος ὑπέστη, κατήντησεν ἀπει-

πῶν · ὃς δὴ τὸν τῆς νήσου βασιλέα νεωςὶ τεθνηκότα εὑρὼν ἔλαβεν αὐτὸς τὴν ἐκείνου γυναῖκα τὴν καλουμένην Σίδην, συναινεσάντων πρὸς τοῦτο καὶ τῶν ναυτῶν. Ἐπεὶ δὲ πολλοὺς βασιλεύων διετέλεσε χρόνους διαδοχῆς ἄνευ, οὐδένα γὰρ
15 ἔσχεν ἐξ ἐκείνης παῖδα, μνηστεύεται διὰ τοῦτο τὴν αὐτῆς θυγατέρα, ἣν μετωνόμασε Σοῦδαν · ἀφ᾽ ἧς καὶ τὴν ἐπωνυμίαν ἔσχεν ἡ νῆσος · ἥτις ἐν συγκρίσει τῶν παλαιῶν ἐκείνων καιρῶν, εἰς τὸ μηθὲν νῦν ἀπεκατέστη.

Ἐσθίουσι γὰρ οἱ κατοικοῦντες αὐτὴν ἄρτον ἐκ κριθῆς μετὰ
20 αἰγείων κρεῶν, καὶ τοῦτ᾽ ἴσως διὰ τὸν φόβον τῶν πειρατῶν · ὧν χάριν ζῶσι βίον ἐπώδυνον, ὃν διὰ τὰ τέκνα καὶ τὴν πρὸς ἀλλήλους συγγένειαν καὶ ἔτι τὸ τῆς πατρίδος φίλτρον γενναίως φέρουσι, τοῖς παροῦσιν ἀρκούμενοι.

Ἔστιν ἐν ταύτῃ τῇ νήσῳ πρὸς ἄρκτον καὶ ὁ ὀνομαζόμενος
25 Αἰγῶν σκόπελος, ἐν ᾧ, ὥς φασιν, ἀκάθαρτα πλανῶνται πνεύματα · καὶ ὅταν αἱ πλέουσαι νῆες ἐγγὺς γένωνται ἢ καὶ ἀπὸ τύχης ἐκεῖ που τὴν νύκτα διαβιβάσωσι, τοσοῦτος φωνῶν ἐγείρεται θόρυβος, ὡς δοκεῖν τὸν οὐρανὸν αὐτὸν καὶ τὴν γῆν καταπίπτειν · ἐκφωνεῖν δὲ αὐτά φασι καὶ τὰ ὀνόματα τῶν
30 ἐκεῖσε ἀφικνουμένων γεγωνοτέρᾳ φωνῇ.

9. συλακίαν. — 21. ἐπόδυνον. — 30. γεγονοτέρᾳ.

34. Περὶ τῆς Πάρου.

Ἀκολουθεῖ μετὰ ταύτην ἡ Πάρος, μία οὖσα τῶν καλουμένων Κυκλάδων, λευκὴ τυγχάνουσα πάνυ, ἥτις καὶ Πλάτη πάλαι ἐλέγετο ἀπὸ τῆς πλατύτητος · ἔπειτα δὲ Μινωὶς ἐκλήθη
5 ἀπὸ τῆς ἐν ταύτῃ τῇ νήσῳ κτισθείσης πόλεως πολυτελῶς παρὰ τοῦ βασιλέως τῶν Κρητῶν Μίνωος · ὕστερον δὲ Πάρος ἀπὸ τοῦ Πάραντος, τοῦ Πλούτωνος υἱοῦ, ὃς πόλιν αὐτόθι κτίσας Πάρον ἀπὸ τοῦ ἰδίου ὀνόματος ταύτην ἐκάλεσεν, ἀφ᾽ ἧς καὶ ἡ νῆσος τῆς αὐτῆς ἔτυχε κλήσεως. Γίνεται δὲ ἐν αὐτῇ

καὶ μάρμαρον ἐπὶ τοσοῦτον λευκὸν ὡς τοῖς πόρρωθεν ὁρῶσι χιόνα δοκεῖν ὁρᾶν, μάλιστα δὲ ἐν τῷ Καρπεσίῳ καλουμένῳ ὄρει, ὅπερ ὑψηλότερόν ἐστι τῶν ἄλλων· ἔχει δὲ ὑδάτων ἀναδόσεις πολλὰς καὶ ποταμοὺς κυμαίνοντας.

Πρὸς δυσμὰς μὲν οὖν πόλις Μινωὶς ἦν ἀπαντικρὺ τῆς καλουμένης Δελρικῆς νήσου, ἐν ᾗ καὶ οἰκοδομαὶ μετὰ κιόνων ἔτι μένουσι πλεῖσται, καὶ ἱερὸν ἐκ μαρμάρων ἀσπίλων κατεσκευασμένον ἐν πεδιάδι, καὶ πρὸς τούτοις φρούριον παλαιότατον μεγίστοις ᾠκοδομημένον λίθοις πρὸς τοὺς πρόποδας τοῦ ὄρους καταβαίνεται· πρὸς ἄρκτον δὲ καὶ ἕτερον σμικρὸν μετὰ ὀλιγίστων ἀνθρώπων, ὅπερ ἔχει καὶ λιμένα ὁμοίως μικρὸν μετὰ λιθίνων βραχιόνων, ὅπου καὶ πηγὴ ὑδάτων ἐστὶ τοιαύτη, ὥστε τὰ βληθέντα εἰς αὐτὴν λευκὰ ξύλα ἢ δέρματα μέλανα ἀπεργάζεσθαι. Ἀλήθουσι δὲ οἱ μύλωνες τῷ ταύτης ὕδατι.

Καταντικρὺ δὲ φρούριόν ἐστι λεγόμενον Κέφαλος, ἐν ὄρει ὑψηλοτάτῳ· οὗτινος ἡ κορυφὴ διὰ τὸ ὕψος καὶ αὐτὸν ἅπτεσθαι τὸν οὐρανὸν δοκεῖ. Ἔστι γε μὴν ἡ τούτου ἄνοδος οὐ πάνυ δυσχερής. Ἀνέρχονται γὰρ εἰς αὐτὸ καὶ γραῖαι γυναῖκες ῥερυτιδωμέναι καὶ ἰσχναὶ πάνυ ἄνευ ἱδρῶτος φέρουσαι μεθ' ἑαυτῶν καὶ τὰ πρὸς χρείαν ἔπιπλα. Συλλαμβάνουσι δὲ καὶ αἱ ὑπὲρ τὰ πεντήκοντα ἔτη οὖσαι.

Ἔστι πρὸς ἀνατολὰς καὶ λιμὴν τῶν Πειρατῶν λεγόμενος, ὅπου καὶ πεδίον ἐξαπλοῦται μέγιστον.

Αἱ γοῦν περὶ τὸν τόπον τοῦτον νῆσοι πιέζονται λίαν ὑπὸ τῶν Τούρκων, καὶ πολλάκις ἀνθρώπων ἔρημοι γίνονται. Ὅθεν καὶ οἱ οἰκοῦντες αὐτὰς ἐν διηνεκεῖ φόβῳ τυγχάνουσι, μή ποτε κρατηθέντες δοῦλοι ἀντ' ἐλευθέρων γένωνται.

7. πλούτονος. — 23. ἀλήθουσι.

35. Περὶ τῆς Ἀντιπάρου.

Οὐ πόρρω ταύτης ἐστὶ καὶ ἡ καλουμένη Ἀντίπαρος, ἥτις ὑπ' ἀνθρώπων μὲν οὐδαμῶς οἰκεῖται· κατέχουσι δὲ αὐτὴν ἀετοὶ

καὶ φάλκωνες καὶ πάνυ πολλοί, ὧν τοὺς φωλεοὺς οὐδ' ἀπαριθμή-
σασθαί τις ῥαδίως δυνήσεται, οὓς κατ' ἐνιαυτὸν ἐκεῖ ποιοῦσιν
ἐν τῷ ἰδίῳ καιρῷ· ὑπὸ γὰρ τοῦ πλήθους οὐδ' αἱ πέτραι σχεδὸν
ὁρῶνται τοῦ ὄρους. Εἰσὶ δ' ὅμως τῶν φαλκώνων οἱ ἀετοὶ πλείο-
νες, οἵτινες οὐδέποτε τὸ θηρευθὲν ὑπ' αὐτῶν ἐσθίουσι μόνοι,
εἰ μή πού γε ὑπὸ μεγίστου πιέζοιντο λιμοῦ · ἕκαστος δὲ τούτων δύο λίθους πολυτελεῖς τίθησι ἐν τῷ ἰδίῳ φωλεῷ, ἔκ τε
τοῦ θήλεος γένους καὶ τοῦ ἄρρενος, ὧν χωρὶς τίκτειν οὐ δύναται, ὥς ὁ Πλίνιος φησίν. Ὁ δὲ λίθος ὁ καλούμενος ἀχάτης,
ὃν διὰ τοῦτο τίθησιν ὅπως φυλάττῃ τοὺς ἰδίους νεοσσοὺς ἀπὸ
δηλητηρίου παντὸς καὶ δήγματος ἑρπετῶν · οὓς ὁπόταν ἐκ φω-
λεῶν ἐλάσωσι, θηρεύειν διδάσκουσι. Ἐν ἔτει δὲ καὶ τούτου
σφίσι γενομένου, οὐκέτι τοῦ λοιποῦ φροντίζουσιν, ἀλλ' ἀπέρ-
χονται, τῆς ἐκείνων ἀσφαλείας ἀπαλλαττόμενοι. Φασὶ δέ τινες
ὡς εἴ πέρ τις αὐτῶν ὄρνιν λαβὼν τοῖς ποσὶ καθέξει τὴν
νύχθ' ὅλην, ἀποκτείνει τῷ τῆς θερμότητος ὑπερβάλλοντι, τοῦ
δ' ἡλίου ἀνατείλαντος ζῶσαν αὖθις ἐξ ταύτην ἀπελθεῖν.

10. χάρις. — 11 πλήνιος φησιν. — 13. δικητηρίου.

36. Περὶ τῆς νήσου τῆς καλουμένης Παναγίας.

Μικρῷ δὲ τῆς προλεχθείσης προϊών, εὗρον καὶ τὴν καλουμένην Παναγίαν νῆσον, μικρὰν οὖσαν καὶ τῆς αὐτῆς σχεδὸν
τραχύτητος. Ἦν δ' ἐν αὐτῇ πάλαι ναὸς πολὺ μεμονωμένος,
ἐν ᾧ καὶ μοναχός τις, ὡς ἔοικε, πάλαι κατῴκει ἐρημικὸν ἀσπα-
ζόμενος βίον, ὃς τὰ πρὸς τὸ ζῆν ἀναγκαῖα ἀπὸ τῆς Πάρου
πλέων ἐλάμβανεν· εἶχε γὰρ πλοιάριον μικρὸν πρὸς τὴν αὐτοῦ
χρείαν ἐπιτήδειον. Νῦν δὲ οὐδένα ἐκεῖ ζητῶν εὑρήσεις, εἰ μὴ
πολὺ πλῆθος ὀρνίθων περιϊπταμένων καὶ φωλευόντων· ἀφ'
ὧν καὶ ἦχος φωνῶν ἀναπέμπεται ποικίλος νυκτὸς καὶ ἡμέρας.

5. μονόμαχος.

37. Περὶ τῆς Νάξου.

Ἐν τῷ ἀριθμῷ Κυκλάδων νήσων καὶ ἡ Νάξος ἐστίν· ἧς ἡ περίμετρος μιλίων ἐστὶν ὀγδοήκοντα. Ὁ μὲν οὖν Πλίνιος Στρογγύλην αὐτὴν ἐκάλεσεν, ὅπερ λατινικῶς ῥοτούνδαν σημαίνει· ὁ Ὀβίδιος δὲ Διονυσίαν ἀπὸ τῆς τοῦ οἴνου εὐφορίας· ἄλλοι δὲ μικρὰν Σικελίαν ταύτην ὠνόμασαν ἀπὸ τοῦ πλήθους τῶν γινομένων ἐν αὐτῇ καρπῶν καὶ τῶν ἄλλων τῶν πρὸς τὸ ζῆν ἀναγκαίων. Ἡ γὰρ πρώτη τῶν νήσων τούτων ἐν τοῖς τοιούτοις αὕτη ἐστίν. Εὑρίσκεται ἐν αὐτῇ καὶ λίθος σκληρότατος καὶ καθ' ὑπερβολὴν μέλας σμιρίγιον καλούμενος.

Καὶ κατέναντι τῆς νήσου ἐν σκοπέλῳ τινὶ φρούριον Στρογγύλον λεγόμενον, ἀφ' οὗ καὶ ἡ πόλις ὕστερον τὴν ἐπωνυμίαν ἔσχεν.

Ἔμπροσθεν δὲ αὐτοῦ πεδίον μέγιστον μέχρι θαλάσσης διήκει ἀμπέλων μεστόν· οὗ χάριν καὶ ἡ νῆσος τῷ Βάκχῳ ἀφιέρωται, ὡς ἐφόρῳ δηλονότι τοῦ τοιούτου φυτοῦ· τὸ γὰρ εἴδωλον αὐτοῦ ἐγγὺς τῆς πόλεως ἦν γεγλυμμένον ἐπὶ δύο καθήμενον τιγρίδων, μορφὴν ἔχον παιδὸς θηλυπρεποῦς, γυμνὸν τὸ στῆθος καὶ τὴν κεφαλὴν κερατοφυῆ ἐστεμμένην μετὰ κλήματος ἀμπέλου νεοθαλοῦς.

Παῖς μὲν οὖν πλάττεται καθότι, μεθύων ἀλόγως, οἷα παῖς τὰ ἴδια διοικεῖ· θηλοπρεπὴς δέ, ἐπειδὴ τοῖς μεθύουσιν οἶστρος ἐγγίνεται τῆς μετὰ γυναικὸς μίξεως· γυμνὸς δὲ διὰ τὴν ἀλήθειαν· κερασφόρος δὲ διὰ τὸ ἀξίωμα· αἱ δὲ τιγρίδες τὸ ἀπὸ τῆς μέθης μανικὸν σημαίνουσιν.

Εἰσὶν ἐν τῇ νήσῳ ταύτῃ καὶ μέλισσαι αἵτινες τὸν ὑπ' αὐτῶν πληγέντα θνήσκειν ποιοῦσι.

Λέγεται δέ ποτε καὶ Θησέα, τὸν τοῦ Αἰγέως, τοῦ τῶν Ἀθηνῶν βασιλέως, υἱόν, εἰς Κρήτην πεμφθέντα ἐπὶ τῷ ὑπὸ τοῦ Μινωταύρου φονευθῆναι, αὐτὸν μᾶλλον τοῦτο παθεῖν ὑπ' ἐκείνου, καὶ τὰς Ἀθήνας αἰσχρᾶς ἀπαλλάξαι δουλείας, καὶ Ἀριάδνην καὶ Φαίδραν, τὰς τοῦ Μίνωος θυγατέρας, ἁρπάσαι τε καὶ εἰς ταύτην πρῶτος τὴν νῆσον προσορμῆσαι· καὶ τὴν μὲν Ἀριάδνην εἰς πηγήν τινα πλησίον τῆς πόλεως ὕπνῳ κατασχεθεῖσαν ἀναξίως καταλιπεῖν· τὴν Φαίδραν δὲ λαβεῖν εἰς γυναῖκα. Ἐπεὶ δὲ ἐν πολλαῖς τῶν ἐπιστολῶν εὗρον ὡς ὁ Θησεὺς τὴν Ἀριάδνην ἐν ταύτῃ τῇ νήσῳ κατέλιπε, διὰ τοῦτο καὶ τὴν παροῦσαν ἱστορίαν ἐνταῦθα τέθεικα· εὐθύτερος γάρ ἐστιν ὁ ἐντεῦθεν εἰς Ἀθήνας πλοῦς ἤπερ ἐς Χίον· ἀλλ' ἵλεώς μοι ὁ Ὀβίδιος γένοιτο, ᾧτινι ἐν τούτοις ἀντιλέγειν δοκῶ. Ἐκεῖνος γὰρ τὸν Δία φησὶ τοῦτο δρᾶσαι ἐν Χίῳ τῇ νήσῳ. Μετὰ γοῦν τὴν τοῦ Θησέως ἀποδημίαν, ὁ τῶν νήσων τούτων ἡγεμὼν Διόνυσος γνοὺς τὸ κακούργως τε καὶ ἀπατηλῶς ὑπὸ τοῦ Θησέως πραχθέν, καὶ τὴν παῖδα ἐλεήσας, ἅτε τῶν εὖ γεγονότων ὑπάρχουσαν, ἔλαβεν αὐτὴν εἰς γυναῖκα, καὶ μάλιστα ὡς ἐπύθετο ταύτην εἶναι θυγατέρα τοῦ Κρητῶν βασιλέως Μίνωος καὶ Πασιφάης. Ἐδωρήσατο δὲ αὐτῇ καὶ ὁ Ἥφαιστος στέφανον μετὰ μαργάρων, καὶ μετὰ τῶν ἀστέρων ἐν οὐρανῷ κατέταξεν.

Οὐ μὴν ἀλλὰ καὶ ὁ Ζεὺς κατὰ Τιτάνων ποτὲ στρατευόμενος, εἰς ταύτην πρῶτον τὴν νῆσον προσώρμησε· μέλλων δὲ θύειν ἐν τῷ αἰγιαλῷ, ἀετὸς ἀφ' ὑψηλοῦ τινος τόπου εἰς τὴν ἑαυτοῦ σκηνὴν καταπτὰς ἐκάθισεν· ὅπερ ἀγαθὸν οἰωνὸν ἐκεῖνος δεξάμενος, ἀπῆλθέ τε χαίρων καὶ τοὺς ἐχθροὺς κατακράτως μετὰ τῆς ἰδίας ἐνίκησεν ἀσφαλείας.

Φασὶ δὲ καὶ τὸν Πηλέα ταύτης ἄρξαι τῆς νήσου ἐν τῷ καιρῷ τοῦ τρωϊκοῦ πολέμου, ἐν ᾧ καὶ ᾠκεῖτο πάνυ καλῶς· τοσοῦτον γὰρ ἦν ἀνδρῶν τε καὶ γυναικῶν πλῆθος ὡς μηδὲν ἀργὸν ἐν αὐτῇ φαίνεσθαι· νῦν δὲ κικύμων μόνον πλῆθος ἐςὶ τὰς ἑαυτῶν ἀηδεστάτας ἀφιέντων φωνάς, καὶ ζώων ἀγρίων ἀγέλαι ἔν τε δρυμῶσι καὶ πεδίοις πλανώμεναι· ἔτι δὲ καὶ περδίκων ἀριθμὸς οὐκ ὀλίγος.

Εὗρον ἐν αὐτῇ καὶ γυναῖκας πλείστας ἄνευ ἀνδρῶν τὸν ἑαυτῶν διαγούσας βίον, καὶ μέχρι τῆς ἐσχάτης ἡλικίας παρθε-

65 νευούσας, οὐ ζήλῳ ὅμως θείῳ καὶ τῷ τῆς παρθενίας αὐτῆς ἔρωτι, ἀλλ' ὑπὸ τῆς τῶν ἀνδρῶν ὀλιγότητος.

Εὑρίσκονται ἐν αὐτῇ καὶ μέταλλα χρυσίου ἔν τισι τόποις, ἅτινα, διὰ τὸ μὴ εἶναι τὸν ἐργασόμενον, ἄψαυστα μένουσιν.

Ἔστι πρὸς δύσιν ἡλίου καὶ ἱερὸν Ἀπόλλωνος μεγαλοπρε-
70 πέστατον, ἐν ᾧ ἦν τὸ τούτου ἄγαλμα ἱστάμενον, καὶ χῶρος ἐξήπλωται περί που τὰς τοῦ ἅλατος πήξεις· ὅπου καὶ πύργος ἐστὶν ἐφθαρμένος ἤδη ὑπὸ τοῦ χρόνου.

Ὑποκάτω δὲ τῶν ὀρῶν δρυμῶν καρποφόρος Δαρμίλη λεγόμενος, καὶ ἐν τῇ τούτου περιοχῇ φρούριον τὸ καλούμενον
75 Οὖστρον· καὶ εἰς τὸ ἐν αὐτῷ μοναστήριον καὶ, διὰ δρυμῶνος αὖθις καρποφόρου, εἰς κῆπόν τινα κατερχόμεθα, ἐν ᾧ καὶ ποταμός ἐστι μικρός· εἶτα εἰς πεδιάδα ψαμμώδη, ἧς οἱ ὅροι διήκουσι μέχρι τοῦ καλουμένου Στελλίδα ὄρους.

3. πλήνιος. — 4. ῥοδοῦντιν. — 15. μεστῶν. — 21. En marge : ἀλληγορία. — 30. μινοταύρου. — 32. φαίδραν. — 35. φαίδραν. — 39. γῆν. — 59. χακχίων.

38. Περὶ τῶν Ποδιῶν.

Ἦσαν ποτέ, ὥς φασιν, ἀμφότεραι αἱ νῆσοι αὗται οἰκούμεναι, αἵτινες καὶ Ποδίαι ἐλέγοντο ἀπὸ τῶν ποδῶν, ὅπερ λατινικῶς πέδες σημαίνει, ὡς σχῆμα ποδὸς ἔχουσαι. Ἡ γοῦν
5 μείζων τούτων ᾠκεῖτο πάλαι καλῶς μετὰ ἀσφαλεστάτου φρουρίου· νῦν δ' ἔρημός ἐστιν· οἱ γὰρ ταύτην οἰκοῦντες εἰς Νάξον ἀπῆλθον, μὴ δυνάμενοι φέρειν τὰς τῶν βαρβάρων ἐνέδρας. Τῆς μὲν οὖν πρώτης ἡ περίμετρος μιλίων ἐστὶν ἕξ, τῆς δὲ δευτέρας τεσσάρων.

39. Περὶ τῆς Ῥαχέας καὶ τῆς Κλέρω.

Εἰσὶ καὶ ἕτεραι δύο νῆσοι Ῥαχέα καὶ Κλέρος λεγόμεναι, ὀρειναὶ καὶ παντάπασιν ἀοίκητοι διὰ τὰς τῶν Τούρκων ἐνέ-

δρας. Ἦσαν δ' ὅμως, ὡς φασί, πάλαι οἰκούμεναι, ὡς ἔστιν εἰ-
5 κάσαι καὶ ἀπὸ ἰχνῶν τινων τῶν ἔν τισι μέρεσιν αὐτῶν ἔτι
μενόντων. Ἔστιν ἐν αὐταῖς καὶ πλῆθος αἰγῶν πολὺ πλανω-
μένων. Καὶ τῆς μὲν μιᾶς τούτων ἕξ, τῆς δ' ἑτέρας ὀκτὼ
μιλίων ἐστὶν ἡ περίμετρος.

40. Περὶ τῆς Νηώ.

Τοῦτον τὸν λιμένα προηγουμένως ζητοῦσιν οἱ τῷ καμάτῳ
ἀπειρηκότες, φημὶ δὴ τῆς Νηὼ νήσου. Ὀνομάζεται δ' οὕτως
ἀπὸ τῆς νεότητος ἢ ἀπὸ τῆς νεώς, ἐπειδὴ αἱ ἐν τῇ θαλάσσῃ
5 κλυδωνιζόμεναι νῆες ἡδέως εἰς ταύτην καταίρουσιν. Ἔχει
δὲ τὴν περίμετρον μιλίων τεσσαράκοντα. Πρὸς μὲν οὖν μεσημβρίαν φρούριόν ἐστιν ἐν ὑψηλῷ τινι κείμενον τόπῳ, μικρὸν
δ' ἔμπροσθεν τούτου δρυμὼν μετὰ πεδίου καρποφόρου καταφαίνεται, ὅπερ οἱ ἐγχώριοι τέμνοντες εἰς μέρη ἐργάζονται.
10 Τοῦ γοῦν ἡλίου πρὸς δύσιν κλίναντος, ἀνέρχονται εἰς τὸ φρούριον ἀσφαλείας χάριν, οὐκ ἄνευ μέντοι μεγίστου κόπου. Τὸ
πρωὶ δ' αὖθις ἀνοίξαντες τὰς τοῦ φρουρίου πύλας ἐξέρχονται,
δοθέντος τοῦ τεταγμένου σημείου, μετὰ τὸ τὰς γραῦς ὅμως
κατασκοπῆσαι πρότερον· καὶ οὕτω διάγουσι τὸν ἑαυτῶν βίον
15 μετὰ διηνεκοῦς δειλίας καὶ φόβου.
Συνέβη δὲ ἐν τῷ ἡμετέρῳ καιρῷ καί τι τοιοῦτον. Ἦλθον
εἰς τὴν νῆσον ταύτην πειραταὶ μετὰ μιᾶς τριήρεως, ἧς τὰ
διερρωγότα βουληθέντες ἐν τῷ λιμένι διορθώσασθαι, ἐγκάρ-
σιον ἔθηκαν κατὰ τὸ εἰωθός, ἐπελθοῦσα δὲ ἡ θάλασσα νεύ-
20 ματι θείῳ ταύτην κατερρόφησεν, ἥτις οὐδαμοῦ ἐφάνη.

3. ἀπηρηκότες — 5. κλυδωνιζόμεναι. — 11. ἀσφείας. — 15. θηλείας.

41. Περὶ τῆς Ἀναφιοῦ.

Πρὸς ἄρκτον καὶ ἡ καλουμένη Ἀναφιὸς νῆσος ἐστίν, ἥτις
ἀπὸ τοῦ μὴ ἔχειν ὄφεις, ταύτης ἔτυχε τῆς ἐπωνυμίας, ἀπὸ τοῦ

ἃ στερητικοῦ μορίου δηλονότι καὶ τοῦ ὄφις · οὐ μὴν ἀλλὰ καὶ
ἐάν τις εἰς ταύτην ὄφιν κομίσῃ, εὐθὺς θνῄσκει · καὶ, τὸ δὴ μέγιστον, ὡς εἰ γοῦν κομίσῃ τις ἐντεῦθεν ἀλλαχοῦ καὶ μετ' αὐτοῦ κύκλον ποιήσας θήσῃ ἐντὸς ὄφιν, ἀπόλλυται εὐθύς.

Ἦν ποτὲ καὶ πόλις ἀσφαλεστάτη ἐν τῷ ἄκρῳ τῆς νήσου ·
ὅθεν καὶ οἱ πειραταὶ μετὰ τῶν ἰδίων νεῶν ἐγγὺς αὐτῆς ἐρχόμενοι ἀσφαλῶς ἐκάκουν τοὺς ἐν αὐτῇ οἰκοῦντας · πάσχοντες οὖν
διὰ τοῦτο πολὺν χρόνον, καταλιπόντες αὐτὴν οἱ μάλιστα δυνάμενοι, ἕτερον ἐν τῷ μέσῳ φρούριον ᾠκοδόμησαν · καὶ οὕτω
παντάπασιν ἀοίκητος ἔμεινεν.

42. Περὶ τῆς Βουπρώτης.

Εἰσὶ τινὲς οὐκ ὀλίγοι οἵτινες Βουπρώτην ταύτην τὴν νῆσον
ὠνόμασαν, ἥτις καὶ καλῶς οἰκεῖται. Ἔστι δὲ ἡ περίμετρος
αὐτῆς μιλίων ὀγδοήκοντα, ὀρεινὴ σχεδὸν ἅπασα. Ἡ πόλις ἐν
αὐτῇ ἔτι καὶ νῦν ἵσταται Ἀμουργὸς καλουμένη · ἔχει δὲ
αὕτη καὶ τρεῖς οἷον εἰπεῖν ἀκροπόλεις, Ἀμουργὸν, Ἴαλον
καὶ Πλάτην. Πρὸς μὲν οὖν τὴν ἄρκτον τρεῖς λιμένες εἰσίν,
Ἁγία Ἄννα, Καλὸς καὶ Κατάπλα. Πρὸς δύσιν δὲ ὄρη εἰσὶν
[οὐχ] οὕτως ὑψηλὰ ὡς τὰ τῆς ἕῳας, ὅθεν καὶ τὸ πρὸς
δυσμὰς μέρος κάτω λέγεται, ὅπερ λατινικῶς πὰρς ἰνφέριορ ·
τὸ δὲ πρὸς ἕω, ἄνω, ἤτοι πὰρς σουπέριορ ἑρμηνεύεται. Πρὸς
μεσημβρίαν δὲ ὄρη πετρώδη εἰσὶν ὑψηλὰ καὶ τοῖς πλέουσιν
ἀπειλητικά τε καὶ φοβερά · κινουμένη γὰρ ἡ θάλασσα ὑπὸ
βιαίων πνευμάτων καὶ εἰς τὰς τῶν ὀρῶν ῥηγνυμένη πέτρας,
τῆς Χαρύβδεώς τε καὶ Σκύλλας κατ' οὐδὲν διαφέρει · ὅθεν καὶ
πολλοὶ ἐναυάγησαν τῶν τοὺς τόπους ἐκείνους πλεόντων, καὶ
διὰ τοῦτο τὴν ὁδὸν ὡς πορρωτάτω ποιοῦνται, μεμνημένοι τὰς
καταβυθισθείσας αὐτόθι πάλαι τῶν Βενετίκων τριήρεις.

15. χαρύβδεος.

43. Περὶ τῆς Κινέρας καὶ τῆς Λεβάτας.

Εἰσὶ δύο νῆσοι ἐγγὺς ἀλλήλων Κινέρα δηλονότι καὶ Λεβάτα · ἐν αἷς φασὶ πάλαι μὲν οἰκεῖν ἀνθρώπους, νῦν δὲ ἀοίκητοι παντάπασι μένουσι καὶ ἀνήροτοι, διὰ τὰς τῶν βαρ-
5 βάρων [καὶ] τῶν ἄλλων πειρατῶν ἐνέδρας. Οἱ γοῦν περίοικοι τὰ ἑαυτῶν ζῷα ἐῶσιν ἐν αὐταῖς ἐλεύθερα νέμεσθαι ὁμοῦ μετὰ καὶ τῶν αὐτόθι ἀγρίων ὄνων · εἰσὶ γὰρ οὐκ ὀλίγοι.

4. ἀνήρωτοι.

44. Περὶ σκοπέλου τοῦ καλουμένου Καλογέρου.

Νῦν ἐρχόμεθα δεῖξαι καὶ τὸν ὑψηλότατον σκόπελον τὸν ὀνομαζόμενον Καλόγερον, ὃς κεῖται μὲν ἐν μέσῳ τῆς θαλάσσης, ἔστι δὲ νῆσος κοίλη πρὸς νότον ἀποκλίνουσα καὶ περι-
5 κλειομένη ὄχθαις ὑψηλαῖς · ἥτις διὰ τὴν τοῦ ὕψους ὑπεροχὴν πάσαις ταῖς πλησίον νήσοις ἔοικεν ἀπειλεῖν.

Ἐν γοῦν τῇ κορυφῇ τούτου ὁμαλὸς καταφαίνεται χῶρος καὶ ἐν αὐτῷ ἐκκλησία ἔτι καὶ νῦν ἵσταται, ὅπου καὶ μοναχοὶ δύο τῷ θεῷ μετ' ἀσφαλείας νυκτὸς καὶ ἡμέρας λατρεύοντες
10 ὑπῆρχον · οἳ καὶ πλοιάριον πρὸς τὴν αὐτῶν χρείαν ἐπιτήδειον εἶχον, ὅπερ καὶ διὰ σχοινίου ἀνεῖλκον, φοβούμενοι μὴ ὑπὸ τῶν πειρατῶν αὐτοῦ στερηθῶσι. Διήρκεσαν μὲν οὖν οἱ μοναχοὶ οὗτοι ἐπὶ πολὺν χρόνον οὕτω βιοῦντες, ὕστερον δὲ βάρβαρός τις πανοῦργος τὸ μοναχικὸν σχῆμα ψευδῶς περι-
15 βεβλημένος προσώρμησε τῇ νήσῳ νυκτὸς μετὰ πλοιαρίου μικροῦ καὶ ὑψηλῇ ἐβόα φωνῇ : « ἄνδρες θεοσεβεῖς, διὰ τὴν τοῦ Χριστοῦ ἀγάπην, δέξασθέ με τὸν ἄθλιον, τὸν μόνον ἀπὸ τοῦ ναυαγίου ἀρτίως διασωθέντα. Πλέοντες γὰρ ἡμεῖς οἱ

ταλαίπωροι Έλληνες μετὰ τῆς ἡμετέρας νεώς, χειμῶνος
20 αἴφνης σφοδροῦ γενομένου, ἐναυαγήσαμεν εἰς τοῦτον ἐμπε-
σόντες τὸν σκόπελον. Ἐλεήσατε λοιπόν, ἄνθρωποι τοῦ θεοῦ,
ἄνδρα χριστιανὸν καὶ τοῦ αὐτοῦ σχήματος, ἵνα μὴ ἀπόλωμαι
καὶ αὐτὸς ἀδίκως · ἀπεῖπον γὰρ ἤδη ὑπό τε φόβου καὶ τῆς
τῶν κυμάτων ταλαιπωρίας. » Τούτοις τοῖς λόγοις καμφθέντες
25 οἱ μοναχοὶ διὰ σχοινίου εὐθὺς ἀνεῖλκον ὡς φίλον τὸν Σίνωνα.
Γενομένης δὲ νυκτός, ὡς εἰσῆλθον εἰς τὴν ἐκκλησίαν οἱ
μοναχοί, κατὰ τὸν τεταγμένον αὐτοῖς καιρόν, ὅπως τὰς
συνήθεις εὐχὰς ἀποδώσωσι τῷ ὑψίστῳ, ἔκλεισεν αὐτοὺς ὁ
προδότης ἐντός, καὶ τοὺς ἰδίους εὐθὺς ἑταίρους ἐκάλεσεν · οἱ
30 καὶ ταχέως ἀνελθόντες καὶ τοὺς τοῦ θεοῦ δούλους κρατήσαντες καὶ τὰ ἐκείνων ἅπαντα λαβόντες, εἰς τὴν ἑαυτῶν πατρίδα
ὑπέστρεψαν χαίροντες.

25. σίνονα.

45. Περὶ τῆς Κῶ.

Ἤδη δὲ καὶ πρὸς τὴν Κῶ καλουμένην ἐρχόμεθα νῆσον,
ἥτις νοσώδης ἐστὶ τὸ πλεῖον τοῦ ἐνιαυτοῦ μέρος διὰ τὴν τοῦ
ἀέρος δυσκρασίαν. Τὸ μὲν οὖν ἀπ᾽ ἀνατολῆς πρὸς δυσμὰς μέ-
5 ρος μιλίων ἐστὶ τεσσαράκοντα, ὁμαλὸν διόλου σχεδὸν τυγ-
χάνον · τὸ πρὸς μεσημβρίαν δὲ ὄρεσιν ὁρίζεται ὑψηλοῖς, ἐν
οἷς καὶ φρούρια ὑπῆρχον ταυτί, Πέτραι, Θέρμια καὶ Πύλη,
ὅπερ σήμερον [Περίπατον] καλοῦσιν. Ἐν γοῦν τῇ κορυφῇ
τοῦ καλουμένου Διχαίου ὄρους, ὅπερ καὶ τῶν ἄλλων ὑψηλό-
10 τερόν ἐστιν, ὀχυρώτατον ἦν φρούριον, ἐν ᾧ καὶ πλεῖσται ἔτι καὶ
νῦν καταφαίνονται κινστέρναι. Ἐν δὲ τοῖς τούτου ποσὶ πηγὴ
Φάνδικος λεγομένη ἐστίν, ἀφ᾽ ἧς καὶ ὁ ὀνομαζόμενος Φάνδα-
κος ἐξέρχεται ποταμός, ὃς ἐγγὺς τοῦ καλουμένου Κιλίπου
ὄρους ῥέων εἰς θάλασσαν πρὸς τὸ τῆς ἄρκτου μέρος ἐκβάλλει.
15 Ἐν μέσῳ δὲ πεδίων μεγίστων δύο μόνοι ἵστανται λόφοι,

ἀφ' ὧν καὶ πηγὴ ἀρίςη Λίκαστος μὲν τὸ πάλαι, νῦν δὲ Ἀποδομάρβη λεγομένη ἀναδίδοται. Ἐγγὺς ἔτι τούτων καὶ φρούριον παλαιὸν ὑπῆρχεν, ὡς δηλοῦσιν οἵ τε μύλωνες καὶ οἱ ἐκ μαρμάρων κατεσκευασμένοι πίθοι. Τοσαύτη δέ ἐστιν ἡ τῶν τόπων τούτων χάρις καὶ ἡ ἀπὸ τῆς τῶν διαφόρων ὀρνίθων ᾠδῆς προσγινομένη τέρψις, ὡς οὐ τοὺς θνητοὺς μόνον ἡμᾶς, ἀλλὰ καὶ αὐτούς, οἶμαι, τοὺς θεοὺς κατακηληθῆναι.

Πρὸς ἕω μὲν οὖν ἐν τῷ αἰγιαλῷ μητρόπολίς ἐστιν ἡ καλουμένη Ἀραγγέα, καὶ ἐν τῷ μέσῳ αὐτῆς λίμνη νοσώδης ἐν ἔαρι μάλιστα· ἔξω δὲ περὶ τὰ τείχη τῆς πόλεως ἀράγγια πλεῖστα ἀνθοῦσιν (εἰσὶ δὲ ταῦτα τὰ παρ' Ἕλλησι λεγόμενα κίτρια), ὅθεν καὶ ἡ πόλις ταύτης ἔτυχε τῆς ἐπωνυμίας. Τοσαῦται οὖν οἰκοδομαὶ ἐκ μαρμάρων τυγχάνουσιν ἐν αὐτῇ καὶ θέατρα, ὥστε θαυμάζειν μὲν τοὺς βλέποντας, ἀπιστεῖν δὲ τοὺς ἀκούοντας.

Ἔστιν ἔξω τῆς πόλεως περί που τὴν λίμνην πρὸς τὸ ἀρκτικώτερον καὶ ἡ πολυτελεςάτη τοῦ πάλαι ἐν ἰατρικῇ διαπρέψαντος Ἱπποκράτους οἰκία· πλησίον δὲ αὐτῆς πηγὴ καὶ λίμνη ὀνομαζομένη Λάμπη, ἥτις ἐν χειμῶνι μὲν αὐξάνει καὶ κατὰ πολὺ ἐξαπλοῦται, ἐν τῷ θέρει δὲ ξηραίνεται.

Ἔμαθε δὲ τὴν τέχνην ὁ θεῖος οὗτος Ἱπποκράτης παρὰ τῷ πατρὶ Ἡρακλείδῃ καὶ παρὰ τῷ πάππῳ Ἱπποκράτει· ἀλλὰ παρὰ μὲν τούτοις τὰ πρῶτα ἐμυήθη τῆς ἰατρικῆς, ὅσα πιθανὸν ἦν καὶ τούτοις εἰδέναι· τὴν δὲ σύμπασαν τέχνην αὐτὸς ἑαυτὸν ἐδίδαξε θείᾳ φύσει κεχρημένος καὶ τοσοῦτον διενήνοχε τῇ τῆς ψυχῆς εὐγενείᾳ τοὺς προγόνους ὅσον διενήνοχεν αὐτῶν καὶ τῇ τῆς τέχνης ἀρετῇ· ὑπῆρξε δὲ καὶ κατ' ἀμφότερα, ὥς φασι, τὰ σπέρματα θεῶν ἀπόγονος· πρὸς μὲν πατρὸς Ἀσκληπιάδης ὤν, πρὸς δὲ μητρὸς Ἡρακλείδης. Ὁ δὲ Ἀσκληπιὸς οὗτος ἰατρὸς ἦν, ὃς ἐδίδαξε καὶ τοὺς ἑαυτοῦ υἱοὺς τὴν ἰατρικήν, καὶ προσέταξε ταύτην διαδέχεσθαι παῖς παρὰ πατρός, ὅπως ἡ τῆς τέχνης εὐγένεια μὴ εἰς ἀλλοτρίους, ἀλλ' εἰς αὐτοὺς μόνους τοὺς τοῦ αὐτοῦ γένους ὄντας ἀεὶ διαμένοι· καὶ προσεπιτούτοις οἰκεῖν μὲν ἐν τῷ μέσῳ τῶν

Κυκλάδων νήσων διὰ τὴν τοῦ ἀέρος κρᾶσιν, θερίζειν δὲ ἐν τοῖς ὄρεσι ταύτης τῆς νήσου. Παρέδωκε τοίνυν Ἱπποκράτης τὴν ἰατρικὴν τελείαν τοῖς Ἕλλησιν, ἥτις πεντακοσίοις ἤδη ἔτεσιν ἐπαύσατο πρὸ αὐτοῦ, ὥς φησιν Ἰσίδωρος καὶ Μακρόβιος, οἱ τὰς ἱστορίας συγγεγραφότες. Πρῶτοι γοῦν εὑρεταὶ τῆς ἰατρικῆς ὑπῆρξαν Ἀπόλλων τε καὶ Ἀσκληπιός. Ἀλλὰ περὶ μὲν τούτων ἅλις.

Πρὸς τὸ μέσον δὲ τῆς νήσου προχωρῶν τις μικρούς τινας λόφους ἀνισταμένους εὑρήσει ποιοῦντας τὴν πεδιάδα ταύτην ὑψηλοτέραν τῆς προλεχθείσης Ἀραγγέας. Ἀπὸ δὲ τοῦ φρουρίου τοῦ καλουμένου Ἀντιμάχου, ὅπερ πρὸς μεσημβρίαν κεῖται, δι' ὁμαλῆς βαδίζομεν μέχρι τοῦ τέλους τῆς νήσου· ὅπου καὶ τὸ καλούμενον Κέφαλος φρούριον ἔτι καὶ νῦν ἵσταται ἐν ὑψηλῷ τινι τόπῳ. Ἐν τούτῳ, πρό τινων ἐνιαυτῶν, ὡς ἐπυθόμην, ὄφις μέγιστος ἀνεφάνη κεραΐζων ἅπαντα· οὐ μόνον γὰρ ζῶα, ἀλλὰ καὶ ἀνθρώπους ἐλυμαίνετο· ὅθεν καὶ πάντες ἔφευγον ὑπὸ φόβου· ἀνὴρ δέ τις ῥωμαλέος, ὑπὲρ τῆς τῶν πολλῶν σωτηρίας, εἰς μάχην μετὰ τοῦ θηρίου ἐλθεῖν κατετόλμησεν. Ὡς γοῦν ἔνοπλος καὶ μεθ' ἵππου κατ' ἐκείνου ὥρμησεν, ὁ ὄφις τὸν ἵππον τοῖς ὀδοῦσι δακὼν νεκρὸν εὐθὺς εἰς γῆν ἔρριψεν· ὁ νέος δ' ἐκεῖνος οὐδὲν ἧττον καὶ ἄνευ ἵππου σφοδρῶς μαχόμενος ἐφ' ἱκανόν, τελευταῖον τὸ θηρίον ἀπέκτεινε.

Φασὶ δέ τινες καὶ τὴν τοῦ Ἱπποκράτους θυγατέρα ζῶσαν κατὰ περιόδους φαίνεσθαι ὁμιλοῦσαν καὶ διηγουμένην τὰς ἰδίας συμφοράς, καὶ δεομένην ἐπὶ τούτοις τὸν τοῦ παντὸς ποιητὴν ὅπως ἐλεήσας ἐλευθερώσῃ αὐτὴν τῆς τοσαύτης κολάσεως. Φαίνεται δὲ αὕτη μετὰ ἓξ ἢ ὀκτὼ ἐνιαυτοὺς οὐ πόρρω τῆς πατρικῆς οἰκίας, ὡς οἱ πολλοὶ μαρτυροῦσι, λόγοις χρωμένη γοεροῖς γεγονωτέρᾳ φωνῇ.

Ἱστορεῖ ἐπὶ τούτοις ὁ Πλίνιος καὶ περὶ τοῦ Ἀρισταίου ὅπως ἦν υἱὸς Ἀπόλλωνος καὶ ὅπως εἰσηγήσει τῆς μητρὸς εἰς ταύτην ἦλθε τὴν νῆσον καὶ ᾤκησε, τὰς Θήβας καταλιπών· καὶ μετὰ ταῦτα παρεστήσατο πᾶσαν καὶ τῶν πραγμάτων ἐγκρατὴς γέγονε.

Φασὶ δέ τινες καὶ τοῦτο, ὡς αἱ αὐτόθι γυναῖκες τοὺς ἑαυ-
85 τῶν ἐδολοφόνησαν ἄνδρας, διὰ τὸ ἐκείνους μὲν εἰς τοὺς ἐν τῇ
κάτω Ἀσίᾳ πολέμους ἀποδημεῖν ἀεί, τὴν δὲ φροντίδα τῆς νήσου ταύταις ἐᾶν · ἀφ᾽ ἧς αἰτίας, ὡς εἴρηται, πᾶσαι ἐπίσης
ἀγανακτήσασαι πρὸς τοιαύτην ἀνοσιουργίαν ἐξώρμησαν.

Καὶ Ἰάσων δὲ εἰς Κόλχους ἀπερχόμενος διὰ ταύτης τῆς
90 νήσου τὴν ὁδὸν ἐποιήσατο, καὶ εἰς τὸ καταντικρὺ τῆς πόλεως
κείμενον ἐν τῇ Ἀσίᾳ φρούριον, τὸ νῦν λεγόμενον Κοῦρκον,
ἀφίκετο · ἐν ᾧ καὶ μέχρι τῆς σήμερον οἰκοδομαὶ καταφαίνονται πλεῖσται τε καὶ πολυτελέσταται · ἔστι δὲ τοῦτο ἐν τῇ
κάτω Ἀρμενίᾳ πρὸς Κύπρον ἀφορῶν.

95 Καί, ὡς εἰπεῖν, ἡ νῆσος αὕτη εὐπορωτάτη πασῶν ἐν πᾶσι
καθέστηκε. Φασὶ δὲ καὶ τὴν τὰς γυναῖκας κοσμοῦσαν ἐριουρ-
γίαν ἐνταῦθα εὑρεθῆναι · καὶ τὴν μνήμης ἀξίαν Φίλιδος τοῦ
ποιητοῦ γέννησιν, ὃς τὴν τῆς Βάκχιδος συνέθηκεν ἱστορίαν,
τὴν Σαπφὼ μιμησάμενος, οὐκ ἀλλαχοῦ γενέσθαι οἱ πλείους
100 φασί.

Μυθεύονται γὰρ ὡς αὐτόθι ὄρνις τις ἔτεκε δύο ᾠὰ περί
που τὰς σχισμὰς τῶν πετρῶν τὴν ἑαυτῆς πηξαμένη καλιάν,
καὶ ἀπὸ μὲν τοῦ ἑνὸς ὄρνις, ἀπὸ δὲ τοῦ ἑτέρου κύων ἐγένετο.
Γνοῦσα δὲ τοῦτο ἡ μήτηρ, ἀπέκτεινέ τε εὐθὺς τὸν κύνα, καὶ
105 τῷ ἰδίῳ ἀδελφῷ παρέθηκεν εἰς ἑστίασιν.

Ἐπεὶ δὲ ἡ νῆσος αὕτη οὐ πόρρω τῆς κάτω Ἀσίας, ἥτις
μεγάλας κέκτηται πόλεις, διὰ τοῦτο ἡ τοῦ Ἁγίου Ἰωάννου
ἀδελφότης, ὡς διαβεβαιοῦνταί τινες, φρούριον ἔκτισε κατὰ
τῶν τῆς ἡμετέρας πίστεως ἐναντίων, τὸ ὀνομαζόμενον Ἅγιος
110 Πέτρος.

8. Mot oublié dans le manuscrit. — 56. En marge : Ἀπόλλων καὶ
Ἀσκληπιὸς πρῶτοι εὑρεταὶ τῆς ἰατρικῆς. — 80. πλήγιος. — 80. ἀριστέου. —
90. ἀπερχομένους. — 95. ἀφορόν. — 102. En marge : μῦθος. — 106. ἐσθίασιν.

46. Περὶ τῆς Καλάμου.

Ὑπερέχει τῶν ἄλλων διὰ τὰ ὄρη καὶ ἡ ποτὲ μὲν Κλᾶρος, νῦν δὲ Κάλαμος λεγομένη νῆσος, ὅπερ λατινικῶς ἀροῦνδο σημαίνει. Κεῖται δὲ προμήκης ἀπ' ἄρκτου πρὸς μεσημβρίαν· ἧς ἡ περίμετρος μιλίων ἐστὶ τεσσαράκοντα. Τοσοῦτον δέ ἐστι τὸ ὕψος τῶν ἐν αὐτῇ ὀρῶν, ὥστε εἴ τις πρὸς τὸ ὑψηλότερον αὐτῶν ἀνέλθῃ, τήν τε Ἔρεσον καὶ Χίον καὶ τὰ καλούμενα Παλάτια καθαρῶς ἐκεῖθεν θεάσεται. Ἐν τοῖς ὄρεσι τούτοις καὶ πρόβατα εἰσὶ πολλά, ἄπερ τὰς ἐκεῖσε εὐώδεις βοτάνας πατοῦντά τε καὶ συντρίβοντα ἀσινῆ διαμένουσιν ἀπὸ τῆς τῶν λύκων ἐπιβουλῆς, καὶ αἶγες ξανθαὶ περὶ τὰς τῶν πετρῶν ἐξοχὰς διατρίβουσι καὶ τὰ ἐκεῖσε δένδρα κατεσθίουσι, χαίρουσαι τῇ τοιαύτῃ διατριβῇ.

Πρὸς μὲν οὖν τὴν ἕω φρούριόν ἐστι παλαιὸν ἐν ὑψηλῷ κείμενον τόπῳ, καὶ καταντικρὺ τούτου νῆσος μικρὰ προμήκης· ἧς τὴν παλαιὰν εὐδαιμονίαν μαρτυρεῖ καὶ μέχρι τοῦ νῦν τό τε πλῆθος καὶ τὸ μέγεθος τῶν ἐν αὐτῇ οἰκοδομημάτων. Ἀλλὰ τίς ἂν οἷός τε γένοιτο διηγήσασθαι τὴν αὐτῶν ποικιλίαν καὶ τέχνην τὴν εἰς ἅπασαν ἐσπαρμένην τὴν νῆσον· οὐδὲν γὰρ ἄλλο σχεδὸν ἐν αὐτῇ ὁρῶμεν, εἰ μὴ πλῆθος πολὺ ἔργων ἀμιμήτων τοιούτων.

Ἔστιν ἐν κόλπῳ τῆς νήσου καὶ φρούριον ὀχυρὸν ὀνομαζόμενον Κάλαμος. Πρὸς δυσμὰς μὲν οὖν πόλις ἐστὶ παλαιὰ Βαθὺ λεγομένη, ἥτις ἐν ἑτέρῳ κεῖται κόλπῳ, καὶ ἔχει πλησίον αὐτῆς καὶ ποταμὸν ῥέοντα, οὗ τὸ ὕδωρ ἁλμυρόν ἐστιν. Ἐν ταύτῃ τῇ πόλει πολλὰς εὕρομεν οἰκοδομὰς ἀξιολόγους.

Πρὸς μεσημβρίαν δὲ ἐν τοῖς τοῦ ἀκρωτηρίου ποσὶ δύο λιμένες καταφαίνονται, ἐν οἷς καὶ σπήλαιόν ἐστι μέγα καὶ ἐν αὐτῷ πηγὴ ἄφθονος ἀναδίδοται, ῥέουσα ἐσαεὶ καὶ μηδέποτε παυομένη.

Ἐν ταύτῃ τῇ νήσῳ πάσῃ φύεται καὶ ἡ καλουμένη ξυλαλόη, ἥτις ὑγιεινοτάτη παρὰ πάντων νομίζεται.

47. Περὶ τῆς Ἔρω.

Πλησίον ταύτης καὶ ἡ ὀνομαζομένη Ἔρω νῆσος ἐστὶν ὀρεινὴ λίαν καὶ μαρμάρων μεστή. Ἔχει δὲ αὕτη πρὸς τὸ τῆς ἀνατολῆς μέρος καὶ φρούριον ὀχυρώτατον, εἰς ὅπερ νυκτὸς
5 καταφεύγουσιν ἀσφαλείας ἕνεκα πάντες οἱ τὴν νῆσον οἰκοῦντες. Πρὸς μὲν οὖν τὸ νότιον μέρος λιμήν ἐστι χαριέστατος, καὶ πλησίον τούτου πόλις ἐν ὑψηλῷ κειμένη, καὶ ἐν τοῖς τούτου ποσὶ πεδιὰς ἐξαπλοῦται ἐφ' ἱκανόν. Πρὸς δυσμὰς δὲ κόλπος ὁ καλούμενος Φάλακρος εὐθὺς καταφαίνεται, καὶ
10 φρούριον ἀοίκητον τὸ ὀνομαζόμενον πάλαι Παρθένιον.

Ἡ γοῦν νῆσος αὕτη, ἧς ἡ περίμετρος μιλίων ἐστὶν ὀκτωκαίδεκα, εἰ καὶ βουνώδης ἐστὶ σχεδὸν ἅπασα, ὅμως εὐφορωτάτη ἐν τῷ ἰδίῳ βαθμῷ παρὰ πάντων νομίζεται. Ἔχει δὲ ξυλαλόην πολλήν, ἣν συλλέγοντες οἱ ταύτην οἰκοῦντες ἐνα-
15 ποτίθενται, ἀναμένοντες τοὺς συνήθεις ἐμπόρους ὅπως ταύτην ὠνήσωνται.

4. ὀχυρώτατον. — 15. τοῦ.

48. Περὶ τῆς Πάτμου.

Καιρὸς ἤδη λοιπὸν καὶ πρὸς τὴν Πάτμον ἐλθεῖν εἰς ἥν ποτε ἐξωρίσθη ὁ τοῦ Χριστοῦ μαθητὴς Ἰωάννης, κατὰ τὸν καιρὸν Δομετιανοῦ τοῦ βασιλέως, καὶ ᾤκησεν ἐν γωνίᾳ
5 τινὶ τοῦ αὐτόθι λιμένος · ὃς ἁρπαγεὶς ἀνῆλθεν ἕως τρίτου οὐρανοῦ καὶ ἤκουσε μεγάλα μυστήρια Θεοῦ περὶ ἐνεστώτων τε καὶ μελλόντων. Ἔγραψε δὲ καὶ βιβλίον Ἀποκαλύψεως, δι' οὗ πλεῖστα ἡμῖν ἐφανέρωσε μυστήρια. Μετὰ γοῦν τὸν

Δομετιανοῦ θάνατον ἐλθὼν εἰς Ἔφεσον, ἐδέξαντο αὐτὸν οἱ
10 Ἐφέσιοι μετὰ μεγίστων τιμῶν, ὅπου τὴν τοῦ Χριςοῦ πίστιν
ἐδίδασκε θαύμασι μεγάλοις.

Ἦλθον δὲ καὶ πολλοὶ τῶν μαθητῶν αὐτοῦ εἰς ταύτην τὴν
νῆσον καὶ μοναστήριον οὐ πόρρω τοῦ ἰδίου κατοικητηρίου
ᾠκοδόμησαν, ὅπερ καὶ μέχρι τῆς σήμερον ὑπὸ μοναχῶν
15 οἰκεῖται, οὓς οἱ Τοῦρκοι οὐ μόνον οὐκ ἐνοχλοῦσιν, ἀλλὰ καὶ
τὰ πρὸς τὸ ζῆν ἀναγκαῖα σφίσι παρέχουσιν, ὅταν εἰς τὴν
ἰδίαν χώραν τούτου ἕνεκα διαπεραιουμένους αὐτοὺς ὁρῶσιν.

Ἔστι δὲ ἡ νῆσος αὕτη ὀρεινὴ ἔχουσα καὶ λόφους τινὰς
χθαμαλούς. Εὑρίσκονται ἐν αὐτῇ καὶ φλέβες μετάλλων πλεῖ-
20 σται.

49. Περὶ τῆς Δίψης.

Διαλαβόντες περὶ τῆς Πάτμου τὰ ἱκανά, νῦν καὶ πρὸς τὴν
Δίψαν μικρὰν οὖσαν ἔλθωμεν. Δίψα δὲ ἑλληνικῶς σίτις λατινικῶς ἑρμηνεύεται· ξηρὰ γάρ ἐστι καὶ ὀρεινὴ καὶ διὰ τοῦτο
5 ἀοίκητος· ἐν ᾗ καὶ κόλπος πρὸς ἕω καταφαίνεται. Εἰσὶ δ' ἐν
αὐτῇ αἶγες πλεῖσται καὶ ὄνοι ἄγριοι.

50. Περὶ τῆς Κουρσίας.

Ἀπὸ δὲ τοῦ ἑτέρου μέρους τῆς προλεχθείσης, τοῦ δυτικοῦ
φημι, καὶ ἡ Κρουσία νῆσος ἐστὶ μεταξὺ Πάτμου καὶ Ἰκα-
ρίας, ἥτις ὑπὸ ὀρῶν περιφράττεται οὐ πάνυ τοι ὑψηλῶν· περὶ
5 αὐτὴν δὲ καὶ σκόπελοί τινες καταφαίνονται. Κατέλιπον οὖν
αὐτὴν οἱ οἰκήτορες πρὸ πολλῶν ἤδη χρόνων. Σημεῖον δὲ τοῦ
πρότερον οἰκουμένην εἶναι, τὸ καὶ μέχρι τοῦ νῦν ἔτι φρούριον
ἐν αὐτῇ παλαιὸν ὁρᾶσθαι ἀνθρώπων ἔρημον, ὅθεν ζῶα μόνον
ἄγρια ζητῶν νῦν εὑρήσεις εἰς ἅπασαν τὴν νῆσον πλανώμενα.

DESCRIPTION DES ILES

51. Περὶ τῆς Ἰκαρίας.

Εἰς ταύτην τὴν νῆσον ἦλθέ ποτε, ὡς ὁ Βάρρων φησὶ, καὶ ὁ ἀπὸ τῆς Κρήτης Ἴκαρος καταλιπὼν τὴν πατρικὴν οἰκίαν, διὰ τὸ ὑπὸ τῆς τῶν Τιτάνων ὑπερηφανείας καταπιέζεσθαι· ἦλθε δὲ ἐν τῷ καιρῷ τῆς τοῦ Βρούτου ὑπατείας, ὃς ἀπὸ Ῥώμης τοὺς τυράννους ἐξήλασε καὶ τὴν Ἰταλίαν ἅπασαν ἐχειρώσατο. Ἀπὸ γοῦν ἐκείνου τοῦ Ἰκάρου Ἰκαρία ἐκλήθη· ἔστι δὲ λίαν ὀρεινὴ καὶ τὴν περίμετρον ἔχει μιλίων ὀγδοήκοντα. Ἐκτείνεται δὲ ἀπ' ἀνατολῶν εἰς δυσμὰς καθ' ὁμοιότητα νεὼς ἀντεστραμμένης, ἧς ἡ μὲν ῥάχις κορυφοῦται, τὰ δ' ἄκρα κλίνουσιν. Ὅταν οὖν οἱ ἀπὸ τῆς Ἐρέσου ναῦται τὴν κορυφὴν αὐτῆς ὑπὸ τῶν νεφῶν κεκαλυμμένην θεάσωνται, εὐθὺς πρὸς λιμένα ἐπείγονται, ὡς τοῦ τοιούτου σημείου ἐσομένην βλάβην τῶν διαπεραιουμένων νεῶν πάντως δηλοῦντος. Εἰσὶ καὶ μέλισσαι πλεῖσται ἐν ταῖς ὀπαῖς τε καὶ σχισμαῖς τῶν ἐν αὐτῇ πετρῶν ἄριστον ἐργαζόμεναι μέλι. Γίνεται δὲ ἐν αὐτῇ καὶ οἶνος λευκὸς πολὺς, ἀφ' οὗ καὶ οἱ περίοικοι λαμβάνουσιν ὅσον βούλονται.

Ἐν τῇ κορυφῇ ταύτῃ καὶ δύο φρούρια μέχρι καὶ τοῦ νῦν ἔτι σώζονται καὶ, πρὸς τὸ τῆς ἀνατολῆς μέρος, πύργος ὑψηλότατος ἐγγὺς τῆς θαλάσσης Φανάριον λεγόμενος, ἐν ᾧ πάλαι φῶς ἀνήπτετο ἐν καιρῷ κλύδωνος, ὅπως οἱ πλέοντες πόρρωθεν ὁρῶντες διασώζωνται· εἰς γὰρ ἅπασαν τὴν νῆσον λιμένα ζητῶν οὐχ εὑρήσεις.

52. Περὶ τῆς Μανδρίας.

Ἡ νῆσος αὕτη λέγεται Μανδρία διὰ τὸ ὑπὸ σκοπέλων τινῶν κυκλοῦσθαι, καὶ οἷον εἰπεῖν περικλείεσθαι δίκην μάνδρας. Ἔστι δὲ ἀνθρώπων ἔρημος ἐν τῷ παρόντι· πάλαι γὰρ ᾠκεῖτο

5 καλῶς, ὡς ἔκ τινων καταφαίνεται σημείων · νῦν δὲ οὐδένα εὑρήσεις πλὴν ὄνων ἀγρίων πλῆθος περιπατούντων φόβου χωρὶς καὶ ὀγκωμένων μετὰ καὶ αἰγῶν ἀπείρων.

53. Περὶ τῆς Φορμάχης καὶ τῆς Ἀγαθούσης.

Μετὰ ταύτην καὶ ἕτεραι δύο νῆσοι μικραὶ καταφαίνονται, Ἀγάθουσα καὶ Φορμάχη ὀνομαζόμεναι, αἵτινες ἀπαντικρὺ τοῦ ποταμοῦ τῶν Παλατίων κεῖνται. Εἰς ταύτας οἱ ἀπὸ τῆς
5 Ἀσίας πειραταὶ συνεχῶς ἐρχόμενοι βουλεύονται περὶ τοῦ τίνα ὁδὸν ποιήσαντες εὐτυχήσουσι. Τούτων ἡ μὲν πρώτη ἐστὶ μιλίων δυωκαίδεκα τὴν περίμετρον, ἡ δὲ δευτέρα τεσσάρων. Ἀπὸ γοῦν τούτων εἰς τὸ στόμα τῶν Παλατίων εἰσερχόμεθα, καὶ διὰ τοῦ ποταμοῦ τοῦ λεγομένου Κιτῶνος εἰς τὴν πόλιν
10 αὐτὴν ἐρχόμεθα, ἥτις ἀπὸ τῶν ἐκεῖσε ποτὲ ὄντων μεγαλοπρεπῶν παλατίων τοὔνομα ἔσχεν · ὅπου καὶ λίμνη μεγίστη ἐν τῷ καιρῷ τοῦ χειμῶνος γίνεται · ἐν ᾗ τοσοῦτον πλῆθος ἰχθύων παντοδαπῶν καὶ μάλιστα ἐγγέλεων εὑρίσκεται, ὥστε ἀπανταχοῦ τούτους κομίζεσθαι · ἐξέρχεται δὲ ἐκεῖθεν καὶ πειρα-
15 τικὴ τριήρης διερχομένη τὰς νήσους καὶ φθείρουσα · ἣν πολλάκις οἱ ἀδελφοὶ τοῦ ἁγίου Ἰωάννου κρατήσαντες ἢ καὶ αὐτοὶ οἱ Βενέτικοι κατεπόντισαν.

17. κατεπόντησαν.

54. Περὶ τῆς Σάμου.

Οὐ πόρρω τῶν προλεχθεισῶν καὶ ἡ Σάμος εὑρίσκεται νῆσος, ἥτις ἐν ὀλίγῳ καιρῷ ὑπὲρ τὰς ἄλλας διέπρεψεν εἰς τὰς τῶν νομιζομένων παρ' Ἕλλησι θεῶν θυσίας, τότε μά-
5 λιστα ὅτε ἤκμαζεν ἐν αὐτῇ ἀνδρῶν φιλοσόφων πλῆθος.

Κυκλοῦται οὖν αὕτη ὑπὸ ὑψηλοτάτων ὀρῶν, καὶ ἔστιν ἡ

καθόλου περίμετρος αυτής μιλίων ογδοήκοντα. Κείται δὲ προμήκης ἀφ᾽ ἡλίου ἀνατολῶν εἰς δυσμάς. Εὕρομεν καὶ λιμένας εἰς ἑκάτερα τὰ μέρη αὐτῆς, ὕδατα ψυχρότατα
10 ἔχοντας· καὶ πρὸς μεσημβρίαν πόλιν μεγαλοπρεπεστάτην ἐν πεδίῳ κειμένην, περί που τὴν θάλασσαν, ὅπου τοσοῦτον πλῆθος ἐρειπίων τε καὶ κιόνων παντοδαπῶν καταφαίνεται, ὡς μόλις ἄν τις οἷός τε γένοιτο ἐν ἡμέρᾳ μιᾷ διηγήσασθαι. Ἐν ταύτῃ τῇ πόλει καὶ ἱερὸν τῆς Ἥρας μέγιςον ὑπάρξαι λέγε-
15 ται, ἐπὶ θαυμαστῶν τινῶν κιόνων ἱςάμενον · ἧς τὸ εἴδωλον ἐγκεκολαμμένον ἔτι καὶ νῦν ὁρᾶται ἐγγύς που κείμενον.

Καὶ Πυθαγόρας δὲ ὁ ἐπὶ σοφίᾳ περιβόητος τὴν νῆσον ταύτην ἔσχε πατρίδα · ὃς ἀπελθὼν εἰς Βαβυλῶνα τοῦ μαθεῖν χάριν τὰς τῶν ἀςέρων κινήσεις καὶ τὴν τοῦ κόσμου παρα-
20 γωγήν, μεγίστην ἐν τούτοις ἐπιστήμην ἐν οὐ πολλῷ ἐκτήσατο χρόνῳ.

Οὐ μὴν ἀλλὰ καὶ Πολυκράτης πάλαι ὁ ὠμότατος τύραννος, ᾗ φησιν ὁ Βαλέριος, βασιλεὺς ταύτης ὑπῆρξεν · ὃν καὶ εὐτυχέςατον πάντων γενέσθαι φασίν, εἰ καὶ ὕστερον ἡ με-
25 γίστη εὐτυχία εἰς τοὐναντίον αὐτῷ περιέστη. Κρατήσας γὰρ αὐτὸν ὁ τῶν Περσῶν βασιλεὺς Ὀρόντης ἐν τῷ ὑψηλοτάτῳ ὄρει τῷ καλουμένῳ Μηδαλέῳ ἀνεσταύρωσε.

Καὶ σίβυλλα δὲ ἡ καλουμένη Φυρσώ, μία οὖσα τῶν δέκα, ἐντεῦθεν ἦν, ὅθεν καὶ Σαμία ἐκλήθη.

30 Εἰς ταύτην καὶ Παῦλος Αἰμίλιος, ὁ τῶν Ῥωμαίων ςρατηγός, τὸν Περσέα κατηγωνίσατο, τὸν βασιλέα τῶν Μακεδόνων, καὶ ἀπέκτεινεν, ὥς φασιν, ἐν τῷ πολέμῳ ἄνδρας ὑπὲρ τοὺς δισμυρίους.

Καὶ πολλοὶ ὕστερον Τοῦρκοι ὑπὸ τοῦ Ταμπουρλάνη διω-
35 κόμενοι εἰς ταύτην τὴν νῆσον διεσώθησαν.

Ἔστι πρὸς τούτοις καὶ τόπος ἐν τῷ μέσῳ αὐτῆς καρποφόρος, ὡς οἱ πολλοὶ τῶν θεασαμένων διαβεβαιοῦνται.

17. En marge : πυθαγόρας. — 22. En marge : πολυκράτης. — 23. βαλλέριος. — 30. αἰμύλιος.

55. Περὶ τῶν καλουμένων Φούρνων.

Ἐγγὺς δὲ τῆς προλεχθείσης καὶ ἕτεραι νῆσοι Φοῦρνοι καλούμεναι εἰσὶ πρὸς ἑσπέραν κείμεναι, ὧν τὴν οἴκησιν φεύγουσιν [οἱ] ἄνθρωποι διὰ τὸ εἶναι αὐτὰς διαφερόντως ξηράς. Κυκλοῦνται δὲ ὑπ' ἀκτῶν ἀβάτων, εἰς ἃς πολλάκις αἱ νῆες ἐν καιρῷ κλύδωνος καταφεύγουσαι ἀσφαλῶς ὑπὸ τῆς τῶν ἀνέμων βίας διανυκτερεύουσιν, ἄνευ μέντοι τῆς ἀπὸ τῶν γλυκέων ὑδάτων παραμυθίας, φοβούμεναι λίαν καὶ τοὺς τῶν Τούρκων πειρατάς, οἵτινες τὰς νήσους περιπλέοντες ζητοῦσιν ἐν ἂν φθείρωσι.

Τούτων τῆς μὲν πρώτης δύο, τῆς δὲ δευτέρας τριῶν, τῆς δὲ τρίτης δέκα, τῆς τετάρτης δὲ καὶ πέμπτης τεσσάρων μιλίων ἐςὶν ἡ περίμετρος.

Συνέβη δέ ποτε καὶ ἡμῖν ἀπὸ Ῥόδου ἐς Χίον πλέουσιν εἰς τὴν μείζονα τούτων ἐμπεσεῖν ἐν νυκτὶ ἀσελήνῳ καὶ ὁμιχλώδει. Νομίσαντες γὰρ ἡμεῖς λιμένα εὑρεῖν καὶ, διὰ τοῦτο, τὰ ἱστία ἐπὶ τῷ εἰσελθεῖν χαλάσαντες, εἰς τοὺς ἐγγὺς τῶν ἀκρωτηρίων ὡς εἰς λιμένα ὡρμήσαμεν σκοπέλους. Φεῦ τῆς ἡμετέρας ἀθλιότητος · ἀπὸ τῶν ἐκεῖσε γὰρ ἀκτῶν βουλόμενοι χωρισθῆναι, οὐκ ἠδυνήθημεν, καίτοι πολλὰ καμόντες · ὅθεν εἰς τὴν γῆν ὑπ' ἀνάγκης ἀπέβημεν ἅπαντες, καὶ τὴν ὁμιχλωδεστάτην ἐκείνην μετὰ πολλῆς κακοπαθείας διεβιβάσαμεν νύκτα · ὡς δ' [ἡ] ἡμέρα διέλαμψε, τὴν ἡμετέραν ζητήσαντες νῆα, οὐδαμοῦ ταύτην ἰδεῖν ἠδυνήθημεν · εἶχε γὰρ αὐτὴν ἤδη ὁ τῆς θαλάσσης βυθός. Μείναντες δὲ ἄσιτοι ἐπὶ ἡμέρας πέντε, καθότι μηδὲ βοτάνας ἦν ὁρᾶν ἐν ταύτῃ τῇ νήσῳ, καὶ διὰ τοῦτο παντάπασιν ἀπειπόντες πρὸς τὸ ἐν ταῖς κοιλότησι τῶν πετρῶν ὕδωρ ἐφοιτῶμεν · ὅπου καὶ πολλοὶ τῶν ἡμετέρων τὰς ἑαυτῶν ψυχὰς ἀποδεδώκασι τῷ θεῷ. Ὡς οὖν καὶ ἡ ἑβδόμη ἧκεν ἡμέρα, καὶ αὐτὸς οὐδὲ βοτάνας πρὸς τροφὴν εὑρεῖν ἠδυνάμην, πρός τι σπήλαιον ἀνεχώρησα, κἀκεῖ

τὸ ἐμὸν ὄνομα ἐν πέτρᾳ τινὶ οὑτωσί πως ἐχάραξα : ἐνταῦθα
Χριστοφόρος ὁ μοναχὸς λιμῷ τέθνηκεν.
Ἐν τούτῳ δὲ οἱ ἐμοὶ ἑταῖροι νῆα τινὰ ἐγγύς που πλέουσαν
35 ἰδόντες ἐλεεινῇ προσεκαλέσαντο φωνῇ, ἥτις ἀνελπίστως τῆς
ἡμετέρας σωτηρίας αἰτία γέγονεν.

56. Περὶ τῆς Τενόζης.

Ἀφέντες τὰς ἀλιμένους καὶ ἀοικήτους νήσους, εἰς τὴν
Τενόζαν ἡδέως παρεγενόμεθα, οὐκ ἄνευ μέντοι πόνου πολλοῦ · ὅπου καὶ παλαιῶν ἔργων εὔρομεν ἴχνη ἔν τε ἀκάνθαις
5 καὶ περιφράγμασιν.
Ἐν ταύτῃ τῇ νήσῳ αἱ ἐν τοῖς ὄρεσι ψηφῖδες ὥσπέρ τινες
σπινθῆρες ἐν νυκτὶ ὑπὸ τῆς τῶν ἀνέμων καταλάμπουσι βίας·
ἀφ' ὧν καὶ ἦχοι τινὲς ἡδύτατοι ἐν τοῖς θάμνοις διοργανού-
μενοι τοῖς τῶν ἀκουόντων ὠσὶ καταλαμβάνονται.
10 Ἔστι δὲ αὕτη λίαν ὀρεινὴ καὶ τὴν περίμετρον ἔχει μιλίων
δέκα.

57. Περὶ τῆς Ψαρᾶς.

Ἐγγὺς τῆς Χίου πρὸς ἑσπέραν καὶ ἡ Ψαρὰ νῆσος ἐστὶν,
ἧς ἡ περίμετρος μιλίων ἐστὶ δυωκαίδεκα. Ὑπῆρχε μὲν οὖν
αὕτη καλῶς οἰκουμένη πάλαι, ἔχουσα καὶ φρούριον ὀχυρόν ·
5 ὕστερον δὲ παντάπασιν ἔρημος ἐναπελείφθη καὶ, διὰ τοῦτο,
πολλὰ τῶν ἐν αὐτῇ ἡμέρων ζώων εἰς ἀγριότητα μετατραπέντα ἀδάμαστα μένουσιν.
Εἰσὶν ἐναντίον αὐτῆς καὶ σκόπελοι, καὶ ἐν τούτοις λιμὴν
ἀσφαλέστατος, εἰς ὃν ποτε μία τριήρης τῶν Τούρκων εἰσῆλ-
10 θεν, ἥτις, ὅπως, τὰς τῶν χριστιανῶν ἐνέδρας φυγοῦσα, ἀσφαλῶς
τὴν νύκτα διαβιβάσῃ, πρὸς τὸ ἕτερον τῆς νήσου ταύτης μέρος

ἀφίκετο. Ἀνέμου δὲ βορέου σφοδροῦ διὰ νυκτὸς πνεύσαντος, ἐκείνη μὲν κατεβυθίσθη· οἱ δ᾽ ἐν αὐτῇ βάρβαροι τὸν κίνδυνον ἐκφυγόντες εἰς ἅπασαν ἐπλανῶντο τὴν νῆσον, αἶγας
15 καὶ ὄνους συλλαμβάνοντες καὶ σφάττοντες. Τοῦτο δ᾽ ἐποίουν ὅπως οὐ μόνον τοῖς κρέασιν αὐτῶν εἰς τροφὴν χρήσωνται, ἀλλὰ καὶ τοῖς δέρμασιν εἰς σχεδίας κατασκευήν· ἀσκοὺς γὰρ δι᾽ αὐτῶν ποιήσαντες καὶ ξύλα τούτοις ἐπιθέντες αὐτοὶ ἐπάνω τούτων ἐκάθισαν τεσσαράκοντα ἐγγὺς ὄντες
20 τὸν ἀριθμόν· πλέοντες δὲ πρὸς τὴν ποθουμένην αὐτῶν γῆν, ὡς ἤδη ἐγγὺς ταύτης ἐγένοντο, πλοιάριον ἓν μετὰ ἓξ ἀνθρώπων ἀναφανὲν καὶ κατ᾽ ἐκείνων ὁρμῆσαν τῷ ταρτάρῳ παρέπεμψεν.

19. ἐκάθησαν.

58. Περὶ τῆς Χίου.

Μετὰ δὲ ταύτην, τὴν Χίον ἐθεασάμεθα νῆσον, ἥτις ἐν τῷ Αἰγαίῳ κεῖται πελάγει, ἐγγὺς τῆς κάτω Ἀσίας, καὶ ἔστιν ἡ περίμετρος αὐτῆς μιλίων ἑκατὸν εἰκοσιτεσσάρων.
5 Εἰς ταύτην ποτὲ ἡ Ὑψιπύλη τὸν ἑαυτῆς ἔπεμψε πατέρα, φοβηθεῖσα τὴν τῶν Λημνίων γυναικῶν ἐπιβουλήν, αἵτινες ἐζήτουν αὐτὸν ἀποκτεῖναι. Ἐν ταύτῃ καὶ Θησεὺς μετὰ τὸ ἀποκτεῖναι τὸν Μινώταυρον, καὶ λαβεῖν τὰς τοῦ βασιλέως τῶν Κρητῶν Μίνωος δύο θυγατέρας, καὶ διὰ τοῦτο φεύγων ἐκεῖθεν
10 τὴν Ἀριάδνην ἀναξίως κατέλιπε, τὴν Φαίδραν λαβὼν εἰς γυναῖκα. Ὅθεν καὶ ὁ ποιητὴς Ὀβίδιος οὕτω φησί· « Θησεὺς δ᾽ ἁρπάσας τὴν Μινωΐδα, ἱστία ἐς Χίον εὐθὺς ἀνεπέτασεν, ὅπου καὶ τὴν ἑαυτοῦ συνοδοιπόρον ὁ ἀσεβὴς κατέλιπε, λυπουμένην σφόδρα καὶ τὴν ἐκείνου καταιτιωμένην ἀδικίαν· ἣν ὁ
15 Διόνυσος ἐλεήσας χεῖρα βοηθείας παρέσχεν ὅπως ἀντὶ γυναικὸς ἀστὴρ φαεινὸς ἐν οὐρανῷ διαλάμπῃ. Λαβὼν γὰρ αὐτὴν εἰς οὐρανὸν ἀνεβίβασε ποικίλοις ἄνθεσιν ἐστεφανωμένην, καὶ τὰ ἑξῆς. »

Ἐκτείνεται δὲ ἀπ' ἄρκτου εἰς μεσημβρίαν, καὶ διαιρεῖται εἰς δύο μέρη · ὧν τὸ μὲν πρὸς ἄρκτον ἰδιωτικῶς Ἐπάνω Μερέα, τὸ πρὸς μεσημβρίαν δὲ Κάτω λέγεται. Τὸ γοῦν πρῶτον μέρος ὄρεσιν ἀνυψοῦται τραχυτάτοις, ἐν ᾧ καὶ πλῆθος οὐκ ὀλίγον ἐστὶ κώνων τε καὶ πλατάνων · ἀφ' ὧν καὶ πηγαὶ ψυχροῦ καὶ ποτίμου ὕδατος ἀναδίδονται · καὶ ποταμοὶ δι' ὀρῶν κατασκίων εἰς θάλασσαν ῥέουσιν, ἐν οἷς καὶ μύλωνες ἀλήθουσι, φρούριά τε πολλὰ καταφαίνονται ἔνθεν κἀκεῖθεν, τὰ μὲν ἐν ὄρεσι, τὰ δ' ἐν πεδιάδι · Βολισὸς δηλονότι μετὰ πεδιάδος ἀρίστης, Περπαρέα, Ἁγία Ἑλένη, Μενάλεως, Βίκοι, Πύθων καὶ Καρδάμυλα. Ταῦτα πάντα κυκλωτερῶς εἰσι κείμενα. Ἔστι δὲ οὐ πόρρω τούτων καὶ ὁ Ἅγιος Ἄγγελος σὺν τῷ Ἠλίᾳ · ἐν τῷ ἀριθμῷ δὲ τούτων ἐστὶ καὶ φρούριον μετὰ κώμης Ὁμήρου λεγόμενον, ἐν ᾧ καὶ τάφος Ὁμήρου τοῦ ποιητοῦ εὑρίσκεται ἐφθαρμένος διὰ τὴν ὑπερβάλλουσαν παλαιότητα · περὶ οὗ οὐδὲν ἔχω ἀληθὲς εἰπεῖν, καὶ διὰ τοῦτο τοῖς μετ' ἐμὲ ἐξετάζειν ἀφίημι.

Πρὸς τοῦτο τὸ ἀρκτῷον μέρος καὶ πηγὴ ἄφθονος ἐστὶν ὅπου καὶ ἀκρωτήρια φοβερὰ εἰς οὐρανὸν ἀνυψοῦνται. Οὐ πόρρω δὲ τούτων καὶ λιμὴν ἄριστος μετὰ ποταμοῦ καὶ πεδιάδος τῶν Καρδαμύλων ἐςί · καὶ μετ' αὐτὸν ἕτερος μετὰ ποταμοῦ καὶ πύργου Δελφὶν ὀνομαζόμενος · μετ' οὐ πολὺ δὲ δρόμου διάστημα καὶ ἡ Χίος πόλις ἐστὶ μετὰ ἀσφαλεστάτου λιμένος, ἥτις ὑπὸ τῶν Γενουϊτῶν ὕστερον ἀνωρθώθη. Πάλαι γὰρ ἦν ἐπάνω ὄρους Ἀμάχου, ὅπου καὶ μετ' ἀσφαλείας διαφερόντως ἤκμασεν · ἐν τοῖς ποσὶ δὲ τούτου καὶ ἡ Ἁγία Κορωνάτα ἐστὶ τόπος τῶν ἐρημιτῶν πολλῶν ἐπαίνων ἄξιος. Τίνος οὖν χάριν τὸν τόπον τοῦτον καταλιπόντες, τὴν μεγαλοπρεπῆ ταύτην ἐγγὺς τῆς θαλάσσης ἔκτισαν πόλιν; παντάπασιν ἀγνοῶ. Εἰσὶ μὲν οὖν ἑκατέρωθεν αὐτῆς καὶ πεδία εὐφορώτατα, ἐν οἷς καὶ ἄμπελοί εἰσι πλεῖσται καὶ ὀπῶραι παντοῖαι.

Ἐν τοῖς ὄρεσι δὲ καὶ ἡ Νέα ἐςὶ Μονή.

Ἔστω δὴ λοιπὸν ἡ ἡμετέρα διήγησις περὶ τῆς κοινῶς λεγομένης Κάτω Μερέας, ἥτις ἀπὸ μεσημβρίας εἰς βορρᾶν τὰ

ποιοῦντα τὴν μαςίχην δένδρα, ἄπερ λατινικῶς μὲν λέντισχοι,
ἑλληνικῶς δὲ σχῖνοι λέγονται, πλουτεῖ· ἣν οἱ περίοικοι σα-
ρώσαντες πρῶτον τὸ ἔδαφος ἐπιμελῶς συλλέγουσιν ἐν τῷ
τοῦ θέρους καιρῷ. Θαυμάσειε δ᾽ ἄν τις πῶς ἐν τῷ ἀνωτέρῳ
μέρει οὐχ εὑρίσκονται τοιαῦτα δένδρα.

Προϊόντες μὲν οὖν εἰς τὸν Ἅγιον ἐρχόμεθα Γεώργιον,
ἀφ᾽ οὗ πηγαὶ κατέρχονται ἄφθονοι· κἀντεῦθεν ποταμὸς διὰ
πεδίου καρποφόρου εἰς θάλασσαν ῥέων εἰσέρχεται.

Ἐν δεξιᾷ δὲ τοῦ ὄρους φρούριόν ἐστι μέγα Λευκόβορα ὀνο-
μαζόμενον· μετὰ τοῦτο δὲ καὶ ἕτερον τὸ λεγόμενον Καλαμωτὴ
μετὰ ἰσοπέδου· ἀφ᾽ ὧν καὶ τὸ τῆς μαστίχης μέγα πεδίον καὶ
σκόπελον τὸν λεγόμενον Καλόγερον πόρρωθεν ὁρῶμεν. Εἶτα
Πυργίον, ἕτερον φρούριον ἐν ὁμαλῷ κείμενον τόπῳ. Ἀπὸ τούτου δὲ τὴν Ἁγίαν Ἀναστασίαν καὶ τὸν ἐγγὺς ταύτης λιμένα
Μιστὰ ὀνομαζόμενον βλέποντες θαυμάζομεν.

Ἔστιν ἔτι πρὸς ἑσπέραν καὶ ἕτερος λιμὴν μεταξὺ δύο
σκοπέλων Λιθὶν λεγόμενος· οὐ πόρρω δὲ τούτου καὶ κόλπος
μετὰ πεδιάδος καὶ ποταμοῦ καθορᾶται.

Ἴσθι δὲ ὡς ὁ νῦν Δελφὶν ὀνομαζόμενος λιμὴν Βελλοφάνας
πρότερον ἐκαλεῖτο.

3. αἰγέῳ. — 6. En marge: ἱστορία. — 8. μινόταυρον. — 10. φαίδραν. —
12. χίον. — 25. ἀλίθουσι. — 41. χίος. — 52. βοράν. — 65. πίργιον.

59. Περὶ τῆς Μιτυλήνης.

Δείξαντες τὴν Χίον, νῦν καὶ πρὸς τὴν Λέσβον ἔλθωμεν
νῆσον, ἥτις τοσοῦτον ἴσχυσεν εἰς τὰ ναυτικὰ ὥστε τὸ τῆς
θαλάσσης κράτος αὐτὴν ἔχειν ἀναμφιβόλως λέγεσθαι. Κεῖται οὖν ἐν τῷ Αἰγαίῳ πελάγει· ὠνομάσθη δὲ ἡ αὐτὴ καὶ
Μιτυλήνη ἀπὸ Μιλέτου, υἱοῦ τοῦ Ἡλίου, ἀδελφοῦ δὲ τῆς
Πασιφάης, ὅς ποτε κατὰ τοῦ συγγενοῦς αὐτοῦ Μίνωος ἐπα-
ναστὰς καὶ μηδὲν ἀνύσας, κατέφυγεν εἰς ταύτην τὴν νῆσον,

τὴν Κρήτην καταλιπών, ὅπου καὶ ἐβασίλευσε καὶ πόλιν ἔκτισε Μιλέτην, ἀπ᾽ αὐτοῦ οὕτω τὸ πρῶτον ὀνομασθεῖσαν, ὕστερον δὲ, τῶν γραμμάτων μετατεθέντων, ἐκλήθη Μιτυλήνη. Ταύτην ποτὲ ὁ ποιητὴς Ἀλκαῖος ὑπό τινος τυράννου δουλωθεῖσαν αἰσχρῶς ἠλευθέρωσε · καὶ ἡ ἐπὶ ποιητικῇ δὲ μέγα διαπρέψασα Σαπφὼ ἀπὸ ταύτης ἦν, καὶ Θεόφραστος ὁ φιλόσοφος, ὁμοίως καὶ Νυκταῖος, ὁ τῆς Ἀντιόπης πατήρ, ᾗ ὁ Ζεὺς εἰς σατύρου μορφὴν μεταβληθεὶς συνεγένετο, καὶ ἐξ αὐτῆς ἔτεκε Ζῆθόν τε καὶ Κάλαϊν, ὡς οἱ μῦθοι φασίν.

Ἐν ταύτῃ καὶ Πομπήιος ὁ μέγας, ἐς Θεσσαλίαν κατὰ τοῦ Καίσαρος ἀπερχόμενος ὡς ἐκεῖ πολεμήσων αὐτῷ, τὴν ἑαυτοῦ κατέλιπε σύζυγον.

Μέχρι ταύτης Κάστωρ τε καὶ Πολυδεύκης τὸν τοῦ Πριάμου υἱὸν Ἀλέξανδρον ἐδίωξαν, τὴν αὐτῶν ἀδελφὴν Ἑλένην ἁρπάσαντα, ᾗ καὶ ἐν τοῖς Κυθήροις συνεγένετο · μὴ δυνηθέντες γὰρ ταύτην εὑρεῖν ὑπὸ σφοδροῦ χειμῶνος κατασχεθέντες τοῦ διώκειν ἐπαύσαντο. Τούτους φασὶ καὶ ἀθανασίας τυχεῖν ὑπὸ τοῦ πατρὸς αὐτῶν Διὸς εἰς ζῴδιον ἀμειφθέντας οὐράνιον, τὸ καὶ μέχρι τοῦ νῦν καλούμενον Δίδυμοι.

Οὐ μὴν ἀλλὰ καὶ Παῦλος ὁ ἀπόστολος ἀπὸ Συρίας ἐρχόμενος εἰς αὐτὴν τὸν τῆς θαλάσσης ἐξέφυγε κλύδωνα · ἔνθα τὴν τοῦ Χριστοῦ πίστιν διδάσκων, ὄφιν μέγιστον ἀπέκτεινε καὶ πολλοὺς ἐντεῦθεν εἰς αὐτὴν ἐπεσπάσατο.

Εἰσὶ μὲν οὖν περὶ αὐτὴν πολλὰ φρούρια. Τὸ μέγιστον δὲ ἡ Μιτυλήνη ἐστίν, ἥτις ἐν τοῖς πάλαι καιροῖς μεγάλη καὶ δυνατωτάτη πόλις ὑπῆρξεν. Ἦν γὰρ ὁ περίβολος αὐτῆς ὑπὲρ τὰ τέσσαρα μίλια, εἰ καὶ ἐν τῷ παρόντι εἰς βραχύτατον ἀπεκατέστη διάστημα.

Ἀπὸ ταύτης δὲ καὶ μοναχός τις τῷ θεῷ ἅπαξ ἀφιερωμένος ὑπῆρξεν, ὃς τὴν ἐσομένην τῇ πόλει τε καὶ τῷ ταύτης ἄρχοντι προεῖδε φθορὰν καὶ τοῖς πολίταις τὴν ταύτης ἐρήμωσιν φανερῶς ἐμήνυσεν, ἥτις καὶ μετ᾽ οὐ πολὺ συνέβη. Ὁ γὰρ ἡγεμὼν τῆς νήσου εἰς κυνηγέσιον ἐξελθὼν μετὰ τῶν ἑαυτοῦ πάντων, ἔν τινι πύργῳ κατέλυσεν ἀναπαυσόμενος · σκορπίος

δὲ νυκτὸς τὴν αὑτοῦ χεῖρα πλήξας, μεγάλως ὑπ' ὀδύνης ἐβόα·
δραμόντες οὖν πρὸς τὴν βοὴν ἅπαντες οἱ περὶ αὐτόν, ἐπλη-
ρώθη ἅπας εὐθὺς ὁ ἐν τῷ πύργῳ θάλαμος, τοῦ δὲ φατνώμα-
τος αἴφνης διαρραγέντος καὶ πάντων καταπεσόντων, μόνος ὁ
ἡγεμὼν μετὰ καί τινων ἴσως ἑτέρων θανάτῳ ἀνελπίστῳ τοῦ
ζῆν ἀπηλλάγησαν.

Πρὸς μὲν οὖν τὸ τῆς μεγαλοπρεποῦς ταύτης πόλεως
μεσημβρινὸν μέρος τέσσαρες ἵστανται κίονες μετὰ λαμπρῶν
οἰκοδομημάτων καὶ στοῶν ὑπογείων, αἵτινες θαυμαστῇ τινι
μεθόδῳ καὶ τέχνῃ πάλαι γεγόνασι.

Πρὸς δὲ τὸ νότιον, κόλπος Κεράμεια καλούμενος ἐπὶ πολὺ
ἐκτείνεται· ἀφ' οὗ καὶ πλεῖστα ὁρῶνται φρούρια μέχρι καὶ
αὐτοῦ τοῦ δυτικοῦ μέρους διήκοντα, Ἱερά, Κεράμεια, Κυδωνία, Βασιλικά, Πέτρα, Μόλυβος. Ἔτι πρὸς ἄρκτον ὁ
Ἅγιος Θεόδωρός ἐστι καὶ μετ' αὐτὸν πύργος, καὶ πρὸς τὸ
μέσον τῆς νήσου πεδίον ἐστὶν εὐφορώτατον. Πρὸς δὲ τὴν ἕω
καὶ τὴν ἑσπέραν ὄρη τε καὶ ζῶα ἀδάμαστα, καὶ πρὸς τούτοις
κυπάρισσοι καὶ κῶνοι καὶ δρῦς εἰσί, δένδρα ὑψηλότατα.

Ἔχει δὲ λιμένας πολλοὺς περὶ αὐτὴν καὶ σκοπέλους.
Ταύτης ἡ περίμετρος μιλίων ἐστὶ τριάκοντα καὶ ἑκατόν.
Ἔστι δὲ καὶ τῆς Ἀσίας ἐγγύς, ἥτις διὰ τὸ ὑπὸ τῶν Τούρ-
κων κυριευθῆναι Τουρκία λέγεται.

1. τῆς manque. — 2. γίον. — 5. αἰγέῳ. — 10. ὠνομασθεῖσαν. — 15. En
marge : ἱστορία. — 34. δυνατοτάτη.

60. Περὶ τῆς Τενέδου.

Καιρὸς ἤδη λοιπὸν καὶ περὶ τῆς Τενέδου εἰπεῖν, ἥτις ἀπαντικρὺ τῆς εἰσόδου τοῦ ἑλλησποντιακοῦ κεῖται στενοῦ καὶ τῆς
παλαιοτάτης πόλεως Τροίας ἐναντίον, ἐν τῷ Αἰγαίῳ πελάγει. Ἔσχε δὲ τὴν ἐπωνυμίαν ἀπό τινος νέου ὀνομαζομένου
Τενέδου, ὃς ἐν Ἀθήναις τῇ ἑαυτοῦ πενθερᾷ συμφθειρόμενος

καὶ διὰ τοῦτο παρὰ πάντων ἀτιμαζόμενος ὑπ' αἰδοῦς τὴν ἑαυτοῦ πατρίδα καταλιπὼν εἰς ταύτην τὴν νῆσον ἀφίκετο, ἣν καὶ κατέσχεν ἀνθρώπων οὖσαν ἔρημον.

10 Ἤκμασεν οὖν ἐς τὰ μάλιστα καὶ πλουσιωτάτη ὑπῆρξεν ἐν τῷ τοῦ Λαομέδοντος καὶ Πριάμου καιρῷ · ἐν τῷ ταύτης δὲ κόλπῳ οἱ Ἕλληνες τὰς κατὰ τῶν Τρώων ἐπιβουλὰς συνέρραψαν, ὑφ' ὧν ὕστερον ἡ Τροία κατηδαφίσθη.

Ταύτης ἕνεκα καὶ πόλεμος ἰσχυρὸς μεταξὺ τῶν Ἑνετῶν 15 καὶ Γενουϊτῶν ἐν τῷ ἐμῷ γέγονε καιρῷ · ἕκαστος γὰρ αὐτῶν σφετερίσασθαι ταύτην ἠβούλετο · τελευτῶν δ' ἀπειπόντες ἀμφότεροι ἔρημον αὐτὴν ἐκ κοινοῦ συμφώνου κατέλιπον · καὶ οὕτως οὐδεὶς τολμᾷ ταύτην οἰκῆσαι · ἀφ' ἧς αἰτίας καὶ τὰ χειροήθη τῶν ζώων εἰς ἀγριότητα μετατραπέντα ἀδάμαστα 20 παντάπασι μεμενήκασιν.

Ἔστι καὶ πηγὴ ἐν τοῖς ποσὶ τοῦ ἐν αὐτῇ ὑψηλοτέρου ὄρους ἄφθονος, ἥτις ἀπὸ τρίτης ὥρας τῆς νυκτὸς ἕως ἕκτης τοσοῦτον πλῆθος ὑδάτων ἀναδίδωσι, τοῦτο δὲ γίνεται ἐν ταῖς τοῦ ἡλίου τροπαῖς, ὡς μέγιστον εἶναι δοκεῖν ποταμόν, ὅπερ 25 ἐν ταῖς ἄλλαις ὥραις οὐδαμῶς γίνεται.

Ἔστι δὲ αὕτη ὁμαλὴ διόλου ὑπὸ χθαμαλῶν ὀρῶν περικυκλουμένη · ἓν δὲ μόνον ἐξ αὐτῶν εἰς ὕψος αἴρεται · ἐν ᾧ καὶ τρία μίλια Φράγγων ἀνεσκολοπίσθησαν, καθ' ὃν καιρὸν ὁ τῶν βαρβάρων στόλος ὑπὸ τῶν Ἑνετῶν ἡττηθεὶς ἀπέναντι 30 τῆς Καλλιουπόλεως ἅπας κατεβυθίσθη. Ἦσαν δὲ τότε ἐν ἐκείνῳ τῷ στόλῳ πολλοὶ ἐκ διαφόρων συνηγμένοι γενῶν εἰς βοήθειαν τῶν τῆς ἡμετέρας πίστεως ἐναντίων. Ταῦτα γεγόνασιν ἐν τῷ καιρῷ τῆς ἐν Κωνσταντίᾳ συνόδου.

Εὑρίσκονται ἐν αὐτῇ καὶ εἴδη ὀπωρῶν πλεῖστα. Ἴδοι 35 δ' ἄν τις ἀληθῶς καὶ πολλὰ τῆς πόλεως ταύτης ἐρείπια, εἰ πρὸς τὸ ἀπαντικρὺ τῆς Τροίας ἀποβλέψοι μέρος.

Τέλος δ' εἰσερχόμεθα ἐξ ἀριστερῶν διὰ στενοῦ στόματος εἰς αὐτὸν τὸν Ἑλλήσποντον · καὶ ἐν τῇ εἰσόδῳ ταύτῃ τὸ καλούμενον Δαρδανέλον εὑρίσκομεν, ὅπου καὶ πολλοὶ εἰς αὐτὸ 40 τὸ πεδίον ἵστανται κίονες. Ἀπὸ γοῦν τοῦ προλεχθέντος στενοῦ μέχρι τοῦ Δαρδανέλου καὶ τὸ τῆς Τροίας πάλαι, ὡς οἶμαι, ἐπεκτείνετο μέγεθος.

4. αἰγίω. — 23. ἀναδιδόαι.

61. Περὶ τῆς Καλλιουπόλεως.

Τὸ ἐνταῦθα ἀφίκεσθαι σημεῖον λοιπὸν ἔστω τοῦ ἑτοίμως ἤδη ἔχειν καὶ αὐτὴν τὴν περιφανεστάτην πόλιν τὴν Κωνσταντίνου δεῖξαι ὅπως ἐντεῦθεν εὐθυμοτέρα γένοιτο ἡ τῶν
5 ἀκουσόντων ψυχὴ πρὸς τὰ λεχθησόμενα· ἀκούσουσι γὰρ τῷ ὄντι θαύματος ἄξια.

Ἔστι τοίνυν ἡ εἰς τὸν Ἑλλήσποντον εἴσοδος, ἥτις διήκει μέχρι καὶ αὐτοῦ τοῦ στενωτάτου στόματος, τοῦ ἑλλησποντιακοῦ καλουμένου· ὅπερ τὴν Εὐρώπην ἀπὸ τῆς Ἀσίας
10 διαιρεῖ. Εἰς αὐτὸ τοίνυν ἡμῶν εἰσερχομένων ἐκ δεξιῶν μὲν τὴν Τροίαν ἐῶμεν· ἐξ ἀριστερῶν δὲ πύργον ἐγγὺς τῆς θαλάσσης εὑρίσκομεν, ὃς μᾶλλον τῆς Ἀσίας ἐγγύτερος εἶναι δοκεῖ· ἀπὸ δὲ τούτου μέχρι τῆς Ἀβύδου ὀλίγον ἐςὶ διάστημα· ὅθεν καὶ ὁ τῶν Περσῶν βασιλεὺς Ξέρξης κατὰ Ἑλλήνων στρατευ-
15 όμενος αὐτόθι τὴν γέφυραν μετὰ νεῶν κατεσκεύασεν, ὅπως τὸν ἑαυτοῦ στρατὸν ἀπὸ τῆς Ἀσίας ἐς Εὐρώπην διαπεράσῃ· ὃς ἦν ὑπὲρ τὰς ἑκατὸν μυριάδας, ὥς φησι Δημοσθένης. Αἱ σύμπασαι δὲ τριήρεις αἱ μετ' αὐτοῦ τετρακισχίλιαι διακόσιαι τὸν ἀριθμὸν ἦσαν· εἰ καὶ οὐκ οἶδ' ὅπως αἰσχρῶς ἡττηθεὶς ὁ
20 μέγα ἐπὶ τῇ τοσαύτῃ δυνάμει φρονῶν μεθ' ἑνὸς πλοιαρίου φυγεῖν ἠναγκάσθη.

Οὐ μὴν ἀλλὰ καὶ ὁ Λούκιος ἐν τῇ ἑαυτοῦ ἱστορίᾳ τάδε φησίν· ὡς ὁ Φίλιππος τοὺς Ἀβυδηνοὺς πολιορκῶν, ὡς ἤδη τὰ τείχη αὐτῶν μετὰ πολεμικῶν μηχανῶν φθείρειν ἔμελ-
25 λεν, αὐτοὶ τοῦτο μὴ βουλόμενοι δῆθεν ἰδεῖν, τὴν σφετέραν ἐλεοῦντες πόλιν μετὰ τῶν ἰδίων ἐπίπλων δεῖν ἔγνωσαν ἐξελθεῖν, καὶ ταύτην σῶαν τοῖς πολεμίοις καταλιπεῖν. Ὅπερ γνοὺς ὁ

τῆς ἀκροπόλεως ἄρχων καὶ πρὸς ἑαυτὸν πάντας καλέσας τοιούτοις πρὸς αὐτοὺς ἐχρήσατο ῥήμασιν : « ὑμεῖς, ὦ ἄνδρες, ἐλεεῖτε μὲν τὰ τείχη τῆς πόλεως καὶ τὰς οἰκίας · ὑμᾶς δ' αὐτούς, ὡς ἔοικεν, οὐκ ἐλεεῖτε, ἢ νομίζετε ὡς, εἴ γε ὑμᾶς οἱ πολέμιοι λήψονται, σώους ἐάσειν ἀπελθεῖν, καὶ μὴ, τοὐναντίον ἅπαν, θανάτῳ εὐθὺς παραδώσειν. » Ταῦτα ὡς ἤκουσαν οἱ Ἀβυδηνοί, τὰς μὲν οἰκίας καὶ τὴν ἄλλην αὐτῶν περιουσίαν κατέκαυσαν, αὐτοὶ δὲ εἰς θάνατον ὥρμησαν.

Μετὰ ταῦτα καὶ αὐτὴν τὴν Καλλιούπολιν πρὸς τὸ τῆς Εὐρώπης μέρος οὖσαν ὁρῶμεν, φρούριον ὀχυρώτατον, ὅπερ ὁ τῶν Ῥωμαίων βασιλεὺς τοῖς Τούρκοις ἐδωρήσατο, ἐκδοὺς αὐτοῖς καὶ τὰς ἰδίας θυγατέρας πρὸς γάμου κοινωνίαν· ἀφ' ἧς χάριτος τοσαύτη παρηκολούθησε καὶ μέχρι τοῦ νῦν ἔτι παρακολουθεῖ τοῖς χριστιανοῖς φθορὰ ὡς μόλις ἄν τις ἐν τῇ ἑαυτοῦ ζωῇ δυνηθείη ἀπαριθμήσασθαι τὰ τῶν ληφθέντων τε καὶ φονευθέντων γεγραμμένα ὀνόματα.

Οὗτοι γὰρ ἀπὸ τῶν τῆς Ἀρμενίας καὶ Περσίας ὁρῶν πενέστατοι ὁρμηθέντες καὶ πρὸς τὴν καλουμένην Κάτω Ἀσίαν ἐλθόντες αὐτόθι κατῴκησαν προστάξει τοῦ προλεχθέντος βασιλέως καὶ τῆς ἰδίας ἀρχῆς ταύτην κατεβάλοντο τὴν ἀρχὴν καὶ τὴν κρατηθεῖσαν ὑπ' αὐτῶν ἐπαρχίαν, γλωσσῶν τε καὶ ἐθίμων καινῶν μεστὴν ταχέως ἀπέδειξαν.

Πολλοὶ μὲν οὖν ἐκ τῶν ἡγεμόνων αὐτῶν ἐν τῷ πολέμῳ τεθνήκασιν · ἐκεῖνος δὲ μάλιστα μνήμης ἄξιος παρ' αὐτοῖς νομίζεται ὅστις, κατὰ τὸν πάτριον νόμον, ἑαυτόν τε καὶ τὴν βασιλείαν καλῶς διῴκησε καὶ πολλὰς τῶν χριστιανῶν ἀρχὰς βιαίως ἀφείλετο· ἀφ' ὧν εἷς ἐστι καὶ δικαίως λεχθήσεται ὁ Ἀμουράτπεϊς ἐκεῖνος, οὗ τὴν μὲν ἀνδρείαν ὡς φανερὰν οὖσαν τοῖς πᾶσιν ἐῶ, τὴν δέ γε δικαιοσύνην καὶ ἐλευθεριότητα ἐκ δυοῖν τινων ἢ καὶ τριῶν τῶν αὐτῷ πεπραγμένων δηλώσω.

Γυνή τις τῶν ἐγχωρίων τροφὴν γάλακτος τῷ ἰδίῳ ἀνδρὶ εἰς ἀγρὸν κομίζουσα, δοῦλος τοῦ προλεχθέντος βασιλέως συναντήσας αὐτῇ, καὶ μετ' ἀπειλῆς τὴν τροφὴν ἁρπάσας κατέφαγεν · ἡ δ' εὐθέως πρὸς τὸν αὐτοῦ κύριον ἀναδραμοῦσα τὸ

πραχθὲν μετὰ δακρύων ἐδήλωσε, καὶ τὸν ἀδικήσαντα αὐτὴν ἐνώπιον τοῦ ἡγεμόνος καὶ ἄκοντα ἐλθεῖν παρεσκεύασεν. Οὗ γενομένου ταχέως ἡ δίκη ἐπηκολούθησε. Τμηθεὶς γὰρ εἰς μέσον
65 προστάξει τοῦ δικαιοτάτου βασιλέως ἐκείνου, ἐφάνη τὸ γάλα καὶ ἅμα σὺν αὐτῷ καὶ ἡ τῆς γυναικὸς ἀλήθεια· κἀντεῦθεν ἡ δικαιοσύνη ὑπὸ τοῦ θαυμαστοῦ Ἀμουράτπεῖ ἀνυψώθη.

Λεββᾶς δέ τις τὸν τῆς ἐκκλησίας καὶ τῶν ἐν αὐτῇ ἁγίων ἅπαντα κόσμον ἀφελόμενος καὶ πρὸς ἐκεῖνον παραγενόμενος
70 μετὰ χαρᾶς μεγάλης τὸν Μωάμεθ προσεκύνησε, κἀκείνου βούλεσθαι εἶναι ἀληθῶς ὡμολόγησεν· ὅπερ μαθόντες οἱ ἀπὸ τοῦ Ἁγίου Ὄρους μοναχοὶ (ἐκεῖθεν γὰρ ἦν ἐκεῖνος) καὶ πρὸς τὸν βασιλέα παραγενόμενοι, τὸ πραχθὲν ὑπὸ τοῦ κακίστου ἐκείνου ἡγουμένου ἀνήνεγκαν. Ὁ δ' ὡς ἤκουσέ τε καὶ ἔγνω τὴν ἐκείνου
75 πονηρίαν καὶ ἀπάτην, τοῖς μὲν μοναχοῖς ἀπέδωκε τὰ ἴδια, ἐκεῖνον δὲ ἀφ' ὑψηλοῦ κατακρημνισθῆναι ὄρους προσέταξεν. Ἀλλὰ ταῦτα μὲν ἱκανὰ τῆς ἐκείνου δικαιοσύνης ἔστωσαν δείγματα· τῆς δ' ἐλευθεριότητος ἑνὸς μόνου ἀντὶ πολλῶν μνησθήσομαι.

Ἀγροῖκός τις τῶν τῷ ἰδίῳ ἀρότρῳ γῆν τέμνων εὗρεν ἀγγεῖον
80 μεστὸν ἀργυρίου, ὅπερ εὐθὺς μετὰ τῆς ἑαυτοῦ ἁμάξης πρὸς τὸν προλεχθέντα μέγαν τῷ ὄντι Ἀμουράτπεῖν ἐκόμισεν· ὃς ἰδὼν τὸ χρυσίον ἠρώτησε τοὺς παλαιοτέρους τῶν ἐκεῖσε παρατυχόντων ἀνδρῶν τίνος εἰκόνα φέρει τὸ χάραγμα· ἐκείνων δὲ μὴ δυνηθέντων εἰπεῖν τίνος ἄρα τῶν αὐτοῦ προγόνων ἐτύγχανεν (ἦν γὰρ
85 ἀληθῶς παλαιοτάτη), πρὸς τὸν ἀγροῖκον εὐθὺς (ὦ τῆς εὐγενεστάτης ἐκείνου ψυχῆς!) οὕτως ἐφθέγξατο· « ἄνθρωπε ἀγαθέ, ἡ εἰκὼν αὕτη οὔτ' ἐμή ἐστιν, οὔτε τινὸς τῶν ἐμῶν· καὶ διὰ τοῦτο, οὔ μοι δοκεῖ δίκαιον τὸ ὑπ' ἄλλου εὑρεθὲν ἀλλότριον ἔργον λαβεῖν· σὸν τοίνυν ἐστί, καὶ λάβε αὐτό, καὶ ἄπελθε ἐν εἰρήνῃ. »

5 et 6. τοιοῦτι (ms. de Paris et copie de Miller). — 7. Après τοίνυν, le ms. de P. donne ἐνταῦθα, qui manque dans la copie de M. — 11. ὁρῶμεν, et en marge : ἐῶμεν (ms. de P. et copie de M.) — 14. ἑλλήνων, au lieu de Περσῶν (ms. de P. et copie de M.). — 23. ἀξιόδενδρος (ms. de P.). — 27. πᾶσαν (ms. de P. et cop. M.). — 29. αὐτὸν (ms. de P. et cop. M.). — 34. ἀξιόδενδροί (ms. de P.). — 37. ὑγρότατον (ms. de P. et cop. M.). — 47. κατεβάλλοντο (ms. de P. et cop. M.). — 49. ἐθήμων (ms. de P. et cop. M.). — 81. τοιοῦτι (ms. de P. et cop. M.). — 82. τοῖς παλαιοτέροις (ms. de P. et cop. M.). ἐκεῖσε παρατυχόντων est écrit en marge du ms. de Paris.

62. Περὶ τοῦ Μαρμαρᾶ.

Εἰσερχομένοις τοίνυν τὸν Ἑλλήσποντον πρὸς ἕω καὶ ἡ τοῦ Μαρμαρᾶ νῆσος ἐστὶν, ἧς ἡ περίμετρος μιλίων ἐστὶ τριάκοντα, ἄπασα ὀρεινὴ καὶ μαρμάρων μεστὴ καὶ δένδρων ὑψηλοτά-
5 των · ἀφ' ἧς Κωνσταντῖνος, Ἰουστινιανὸς καὶ ἄλλοι βασιλεῖς οὐκ ὀλίγοι ἀναριθμήτους ἐκ μαρμάρων λίθους λαβόντες εἰς Κωνσταντινούπολιν ἐκόμισαν, οἰκοδομῆς χάριν. Ἔστιν ἐν αὐτῇ καὶ φρούριον ἀφ' ἑτέρου μέρους μετὰ ὀλιγίστων οἰκητόρων, καὶ σκόπελοί τινές εἰσιν.
10 Ὠνομάσθη δὲ ὁ πορθμὸς οὗτος Ἑλλήσποντος ἀπὸ τῆς τοῦ Ἀθάμαντος θυγατρὸς Ἕλλης, ἥτις μετὰ τοῦ ἀδελφοῦ αὐτῆς Φρίξου, φεύγουσα τὰς τῆς ἰδίας μητρυιᾶς ἐπιβουλάς, καὶ διὰ τοῦτο τὴν θάλασσαν ταύτην διαπερᾶσαι βουληθεῖσα, ἐπὶ κεχρυσωμένου κριοῦ ἐκάθισε, τὸν πόρον σπεύδουσα · ἀτυχή-
15 σασα δὲ περὶ αὐτὸν κατέπεσε, καὶ ὑπὸ τῶν κυμάτων κατεπώθη, κἀντεῦθεν ἀΐδιον ὄνομα τῇ θαλάσσῃ ταύτῃ ἀφ' ἑαυτῆς κατέλιπε. Πόντος γὰρ πρότερον ἁπλῶς αὕτη λεγομένη Ἑλλήσποντος ἀπὸ τῆς προλεχθείσης αἰτίας ἐκλήθη.

2. εἰσερχόμενοι. — 12. φρίξου.

63. Περὶ τῆς Καλωνύμου

Πλέοντες τοίνυν τὴν προλεχθεῖσαν θάλασσαν, ὅπως τὴν πόλιν αὐτὴν καταλάβωμεν, καὶ τὴν καλουμένην Καλώνυμον νῆσον ἐκ δεξιῶν οὖσαν ὁρῶμεν ὀρεινὴν διόλου τυγχάνουσαν,
5 ἥτις καὶ ᾠκεῖτο πάλαι καλῶς διὰ τὸ πανταχοῦ τότε τοὺς Ἕλληνας ἄρχειν · νῦν δ' ἀοίκητος ἐστί · ζῶα μόνον πλανῶνται ἐν αὐτῇ ἄγριά τε καὶ παντάπασιν ἀδάμαστα.

64. Περί τινων νήσων μικρών.

Εἰσὶ δ' ἐγγὺς τῆς Πόλεως καὶ ἕτεραι νῆσοι μικραὶ μετά τινων σκοπέλων ἔνθεν κἀκεῖθεν κειμένων, αἵτινες, διὰ τὸ πλησίον αὐτῆς εἶναι, μοναχοὺς ἔχουσιν ἀεὶ τοὺς εἰς αὐτὰς καταφεύγοντας, καὶ οἰκοδομαὶ πλεῖσταί τε καὶ κάλλισται πάλαι ὑπῆρχον καὶ μοναστήρια τὰ νῦν ἔτι σωζόμενα καὶ τὴν παλαιὰν εὐδαιμονίαν μαρτυροῦντα.

Οὐ μὴν ἀλλὰ καὶ πόλις ἐστὶν ἐπέκεινα τούτων μεγίστη πρὸς ἕω, τῆς θαλάσσης ἐγγύς, Νικομήδεια ὀνομαζομένη, ἐν ᾗ οὐδὲν ἄλλο σχεδὸν νῦν ὁρᾶται εἰ μὴ οἰκοδομαὶ μόνον ἐκ μαρμάρων τῷ χρόνῳ κείμεναι· ὅπου καὶ βουκόλος τις λάρνακα εὗρε σῶμα βασιλέως ἐντὸς ἔχουσαν σῶον, μετὰ στέμματος καὶ σκήπτρου καὶ ξίφους κεχρυσωμένου. Ὡς γοῦν ἀπὸ τῆς λάρνακος τὸν νεκρόν, τῇ τοῦ βασιλέως προστάξει (ἀνηνέχθη γὰρ αὐτῷ τοῦτο) ἐκβάλλειν τινὲς ἐπεχείρουν, εἰς σποδὸν εὐθὺς διελύθη.

Ἔνθεν καὶ ἡ εἰς τὴν Νίκαιαν καὶ Προυσίαν ὁδὸς φανερὰ καθίσταται· ὅπου μάλιστα ὁ τῶν Τούρκων βασιλεὺς νῦν διατρίβει μετὰ τῶν ἑαυτοῦ γυναικῶν τε καὶ τέκνων, εἰ καὶ ὀλίγος ἐστὶ χρόνος ἀφ' οὗ τὴν οἴκησιν αὐτόθι ἐποιήσατο· πρότερον γὰρ ἁπανταχοῦ μετὰ σκηνῶν ἐπλανᾶτο.

4. καταφεύγονται.

65. Περὶ τῆς Κωνσταντινουπόλεως.

Ἐρχόμεθα νῦν καὶ πρὸς τὴν πολυπαθεστάτην πόλιν τὴν Κωνσταντίνου· εἰ γὰρ καὶ νῆσος οὐκ ἔστιν, ὅμως, ἐπειδὴ μέχρι ταύτης ἐφθάσαμεν, ὀλίγα τινὰ καὶ περὶ αὐτῆς εἰπεῖν οὐκ ὀκνήσομεν, ὅπως ταῦτα τοῖς ἀναγινώσκουσι κρίνειν ἐάσωμεν.

Ἔσχε τοίνυν τὴν ἐπωνυμίαν ἀπὸ τοῦ κτίσαντος αὐτὴν Κωνσταντίνου, ὃς ἑνώσας αὐτὴν τῷ Βυζαντίῳ μεγίστην ἐποίησεν, ἣν καὶ οἱ μετὰ ταῦτα βασιλεῖς ἐκαλλώπισαν ναοῖς καὶ οἰκοδομαῖς πολυτελέσι, μάλιστα δὲ πάντων Ἰουστινιανὸς, ὁ τοὺς νόμους συντάξας καὶ τὴν Ἁγίαν Σοφίαν κτίσας μετὰ παλατίου καὶ ἱπποδρόμου.

Ἔστιν οὖν κατὰ τὸ σχῆμα τρίγωνος, καὶ τὴν περίμετρον ἔχει μιλίων ὀκτωκαίδεκα. Τὸ γοῦν ἀπὸ τῆς πρώτης γωνίας διάστημα τοῦ Ἁγίου Δημητρίου μέχρι τῆς τῶν Βλαχερνῶν γωνίας ἓξ μιλίων καὶ ἐν αὐτῷ δέκα καὶ ἑκατὸν ἵστανται πύργοι· καὶ τὸ ἐντεῦθεν πάλιν μέχρι τῆς Χρυσῆς καλουμένης πύλης μιλίων πέντε μετὰ διδύμου τείχους καὶ σούδας ὑδάτων πλῆθος ἐχούσης. Εἰσὶ δὲ καὶ ἐν τῷ ὑψηλοτάτῳ τείχει πύργοι ἐννενήκοντα πρὸς τοῖς ἕξ. Ἀπ' αὐτῆς δὲ τῆς Χρυσῆς πύλης μέχρι πάλιν τοῦ Ἁγίου Δημητρίου μίλια εἰσὶν ἑπτὰ καὶ πύργοι ὀκτὼ καὶ ἐννενήκοντα πρὸς τοῖς ἑκατόν.

Ἐν τούτῳ τῷ διαστήματι καὶ πεδίον ἐστὶν ἔξωθεν τοῦ τείχους, ὅπου πάλαι λιμὴν ἦν τοῦ καλουμένου Βλάγγα, ἐν ᾧ οἱ Γραικοὶ πεντήκοντα μίλια Φράγγων δολίως ὑπὸ φθόνου ἢ φόβου ἀπέκτειναν, δόντες αὐτοῖς ἄρτους ἐκ τιτάνου κατασκευασθέντας καὶ ἀλεύρου· ὧν τὰ ὀστᾶ μέχρι τῆς σήμερον ἔτι μαρτυροῦσι τὴν ἐκείνων συμφορὰν ἀναρίθμητα ὄντα.

Οὐ πόρρω δὲ τούτου καὶ τὸ καλούμενον Κονδοσκάλιν ἐστὶν, ἐν ᾧ καὶ ὁ ναύσταθμος. Τούτου δ' ἐπέκεινα καὶ τὸ περιφανέστατον τοῦ Ἰουστινιανοῦ παλάτιον ἐπάνω τῶν τειχῶν ἦν μετὰ ναοῦ θαυμασίου τοῦ ἐπονομαζομένου Ἐννέα, ὃς τῇ τε λαμπρότητι τῆς οἰκοδομῆς καὶ τῇ ἐκ χρυσῶν ψηφίδων γραφῇ, πρὸς δὲ καὶ τῇ τοῦ ἐδάφους ποικιλίᾳ, τῇ μετὰ θαυμαστῆς τινος τέχνης ἐξυφανθείσῃ ἁπανταχοῦ περιβόητος ἦν.

Πλησίον δὲ τούτου ἐν ὑψηλῷ τινι τόπῳ, τῆς θαλάσσης ἐγγὺς, καὶ κάτοπτρον ἦν μεγέθους τινὸς ἐξαισίου λίαν πόρρωθεν ὁρώμενον. Αἱ γοῦν ἐν τῷ προλεχθέντι παλατίῳ οἰκοδομαὶ πᾶσαι ἐκ μαρμάρων ἐτύγχανον, ὡς καὶ νῦν ἐστιν ὁρᾶν αὐτὰ ἐν τῇ θαλάσσῃ ὑπὸ χρόνου κείμενα.

Ἔςι καὶ λιμὴν αὐτόθι σμικρότατος τοῦ Βασιλέως λεγόμενος.

Ἀπὸ γοῦν τούτου τοῦ μεγίστου παλατίου μέχρι τῆς Ἁγίας Σοφίας ἑνὸς μιλίου ὁδὸς ἦν διπλοῦς κίονας ἔχουσα, δι' ἧς ὁ βασιλεὺς ἐπορεύετο.

45 Περὶ δὲ αὐτὴν τὴν Ἁγίαν Σοφίαν ὀκτακοσίων κληρικῶν ἦσαν οἰκίαι, οἵτινες, ὥς φασί, τὰς τῆς Σικελίας προσόδους ἁπάσας ἐλάμβανον εἰς τροφήν.

Νῦν δὲ ἡ τοῦ ναοῦ μόνη κορυφὴ ἐναπελείφθη· ἐφθάρησαν γὰρ τὰ περὶ αὐτὸν ἅπαντα καὶ εἰς τὸ μηθὲν ἦλθον. Τὸ γοῦν 50 ἀπὸ τοῦ ἐδάφους μέχρι τῆς κορυφῆς ὕψος τριάκοντα καὶ ἑκατὸν πρὸς τοῖς τέσσαρσι πήχεων ἐστί, καὶ τὸ ἀπὸ τούτου πάλιν μέχρι τῆς τοῦ θεμελίου ἐπιφανείας, ἣ καὶ πυθμήν ἐστι τῆς ἐν τῷ ναῷ κινστέρνας, δύο καὶ εἴκοσι. Τὸ δ' ἀπὸ γωνίας εἰς γωνίαν μῆκος τοῦ ναοῦ ἑκατὸν καὶ εἴκοσιν· ὃς ἄνω μὲν 55 στρογγύλος, κάτω δὲ τετράγωνος δι' ὅλου τυγχάνει. Ἀλλὰ τίς ἂν ἀρκούντως ἐξειπεῖν οἷός τε γένοιτο τὴν τῶν πορφυρῶν μαρμάρων ποικιλίαν καὶ τῶν ἄλλων τῶν παντοίοις χρώμασι καὶ γραφαῖς χρυσῶν ψηφίδων διηνθισμένων ὡραιότητα; ἀπορῶ γὰρ τῷ ὄντι πόθεν ἄρα καὶ ἄρξωμαι.

60 Ἐκτὸς τοίνυν τοῦ ναοῦ πρὸς μεσημβρίαν κίων ἵσταται ἑβδομήκοντα τὸ ὕψος πηχῶν, καὶ ἐν τῇ τούτου κεφαλῇ ἡ τοῦ Ἰουστινιανοῦ στήλη ἐστὶν ἔφιππος ἐκ χαλκοῦ κατεσκευασμένη, ἔχουσα ἐν τῇ ἀριστερᾷ χειρὶ μῆλον χρυσοῦν, πρὸς ἀνατολὰς δὲ ἀφορῶσα καὶ τὴν δεξιὰν ἀνατείνασα ἀπειλεῖ. Ἐγγὺς 65 τούτου καὶ ἕτεροι μέγιστοι κίονες ἵστανται στιγηδόν, ἐπέκεινα δὲ τούτων πρὸς μεσημβρίαν καὶ ἱππόδρομος (ὃς λατινικῶς ἐπικούρσους λέγεται) ἐξαπλοῦται, ἔνθα οἱ εὐγενεῖς ἐνώπιον τοῦ πλήθους ἔφιπποι συνήρχοντο δόρασιν· ἐτελοῦντο δὲ καὶ μονομαχίαι καὶ ἕτεροι ἀγῶνες εἰς τὴν τῶν πολλῶν τέρ-70 ψιν. Ἔστι δὲ τὸ μὲν μῆκος αὐτοῦ πηχῶν ἐννενήκοντα καὶ ἑκατόν, τὸ δὲ πλάτος ἑκατὸν καὶ εἴκοσι πρὸς τοῖς τέσσαρσιν. Ἅπασα δὲ ἡ τούτου οἰκοδομὴ ἵσταται ἐπάνω κιόνων· ὑπ' αὐτὸν γὰρ κινστέρνα ἐστὶν ἀρίστου ὕδατος ἴσου τῷ ἱπποδρόμῳ μεγέθους. Ἐν δὲ τῇ τούτου κεφαλῇ τέσσαρες καὶ εἴκοσι ἵσ-75 τανται κίονες, ἐφ' οἷς ὁ βασιλεὺς πάλαι μετὰ τῶν ἀρχόντων

ἐκαθέζετο, καὶ ἀφ᾽ ἑκατέρου μέρους καθέδραι βαθμηδὸν ἦσαν ἐκ μαρμάρων κατεσκευασμέναι εἰς τὴν τῶν πολλῶν ἀνάπαυσιν. Ἐν αὐταῖς γὰρ καθεζόμενον τὸ πλῆθος ἄνευ πόνου πάντα ἑώρα τὰ ἐν τῷ θεάτρῳ γινόμενα.

80 Ἐν τῷ μέσῳ δὲ τοῦ προλεχθέντος ἱπποδρόμου τοῖχος ἦν χθαμαλὸς διαιρῶν αὐτὸν κατὰ μῆκος καὶ πρὸς τὴν Ἁγίαν Σοφίαν μετὰ ἀναριθμήτων θυρίδων, ἐν αἷς ἱστάμεναι αἱ γυναῖκες τὰ ἑαυτῶν ἑώρων ποθούμενα.

Ἐν τῇ ἀρχῇ δὲ τοῦ τοίχου βαλανεῖον ἦν μέγιστον, ἐν ᾧ
85 οἱ τρωθέντες ἐτίθεντο.

Μετὰ τοῦτο πυραμὶς μονόλιθος ἐκ μαρμάρου ἐν τέσσαρσι κύβοις χαλκοῖς ἱσταμένη ὁρᾶται πήχεων οὖσα τεσσαράκοντα πρὸς τοῖς τέσσαρσιν, ἔχουσα ἐν τοῖς ποσὶν αὐτῆς καὶ ταυτὶ τὰ ἔπη :

90   Κίονα τετράπλευρον, ἐπὶ χθονὶ κείμενον ἄχθος,
        μοῦνος ἀναστῆσαι Θευδόσιος βασιλεὺς
        τολμήσας, Πρόκλῳ ἐπεκέκλετο, καὶ τόσος ἔστη
        κίων ἠελίοις ἐν τριακονταδύο.

Οὐ πόρρω δὲ ταύτης καὶ τρεῖς ὄφεις χαλκοῖ ἑλιγμῷ τινι
95 ἡνωμένοι ἵστανται στόμασιν ἀνεῳγμένοις, ἀφ᾽ ὧν, ὡς λέγεται, ὕδωρ, οἶνος καὶ γάλα ἐξήρχετο τῶν ἀγωνιζομένων χάριν, ἐν ἐκείναις ὅμως ταῖς ἡμέραις καθ᾽ ἃς αὐτοὶ ἠγωνίζοντο.

Ἔστιν ἔτι καὶ ἑτέρα πυραμὶς ἐκ πολλῶν συντεθειμένη λίθων, ἐν αὐτῷ τῷ μεσαιτάτῳ τοίχῳ, πηχῶν οὖσα ὀκτὼ καὶ
100 πεντήκοντα, καὶ ἐν τῷ τέλει τούτου τέσσαρες ἵστανται κίονες οὐχ ὑψηλοί, ἐν οἷς ἡ βασίλισσα ἐν ταῖς ἑορτασίμοις ἡμέραις καθεζομένη τῶν ἄλλων ὑπερεῖχε.

Ταῦτα ἐποίησεν ὁ Θεοδόσιος εἰς τὴν περιφανῆ ταύτην πόλιν καὶ ἕτερα οὐκ ὀλίγα ἐπαίνου ἄξια.

105 Εὑρίσκονται δὲ μέχρι τῆς σήμερον ἀναρίθμητοι κίονες ἐν αὐτῇ ἱστάμενοι, ἀφ᾽ ὧν πέντε εἰσὶν οἱ μείζους· ἓξ γὰρ καὶ πεντήκοντα πηχῶν ἕκαστος αὐτῶν ἐστιν· ἀλλ᾽ ὁ πρῶτος πάν-

των, ὁ τοῦ Ἰουστινιανοῦ λεγόμενός ἐστί· δεύτερος δὲ ὁ τοῦ σταυροῦ, οὗ πλησίον τέσσαρες ἵστανται κίονες πορφυροῖ, ἐν οἷς ἵπποι κεχρυσωμένοι τοσοῦτοι ἵσταντο, οὕς ποτε οἱ Ἐνετοὶ λαβόντες ἐκόμισαν εἰς τὴν ἑαυτῶν πατρίδα, καὶ ἔστησαν αὐτοὺς ἐν τῷ ναῷ τοῦ Ἁγίου Μάρκου, τῶν κιόνων μόνον ἐναπολειφθέντων αὐτόθι. Ὁ δὲ τρίτος καὶ ὁ τέταρτος ἐν μέσῳ σχεδὸν τῆς πόλεως ἵστανται, ἐν οἷς αἱ τῶν βασιλέων πράξεις εἰσὶ γεγραμμέναι. Περὶ δὲ τὸν ναὸν τῶν Ἁγίων Ἀποστόλων ὁ πέμπτος ἐστὶν ὃς ἄγγελον φέρει χαλκοῦν ἐπάνω καὶ τὸν βασιλέα Κωνσταντῖνον γονυπετοῦντα.

Ἐν αὐτῷ δὲ τῷ ναῷ ἐφθαρμένῳ ἤδη ὑπὸ τοῦ χρόνου καὶ οἱ πολυτελεῖς τῶν βασιλέων τάφοι εἰσὶν ἐκ μαρμάρου πορφυροῦ λελατομημένοι καὶ σὺν αὐτοῖς καὶ ὁ τοῦ Κωνσταντίνου μέγιστός ἐστιν, ἐν αὐτῷ καὶ ὁ κίων ἐκεῖνος ἐν ᾧ [ὁ] Χριστὸς δεσμευθεὶς ἐφραγγελλώθη.

Καὶ ἐν τῇ μονῇ τοῦ Παντοκράτορος ὁ λίθος ἐφ'οὗ ὁ Ἰωσὴφ τὸν Χριστὸν αὐτὸν μετὰ σινδόνος ἐνετύλιξε καθαρᾶς· οὗ τὰ ἱμάτια ἐν τῇ τοῦ Ἁγίου Ἰωάννου τῆς Πέτρας μονῇ ἀναμφιβόλως εἰσί, καὶ σὺν αὐτοῖς ὁ κάλαμος, καὶ ὁ σπόγγος, καὶ ἡ λόγχη, καὶ ὁ ἀκάνθινος στέφανος καὶ αἱ ἀπὸ τοῦ πώγωνος τρίχες, ἅπερ πάντα τηροῦνται ἀσφαλῶς ἔν τινι τόπῳ τῶν αὐτόθι ὀχυρωτάτῳ.

Εἰσὶν ἔτι ἐν αὐτῇ τῇ πόλει καὶ ναοὶ θαυμαστοὶ καὶ κινστέρναι μέγισται τέχνης τινὸς ἀμιμήτου, αἵτινες ὑπὸ τοῦ πάντα δαμάζοντος χρόνου τῇ φθορᾷ ἤδη παρεδόθησαν· εἰσὶ γὰρ νῦν ἐν αὐταῖς ἄμπελοι πεφυτευμέναι πίθους τέσσαρας οἴνου κατ' ἐνιαυτὸν ἑκάστη τούτων παρέχουσα. Ἔστι δὲ ἡ τοῦ προλεχθέντος Ἁγίου Ἰωάννου κινστέρνα, ἡ τοῦ Παντοκράτορος, ἡ τῶν Ἁγίων Ἀποστόλων, ἡ τοῦ Μωάμεθ, ἐν ᾗ οὕτω μετὰ λεπτῆς τινος τέχνης εἰσὶν οἱ κίονες τεταγμένοι, ὡς ἄν τις [οὐ] ῥᾳδίως τῷ διηγουμένῳ πιστεύσειε, καὶ ἕτεραι ἔτι πλεῖσται.

Τῶν δὲ ναῶν ὁ πρῶτος καὶ μέγιστός ἐστιν αὐτὸς ὁ τῆς Ἁγίας Σοφίας, ὃν ὁ Ἰουστινιανὸς ἔκτισεν ἐν ἔτεσι πεντεκαίδεκα·

μετ' αυτόν δε και έτεροι εισί πλείστοι διαφέροντες αλλήλων τῷ τε μεγέθει και τῷ κάλλει, οἷον ὁ τοῦ Ἁγίου Γεωργίου τῶν Μαγγάνων, ὁ τῆς Ἁγίας Εἰρήνης, ὁ τοῦ Ἁγίου Λαζάρου, ὁ τῆς
145 Θεοτόκου, ὁ τῶν Ἐννέα, ὁ τοῦ Πέτρου καὶ Παύλου, ὁ τῶν Ἁγίων τεσσαράκοντα Μαρτύρων μετὰ κινστέρνας ἀρίστου ὕδατος, ἧς ὁ πυθμὴν ἄγνωστος ἦν διὰ τὸ πολὺ βάθος · ὁ τῆς Ἁγίας Ἀναστασίας, ὁ τῆς Περιβλέπτου, ὁ τοῦ Ἁγίου Ἰωάννου τοῦ ἐπονομαζομένου Στουδίου, ὁ τοῦ Ἁγίου Ἀνδρέου, ὁ
150 τῶν Βλαχερνῶν. Εἰσὶ δὲ καὶ ἄλλοι πολλοὶ ναοὶ περικαλλέστατοι εἰς τὴν περιφανῆ ταύτην πόλιν τὴν Κωνσταντίνου, οὓς ἀπαριθμήσασθαι καὶ παντὶ μὲν δυσχερές, ἐμοὶ δὲ μάλιστα τῷ ἐξ ἀλλοδαπῆς εἰς αὐτὴν νεωστὶ ἀφιγμένῳ.

Εἰσὶ δὲ οἱ οἰκοῦντες ἐν αὐτῇ πάνυ ὀλίγοι καὶ τῶν Λατίνων
155 ἐχθροί, μεθ' ὧν εἰρήνην οὐδέποτε ἕξουσιν ἀσφαλῆ, οὐδὲ τηρήσουσιν αὐτήν, κἂν μυριάκις ὑποσχεθῶσιν.

Ὑπῆρξε μὲν οὖν πάλαι ἡ πόλις αὕτη ὡραιοτάτη καὶ σοφίας ἁπάσης καὶ σεμνότητος δοχεῖον, νῦν δὲ εἰς τὴν τῆς παλαιᾶς δόξης ἄγνοιάν τε καὶ τραχύτητα καταντήσαντες
160 πλὴν τοῦ τῆς ἀδδηφαγίας πλημμελήματος, οὐδενὸς σχεδὸν ἑτέρου φροντίζουσιν, ἀλλ' ἐπ' αὐτῷ μόνῳ ἐρείδονται · ὅθεν καί, διὰ τὸ πλῆθος τῶν ἐν αὐτῇ τῇ πόλει εὑρισκομένων ἰχθύων τε καὶ κρεῶν, τὸ τέταρτον αὐτῆς μέρος εἰς τὴν ἱερὰν καλουμένην περιέπεσε νόσον. Κατέλιπον πρὸς τούτοις καὶ
165 τὰς τῶν ἁγίων πατέρων διδασκαλίας, τοῦ τε Ἰωάννου τοῦ Χρυσοστόμου καὶ τοῦ Δαμασκηνοῦ καὶ τῶν ἄλλων τῶν ἐπ' ἀρετῇ καὶ σοφίᾳ διαλαμψάντων.

Πρὸς ἄρκτον καὶ ὁ Γαλατᾶς, ἡ τῶν Γενουϊτῶν πόλις, ἐστὶν ἀπέχουσα τῆς πόλεως σταδίους ὀκτὼ καὶ διαιρουμένη
170 τῷ κόλπῳ τῷ καλουμένῳ Κέρατι. Ἀπὸ γοῦν τούτου μέχρι τοῦ στενωτάτου στόματος τοῦ Εὐξείνου Πόντου μίλιά εἰσιν ὀκτωκαίδεκα · δι' οὗ αἱ νῆες εἰσέρχονται πᾶσαι, οὐκ ἄνευ μέντοι μεγίστου κινδύνου.

Εἰσὶ πρὸς τούτοις ἐγγὺς τῆς προλεχθείσης πόλεως τῶν
175 Γενουϊτῶν πρὸς ἄρκτον καὶ δύο κίονες τὰς μελλούσας ἀπαι-

ρειν νῆας ὑποδεχόμενοι · ἐν οἷς καὶ κιβώτιόν ἐϛι χρημάτων μεστὸν, γέρας ἐναποκειμένων τοῖς λαμβάνουσι μὲν γυναῖκας, μὴ μεταμελομένοις δ᾽ εἰς ἐνιαυτόν. Καὶ ταῦτα πάντα εἰσὶν ἀληθῆ.

18. ἐχούσας. — 31. ἐπωνομαζομένου. — 33. ποικιλλίᾳ. — 51. πηχέων. — 57. ποικιλλίαν. — 59. ἀποῤῥώ. τῶόντι. — 65. στιχιδόν. — 98. συντεθημένῃ. — 126. ἐφραγγελώθη. — 129. ὀχυροτάτῳ. — 149. ἐπωνομαζομένου.

66. Περὶ τῆς Λήμνου.

Ἡ νῆσος αὕτη ἐν τῷ Αἰγαίῳ κεῖται πελάγει, ὁμαλὴ δι᾽ ὅλου, ἧς ἡ περίμετρος ἑκατὸν μιλίων ἐστίν. Εἰσὶ δ᾽ ἐν αὐτῇ κόλποι καὶ λιμένες ἄριστοι, καὶ φρούρια πλεῖστα
5 καλῶς οἰκούμενα.

Ἐν ταύτῃ φασὶ καὶ τὸν Ἄρεα ποτὲ συγγενέσθαι τῇ Ἀφροδίτῃ, καὶ τὴν αὐτῆς μοιχείαν προδοῦναι τὸν Ἥλιον τῷ ἑαυτῆς συζύγῳ Ἡφαίστῳ. Ὃς λαβὼν ἀμφοτέρους καὶ σειραῖς ἀδαμαντίναις δεσμεύσας ἔδειξε τοῖς λοιποῖς αἰσχρῶς
10 συμφθειρομένους θεοῖς · ἀφ᾽ ἧς αἰτίας αἱ τῶν Λημνίων γυναῖκες τὴν Ἀφροδίτην μισήσασαι ὡς ἀναξίαν τοῦ ὑπ᾽ αὐτῶν τιμᾶσθαι κατέκριναν. Ἐκείνη δ᾽ ἐπὶ τούτοις ἀγανακτήσασα καὶ διὰ τοῦτο ἀμύνασθαι βουληθεῖσα τράγου ἀπόζειν ἁπάσας παρεσκεύασεν, ὡς ἂν ἐντεῦθεν οἱ ἄνδρες αὐτῶν ταύτας μισή-
15 σωσιν · οὗ γενομένου, τοὺς ἑαυτῶν ἅπασαι διὰ τοῦτο ἀπέκτειναν ἄνδρας, τῆς Ὑψιπύλης χωρὶς, ἥτις ἦν τοῦ Θόαντος θυγάτηρ · αὕτη γὰρ μόνη λάθρα τῶν λοιπῶν τῷ ἑαυτῆς συνέγνω ἀνδρὶ, οὗ χάριν καὶ βασίλισσα ὑπὸ τῶν γυναικῶν ἀνηγορεύθη · ἤν ποτε (ὡς οἱ Ἀργοναῦται κατὰ Κόλχων
20 στρατευόμενοι εἰς τὴν νῆσον ταύτην ἀφίκοντο, καὶ τῷ πολέμῳ περιεγένοντο) Ἰάσων, ὁ τούτων ἀρχηγός, γήμας, δύο ἐξ αὐτῆς ἔσχεν υἱούς, Οἰνέα καὶ Θόαντα. Μετ᾽ οὐ πολὺ δὲ τὰ τῆς Λήμνου κάκιστα γύναια φθονήσαντα ἐφ᾽ οἷς ἡ Ὑψιπύλη καλῶς

ἔπραξε μόνη τὸν ἑαυτῆς ἄνδρα σώσασα, ἠβουλήθησαν διὰ
τοῦτο αὐτὴν ἀποκτεῖναι. Ἐκείνη δὲ φεύγουσα ὑπὸ πειρατῶν
ἐκρατήθη, καὶ ἐπράθη τῷ τῶν Ἀργείων βασιλεῖ εἰς τίτθην.

Καὶ οἱ Μυνιοὶ δὲ τὴν ἀρχὴν τῆς γεννήσεως αὐτῶν ἀπὸ
ταύτης ἔσχον τῆς νήσου · ἀφ᾽ ἧς καὶ ὑπὸ τῶν Πελασγῶν
ἐξεβλήθησαν, καὶ ἐδέξαντο αὐτοὺς οἱ Σπαρτιᾶται · οὓς καὶ
ὕστερον ἐκράτησαν θανατῶσαι βουλόμενοι διὰ τὸ τὴν ἀρχὴν
αὐτῶν σφετερίσασθαι πειραθῆναι · οἳ καὶ τὸν κίνδυνον ἐξέφυ-
γον τὴν στολὴν ἀμειψάμενοι · τὰς γὰρ τῶν ἰδίων γυναικῶν
ἐσθῆτας φορέσαντες καὶ τὰς κεφαλὰς κλίναντες καὶ καλύ-
ψαντες εἰς σημεῖον δῆθεν τῆς ἑαυτῶν συμφορᾶς, ἐξῆλθον τῆς
φρουρᾶς, ἐκείνας καταλιπόντες ἐντός.

Ἐβασίλευσε δὲ ταύτης τῆς νήσου Θόας, ὁ υἱὸς τοῦ Διονύσου, ἥν φασιν εὐτυχεστάτην εἰς σίτου φοράν.

1. λίμνου. — 2. αἰγέῳ. — 23. φθονήσασα. — 31. εἰ.

67. Περὶ τῆς Ἐμβάρου.

Ἔστι πρὸς ἄρκτον καὶ ἡ Ἔμβαρος, ἧς τὸ ὄνομα ἄμβρα
λατινικῶς ἑρμηνεύεται · κεῖται δὲ ἐν τῷ Αἰγαίῳ πελάγει,
ὀρεινὴ λίαν · ὅθεν καὶ ὀλίγοι οἰκοῦσιν ἐν αὐτῇ. Ἀφορᾷ γοῦν
πρὸς τὸ τοῦ Ἑλλησπόντου ἄκρον · ὅπου καὶ πόλις τῶν Ἀρ-
γοναυτῶν ἀτελὴς μέχρι τοῦ νῦν φαίνεται. Ταύτης τῆς νήσου
ἡ περίμετρος μιλίων ἐστὶ τριάκοντα · ἧς φασι τοὺς Ἕλληνας
ἄρξαι, καὶ τῆς τούτων ἀρχῆς κτῆμα γενέσθαι.

3. αἰγέῳ.

68. Περὶ τῆς Μανδράχης.

Λείπεται νῦν καὶ περὶ τῆς Μανδράχης τινὰ εἰπεῖν, ἥτις
λατινικῶς κλαουζούρα πέχουδουμ ὀνομάζεται · ἀρκούντως

δ' οἰκεῖται καὶ ἔστι πρὸς ἐργασίαν ἀρίστη· οὐ μὴν ἀλλὰ καὶ
εἰς μέλιτος καὶ αἰγῶν πλῆθος εὐφορωτάτη νομίζεται. Μετὰ
ταύτην εἰς κόλπον τινὰ εἰσερχόμεθα ἐν ᾧ ἐστι καὶ πόλις ἡ
καλουμένη Λῖνος, ἣν οἰκοῦσιν οἱ Κατελούζιοι· ἐγγὺς δὲ ταύτης ποταμὸς ὁ καλούμενος Ἀχελῶος.

2. Λέγεται (?).

69. Περὶ τῆς Θάσου.

Μετὰ δὲ ταύτην ἡ Θάσος ἀκολουθεῖ νῆσος ἐγγὺς οὖσα τοῦ
νῦν καλουμένου Ἁγίου Ὄρους. Ταύτης ἡ περίμετρος μιλίων
ἐστὶ τεσσαράκοντα· οἰκεῖται δὲ λίαν καλῶς καὶ ἔστιν εὐφορωτάτη ὑπὲρ τὰς ἄλλας. Εἰσὶν ἐν αὐτῇ καὶ τρία φρούρια
ὡραῖα. Κεῖται οὖν ἀπέναντι τοῦ περιβοήτου ποταμοῦ Ἀχε-
λώου· ἄρχουσι δὲ καὶ ταύτης οἱ προλεχθέντες Κατελούζιοι.

70. Περὶ τοῦ Ἄθω, τοῦ νῦν καλουμένου Ἁγίου Ὄρους.

Μετὰ τὴν προλεχθεῖσαν νῆσον εὕρομεν καὶ τὸ ὄρος τὸ ποτὲ
καλούμενον Ἄθως, ὅπερ, εἰ καὶ τῇ ἠπείρῳ συνεχές ἐστι νῦν,
κατὰ τὸν καιρὸν ὅμως τοῦ Περσῶν βασιλέως Ξέρξου, διῃρη-
μένον ἦν. Ὀνομάζεται δὲ αὐτὸ σήμερον Ἅγιον Ὄρος, ἀπὸ
τῶν οἰκούντων, οἶμαι, ἐν αὐτῷ ἁγίων ἀνδρῶν, καὶ ἔστι τῆς
Θεσσαλονίκης πλησίον ἐν τῇ ἐπαρχίᾳ τῆς Θράκης, λίαν
ὑψηλόν.

Τούτου ἡ κορυφὴ εἶχέ ποτε φρούριον, οὗ οἱ οἰκήτορες
μακροβιώτατοι τῶν ἄλλων τῶν ἐν διαφόροις τόποις οἰκούντων
ὑπῆρχον· δύναται δέ τις ἐκεῖθεν διὰ τὸ ὕψος πορρωτέρω τῶν
ἑκατὸν καὶ εἴκοσι μιλίων περιορᾶν.

Ἐν τούτῳ τῷ ὄρει τοσαῦτά τε καὶ τοιαῦτα μοναστήρια

μοναχῶν εἰσὶ τοῦ σχήματος τοῦ ἁγίου Βασιλείου καὶ τοῦ Χρυσοστόμου καὶ Γρηγορίου τοῦ Ναζιανζηνοῦ, ὡς οὐ ῥᾴδιόν ἐστι διηγήσασθαι.

Σώζεται δ᾽ ἐν τοῖς προλεχθεῖσι τουτοισὶ μοναχοῖς ἡ τοιαύτη τάξις· ἀνίστανται ἀωρὶ τῶν νυκτῶν μετὰ σιγῆς ἅμα τῷ ἤχῳ τοῦ ξυλίνου σημαντηρίου, κατὰ τὸ τῶν Γραικῶν ἔθος, καὶ εἰς τὸν ναὸν παραγενόμενοι τὸν ἑωθινὸν θεῖον ᾄδουσιν ὕμνον. Μετὰ δὲ τὴν τούτου συμπλήρωσιν ὑποστρέφουσιν εἰς τὰ ἑαυτῶν οἰκίδια. Ἐσθίουσι δὲ ὅπερ ἂν ὁ προεστὼς πέμψῃ ἑνὶ ἑκάστῳ ἰδίᾳ μετ᾽ εἰρήνης.

Εἰσὶν ὅμως ἐν αὐτοῖς καί τινα μοναστήρια τὰ κοινῷ χρώμενα βίῳ καὶ ἕτερα τὰ πρὸς τραχυτέραν τὸν ἑαυτῶν διαταξάμενα βίον. Ὑποστρέφουσι γὰρ οἱ μοναχοὶ ἀπὸ τοῦ ὄρους καὶ τῆς ἐρημίας, τῇ ἡμέρᾳ τοῦ σαββάτου πρὸς ἑσπέραν, ἅπαντες εἰς τὰ ἑαυτῶν κελλία· τῇ δὲ ἐπαύριον τὴν ἱερὰν ἐκτελέσαντες λειτουργίαν εἰς τὸ ἄριστον παραγίνονται. Μετὰ τοῦτο δὲ τινὲς αὐτῶν τὴν ἔρημον αὖθις εἰσελθεῖν ἑτοιμάζονται, ἄρτους μόνον καὶ ὄσπρια λαβόντες εἰς διατροφήν· ἔνθα εἰς οὐρανὸν ἀτενίζοντες καὶ ἐξ ὅλης ψυχῆς στενάζοντες τὴν αἰώνιον πατρίδα, ἀφ᾽ ἧς ἐξόριστοι διὰ τὸν προπάτορα Ἀδὰμ γεγόνασιν, ἀναλογίζονται, καὶ εὐθὺς τὸ ἑαυτῶν στόμα μετὰ συντετριμμένης καὶ τεταπεινωμένης καρδίας πρὸς ὕμνον κινοῦσι.

Καὶ ταῦτα μὲν νυκτός· τοῦ ἡλίου δ᾽ ἀνατείλαντος, πρὸς τοὺς ἡμερινοὺς αὖθις τοῦ θεοῦ ἐπαίνους μετ᾽ εὐσεβοῦς στόματος καὶ ψυχῆς χαριεστάτης ἐξορμῶσιν ἕκαστος ἑαυτῷ συνών, ἕκαστος ἑαυτῷ δουλεύων, μηδαμῶς τὴν μονότητα δεδιττόμενος (ὁ θεὸς γὰρ μετ᾽ αὐτοῦ ἐστι), χαίρων ἀεὶ πρὸς οὐρανὸν ἀφορᾶν, οὐ πρὸς χρυσίον. Τὴν γῆν πατεῖν ἐπιθυμεῖ εἰς εὐλογίαν τε καὶ εὐχαριστίαν αὐτοῦ τοῦ θεοῦ, αἵ εἰσιν ἀδιαλείπτως ἐν τῷ ἰδίῳ στόματι.

Ἔστι δ᾽ ὡς εἰπεῖν τῶν παρόντων ἀνθρώπων ὁ βίος τοιοῦτος, ὥστε τοῖς μὲν ὀλίγοις ἀρκεῖσθαι, τὸν δὲ παρὰ πολλοῖς νομιζόμενον πλοῦτον μηδαμῶς ἐπιποθεῖν· ἀλλ᾽ οὐδὲ δυναστείαν μεγίστην ὅλως φοβεῖσθαι, τὴν μηδ᾽ ὁπωσοῦν δυναμένην

τὸν ἐντὸς ἄνθρωπον κακῶσαι · εἰρηνικὸν καὶ χαρίεντα αἰῶνα
50 τῷ ὄντι διάγουσι, καὶ νύκτας μὲν ἀρεστάς, ἡμέρας δὲ οὐκ
ἀργὰς καὶ ἀσφαλῆ δίαιταν. Ἐλεύθερος ἄνευ φόβου ἕκαστος
ὅποι βούλεται χωρεῖ, οὔτε τινῶν ἐπιβουλὰς φοβούμενος,
οὔτ᾽ ἄλλοις αὐτὸς μηχανώμενος · αὐλή, ὡς εἰπεῖν, ἀγγέλων
ἐστὶν ὁ χῶρος ἐκεῖνος εἰς ὃν διαιτῶνται · ἐκεῖ καὶ ὀσμὴ ἀρίστη,
55 καὶ ζέσις πνευματική, κριτής τε καὶ μάρτυς τῶν ἐκείνων ἠθῶν
ἡ μετριότης ἐστί · τράπεζα γὰρ εἰρηνική, ἀσωτίας καὶ θορύ-
βου ἀμέτοχος, καὶ ἀδδηφαγίας δαμαστικὴ παρ᾽ αὐτοῖς ἐστί ·
καὶ ἡδονὴ μὲν ἐκεῖθεν ἄπιστος φυγαδεύεται · βασιλεύει δὲ
ἀντ᾽ αὐτῆς ἡ κυρία σωφροσύνη · οὐ μὴν ἀλλὰ καὶ ἡ στρωμνὴ
60 αὐτῶν εἰρηνική τε καὶ ἁγνή · τὸ συνειδὸς δὲ παράδεισος
ἐστὶν ἡτοιμασμένος.

Πολλοὶ τοιγαροῦν ἐν τῷ ὄρει τούτῳ τοιοῦτον ἑκουσίως
εἴλοντο βίον, ὅστις τοσοῦτον αὐτοὺς πρὸς θεωρίαν ἕλκει, ὥστε,
εἰ συνέβαινε τοῖχον ἐγγύς που καταπεσεῖν μέγιστον, μηδαμῶς
65 φοβηθῆναι, μηδὲ τὴν κεφαλὴν ἢ τοὺς ὀφθαλμοὺς ὅλως κινῆ-
σαι εἰς τὸ ἰδεῖν.

Τινὲς ἔτι αὐτῶν τῶν μοναχῶν τρὶς ἐν τῇ ἑβδομάδι τροφὴν
λαμβάνειν εἰώθασιν.

Ἀπηριθμησάμην δὲ αὐτὸς ἔν τισι μὲν κοινοβίοις ἑκατὸν
70 μοναχούς, ἔν τισι δὲ καὶ πεντακοσίους · τριάκοντα δ᾽ εἰσὶν
ἐγγὺς τὰ τοιούτῳ χρώμενα βίῳ μοναστήρια · ἐν οἷς καὶ μέλισσαι εἰσὶ πλεῖσται, καὶ συκαῖ καὶ ἐλαῖαι πανταχοῦ χλοάζουσαι,
ἐν φάραγξι δὲ μάλιστα.

Καθήμενοι τοίνυν οἱ τοιοῦτοι μοναχοὶ ἐν τοῖς κελλίοις
75 αὐτῶν, τινὲς μὲν ἐσθῆτα[ς] ὑφαίνουσιν, ἄλλοι δὲ ὑποδήματα
ῥάπτουσιν, ἕτεροι δίκτυα ἐργάζονται, ἄλλοι δὲ ἐριουργοῦσι ·
καὶ ὁ μὲν καλαθίσκους μετὰ ἄγνου, ἔστιν ὅτε καὶ οἰνοδόχα
ἀγγεῖα, ὁ δὲ τὸ καλούμενον παρ᾽ αὐτοῖς καμελαύκιον πλέκει ·
ὁμοῦ δὲ πάντες ἐν τεταγμέναις ὥραις τὸν θεὸν ἐπαινεῖν ἐπεί-
80 γονται, καὶ εἰρήνη ἐν αὐτοῖς βασιλεύει αἴδιος.

16. ναξανζώ. — 29. κέλλια (?). — 48. ὁποσοῦν. — 50. τωόντι. — 57. ἀμετόχου.
— 65. μὴ δὲ. — 69. κοικοβίοις (?). — 72. συκαὶ καὶ ἐλαιαὶ (?).

71. Περὶ τῆς Σανστράτης.

Οὐ πόρρω τῆς Λήμνου νήσου καὶ ἡ Σανστράτη μικρὰ νῆσος φαίνεται · κεῖται δὲ ἐν τῷ Αἰγαίῳ πελάγει · ἥν ποτε οἱ Τοῦρκοι ἠρήμωσαν καὶ διὰ τοῦτο οὐδείς ἐστιν ὁ οἰκῶν ἐν αὐτῇ · ζῶα δὲ μόνον ἄγρια πλεῖστα εἰσίν. Ὑπῆρξέ ποτε καὶ φρούριον, ὡς ἔοικεν, ἄνευ τειχῶν ἐν αὐτῇ. Τὴν γοῦν περίμετρον αὐτῆς μιλίων εἶναι φασὶ πεντεκαίδεκα.

3. αἰγέῳ.

72. Περὶ τῆς Λιμῖνος.

Ἐν τούτῳ τῷ Αἰγαίῳ πελάγει καὶ ἡ Λιμὶν ὀνομαζομένη νῆσος ἐστίν, ὀρεινὴ καὶ αὐτὴ καὶ οὐ πάνυ μεγάλη. Ὡραία δ' ὅμως ὑπῆρχε ποτὲ καὶ καλῶς οἰκουμένη · νῦν δὲ ὑπ' ὀλιγίστων οἰκεῖται, καὶ ἔστιν ἡ περίμετρος αὐτῆς μιλίων τεσσαράκοντα. Ἔστι καὶ ὁ ἀπὸ Θεσσαλονίκης εἰς αὐτὴν πλοῦς εὐθύτατος · ὅθεν καὶ αἱ ἐκεῖθεν ἀπάρασαι νῆες ταύτην τὴν νῆσον περᾶσαι σπουδάζουσιν, ὅπως ἐντεῦθεν ὁ πλοῦς αὐταῖς ἀσφαλέστερος γένοιτο.

2. αἰγέῳ. — 3. ὡραῖα. 4. — αὐτοῖς.

73. Περὶ τῆς Δρόμου.

Ἀκολουθεῖ μετὰ ταύτην ἡ νῆσος ἡ καλουμένη Δρόμος, ὅπερ κούρσους λατινικῶς ἑρμηνεύεται · καθότι αἱ ἀπ' ἀνατολῶν πρὸς δυσμὰς πλέουσαι νῆες ἀπὸ ταύτης λαμβάνουσι τὸ σημεῖον. Οἱ γὰρ οἰκήτορες αὐτῆς ταῖς παριούσαις ναυσὶ πολλάκις σημεῖον παρέχουσιν, ὅπως ἀσφαλῶς τὸν δρόμον ἀνύωσι. Τριάκοντα δ᾽ οὖσα μιλίων τὴν περίμετρον εὐφορωτάτη καθέστηκεν ἅπασα.

74. Περὶ τῆς Μάκρης.

Ἡ Μάκρη νῆσος καὶ Χάλκη λεγομένη ἐν τῷ Αἰγαίῳ κεῖται πελάγει· οἰκεῖται δ᾽ ὑπ᾽ ὀλίγων. Κατ᾽ αὐτῆς ποτε ὁ τῶν Ῥωμαίων στόλος πλεύσας, προέλαβεν ὁ τοῦ Ἀντιόχου τὰ
5 αὐτὰ τοῖς Ῥωμαίοις διανοούμενος. Ἠβούλοντο γὰρ καὶ ἀμφότεροι ταύτην ὑποτάξαι τὴν νῆσον· ἡττήθη δ᾽ ὅμως κατὰ κράτος τῷ περιόντι τῆς ἐκείνων ἀρετῆς. Ταύτης ἡ περίμετρος μιλίων ἐστὶ τεσσαράκοντα.

2. αἰγέῳ. — 7. κατακράτος.

75. Περὶ τῆς Σκυάθου καὶ τῆς Σκοπέλου.

Εἰσὶ καὶ ἕτεραι δύο νῆσοι τῆς προλεχθείσης πλησίον Σκύαθός τε καὶ Σκόπελος λεγόμεναι, κείμεναι καὶ αὐταὶ ἐν τῷ Αἰγαίῳ πελάγει. Τούτων τῆς μὲν πρώτης ἡ περίμετρος δύο
5 καὶ εἴκοσι, τῆς δὲ δευτέρας δέκα πρὸς τοῖς δυσὶ μιλίων ἐστί. Τούτων ὁ ποτὲ κύριος μεγάλης ἐντρεχείας καὶ πονηρίας ἐτύγχανεν· ἅπαξ δ᾽ ὅμως εἰς Εὔβοιαν τὴν νῆσον ἐπὶ τῷ λῄσασθαι πλεύσας ἠτύχησεν· ἅμα γὰρ τῷ προσορμῆσαι, οἱ περὶ αὐτὸν ἅπαντες σχεδὸν ἀπέβησαν εἰς τὴν γῆν. Οἱ γοῦν πολῖ-
10 ται τοῦτο αἰσθόμενοι, λάθρα εἰς τὰς τριήρεις ὁρμήσαντες ἀπέκτειναν ἅπαντας.

4. αἰγέῳ — 10. ὁρμήσαντες.

76. Περὶ τοῦ Ἁγίου Ἠλέα.

Ἀπέναντι δὲ τῶν νήσων τούτων καὶ ὁ σκόπελος ὁ ὀνομαζόμενος Ἅγιος Ἠλίας ἐστὶν, ὃς ὑψηλότερος τῶν ἄλλων ἔοικεν εἶναι. Ἐν γοῦν τῇ κορυφῇ τούτου ναός ἐστι μικρὸς, ὅπου
5 μοναχός τις τῷ θεῷ δουλεύων ἐν ἡλίῳ κοιμώμενος ὑπ' ἀετοῦ ἐστερήθη τῶν ὀφθαλμῶν· νομίσας γὰρ ὁ ἀετὸς ἐκεῖνον θηρίον εἶναι, καὶ διὰ τοῦτο ἄνωθεν ὁρμήσας, τοὺς ὀφθαλμοὺς εὐθὺς τοῖς ἁρπακτικοῖς αὐτοῦ ὄνυξιν ἐξώρυξεν· ὁ δὲ, λίαν ἀλγῶν τὸν θεὸν εἰς βοήθειαν ἐπεκαλεῖτο· οὐ πολὺ τὸ ἐν μέσῳ, καὶ ὁ
10 ἅγιος Ἠλίας παρέστη, ὃς ἐνώπιον πολλῶν τοὺς τοῦ μοναχοῦ ὀφθαλμοὺς σώους ἀπεκατέστησεν.

6. στερήθη. — 7. ὡρμήσας.

77. Περὶ τῆς Σκύρου.

Μετὰ ταύτην ἡ Σκύρος ἀκολουθεῖ νῆσος, ἥτις ἐν τῷ Αἰγαίῳ πελάγει ἀπὸ ἄρκτου εἰς μεσημβρίαν ἐκτείνεται. Ἔχει δὲ τὴν περίμετρον μιλίων ὀγδοήκοντα, καὶ πολλοὺς κέκτη-
5 ται λιμένας. Ὁρᾷ γοῦν πόρρωθεν καὶ τὸν ἑαυτῆς Πήγασον· οὖσα δὲ ὀρεινὴ, οὐκ ἀμοιρεῖ καὶ λειμώνων.

Ἐν ταύτῃ τῇ νήσῳ καὶ ἡ Θέτις ποτὲ τὸν ἑαυτῆς υἱὸν Ἀχιλλέα μετὰ γυναικείας στολῆς κατέκρυψε παραδοὺς αὐτὸν τῷ βασιλεῖ Λυκομήδῃ ὡς παρὰ τοῦ Καρπαθίου μάντεως ἐκεῖ-
10 νον ἐπύθετο φθαρησόμενον, εἰ πρὸς τὸν τρωϊκὸν ἀπέλθοι πόλεμον· ὃν ἡ τοῦ βασιλέως θυγάτηρ Δηϊδάμεια γνοῦσα, καὶ τῷ ἐκείνου ἔρωτι ληφθεῖσα πρὸς αἰσχρὰν μίξιν ἑαυτὴν οὐκ ἄκουσαν προὔδωκε· λάθρα τοίνυν τῶν λοιπῶν αὐτῆς ἀδελφῶν ὁ Ἀχιλλεὺς συγγενόμενος, ἔτεκε Πύρρον, τὸν καὶ Νεο-
15 πτόλεμον ὕστερον κληθέντα. Ἀλλὰ περὶ μὲν τούτων περιττόν μοι φαίνεται διηγεῖσθαι· ἱκανῶς γὰρ οἱ ποιηταὶ διαλαμβάνουσι.

Περὶ δὲ τῆς νήσου ἐκεῖνο ἴσθι, ὡς τραχεῖα οὖσα ἔχει διὰ τοῦτο καὶ τοὺς οἰκοῦντας ὀλίγους, ζῶα δὲ πολλὰ καὶ παντοῖα μόνον νέμεται ἄγρια ἐν αὐτῇ, καὶ τοσαῦτα ὥστε θαυμάζειν τοὺς ὁρῶντας. Ἔστι δὲ οὐ μικρά, ὡς ἐλέχθη· ὅθεν καὶ οἱ Τοῦρκοι συνεχῶς εἰς αὐτὴν παραγίνονται, ἄνευ μέντοι φόβου τῶν οἰκητόρων. Ὑπῆρχόν ποτε καὶ φρούρια οἰκούμενα ἐν αὐτῇ ὀλίγα· νῦν δὲ δύο μόνα οὕτως ἔχοντα καθορᾶται.

3. αἰγέρ. — 6. λαιμόνων. — 12. μέξιν.

78. Περὶ τῆς Εὐρίπου.

Ἀπαντικρὺ δὲ τῆς τῶν Ἀθηνῶν ἡγεμονίας πρὸς ἄρκτον καὶ ἡ ποτὲ μὲν Εὔβοια, νῦν δὲ Εὔριπος λεγομένη νῆσος ἐστίν, ἥτις διὰ γεφύρας συνάπτεται τῇ ἠπείρῳ μακρᾶς· ἐν ᾗ καὶ πύργος ἐστὶν ὀχυρώτατος. Ὑπὸ γοῦν τὴν γέφυραν τοσαύτη τῶν ὑδάτων δὶς γίνεται τῆς ἡμέρας ὁρμή, ὥστε θαυμάζειν τοὺς ὁρῶντας, βέλει γὰρ ἄντικρυς ἔοικε ταχυτάτῳ· ἔστι δὲ καὶ βάθος ἐν τῷ τόπῳ πολύ. Καί, ἐν τῇ κεφαλῇ τῆς γεφύρας, ἡ ὁμώνυμος τῇ νήσῳ πόλις ἐστίν, ἥτις εὐπορωτάτη πασῶν τῶν περὶ αὐτὴν νομίζεται πόλεων.

Ἦν δέ ποτε, ὥς φασι, κτῆμα τοῦ Ναυπλοίου, ὃς εἰς ἐκδίκησιν τοῦ φόνου τοῦ υἱοῦ αὐτοῦ Παλαμήδους (προδοθεὶς γὰρ οὗτος ὑπ' Ὀδυσσέως ἐν τῷ τῶν Ἑλλήνων στρατοπέδῳ τέθνηκε), πᾶσαν τὴν Ἑλλάδα περιελθὼν καὶ εἰς τὰς τῶν ἡγεμόνων αὐλὰς εἰσερχόμενος, τὰς ἐκείνων γυναῖκας πρὸς μοιχείαν ἠρέθιζε πιθανολογίαις τῆς αὐτοῦ γυναικός· ὅθεν καὶ πολλοὶ τεθνήκασιν ὑποστρέψαντες ὑπ' ἐκείνων, ὧν τῷ ἔρωτι αἱ σφῶν αὐτῶν γυναῖκες ἑάλωσαν.

Οὐ μὴν ἀλλὰ καὶ εἰς τὸν Καφαρέα καθίσας ὁ Ναύπλοιος (ὄρος δέ ἐστιν οὗτος ὁ Καφαρεύς), πυρσὸν ἀνῆψε μέγιστον, εἰς ὃν οἱ Ἕλληνες ἀπὸ τῆς Τροίης ὑποστρέφοντες κλύδωσι σφοδροτάτοις περιπεσόντες, καὶ διὰ τοῦτο τὸν κίνδυνον ἐκφυ-

γεῖν βουλόμενοι, ὡς εἰς λιμένα σωτήριον ὥρμησαν, σκοπέλοις δ' ἀντὶ λιμένος ἐντυχόντες θανατηφόροις ἅπαντες ἀπώ-
25 λοντο, καὶ οὕτω δίκην ὁ Ναύπλοιος παρ' ἐκείνων ἔλαβε τῆς τοσαύτης πρὸς τὸν υἱὸν ἀδικίας.

Ἐν ταύτῃ τῇ πόλει καὶ ὁ τῶν ποιητῶν παλαιότατος Ὀρφεὺς ἤκμασεν, ὃς ἕνα θεὸν ἀληθινὸν μέγιςον τὰ πάντα κυβερνῶντα εἶναι ἀπεφήνατο, καὶ ὡς πρὸ αὐτοῦ οὐδὲν ἦν
30 ἕτερον ἐν τοῖς οὖσι γεγενημένον, ἀλλ' αὐτὸς ἅπαντα ἐποίησε.

Γοργίας δὲ ἔτι ὁ φιλόσοφος ἐντεῦθεν ἦν, ὃς ἐγεννήθη τῆς μητρὸς αὐτοῦ ἀποθανούσης καὶ πρὸς ταφὴν ἐκφερομένης, ὡς λέγεται· κειμένης γὰρ ἐκείνης ἐν τῇ σορῷ, ὁ τοῦ βρέφους κλαυθμυρισμὸς ἐξηκούσθη, καὶ οὕτω παρὰ τῶν οἰκείων λη-
35 φθὲν διεσώθη. Γέγονε δὲ τῆς ῥητορικῆς πρῶτος εὑρετὴς καὶ ἔζησεν ἑκατὸν ἔτη, μηδέποτε τοῦ σπουδάζειν παυσάμενος.

Φασὶ πρὸς τούτοις πατέρα τοῦ προρρηθέντος Ναυπλοίου γενέσθαι τὸν Ποσειδῶνα, ὃς ἐβασίλευσε ταύτης τῆς νήσου, ἥτις ἀπ' ἀνατολῶν εἰς δυσμὰς ἐκτείνεται. Καὶ ἔστι τὸ μὲν
40 μῆκος αὐτῆς ἑκατὸν μιλίων, ἡ δὲ καθόλου περίμετρος τριακοσίων.

Ἔχει δὲ καὶ τὸν Καφαρέα πρὸς ἄρκτον, ὅπου καὶ ἡ καλουμένη Αὐλὶς νῆσος ἐστίν. Ἐν αὐτῇ ποτε οἱ Ἕλληνες τὴν τοῦ Ἀγαμέμνονος θυγατέρα Ἰφιγένειαν τῇ θεᾷ τῇ Ἀρτέμιδι
45 θύσειν ἔμελλον ὀργισθείσῃ ἐπὶ τῷ τῆς ἐλάφου θανάτῳ, ἵνα μὴ τοῦ κατὰ τῶν Τρώων πλοῦ κωλυθῶσιν, εἰ μὴ αὐτὴ ἡ θεὰ τὴν Ἰφιγένειαν ἐλεήσασα, ταύτην μὲν ἥρπασεν, ἔλαφον δὲ ἀντ' αὐτῆς εἰς θυσίαν προὔθηκεν.

Ἡ πόλις αὕτη πρὸς μεσημβρίαν κεῖται, ἥτις καὶ ὑπὸ
50 Λογγοβάρδων πάλαι κατείχετο, νῦν δὲ τῶν Βενετίκων ἐστὶ κτῆμα.

19. καθήσας. — 21. κλύδοσι. — 37. προρηθεντος. — 45. θύσειν.

79. Περὶ τῆς Αἰγίνης.

Ὕστερον καὶ πρὸς αὐτὴν τὴν Αἴγιναν νῆσον, ἐν ᾗ τοῦ ἁγίου Γεωργίου κεφαλὴ προσκυνεῖται, ἀπαντικρὺ τῆς τῶν Ἀθηνῶν πόλεως, ἤλθομεν, ὅπου καὶ τὸ ἡμέτερον πλοιάριον προσ-
5 ώρμησεν, ἀσφαλείας τε χάριν καὶ ἡμετέρας ἀναψυχῆς, ἣν καὶ τέλος ἡμετέρων ἐποιησάμεθα πόνων. Ἁπάσας γὰρ τὰς ἐν τῇ καθ' ἡμᾶς θαλάσσῃ νήσους σχεδὸν διήλθομεν ἐν τέσσαρσιν ἔτεσιν, οὐκ ἄνευ μέντοι φόβου καὶ ἀγωνίας καὶ κινδύνων δια-φόρων τῶν παρ' αὐτοῦ τοῦ Ποσειδῶνος παρεχομένων τοῖς
10 πλέουσιν.

ΤΕΛΟΣ.

DESCRIPTIO
INSULE CANDIE

Cum per altam olim Saturni insulam longam gererem inquisitionem et nullum antiquorum poetarum dictum invenirem quod animo tuo, mi Nicolae, possim sermone explicare, vehementer ob hoc in admiratione deveni. Quoniam si dicta ipsorum vera ad plenum existimamus omnia, ab hac regione ob temporis longitudinem recesserunt, et tanquam antiqua membrana deleta, qua non possint homines vestigium agnoscere literarum, obruta videntur. Veniat igitur pietas talem insulam admirantibus ipsamque colentibus sine letitia filios absque dolore non pareant qui sine antiquis dignitatibus in tali insula sunt procreati.

Quis enim calamus poterit explicare quantus me dolor perculerit, quantisque sim mestitiis obvolutus, dum in meo animo hec ruine revolvuntur? Sed tandem dum viserem insule partes, omniaque in libro mei cordis reserarem, paulo minus fui quin cuncta sine cultu graffie dimicterem et ab inceptis deviarem, ut ad tue mentis conspectum per me huius insule desolatio non penitus perveniret.

Heu! quid agam, memet pluries dixi, aut quid consilii captem? te, Virginis sate, consule, precor, cum sit durum mortalibus atque mestissimum valde animis egrotis preterita eximia rememorare. Repetam nunc imbecilla ea que olim magna suo triumphali curru splendidissimo cursu suis radiis rutulabant? Ubi numerum civitatum antiquarum per multos eximios poetas narratum inveniam? Ubi templa? Ubi liniamenta eximia perferam, que tam sublimia quam infima ad nichilum devenerunt? Quapropter honestius foret has silere quam scribere ruinas. Porro dum meus animus de talibus in dubio erat parvoque momento huc illuc impellebatur, meam in mentem de tali tractamine tua exortatio pervenit: quod, quando tempus michi conferet, tibi Florentiam mictere non tardarem. Faciam denique, licet mea non suppetat facultas; adiuvabit tamen pure caritatis effectus, quem in te semper habui. Opitulabitur ipsa gratia divina, in qua michi semper spes est. Igitur attende, precor, nam quam brevius potui omnia tibi et videre volentibus hac in scriptura declaravi.

Resummam nunc, mi Nicolae, generales huius insule divisiones cum eam pelagis amplectentibus, ut facilius omnia que dixero lucidiusque sint tuo in animo capienda.

Est enim hec insula Crete in medio Mediterranei maris posita [1] fereque ab omnibus partibus montium circumdata et a ventis undique agitata. De oriente ad occcidentem treginta et ducenta miliaria in longitudinem, et quinque et quadraginta in latitudinem ad plus distare videtur [2]. Ad orientem Carphacium [3] insulam, cui Samonem [4] prospectat promontorium; ad occidentem Adriaticum et Coricem [5] promuntorium; ad meridiem Punicum; ad septentrionem Creticum hec insula terminatur [5*]. Fuit autem appellata antiquissimis temporibus Nyson [6]. Deinde filius Nebrot nomine Cretus de se huic insule nomen dedit [7]. Vel quia terra huius regionis ad modum crete tenax et alba est de se nominatur [8].

Habuit enim centum inter civitates et oppida [9], hodie vero ad tres tantum hospitata remanet [10] : nomina quarum omnia tibi prius enumerabo; deinde ad spetialem cuiusque ipsarum quam brevius et aptius potero diligenter declarabo. Igitur de oriente ad occidentem per litus australem hec fuerunt in generali civitates et oppida, videlicet : Yrapolis [11], Cheratus [12], Inatospolis [13], Pergamea [14], Lapsa [15], Matalia [16], Piriotisa [17], Suveta [18], Nichiton [19], Stichium [20], Polirenia [21], Penix [22], Phenix [23], Inacorium [24], Lisus [25], Pecilasium [26], Tarba [27]. Deinde per septentrionalem plagam has enumerabis, scilicet : Coricem [28], Chissamospolim [29], Dictanum [30], Chidoniam [31], Minoam [32], Bicornum [33], Rithymnam [34], Milopotamum [35], Pannonam [36], Pantomatrion [37], Dion [38], Ghandacum [39], Philopolim [40], Carapinnam [41], Clatum [42], Chersonesum [43], Coso [44], Olopixopolim [45], Panormum [46], Citeum [47], Sercopolim [48], Settiam [49]. Denique per medium insule vergens, hec nuncupantur : Camara [50], Olus [51], Chersonesus [52], Artacina [53], Mirrina [54], Pidiata [55], Bonifacium [56], Chittima [57], Gortina [58], Chenurio-Castro [59], Temminos [60], Gnosia [61], Gasi [62], Lasos [63], Leftine [64], Apteriapolis [65], Holarna [66].

Venit in hanc insulam dominus ille Saturnus [67], potentissimus et sagacitate plenus, qui ab Uranio patre satus omnes dixerunt, quem Celum a Saturno nominatum, et Vestis, que Terra dicitur, eum in utero portavit. Ab hac autem mutatione nominum fulgorem sue originis ampliavit. Ipse primus era signavit et nomen ipsius apposuit [68]. Ignaros arva colere docuit, semina agris imponere atque colligere ordinavit. Ad sui laudem aram condidit sacraque instituit, que Saturnia appellavit. Cibelem, suam sororem, sacro copulavit connubio, et ex ea plures susceptos scripsere filios, quos aiunt omnes devorasse, et Iovem, servatum uxoris fraude, clam in Ydeum montem nutriendum misit; qui, cum regnaret et potens factus, patrem suum de regno expulit, Iunonemque, suam sororem, in uxorem accepit. Multa grandia illicitaque exercuit, que omnia hic ponere superfluum videretur, etsi dicenda sunt aliqua de eo et dominantibus olim et nunc huic insule, in secunda tertiaque parte huius descriptionis clare et succincte declarabo.

De Samone promuntorio usque arenosum planum montes mellissas nutrientes sunt. De Yrapolis usque Mirrinam fere immeabiles et altissimos invenies montes. De Pidiata usque Gasum amenos ut plurimum et infimos monticulos reperies, quos in nobilissimis vineis habundare delectant. De Gnosia usque Coricem promuntorium per rectam lineam celum montes tangere videntur. A latere australi infinitam multitudinem videbis cupressorum; a septentrionali planities ac flumina prospicere curabis.

Ergo placet in tribus dividere partibus, quarum prima a Zephiro [68*] promuntorio per litus australem usque promuntorium Eruneum [69]; secunda autem a Corici promuntorio per septentrionalem litus usque Yracleum [69*] portus; tertia denique a Camara per medium insule pergens usque Holarnam. Tales erunt distintiones. Et quia non vestigium neque inditium reliquarum civitatum reperio, in arbitrium poetarum nominari dimicto. Igitur nostrum inceptum ob tui amorem persequamur, et sicut supra a Zephiro promuntorio ordinatum est, narrare incipiamus.

In primis Zeffirum versus Damiatam prospectantem promuntorium vidi, in summitate cuius non spissum zappinorum videre curabis, quo coram insula quedam Christiana [70] nomine Gaidaronisumque [71] plana et fere inculta, pulcraque olim cum caloeris iacet, in quo arbores vernicis atque hebanorum multitudinem producere facit. Ibique avium multitudines ad modum infantes vagitum in nocte mictentes inveni, que pullos suos albos velut columbos, infra erbas insolubiles ad funes fabricandas, nutrire laborant.

Deinde in Yrapolim, que hodie Ghyrapetram [72], velum

ligare curavi terramque pedibus circum calcare affectamus, que in maris litore erat hedificata cum copia hedificiorumque columpnarum maxima. Portum amplissimum procuramus, quem, propter vetustatem atque austri maris fluctuationem, totum repletum aspexi, et ab agricolis de portu nobili agrum fertile possidetur. Heu! hedificiaque templa immensa infra ingentem ambitum connumeravi, atque sparsa busta ydolorum avidissime prenotavi. Linquimus infinita sub tali planicie rura cum amenis viridariis circum circa, donec Ampelam [73] promuntorium non nimis elevatum nostra abrasit navis, quo par inamenas semitas campum Omalum [74] intravi, quem nemo aratro audet hodie laniare [75]. A celo aque venientes circa medium coadunantur et per stenuissimun rivolum dimissa gregum multitudine in mare prorumpunt [75*].

Petimus deinde hostium impetuosi terribilisque Anapodaris [76] fluminis, qui, per amplas planities fluens cum magno impetu, altissimos dividit montes atque violentus in mare devenit. Ubi sic aspicio supra verticem Cheraton [77] oppidum olim in sublimi parte minatur. Multi hoc flumen cernentes in plano non de campis sed de montibus iudicant emanare, et ideo nomen demostrationi videtur. In Heritreum [78] promuntorium venimus, quod multas rusticorum casas cum amenis pascuis fertilissime gubernat; cuius accole nostram cum letitia commestibilium ratem honerarunt.

Sublimisque magnus a longe ille Aries mons [79] et promuntorium, qui hodie Gabellum [80] appellant, Barbarum litus cum alta fronte prospectat, altamque Cretam nautis atque avibus a longe non cessat indicare. Huc falcones fessi portum applicant; quos sine labore rustici capere curant, ubi non parvum mercatorum genus per mundi partes transferre fatigat. Naves, dum venti per altum Egiptiacum atque Barbarum mare insurgunt, in hunc portum intrare delettant : in quo Nicolaus sanctus suamque domum per secula studet gubernare (80). Hic olim Anatospolim (82) civitatem invenies, que iam suum amisit vestigium, nisi ex muris coctilibus templa ampla cernere possis. Non marmorum copiam hic reperies, sed fundamenta ymmanium saxorum fabricata laudavi. Dum denique a ripis montibusque nostram elongamus navem, promuntorium cum Pergamea (83) olim vidimus, civitatem quam dum in proclive eius aspicimus parvam et sine portu eam existimamus atque circum circa omnia edifitiorum genera sub radicibus arborum conculcata videmus.

Talia cernentem et septentrionem versus aspicientem montem Yeron Horon (84), hoc est *Sacrum Montem*, elevatum vidimus; qui ab Eritreo (85) promuntorio usque Mathaliam (86) civitatem protenditur et a mare australi usque campum maximum per amplum terminatur; in quo non pauca monasteria virorum mulierumque colere invenimus ritu (87). Huius in radicibus fontes et rura videbis atque egas virentibus locis cum armentis indoctis. Accole gaudent omnia pinguia videntes et sepe turmas invadere curant. Descendo ad portum nomine cuius hodie Catolimiona (88) dicitur; quo coram scopuli adiacent qui nullam ratem ledere a ventis dimictunt; et circum circa amplissimas domus iam prosternatas inveni. Erat prope in parte sublimi civitas non magna Lapsea (89), que a preruptis montibus est coronata, atque ab eminenti latere sub columpnis templum videbatur adstare.

Omnes denique, postquam hanc scrutavimus olim urbem a rupibus et per longos scropulososque lapidum yatus ad Leonem promuntorium (90) devenimus, quod effigiem talis animalis procul aperte demostrat; in quo falcones tuti filios sub tali forma nutrire delectant. Iuxta quod Mataliam (91) portamque avidi subimus, donec a prora ductor cepit firmare rudentes. Devenimus ad litus et per devia Mataliam olim totam lustravimus eam. Cognovi templi ruinas, ubi ex musaico pavimentum immaculatum plane videtur. Heu, mi Nicolae, respice subterraneas ex lapidibus tumbas et delicatas ymagines sculptas. Tegunt edifitia prata et ampla sine ordine marmore iacent. Aspice incisa iuxta mare vivaria, in quibus per subtiles meatus aqua gurgitis poterat evagare [92]. Si montem cupis, habes; si planum, Lineum flumen [93] ipsum tibi indicare curabit, in quo navem diligenter ligare cepimus. Sotios sine cura dimicto et in desolatam sassorum me confero molem. Respicio, procuro omnia, donec vastum templum in campo videtur. Voco bubulcum, qui me cuncta precibus indicavit. « Heus, o mi frater, quid hoc est pande, precor. » Ille mihi statim talia dixit : « Videsne non magnum Letheum [94] flumen, quod ab Ydeo monte emanare non cessat et in Lineum fluvium suum perdit nomen? In litore huius Hermiona, filia Martis et Veneris atque Cadmi uxor [95] oblita est, qui deinde templum hoc venerabile ad honorem Diane construxere, quo nisi nudo pede nulli intrare licebat [96]. Nunc et quandoque, ob caloris fervorem, gregem meum sub amplis istis marginibus templi facio recreare. Vides etiam prope ad dexteram hanc, silva fertilissima et ampla est, que non tantum diversarum arborum fructificantium plena, sed holeastrum habundantissimam prospectabis. » Decessi denique, finitis ab eo verbis, et ad navem prope Piriotissam [97] oppidum properus me contuli. Ubi accintus viam mirabar, vetula quedam rigosa nimis astutaque valde sic locuta est : « Heu, filioli, precor, hinc habite cito; heu, renosam fugite terram, iam temporibus antiquis desolatam, quia postquam sospites hanc aquam piscesque huius gustaverint litoris brevi tempore vitam evadere non poterit. [98] » Ubi tunc talia audimus, delinquimus litus remosque figentes studere curamus; maledicimus locum et a colentibus distare affectamus.

Facto fine verbis, in ripam ab alto olim Suvetam [99] invenimus urbem, que hodie Galenum Sanctum [100] caloeri ibi in monasterio [101] habitantes appellant, qui conductum procul descendentem columpnasque omnium colorum lapidum demostrarunt. Hec sine portu flumini adherebat, que non multum Catarracteo [101*] fluvio distabat, qui per montes altissimos fluens in mare impetuose devenit. Accedimus ultra et altas retro dimictimus ripas, donec in Electinum [102] fluvium frigidissimum intrare curamus. Implemus lici crateras, carnesque cum verubus ad prunas rotare curamus; pars in enea ponunt, aliique ab alto non cessant scindere ligna. Dimicto sotios, dum cererem lacerare curant baccumque leti linfare congaudent, et ad excelsum transcurro locum, quem totum circum circa incultum et a rupibus plenum inveni, nisi arenosum iuxta mare videtur. Resedimus in nocte omnes, donec dies lucidissima venit, in qua non longum iter ante accessimus, quod Pacximadi [103] insula a leva manifestatur et, ut dicitur, carcer Ycari atque Dedali fuit, et quo usque hodie muralia carceris manifestant [104].

Ad dexteram lapidosum atque aridum saluto promuntorium [105], quo peracto, in colpo quodam devenio, in Nichitum Sanctum [106] aspexi. Ad aliud deinde cornu sini huius me contuli, in quo Sfichium [107] vetustissimum inter alias civitates reperi : quam ut eam vidi, non modicum conlacrimavi hunc desolatum videre locum. Heu, quid miseri mortales curant moles instruere magnas, aut quid coadunare student marmorea erigere saxa? Transeunt in nichilum et tanquam fama que in una labitur hora. Rustici sine meniis partem illius occupant, qui nunquam ex ariditate montium seminant, sed ex arte cupressorum tabularum atque caprarum multitudine vivunt. Sunt asperi in bello in montibusque velocissimi, et usque ad X et centum annos silvestras non cessant per montibus asperis invadere capras. Pro bacco lactem ut plurimum bibunt et dolores infirmitatesque quasi omnes usque ad terminum mortis ignorant [108].

Recedimus deinde hinc et citi in transtris sedimus, dum remos in gurgite iuxta altissimas cupressorum ripas atque alcunorum foleas flectere studebamus.

Massalaem [109], post longum iter, invenio flumen, in quo per diem omnes sotii leti remanserunt. Ubi more certior factus, citus ad montes convolavi, medio quorum iuxta planum Polireniam [110] aspexi, que hodie Anopolis [111] nominatur. Aqua fontem nobilissimum collaudavi cum amplis marmoreis lapidibus prosternatis, iuxta quam planum amplum in fecundissimis montibus cupressorum circumdatum enumeravi : in quo greges florentem pratum tondunt et rustici sub pena maxima aratro laniare non audent [111*]. Revertor denique ad socios, quos omnes saluto libenter, qui leti itidem referre conantur. Damus in nocte nostris corporibus requiem et iuxta arenam meum iter sotiis narrare delector, dum somnus oculos invadere curat.

Occurit igitur altera dies, dum ductor a puppi signum dedit atque cito viam omnibus indicare festinat; et adeo iuxta litus invenimus ripas, quod in celum erigere videbantur, quarum summitates absque scissuris sine numero cupressi ad sidera volant. Donec talia cernimus, in portum olim Penicis [112], hodie Lutro [113], intravimus et destructam civitatemque vetustissimam cum columpnis prostratam videmus. Inter eas candidissimi marmoris sepulcra, prope casas illorum rusticorum inveni, in quibus sues polentum comedebant et sculpturas circum nobilissimas laniabant. Lacerata multa vidi ydolorum busta, inter que marmorum hedifitia sparsa iacebant [114]. Dimicto, postquam vidi amplas catacumbasque infinitas, locum et versus terram rura ampla procuro, in quibus ex antiquorum nobilium Romanorum reliquias inveni, que titulum et arma in hodiernum servare delectant. Sed quia tempus de eis nunc non narrationi competit, ideo in fine tertie partis latius accedemus. Multa cupressorum ligna de montibus lanosi rustici in Messalaem precipitata ruunt, deinde parvo labore in mare descendunt. Damus post hec latus dextrum immanes lapideas scissuras, a quibus sine terre humore magne eriguntur cupressi; medioque ipsarum, per longum iter, sancti Pauli ecclesiam [115] vidi; prope cuius tam eructationem maximam ex paucis foraminibus frigidissime aque exultat, quod vix in duplum noster adsummit Arnus, que per modicum spacium in mare prorumpit [115*].

Recedimus dehinc denique omnes et iuxta amplos altosque hyatus cursum rati damus, quorum parte sublimi nidos falconum ac prospicimus aquilarum, et a leva Gozi [116] insulam notamus, quam singulis annis aves possidere marinas. Portum antique urbis desolatum Phenicis [117], hodie Romelum Sanctum [118] dicitur, gaudentes intramus; deinde grandem ambitum iam fessi querimus, medio cuius ingentem aspicis templum in subversione volutum, quo omnia genera marmorum atque porfirum columpnas sine ordine iacent. Aspicio ydolorum sine capitibus busta, et ab altero latere templi caput Veneris vel Diane inveni, quod super omnia pulcerrimum videbatur. Revolvo me ad angulum et ab inditio ingentis marmoris circum circa lapides elevamus: cernimus nimis deletas grecas literas sculptas, sequimur deinde eis, heu scissum erat, sed per coniecturas sic cernere potui: *Munda pedemque et vela caput et intra* [119]. Columpne cisterneque cum hedificiis amplis omnia patescunt. Hic ille Paulus, eximius apostolus, fuit, dum Romam cum aliquibus christianis captivum ferebatur [120]. Abhinc iam experti recedimus et iuxta ripas torrentem Inacoriumque desolatum salutamus. Intramus statim in Liseum [121] campum olim, quem hodie Suia [122] appellamus, in quod rura fertilissima atque armenta videbis. In campi medio Lisus [123] oppidum erat, quod in desolatione recessit.

Ubi deventum est in angulo huius planitiei Pecilasium [124], nunc Selinum [125], pedibus calcare affectamus. Miramur moles, miramur immania et artifitiosa fundamenta, miramur denique conductus ac magnalia porti hedifitia. Ibique nocti subicimus et requiem corporibus lapsis damus.

Venit igitur leta altera dies, que cum frenis spumantibus Eoli per altum ascendere cepit, et Pirous nostra transtra luminibus ardentibus verberabat. Vale dedimus remanentibus versumque Hermeum promuntorium iuxta ripas immeabiles signum ponere non tardamus. Devenio ad sine nomine torrentem, ubi antra in maris confinibus salutamus, a quibus illico illa Ecco [126] respondebat. In sublimibus silvestras egas cernimus; vocamus illas et cum vocibus aliqui nostrum caprizare [127] delectant.

Abradimus deinde oppidum Tarbam [128] olim, a quo multitudo perdicum per nostrum strepidum decesserunt. Fugiunt exausti montes et ab alto magni arbores nichilare videntur. Naute leti, dum sic pergimus, inceptant creticas cantilenas [129], melodia quarum per omnes graias commendatur plagas. Igitur in canendo omnes vincunt, cupiuntque alii talem addiscere resonantiam. In fontem cantando venimus, in quo ex calore intenso sub frondibus amplis platanorum per horam fessi resedimus. Cernimus dehinc anteriores scopulos longamque viam sub fronde virenti preteritam rememoramus.

Sensere eloquium, dum nostra sotietas per longos iacebat umbrarum aditus, magna rusticorum sotietas, que sic ab alto orsa est : « O vos unde inquite estis ? » Dedimus illis terque quaterque nomen, qui vix delapsi ab alto ad nostrum descendere locum ; ubi sic cognoscere omnes cum leticia ac reverentia ad nos devenere. Corator, id est ductor, manus omnium tangit cum amore breviterque talia novissima dixit : «Salvete vos omnesque huius insule inquisitores. Nostra teguria hinc et illinc per montes istos multa sunt, et dum pascua nostris gregibus damus, inmanes Barbari nos atque nostrum invaduntur gregem. Capimus in nocte prius attoniti fugam, deinde caterva nostra ad stridorem occurrentem cum talibus ad prelium venimus atque victoriam sepe nostris casis reportamus. Ideo, domini mei reverendissimi, ne miremini si portumque partes istas vigilare curamus. Igitur attendite, precor, ne a talibus vestrum navigium iniuriam patiatur. » His dictis consideramus; deinde dictor talium et sotii crateras gustare ceperunt. Curamus a longe viam et nostrum iter versus olim Ramnem [130], hodie Granbrussam [131], portum incepimus. Intramus per scopulos in eum, quem a ventis tutum iudicamus. Damus deinde citi velum, donec ad Chium [132] promuntorium magnum applicamus. Non a longe ad austrum insulam olim Claudos [133], hodie Sequilum [134], videmus, in qua civitas fuit ab eadem insula nominata, que versus septentrionem prospectat, magna valde atque colonnis valde circundata. Hodie in ea habitant nisi agrestes asini que sepe a piratis est visitata. Capimus post hec viam que ad septentrionem proram ponimus, donec ad promuntorium Coricem atque Ieti devenimus civitatem.

✶
✶ ✶

Postquam de parte prima quam clarius potui, mi Nicolae, tibi australem indicavi latum, nunc septentrionalem tibi pandere incipiam plagam; quam pro maiori parte quam antecedentia dicta amenius nobiliusque manifestabimus. Igitur attende, precor, quod, sicut in preterito omnia seriatim diximus, ita de loco ad locum hominum mores et castra cum humili narratione prosequemur. Dum sic peragramur per longum iter aliquantisper sub radicibusque promuntorii Coricis fessi recreamur; denique ad eundem montem per immeabilem ascendo semitam : in summitate cuius civitas cum plano exiguo eminebat meniaque eius non parum a terra elevata cernere poteramus (135). Mansiones insuper diligentissime fabricatas cum cellulis sucterraneis clare videmus et cisternas in lapide sculptas mire industrie collaudamus. Deserimus deinde parvum ac planum desolatum et terga immeabili monte descensu nostro ostendamus, dum Eolus hic sua antra reserabat. Devenio tandem ad socios qui iam velum in antenna ligatum ascendere properabant.

Capimus deinde viam que iuxta dextrum latus videbatur. Aspicimus montes qui per longos altosque anfractus distare videntur, quorum in medio rari minantes cupressi procul cernere poteramus. Opon (136) promuntorium a conspectu cito panditur, qui quasi astra tangentem extimamus. Ad quem dum venimus, Eolo dormiente, nostrum navigium sub altis ripis non adherere cessamus. Procuro sub altis spilleis antra in quibus Scilla et Caribdis videbatur ac per mille foramina talem erugitum eructabat. Dum hoc audivimus, nauclerus per medium curvate navis nautis viam precipit, et a puppi capitaneus cum multis delectat libare licum. Ad antiquissimum deinde portum citi devenimus qui iam corrosus ab aquis demostratur (137). A longe per medium antique Chissamospolis (138) oppidum album cognoscimus, cum cito per arenosum litus petimus, donec castellaneus nobis obviare non restat, qui habundantissime sotietatem omnem recreavit et acta antiquorum per campum amplum indicavit. Nos hinc inde notantes suum iter pedetentim retro sulcare paramus. Devenimus quasi in medio urbis ad fontem que usque in odiernum diem per suos studet meatus transcendere cursum (139). Ibique prope dum sic eramus, ingente palatium cum multitudine columnarum iam fere prostratum vidi et in secessu marmoreas tabulas enumeravi (140). « Cernis, ille ductor michi inquit, flumen Tiflo [141] lapideum atque vetustum pontem habentem ? Constitutis temporibus totam purgabat civitatem. Aspice adhuc catacumbas infinitas, in quibus nostri patres, quando ille calidus ac pestifer notus regnabat, omnes in istis sucterraneis cavernis intrabant, ut a sua se defenderent infectione [142]. »

Decedimus hinc et versus austrum per medium ad quandam nunc novam ecclesiam devenimus [143]. Ille, dum intravimus : « Versus pavimentum respice, dixit. Cognosce musaicum qui iam per tot secula a pluviis et terre humectationibus illesum est [144] atque totam hanc vineam cum multis hedificiis porfireisque marmoreis comprehendit in imum. Sed quia non nobis talia necesse sunt, ille Bacchus ob bonam utilitatem ferentem delere suas facundas [144*] arbores non permictit. » Cingimus deinde eam urbem cito, que per duo miliaria in plano circumdare videtur. Ab ea post hec decedimus, dum hospes nostrum navigium magnis piscibus in litore captis honeravit. Cui gratias omnes leti dedimus nostrumque iter naute capescere curant.

Relinquimus portum iam a seculis vetustum et in accessu arenosumque litum abradimus omnes. Devenimus statim ad non magnum Nopiliam [145] flumen, in radicibus cuius atque lateribus non parva videmus rura. Accedimus ultra et ad dexteram dimictendo litus montes eminentes cum antris salutamus. Devenimus deinde ad Psacum [146] altissimum promuntorium, qui in suo capite fere pilos nullos possidetur et tanquam minace sinciput ab alto occidentem prospectare facit. Velum a dicto monte in altum propalamus, donec Cismum [147] promuntorium abradimus et Cadistum [148], hodie Spatam [149], promuntorium sublimius aliis vere petemus. Maria omnia minare videtur, dum cupimus suis adherere alis. Dant veniam naute et a longe eum non cessant salutare. Hic est ille mons altissimus qui maris milites a Cicladibus vel ab Occidente venientes signum suis imponunt navibus, et ab eo Creticum litus manifestatur. Non per spatium multum in portum intramus. Senciunt ab alto rustici strepitum, qui cito undique portum defendere cum balearibus in altis proruptis lapides adunare parabant. Timemus omnes et nomen sine responso cum affectione narramus. Illi denique, cum nostram cognoverunt navem, arma dimictunt, aliique tanquam in precipitium ad nos victualia conducunt. Petimus de nomine porti, qui leti sic orsi declarant : « Iam diu hic portus Dictanus [150] a mortalibus nuncupabatur ; denique post secula mancipia magno numero una a Chidonia cum ractis [150*] mulieribus in navigiis huc appulerunt. In antris istis omnes ob tempestate steterunt, deinde in nostris manibus devenerunt atque per gladium ad inferos mandavimus omnes. Mutamus ab eo tempore nomen et Dominarum Portum [151] appellamus. Hanc civitatem desolatam quam hic videtis, Anchises cum Enea eam condiderunt ; deinde ob suasu Apollinis dehinc in Ytaliam suis navibus navigarunt. Crevit postea civitas et ab hedificiis ampliata fuit, que hodie ad statum aliarum in desolatione remanet [152]. »

Ecce altera venit dies et nostri naute cum vocibus una in altum concordant ducere velum. Linquimus deinde portum ac scopuli recedere student. Dimictimus denique rura et sub montibus planum fertilem nominamus. Torrentem Davornitim [153] in anteriori parte videmus, cuius in radicibus episcopatum olim Chissamospolis aspicere delectamur [154]; quod aiunt, postquam illa civitas et alie huius insule in desolationem venerunt, patres episcopatus in suis delataverunt possessionibus.

Venimus deinde in planum omnium rerum fertilissimum, in quo, dum ad flumen Cuffo [155] deveni, rura et viridaria infinita videre non desinemus. Capimus deinde Pioneum [156] fluvium, hodie Platancum [157], ab infinitis platanis coronatum. Circa medium rus aere infectum magnum cernimus, in quo Chidonie episcop[at]um antiqui posuere [158]. Videmus deinde olim Litoam [159] insulam, hodie Todoru [160], in qua antrum in medio lapidum ingentissimum versus austrum prospiciente vidi ; insuperque hec a paucis caloeris est habitata [161].

Dimictimus subito litus arenosum parvosque monticulos in conspectu videmus, donec statim campus, flumenque civitas aperte mostrantur. Panditur interea portus antiquissimus. Visitamus deinde Cidoniam [162] olim a cotanis affluentiam, deinde dicta est Laghanea a caulibus penuriam [163], Cancam nunc ab iniquis hominibus nominamus [164]. Venimus in eam, in qua affabilis senex omnia pandit : « Videsne montem altissimum Leucon [165] minantem civitatem et prope astantem ? Per totum annum nives resedunt in eum, a quibus ille Cladissus flumen [166] per cavernas immeabiles derivatur atque ab altis proruptis in planum fertilissimum hunc devenit ; in quo accole per plurimos rivulos tale dividunt flumen, quod cum ceteris elementis cuncta olera fecundissime producunt. Aspice ab occidente per planum arbores cedrorumque arangium infinitas ; ab oriente multas Bacchi vites poteris enumerare, que humilem et semirubeum producunt licum ; ac aliorum seminum reditus civitas hec in fertilitate viget. Pisces optimi hic sunt. Aves aquaticas versus austrum in palude Laghia [167] parva capimus. Mercatores per mundi partes cupressorum naves honerare fatigant. »

Dum in via sic loquimur, ecce Grecus defunctus ad tumulum ferebatur, non de minutis tamen, sed de omnibus, ut comprehendere potui, medium vite status prevaricabat. Coram eo servule quedam tonsis crinibus pectus cum magno clamore verberare laborant. Defunctus deinde suis ornamentis melioribus in feretrum videbatur. Post cum assunt sorores, filie cum uxore et consanguineis una: percutiunt pectus, dilaniant facies, atque capillos sine intermissione cum altis vocibus divellere fatigant. Denique societas multarum mulierum tardis pedibus lamentando accedebat ; cruor de facie ipsarum per hora et genas totaque pectora ac vestimenta fluebat. Retro eas hominum multitudo more nostro gradunt. Ut omnes seriatim transire festinant, versus sotium talia dixi : « Dic, queso, que amentia atque insania talium rationalium sit ? » Qui michi talia refert : « Delectat quia Ytalus et avide omnia inquiris me tibi cuncta narrare. In partibus istis atque totius Grecie, sicut nunc vidisti, habent ritum. Sed postquam homo ab hac vita decedit, suam cantrices domum pergunt, que posite in medio mulierum et coram cadavere in verbis ploratoriis alta voce prorumpunt. Omnes tunc deinde silent, donec corpus carmine laudant. Dant vices matrone omnes et alternatim Parcas maledicere curant. Denique in ultimum dant vale et fessi in laribus revisitare volunt. Venit deinde nox que sine lumine in terra tanquam bestie per annum et plus suam eligant vitam ; in terra comedunt, sero et mane altis ploratibus hominem iam ad infima descensum non cessant conclamare ; per tres vel quatuor annos ecclesiam aborrent et in tenebris atque in solitudine stare procurant [168]. »

Sumnere, dum sic loquimur, iter extra civitatem versus orientem sotii, in quo montem prospicuum cum amenis virentibus prospectamur. Dant signum ab alto viri et velum in alto conducunt. Damus cito vale civibus, quorum senior talia dixit : « In aquis istis illustres Romani cum magna classium multitudine Marcum Antonium miserunt, ut ad devotionem senatus hanc insulam subiugaret ; qui, cum in navali prelio cum nostris pirratis ad infimum perveniret, quam citius potuit cum suis navibus terga dedit. Hoc audito, Romani indignati Metellum contra Cretam consulem posuerunt, qui totam insulam per biennium igni ferroque populatus est, legesque Minois romanis legibus permutavit. Nec quicquam amplius de tam famosa victoria quam cognomen Creticum reportavit [169]. »

Dimicto post longos sermones omnes cives et primum atque secundum salutamus promuntorium, donec ad Sanctum devenio Niccolaum [170], ubi sine strepitu portum intrare valemus. Damus gratias ei, deinde sotii velum sub rupibus illis volvere curant. Recedunt scopuli, dum Drepanum olim, hodie Meleccham [171], promuntorium procuramus. Respicimus saxa donec a latere dextro in sinum olim Amphimalem, hodie Suda [172] portum sine mugitu maris intrare gaudent; cuius in medio monasterium vidimus Nicolaum nomine Sanctum [173], in qua insula fratres plures habitant heremitarii. Circundamus deinde portum in capite cuius aquam maris cum solis ardore conielatur. Prope salinas dictas ad austrum Minoam antiquam in monte civitatem videmus [174]. Accedo per duo ad summum miliaria ubi totam prosternatam inveni. Ambulo in eam per segetes et alta, per medium marmorea saxa revolvo. Conspicio templa ac menia enumerare fatigo. Dumque ergo per inextricabiles pergerem herbas incius, in maximas cisternas pedes devenerunt. Heu cecidere manus et sine sanguine membra frigebant, donec ad pristinum rediere statum. Aspicio deinde eas in saxo incisas, quarum una erat pedum quinque et quadraginta, in latitudineque octo et decem pro certo tenebat [175].

Brevem in anteriori parte viam cernimus, in qua planum cum Chiliario flumine [176], qui per subterraneos meatus a Leuco monte devenit et in quodam rure Stilo nomine [177] per multa foramina frigidissimus exit atque cito immeabili se convertit. Accedo ulterior donec ad alium leti devenimus omnes in Licardeo flumine [178] equali superioris devenimus et a tribus foraminibus procedente per modicam viam in mare prorumpit. Invenio deinde in suave monte prope Bicornum [179] oppidum, in quo non parvam piscium societatem ad libidum capere potuimus. Postea ab eo recedens per saxa navigamus, dum ora fluminis Chefalovrisi [180] non distante videmus ; in ore cuius ecclesiunculam in mare posita salutamus [181]. Deinde originem ingenti fluminis investigare laboro. Igitur et fertilem spatium mea via fuit, donec ad pontem vetustissimum lapideum deveni ; ibique prope in plani medio una a foramine quodam eructare videmus, in quem per longam vallem magnus intrat rivolus [182]. At tandem per itidem revertendo Platanicum flumen ad socios sub radicibus ad dexteram monti per multa ora salsum exire flumen, quod cum supradicto commiscetur [183]. Ab alio latere ciusdem montis infra altas convalles non magnum sed profundum aspeximus lacum, in quo obscuritatem tenebrarum per suam profunditatem sine exitu poteris indicare. Nives et pluvia illorum montium in talem descendunt foveam, que immanes nutrit anguillas [184].

In itinere dum brevem lacum deserimus, sotii cantando descendunt, atque Schafim fluvium [185] cum Muselle plano [186] videmus ; deinde episcopatum Calamonensem [187] cum eius villa per humiles monticulos transimus et ad periculosum Petream flumen [188] descendimus. Deinde humiles et pessimos atque lapidosos colles transimus, donec Rittimnam, nunc Retimnm [189], tangimus terram. In eam intramus ac pulcram omnes una fatemur. Ascendimus fessi navem, cum qua, iuxta litum, planum visere conamur. Miramur non longe Platanicum flumen [190], in quo viridaria crescunt. Deinde Arium flumen [191] cito videmus. Ad dexteram monticulos lapidosos dimicto, in quibus flumen Milopotamum [192] pervenit ; prope cuius castellum cum eundem nomine ab alto videtur. Prope, ad austrum, magnum et fertilissimum vidi campum, cuius

Rainucius, meus affabilis sotius, fabulam *Peniam* dictam extraxit atque de eo omnia enarravit [193]. Post locum Athalim promuntorium [194] coram nobis videtur retro cuius Sanctam adoramus Panaghiam [195]. Ibi, ut dicitur, in area illius litoris hominem ex doloribus egrotum nudum cohoperire arenarum ad pristinam devenit sanitatem [196]. Colucon mons [197] altissimus ab ea videtur. Salvatorem Sanctum [198] non a longe multum videmus, in quo arbusta cum infinitis virentibus pomis quasi terram tangunt. Iterum atque iterum per ripas atque parvos sinus ecclesias cum viridiariis cerno, donec promuntorium, in quo custos Candie vigilare ab alto videtur [199].

Tunc gaudentes sotii ad celos palmas erigent, cum famosam Ghandacam, id est Candiam [200], ab hoc sinu meniarum albedinem indicare festinant [201]. Ligamus a puppi navem, et naute tenacem ferrum a prora demictunt. Ad sanctam Domini Matrem [202] accedimus et recentem propinquam aquam cum illis leti bibemus. Dumque sotii abscidere ligna se accingunt, cum caloero quodam versus montem gradimur, ubi in conspectu Dion [203] olim videmus, in quo caloerus quidam, contentus minimis, letus in suo cenobio nos collocavit: qui postquam cuncta demostrat nobiscum ob caritatem maximam usque fontem in pedde montis consolabiliter sociavit. Panduntur rura per humiles et amenos colles cum fluentibus aquis. Dumque per viam hanc leti gradimur, in sublimi monte versus occidentem Pandomatrion [204] olim civitatem videmus: ad quam per longos deverticulos ascendimus, in qua ubi devenimus duas amplas citernas cum columpnis in saxo sculptas invenimus, que hodie ab arboribus sunt possesse. Circum circa non alta procuramus menia, et iuxta templum video sublime monumentum, cuius meus conductor talia dixit: « Postquam a Romanis insula hec deleta fuit, in manu nobilium huius insule dimissa est, qui eam in bonum produxere statum. Deinde Constantinus, totius orbis imperator, de Roma Bisantium, cum maxima nobilium Romanorum comitiva, venit. Anni elabuntur. De patre ad filium per secula imperium transit. Amerinus princeps, cum fratre suo chir Foca ab imperatore ut hanc insulam sub iugo imperii redigeret dimisso, classe hanc civitatem primus multo tempore expugnavit, qui in eiusdem prelio est interfectus. Chir Foca iunior illo dolore commotus et iam fessi cives, vi tandem possedit civitatem quam in pristinam desolationem redegit et ad perpetuam rei memoriam fratrem suum in medio dicte tumulavit, atque cum columpna aureis literis sculptam mortem eius enarrabat, quam ex auri avaritiam pastores suffocatam deleverunt.[205]. »

Extra dictam civitatem mons rotundissimus in celum erigitur [206], in cuius cacumine Crucem Sanctam [207] ecclesiam magistri hedificavere, a qua circum circa omnia cernis et tanquam filios alios sibi adherentes poteris appellare.

De monte paulatim fuit descensus Averni; in quo duo repperimus monasteria [208], eaque cito deserimus. Ad finem denique torrentis declinamus. At quid cito vidi? Sub amplissimo antro aquam cum hostio tetro et sepe per violentum impetum aquam maris sub ripa non cessat emanare. A quo tanta aquarum multitudo dilabitur quod vix sub amplis arcubus nostre civitatis possit expirare [208*], per duo ad minus miliaria per terram, antequam in mare deveniat, cursum capit, in cuius margine palimites sine fructu crescunt cum multis molendineis adherentibus sibi [209]. Dat deinde prope ille torrens Gagium [210] cum castello nomine et ceparum multitudine; planum post dimictimus et ad Diofirum flumen [211] parvum venimus, ubi denique in portum Ghandachi olim, hodie Candiam, navigium ligare valemus.

Recipiunt sotii postquam in portu intravimus scalam et

a puppi in terram firmare laborant; in terram deinde descendo et quam citius potui ad forum per amplam pervenio viam, in qua ad eius dexteram cum gradibus minantem porticum aspexi, in quo civium societas sedebat, quorum in medio gubernatores totius insule superheminebant, quos ab urbe Venetiarum missi erant; quibus coram notarius Bonaccursius [212] forensibus benignus dulcis verbis talia dixit: « Si tantus amor, frater optime, hanc est visitare insulam, fare, oro, occasionem, ut possim te in meis opibus adiuvare. » Cui brevibus verbis omnia reseravi. Qui deinde totam demostrare civitatem incepit. « Hec non ex antiquis civitatibus fuit, sed ubi nunc portus est in orientali latere oppidum parvum fuit, quod civitati propinquiori illis temporibus serviebat. Deinde, postquam Romani illam desolaverunt urbem, civium residuum huic oppido adhererunt atque ghandacum, id est vallum, circum circa domos conglutinatas fecere. Denique post seculis ac desolationibus multis, Veneti totam emere insulam, quam meniis amplis hedificavere [212*]. Veniunt de omnibus mundi partibus huc naves que viginti milia ad plus honerant vegetibus optimi Bachi licoris, cum innumerabilibus pinguis casei formarum, ac frumenti copiam aliquando vicinis transmictere valemus. Habemus insuper quidquid corpus indiget ad vivendum, nisi tantum fructum Palladis, quod per rusticorum inertiam valde indigemus, de quibus vere ille eximius apostolus dixit: *Fallaces Cretici, male bestie et ventres pigri* [213]. » Dum sic loquimur ad Sanctum Lazarum extra civitatem accedimus [214]. « Respice, inquit, versus occidentem et meridiem vina attiria [215] crescunt; versus orientem, malvasia optima nascit [216]. »

Damus deinde ad austrum per vicum pedibus viam, donec per humiles colles maximam antiquorum civitatem olim Philopolim, hodie Macriticho [217], intramus que iuxta flumen atque viridaria manet. Ibique forte musaicum pavimentum immaculatum omnium figurarum sub magnis maceriebus reperio, atque ad dexteram sepulcrum Cayfe, ut dicitur, procuramus [218]. Per miliare infra civitatem templum vetustum christianorum ritu cognovimus, in conspectu cuius Venerandam, Titi discipulam, veneramur [219].

Versus austrum, iuxta rura atque amena monticula, prope viam, in saxo sculpto in longitudine duo et quadraginta et in latitudine quatuor passibus videtur distare : in cuius capite sepulcrum Iovis maximi cognoscimus cum epitaphyo tam deleto quod vix literam cognoscere potuimus aliquam [220]; sed quia per totam insulam ita esse provulgatum cognovi, quod omnia credere dificile non fuit. Supra eundem tumulum magna erant hedifitia, in quibus frumentum seminatur [221].

Ad montem nominis sui hodie Iucta [222], per arduam atque periculosam viam, omnes ascendimus, a quo rura ampla et vineta virentia circum circa patescunt. Effigiem ibi et a longe faciei habet, in cuius fronte templum Iovis usque ad infimum deletum dimisi; in circuitu eius infi-

Ici se trouve un dessin grossier, qui est censé représenter la montagne dont il vient d'être question, avec cette légende au dessus : *Mons Iovis vocatus Iucta*, et au dessous la note suivante : *Effigies huiusmodi montis de multis partibus extra civitatem Candie versus occidentem bene videtur, sed presertim de cimiterio Iudeorum quod est iuxta Sanctum Lazarum*. Au dessous de cette note, un dessin avec la légende : *Sepulcrum, ut dicitur, Iovis* Sur le sommet de la montagne, on aperçoit trois chapelles accolées.

nitas immanes moles seriatim reperimus. Harum fabricator non hominem fuisse censemus. In nasum, post frontis inquisitionem, devenimus, in quo tres congestas ecclesias connumeramus. Prima harum, quia in tali monte principaliter Iuppiter hic colebatur, ecclesiam Salvatoris hic hedificavere [223]; secunda, quia per multos deos mundus regebatur, Pandon Aghion [224], dicta fuit ; tertia, quia sceptrum dominii Cretensium antiquis temporibus per ensem acquisierunt, ideo Georgium Sanctum [225] statuere : in quibus ad consolationem animarum nostrarum missam celebravi [226]. Versus austrum, prope dictum montem, ubi Barba [227] a monte alio dirimit Tegminum castrum [228] expugnabilem in alto videmus, prope cuius Blasium Sanctum rus [229] amplissimum est.

Ab alia parte, versus orientem, planum Bachi fertilissimum nomine Archanes [230], in quo plura et ampla rura manent. Ecce dum loca nominamus in altum unum astantium adolescens, qui cum plurimis solatiatum venerat, in maximum precipitium, ut pullos aquilarum caperet, eum in sporta sotii dimiserunt ; et cum in nido extra sportam esset cum aquilinis, ecce ab alto multitudo nuntiorum Iovis cum volatu maximo in tali caverna prorumpunt, qui stracto ab indumentis puero per duo miliaria in plano deorsum inlesum posuerunt. Obstupuere sotii et nos una quantum melius potuimus tremebundi declivium appetimus, donec adolescentem cum modica lesione revidemus [232]. Damus sanctis gratias et montem versus Salvatorem veneramur. Venimus deinde sub radicibus montis huius ad Dominarum monasterium [233], denique non longe multum per aquarum meatum, in quo viridarium Caridachi [234] dictum vidimus, quod cito dimisso per rectam viam leti mare revidemus : prope cuius multitudo hominum a quodam puteo Cazamba [235] nomine aurire laborant, qui per Candiam civitatem cum vocibus eam vendere curant.

Gradimur denique ad Georgium Sanctum [236] prope mare, ubi antiquos cum nave sotios congaudeo revidere. Hinc in navem ascendo et versus orientem navigamus prope lapideas ripas. A leva desertam insulam Deam lapidosam atque incultam dimictimus, in qua, versus septentrionem, iuxta mare, marmorea hedifitia per magnum procuravi spatium ; atque Sanctam Mariam, Nicolaum Georginumque [237] ibi videmus.

Ad Quartaro [238] fluvium devenimus, ubi, iuxta mare, salinas [239] videmus ; et a longe per miliare viridaria multa virescunt. Non parum a flumine, in quodam monticulo, olim Carapinna [240] civitas hedificata erat, in qua nullum aut parum vestigium videre potuimus. Decedo ab ea et versus orientem inceptum iter perseverare procuro.

Torrentem et promontorium atque campi recedunt, in cuius summitate Clatos [241] olim oppidum videbatur. Visitamus non multum a longe Chirsonesum [242], olim magnissima cum fertilissimo circumdata campo. In eam antiqua palatia cerno, que columpnarum hedifitia et portum manufactum a vetustate deletum, in quem ab altis montibus per conductos aquam conducebant, que totam querebat civitatem.

Damus ventis viam, donec promuntorium scopulumque transimus. In sinum ducimur et vallem nomen Cares [243] in capite videmus, in qua tanta est amenitas loci quod Franciscini fratres Antonium hedificavere locum [244]. Versus orientem in monte magna Elecos [245] olim erat ; et Cosum [246] oppidum in promuntorio clamamus. Capimus post vale viam que cito in promuntorium Spine Longe, id est Spine Leonis [247], devenimus. Deinde Spiram insulam [248] vidimus et in Olopicxopolim, hodie Ystrinam [248], intramus, que iam ab erbis ac viminibus cohoperta videtur. Ab antro quodam supra civitatem maxima aquarum eructatio derivatur que totam balneabat civitatem, in qua iuxta antrum molendina quatuor non restant laborare [249]. Prope litus passibus X duas immanes lapides marmoreas in terra demissas vidi, que in longitudine XVIII atque in latitudine X de nostris erant brachiis ; de grossitie autem, quia terra occupat eas, certum ignoravi. Que et qualis civitas fuerat hec, optime frater, cogita ; et quis autor talium, meus sensus exterminatur. Nichil aliud per totum ambitum vidi nisi columpnas atque marmorea hedifitia [250].

Petimus arenosum deinde locum, ubi prope oppidum Panormum [251] desolatum in altis proruptis astare videmus. In transtris postea sedimus, donec a leva insulam Conidam [252] atque ad sinistram promuntorium [253] visitamus. Dant ab alto capre sonitum et a proruptis volatilia stridere laborant. Natant in gurgite magno marine columbe, donec per longum iter infra alta saxa transimus et donec immeabiles macerries atque Sororem [254] insulam prope videmus. Deinde humilem abradimus promuntorium [255], prope cuius Settiam oppidum [256] erat, quod a magna olim civitate Serapoli [257] derivatur, de qua, tempore Saturni, gigantes in bello potentissimi devenerunt. Prope, versus montem, episcopatum huius civitatis translatum fuit et a Settia hodie intitulatur [258]. Dumque talia vidimus, magnum dimicto sinum, donec Mesos insulam [259] videmus, in qua olim civitas fuit que fere modicum videtur [260]. Saxa et eghe hic habitant cum Divo [261] et Pori [262] insulis una petentes. Peto denique tandem sub altis montibus Yraclium portum [263] in quo nulla videtur. Cantant denique sotii dum per umbrosas Samonium promuntorium [264] student actingere ripas. In hunc altum venimus et scopulos quosdam prope videmus.

Nunc peragratis litoribus et promuntoriis cum campis circum circa dimissis, nunc per medium insule iter nostrum capiemus. Quod si laboriosum viderimus, in campis eorum sub aquis recentibus ac variis arboribus recreabimus omnes.

Igitur in monte aspero Isidorum Sanctum [265] invenimus, in quo duo caloeri, id est monaci regule sancti Basilii, resedunt. Per montes sine arboribus gradimur, donec planum non parum incultum videmus, cuius in medio, sub parvo monticulo, civitas Camara [266] erat, que in quodam sinu a latere australi torrente prostrata iacebat [267].

Rura et magna hedifitia marmorum dimictunt sotii, qui per montes altissimos timi redolentes perambulamus, in quibus mellissarum turmas invenimus, que per omnia rura huius contrate rustici mel optimum trahunt, et apud Scetiam galeis Alexandrie copiam vendunt maximam [268]. Olim oppidum inexpugnabilem a longe saluto, donec Chersonesus nunc villa [269] videtur. Hic cum pransi fuimus, viam a sotiis iam inceptam prosequimur. Monti Dictano [270] cum zappinis monitissimis [271] obviamus, a quibus pix non modica extraitur et per omnes contratas huius insule conducitur [272]. In planum post montis transitum parvum venimus, in quo rura, nuces, ficus, arbores domestici, circum fontem, videntur.

Post montes avidi versus septentrionem Citeum [273], hodie Causi [274], vidimus, qui ab alto resedit.

Consedere omnes sotii post longum atque asperum descensum in plano, in quo conductor sic incepit affari : « Appulerunt Turci pirrate a Palatia [275] in hunc arenosum planum ex maxima tempestate, qui decem birem[ibus] dimissis predatum cum arcubusque sagittis per montes convolarunt ; et, dum predam in mare conducere vellent, rustici stridore magno contra eos irruerunt ita quod fere omnes cum magna christianorum sotietate prope ad duo milia in maximam devenerunt stragem, quorum aliqui ex industriaque maxima fortitudine in unum ascenderunt lignum et cito in insulam Pori [276] venientes apud ecclesiunculam calocro adorante venerunt, quem cito iugulato in maxima ibi tempestate irruere, ita et taliter fracta nave in paucis diebus ad inferos animas miserunt ex fame. Moderni quoque Turci ibi appulentes animas illorum suorum beatorum hominum infra tectum ecclesie sagittas ad placationem figunt et cum eiulatu magno lac cum vino mixto supra corpora aspergunt, caloerumque ibi nunc stantem devotis supplicibus relinquunt. »

Damus sub montibus altis per rectam lineam ad occidentem viam, que infra zappinorum anfractusque aliarum arborum est sita, donec ad altissimum Dicteum [277] venimus, in quo fere omnibus seculis iuxta ripas nives resedunt. Per inmeabiles in precipitium semitas in campum maximum intramus, cuius in circuitu decem et octo miliaribus ad plus circumdat, et versus occidentem, dimissis aliis parvulis, per planum maximum foramen prospicimus, in quo aque illorum montium descendunt. Hic est ille campus fertilissimus quem propter timorem rusticorum nobiles non seminare dimictunt [277*]. Armenta atque infinita gregum multitudo in istis pascuis sine lapidibus gaudent. Versus septentrionem palus non magna remanet, et Sanctus Chirillus [278] a latere australi videtur, in quo caloerus quidam sub fonte frigido resedit. Versus ad austrum via inter altissimos montes sublimis et aspera est, que in Embaro [279] rure maximo ducitur, in quo nisi malefactores et exules habitant, qui in tantam vigent potentiam quod nullus sine ipsorum concordia illuc accedere audet.

Omnes postquam a rure recedimus per montes istos cingimus planum, donec Sanctam Mariam dicta Cardiotissa [280] videmus; huius in proruptibus altis ex antro maximo, tempore pluviali, a campo Lassiti [281] cum magno impetu per sucterraneos meatus huc talis aqua devenit. Ad Mirrinam [282], postquam a miraculosissima domina recedimus, per artissimos montes imus, in quibus supra murum mire longitudinis et industrie usque hanc desolatissimam civitatem aqua veniebat(282*). In plano deinde prope eam oppidum Pidiata (283) cum nobili fructiferoque campo videmus. A septentrione in rure quodam Chirsonensem episcopatum videtur (284), atque ab austro Archadensem episcopatum (285) procuramus. Prope versus orientem in valle amena in splendidissimum intravi viridarium, in quo iuxta montem domus sunt ornatissime, in quibus quidam nobilis Nicolaus habitat et solus sine heredibus vitam ducit. Ipse in latinis delectatur libris et Dantem in manibus aliquando tenet. De ore marmorei hominis vivus emanat fons. Ad dexteram atque levam Marci Antonii caput que Pompei patres posuere. Ibi marmorea pulcra cognovi, que ab aliis hedifitiis translata fuere (286).

Bonifacium oppidum (287) antiquum ab alto videtur, cuius in circuitu pulcra et amena planities apparet. Versus occidentem Chitima (288) civitas dormit, que fere videtur.

Linquimus, postquam hic nichil inveni, rura atque declivium iuxta non magnum flumen (289) accepi, donec in campum maximum intravi, in quo, iuxta montem, totius insule maiorem aliarum civitatum huius insule Ghortinam urbemque metropolim inveni (290); in quo ille Minos rex iustissimus residebat. Heu quid dicam aut quid preferam talia cernentem? Plangant de tali destructione Cretenses omnes et mulieres crinibus sparsis laniare fatigent. Mons separatus a montibus prope aquam versus septentrionem erat, in quo circa eum menia cum integra porta videntur. Palatium Minois cum amplis fenestris desolatis apparet, in quo conductus aque de altis montibus descendebat, deinde totam rigabat civitatem (291), que in magnitudine quantum nostra Florentia, sed plenior sine meniis cingebat. Quasi in medio inter orientem et meridiem templum adhuc muris cottilibus eminebat. Prope flumen versus septentrionem, a latere templi ecclesia Titi (292), discipuli Pauli apostoli, de stirpe Minoi, est; coram qua pontem mire amplitudinis ad plateam dicte ecclesie ampliandam videbis. Iuxta, versus orientem, duo prostrata busta marmorea apostolorum mire magnitudinis procurabis. In eadem ecclesia corpus Titi archiepiscopi est, et, quia iam omnia dicte ecclesie per terram apparent, reperiri non potest. Pulcra per civitatem iuxta flumen sunt molendina in hodiernum. Columnas marmoreas et lapideas quadringentas cum mille erectasque prostratas enumeravi, cum tabulis et sepulcris infinitis.

De mare usque Artacinam in longitudinem per quadraginta miliaria planum distat, in quo dicta Gnosia [293] fere in medio iacet. Artacina [294], hodie Belvedere vel Risocastro [295], oppidum tamquam dominum totius plani supra montem strenum sine baccho consurget. Prope Gnosiam ad miliare, versus orientem, Aghion Deca, id est Decem Sancti [296], ecclesia est, quam in hodiernum inter extrenuas enumerabimus. Est autem in magnitudine sicut nostra Sancta Trinitas [297]; sed hec antiquior illa, que tota ex azurroque au[ro] purissimo sine ulla macula linita, pavimentum ex marmoreis lapidibus figuratis videtur. Prope, versus septentrionem, cellule heremitarum circulo quodam fere centum apparent.

A latere septentrionali, prope nobilem olim Gnosiam urbem, per duo in altum miliaria, ut hodie intitulatur, Laberintus est [298]. Est enim os suum arduum, deinde in amplitudinem devenit. Via una, versus orientem, ducentorum passuum est; altera, versus septentrionem, que nullum ab hominibus istis habere finem videtur, in qua circumflexe vie multe reperiuntur. Ab hostio per mille et quingentos passus fons habetur, iuxta quem paludem parvulam cum cannis circum circa. A sinistra pilam ingentem invenies. Ultra fontem via est, sed nullus haut pauci antea accedunt. Arma intrantium et nomina per omnia sunt atque vespertilionum multitudo videtur. Valde per eum ambulare periculosum est, quia aliquando immensurati lapides ab alto per venas pendentes cadunt et totum transitum, ut apparet, sepe opturant. Tu qui cuncta sis, Nicolae, non esse hunc quem homines tenent laberintum bene existimare debes, quia lapis ab isto monte extractus lapidi antique urbi similatur. Et sicut per diversas partes huius insule antra atque huiusmodi lapidorum vene sueterranee reperiuntur infinita, per totam hanc insulam artifitiosum atque ab autoribus nominatum Laberintum quesivi et nusquam inveni.

De hostio dicti Laberinti recedimus et ad Castrum Novum [299], parva valle peratta, venimus. Omnia iam perspicue in preterito cernentes ex infectione Linci fluminis [300], quia linum ad macerandum ponunt, in tali loco remanere non valuimus ; sed viam per montana capescimus ubi Iohannem Apostolum Sanctum [301] salutamus, in quo plurimum resedunt caloeri. Deinde versus septentrionem non multa stadia olim Gnosia in monte sublimi procuramus, in quo piscopalis ecclesia est, in qua sanctus Mirus [302], eidem episcopus, sepultus cum Christo iacent. Inter civitatem et Ydeum montem vallis a vento periculosissima est. Capimus post hec per viam sublimem amfractibusque lapidibus plena versus montem exterminatissimum in altitudine Ydeum [303], cuius a sublimitate tanta est quod per omnia maria albedinem nivium ibi astantium resplendet.

Librum in supercilio montis Yde heremita legebat, dum prope Crucem Sanctam ecclesiam [304] non magnam sedebat: ad quam per quatuor miliaria versus iuga montis et tanta asperitate lapidum equites accedere deficiunt. De oriente, occidente atque septentrione vie fere inmeabiles sunt ; de meridionali parte nulla est semita ; sed tanta est altitudo sublimis quod oculus a superiori parte deorsum aspicere nullo modo bovem nigrum videre posset. De radicibus montis usque ad acumen viginti sunt miliaria. In quinque de oriente ad occidentem collibus erigitur, quorum sublimior in medio videtur, in quo Saturnus, ut dicitur, in loco illo in quo ecclesia Sancte Crucis templum ad sui laudem stabilivit. Ibi aer purissima est cum pratis fere omnibus diebus a nivibus possessis. Per lineam rectam de oriente ad occidentem, de Gnosia usque Apteriapolim, sua terminatur longitudo. Pascua inter scabrosos lapides bona sunt et arborum grane insurgunt copie. Hic, ut a pastoribus dicitur, herba lunaria reperitur, isperientia cuius bestie ibi pascentes dentes semper tenent aureatos [304*].

Maximum omnium aliorum huius insule sub radicibus Yde, ad septentrionem, Ocsoo rus est, quod iuxta principium fluminis est hedificatum, in quo antra parva et maxima habitabilia enumeravi; in quibus clam alendum ab Opi Iovem filium transmissus est et Curetis populis commendatus, qui usque in hodiernum, ut mihi videtur, isti ab eis descenderunt et ad suum vivunt beneplacitum. Sunt autem extrenues cum mille et pluribus arcubus in bello, sed cum omnibus pacem habent et amici dominationis. Per inextricabilibusque maximis anfractibus ad eos descendes, in quibus apes per cavernunculas mella producunt, et aque ab altis ripis cum sonitu maximo cadunt. Prope istos ad septentrionem ad quatuor miliaria rus in monte Cammarioti [305] est in quo die sancti Georgii populus infinitus cum choreis baccanalia laborant. Prope ad orientem antrum non magnum in ore a deo factum reperies, in quo aque omnium illorum montium deveniunt et per supterraneos meatus prope salsum flumen ad decem passus exire videntur [305*].

Castri dimisso rure cernitur quod olim Lasos [306] dicebatur, in quo nullum laudabile reperimus. Prope ad quinque miliaria versus planum in maximo intramus rure nomine Margarites [307], prope cuius nobilis erat civitas olim Pannonia [308], que sine magna manet hedifitia; sed quia in tantum creverunt arbusta indomita quod vix ab aliquo antiqua lineamenta videntur. Versus orientem non a longe multum inter viridaria et amena loca, sicut hodie intitulatur, episcopatus Milopotamensis est. Ad occidentem octo miliaria Leftinam [309] maiorem harum reperi, que in monte aspero sita est, et in ea sup pena capitis nullus audet habitare. Hec, tempore rebellionis contra Venetos, ultima per duos annos ad reabendum fuit; in qua quasi per scalarum gradus homines cum periculo ascendunt. Et dum in plano eris civitatis, due cisterne in saxo incise sunt, quarum una sicut mea ecclesia Florentie est, altera velud Stephanus Sanctus [310] videtur. Omnia magna atque mirabilia ex ira Veneti prostraverunt; marmora quoque ad nichilum devenere. In plano prope eandem civitatem episcopatus est, quod propter arogantiam propinquorum Grecorum ab episcopo vacat [310*].

Capimus post gravem iter ab alia parte montis Yde rus Meronam [311], quod in monte erat hedificatum: ubi sic prospiciebam infinitas nucum arbores domesticaque arbusta sub altis videbam montibus, caloerus quidam talia dixit: « Dum noster sanctissimusque totius mundi atque Polis imperator divisam atque maculatam vestram ecclesiam in suis dimisit erroribus et in sanctam hortodocxamque fidem, mediante nostro summo patriarcha, nos confirmavit, capitaneum Calerghi [312], ut ab insidiis vestrorum hominum defenderet, ad nos misit, qui in tanto amore atque fidelitate nos gubernavit, quod in hodiernum diem sui descendentes non tanquam homines sed tanquam divinos in terra ista tenentur. Insula tota sub spe ipsorum substentatur et quidquid minimus illorum precipit, presto in anima cum corpore sumus. Et, ut a vestris Franchis mei domini non decipiantur, nunquam in eodem loco insimul habitant, sed supra iuga montis Dicteique Leuci, cum maiore ipsorum qui hic resedit, concorditer convalescunt. Videsne planum cum magnis ruribus ornatum? In cum cum asperisque periculosis vallibus intratur : exules, cuiuscumque condictionis sint, huc convolant et coram domino Matheo Calerghi ducuntur et bene tractantur. Vides denique, versus orientem, campum alterum sub iuga montium fertilissimum, in pedde cuius circa coas partes rus Thomasium Sanctum [313] maximum videbis, quod antiquitus, ut dicitur, sine meniis atque domibus populus maximus regebatur, qui usque in hodiernum diem in illis antiquis cavernis habitant et de reditu cerasarumque vinearum vivunt. »

Caloerus, postquam versus orientem omnia dixit, ad domum eius domini me conduxit, qui propter nostram civitatem in sui gratiam me reponit ; et dum in latinoque greco multa dicemus, in montem ipse cum suis satrapis lentis gradimur passis, cuius in radicibus centum fontes recentem fluunt aquam, in quibus rura amplissima Romanorum habitant. Ubi talia audivi, avidissimus ut protopapa narraret exoravi, qui libratis verbis sic est orsus : « Postquam chir Foca [314] ex parte nostri imperatoris insulam totam subiugaverat, filius dicti imperatoris cum nobilibus duodecim principalioribus Romanorum Polis diuque civibus in hanc insulam venit, qui omnibus istis nobilibus dominium et loca concessit ; deinde, magno tempore peratto, ex continuis preliis iam fessi in istis montibus conduxere, qui hodie arma et nomen portantes in tanta devenerunt quantitate, quod, si essent concordes, leve eis foret insulam possidere. Et primo sunt Ghortazi [315], id est Saturi, quingenti in numero ; Mellissini [316], id est Vespasiani, qui sunt trecenti : Lighni [317], id est Suctiles, qui sunt mille sexcenti ; Ulasti [318], id est Papiniali, qui sunt ducenti ; Cladi [319], id est Ramuli, qui sunt centum octuaginta ; Scordili [320], id est Agliati, qui sunt octingenti. Venerunt denique post longum tempus due alie generationes, qui ab istis nobilibus gratiose recetti fuerunt, scilicet Arculeades [321], id est Ursini, qui sunt centum, et Colonni [322], id est Colonnenses, qui fere treginta remanserunt et versus Settiam non cum aliis concordes locum eligere [323]. »

Cumque talia protopapa diceret, in planum non magnum devenimus omnes, ibique sub nucibus altis in fonte cum caloeris iam fessi recreamus. Damus deinde viam pedibus et remanentibus omnibus vale et iterum vale dicemus. Per angustam cum gradibus periculosissimis viam descendimus, dum ab alto nobiles illi cum vocibus adiuvabant.

In planum per non longam viam venimus, a quo Sanctum Constantinum [324] videmus. Ibi per noctem stetimus ut panaghirum in crastinum videre possimus. Ecce iam intempeste noctis alaribus per circum circa planum cum clamoribus luminaribusque unus alium visitare procurat. Cantando ad sanctum veniunt et ante introitum ecclesie circum circa eam ter cum omnibus necessariis atque bestiis circuire cantando laborant. In secessu plani illius de sciverti superiori, id est de nomine sic dicto, per consuetudinem post orationem ipsorum cum supellectilibus suis se ponunt. Ab alio latere de sciverti inferiori sub frondentibus platanorum ramis tendas extendere volunt. Iuvenes in palestrisque arcubus coram invenculis cum timpanis saltantibus sotiossuperare student. Patres coram eis cum summo moderamine victorem honorant et sertum virentis olive in capite cum summa victoria ponunt. Mulieribus autem, si in saltando precessit, omnium generum florum coronatum sertum in capite collocant [325]. Sicut et alii totius insule induti vadunt [326], sed ad invicem neque cum aliis contrahere non volunt, sed una intra se generatio coppulatur, et tam cito sicut puella nata est, semper dominam talem clamant et virochiri [327] talem dicunt.

Christianorum turba maxima in illo panaghiro erat, qui

omnes una cantando versus domum redibant. Nos forte cum eis versus montes frondifluos et prata virentia accedemus. Venam argenti, auri staugnique [328] per viam ex eis unus sapientior demostrat, donec civitatem olim Apteriapolim, hodie Polim [329], videmus, que iam in altissimo monte per terram fere videbis. A latere orientis fontem extra numerum laudabis, qui in amplitudinem XX atque in longitudinem XL circum circa cum incisis lapidibus enumeravi [330]. Ad orientem in valle quedam ecclesia est iuxta quam sepulcra quinque discoperta et aque plena videbis, in quibus egroti homines, ob reverentiam illarum quinque prudentium virginum in quibus tenent ibi fuisse sepulte, se lavant et ex devocione purgare videntur [331].

Versus occidentem mons altissimus incipit, in quo homines bestiales resedunt, qui nunquam in aliquibus ruribus atque civitatibus fuerunt et in suis teguriisque cavernis cum uxoribus pellibus vestitis habitant; qui quasi per totum annum ordeum ferinisque carnibus a sole combustis comedunt, ex quibus multoticns ego gustavi [332].

Viam sublimem in anteriori parte cernimus atque a leva infinitas altissimasque cupressorum arbores videmus; ad dexteram Mirichefala [333] mons et Leucus sine arboribusque nivibus ornatis vicinis prevalet. In medio istorum montium via stenuissima est, que circum circa altos habet preruptus et ita est arta per X miliaria versus Lutro [334] quod si in via alicui oviabis, maximo labore cum equo volvendo te usque ad principium vie redire oportet, in qua diu quidam ex Venetorum offitialibus cum centum octuaginta equites in medio vie a rusticis cum lapidibus prostrati fuerunt: in qua ex tunc dominatio aliqua ex precepto ire non debet [335].

Iohannis Beati [336] donec per amenos campos accedimus, ecclesia in rure maximo videtur, in qua devote intravimus omnes et dum caput dicti magnis luminibus sotii inceptant adorare, vitam suam, quam ipsemet fecerat, procuravi, ubi caloeri atque rustici me vilipendere inspexere, in me irruentes sine remedio verberavere ita quod si recessum cito non cepissem, in mortem me cum sotiis incidissemus.

In incultam timendo omnes venimus viam, donec Cacoperato flumen videmus, quod saxa volvente Chissamospolim olim appetere curat. Per montes iterum iterumque avidi pergimus, donec planum fertilemque rurales casas in magna copia videmus. Holarnam olim in monte cantando ascendimus, ubi ex oleastris ramis gaudentes omnes serta ponemus.

CHRISTOPHORI BONDELMONTII

PRESBYTERI FLORENTINI

DESCRIPTIO CRETAE

Insula Candiæ priscis temporibus Nison dicta, postea a Nembrot filio nomine Cretus, vel quia terra huius insulæ est admodum tenax sicut creta vel a cretæ abundantia, Creta nominata est: quæ in medio Mediterranei posita est, ad orientem Scarpantum insulam, cui Salmon prospectat promontorium, ad occidentem Adriaticum et Coricem promontorium, ad meridiem Punicum mare; ad trionem Creticum habet. Longitudo autem huius insulæ ab oriente in occidentem CCXXX miliarium est, latitudo vero XLV. Ut autem facilius eius comprehendatur descriptio; ipsam in tres partes dividemus: quarum prima a Zephiro promontorio incipiens per littus australe usque ad Ermeum promontorium terminabitur; altera a Corici promontorio per trionale littus in Hiriacum usque promontorium extendetur; tertia vero a Camara civitate per medium insulæ usque Olernam deveniet.

Generaliter autem ipsam insulam describamus. Est namque a Salmone promontorio usque ad arenosum planum

---

1. Coritem.

montuosa et melissa plena; de Hierapoli usque Merinam immeabiles et altissimos invenies montes; de Pediata usque Gagium amenos ut plurimum et infinitos monticulos invenies nobilissimis vineis plenos; de Gnosia usque Coricem[1] promontorium per rectam lineam cœlum montes tangere videntur; a latere australi infinitam multitudinem videbis cupressorum; a trionali vero planities et flumina.

Hæc insula olim centum famosas habebat civitates, ut Virgilius testare videtur, quarum tres tamen supersunt. Nomina autem illarum quarum vestigia adhuc videntur hæc sunt, videlicet : Hierapolis, Cheratus, Inatospolis, Pergamea, Lappa, Matalia, Piriotissa, Succeta, Nichiton, Sphichium, Polirenia, Penix, Phenix, Inacorion, Lissus, Pecilasium, Tarba, hæc autem sunt versus austrum. Per plagam vero trionalem has enumerabis, scilicet : Coricem[2], Chisamospolim, Dictamnum, Chidoniam, Minoam, Picornum, Ritimum, Millopotamum, Panoram, Pantomatrion[3], Dion, Gandacum, Philopolim, Carapinam, Chersonesum[4], Clatum, Olopisopolim, Panormum, Citeum, Sercopolim, Setiam. Per medium vero insulæ hæc sunt : Camara, Olus, Chersonesus[5], Artacina, Mirina, Pidiata, Bonifatium[6], Chitina, Gortina, Castellum Novum, Temnos, Gnosia, Gasi, Lasos, Lephtine, Apteriapolis[7], Folerna. Ut supra a Zephiro promontorio incipiamus.

Est itaque Zephirum promontorium, in cuius summitate zapini inveniuntur, in cuius conspectu sunt tres insulæ, quarum duæ Christiana vocantur, tertia Gadaronisa[8], quæ plana et pulcra est cum et calojeris[9] arboribus vernicis et

---

1. Coritem. — 2. Coritem. — 3. Pautomatrion. — 4. Cersonesum. — 5. Cersonesus. — 6. Bonifritium. — 7. Aperiapolis. — 8. Guardaromissa. — 9. galojeris.

hebanis; deinde Hierapolis, quæ hodie Girapetra dicitur, in littore maris sita est cum maxima copia ædificiorum et columpnarum diruptarum, iuxta quam portus, propter vetustatem et austri maris fluctuationem, totus repletus aratur. In hac planitie in qua est Hierapolis infinita sunt rura cum amœnis viridariis. Deinde est Ampelas [1] promontorium, a quo per asperas semitas in campum Omalum intratur, quem nemo audet arare. Coacervantur in medio aquæ pluviales, quæ nonnisi per parvulum rivum in mare deveniunt. Est denique Heritrum promontorium cum casis rusticorum et amœnis pascuis, post quod Cheraton oppidum videtur, iuxta ostium Anapodari fluvii [2], in sublime parte; qui quidem Anapodarius per amplas fluens planities cum magno impetu montes dividit altissimos atque violentus in mare devenit.

Post hæc magnus Aries mons et promontorium quod hodie Gabellam, quæ Barbaricum littus prospicientes Cretam a longe nautis manifestant, in quibus multi capiuntur falcones. In portu qui ab hoc constituitur promontorio est ecclesia Sancti Nicholai, iuxta quam vestigium Antospolis civitatis ex coctilibus muris cernitur. Promontorium deinde sine portu reperitur, in quo Pergamea olim civitas erat, cuius vestigia sub radicibus arborum cernuntur. Postea vero portus Caloliminona est, *Portus Bonus*, coram quo scopuli adiacent, qui nullam ratem in ipsorum medio stantem a ventis agitare dimittunt, et circa eam ruinæ domorum sunt, et in parte sublimiori civitas non magna Lapsea nomine, quæ a præruptis montibus est circumdata, in qua templum dirutum cum idolo erat. Post Leo promontorium cernitur, sic dictum quia formam Leonis habere videtur; iuxta quod Matalia [3] posita est, quæ tota dirupta est et plena imaginum, columpnarum et marmorum. Prope

---

1. Ampleas. — 2. Fluvius. — 3. Matalis.

hanc civitatem Hieronhoron terminatur, mons plenus monasteriis, qui ab Erichteo promontorio incipit, et a littore australi mare et a trionali campum amplum habet. In fine Hieronhoron fontes et rura et planus existit, per quem Lineus[1] flumen decurrit in mare, et ab Ideo monte non magnum Leteus flumen decurrens in Lineum flumen suum perdit nomem.

In littore huius plani templum Dianæ non ex toto deletum cernitur. In quo etiam plano silva fertilissima et ampla arborum fructificantium ac holeastrorum est, et etiam parvum oppidum Piriotissa nomine, quod olim civitas erat. Post planum rupes alta est, in qua Succeta olim urbs erat, quæ nunc Calenus a calojeris dicitur, in qua adhuc columpnæ diversorum colorum aqueductus cernuntur; iuxta quam Kataractus[2] flumen per altissimos montes in mare impetuose devenit, a quo per altas rupes ad Electinum flumen devenitur frigidissimum. Cumque ab hoc descenditur, non per longum iter Paximadi insula a læva manifestatur, quæ carcer Dedali et Ichari dicitur; a dextra vero lapidosum et aridum promontorium, in quo oppidum Nichiton Sanctum est. In alio cornu sinus maris est, quæ ibi est Sphichium olim vetustissima civitas cernitur desolata, cuius partem rustici sine meniis habitant, nec unquam ob ariditatem montium seminant, sed ex arte cupressorum tabularum et caprarum multitudine vivunt. Sunt asperi in bello, magni, velocissimi in montibus, usque ad centum annos vivunt sine infirmitatibus. Pro vino lac ut plurimum bibunt.

Recedentibus ab hac iuxta altissimas cupressorum ripas per longum iter Massalas flumen reperitur, iuxta quod montes existunt, in quorum medio prope planum Polirenia est, quæ nunc Anopolis dicitur, a qua fons nobi-

1. Linois. — 2. Kataractrus

lissimus cum amplis marmoreis lapidibus prosternatis
diffluit. Planus autem qui prope hanc existit civitatem a
fecundissimis cupressorum montibus plenis circumdatur,
nec ob timorem Dominii aratur. Cum ab hostio Massalas
disceditur prope altissimas ripas cupressorum plenas in
portum olim Penicis, hodie Lutro, devenitur ; iuxta quem
civitas vetustissima dirupta invenitur cum columpnis et
sepulcris ex candido marmore ac idolorum copia. Deinde
per longum iter et per immanes lapideas scissuras cupressorum plenas ad ecclesiam Sancti Pauli pervenitur, prope
quam ex paucis foraminibus frigidissimæ aquæ copiose
scaturiunt et per modicum spatium in mare deveniunt.
Cumque ab hoc disceditur loco, a leva insula Godi ab
avibus marinis occupata apparet ; a dextra vero, iuxta
amplos altosque hiatus, in quorum summitate falconum
et aquilarum nidi prospiciuntur, ad portum antiquæ urbis
desolatum olim Phenicis, nunc Sanctus Romelus dictum,
pervenitur. In hac desolata urbe columpnæ marmoreæ et
porphireticæ sparsim iacent, et templum diruptum apparet
cum idolorum fragmentis et lapide quodam in quo litteris
græcis sculptum erat : *Munda pedem, vela caput et intra*.
In hac civitate sanctus Paulus apostolus fuit, dum cum
aliquibus christianis Romam[1] ferebatur. Deinde ad oppidum
Inacorum[2] desolatum pervenitur, iuxta quod Liscus est
campus, qui hodie Svia appellatur, in quo fertilissima rura
sunt, et in medio Lissus oppidum erat nunc desolatum.
In extrema vero eius parte Pecilasium olim, nunc Phe-
linus, est, in quo immania et artifitiosa cernuntur fundamenta et magna portus ædificia. Postea Hermeum promontorium est in mare satis porrectum, a quo, iuxta immeabiles ripas et antra, ad oppidum Tarbam olim pervenitur.
Deinde ad portum olim Ramnem, nunc Gambrusarum, in

1. coram. — 2. Macorum.

cuius conspectu scopuli sunt. Postea Chium promontorium magnum invenitur, et non longe ab hoc ad austrum insula Claudos olim, nunc Sequillum, videtur. Cumque ab hoc disceditur versus trionem, prope promontorium Coricis, civitas eiusdem nominis in plano posita est.

Sequitur secunda pars, quæ a Corici promontorio incipiebat versus trionem. Est ergo Corix promontorium primum quod invenitur post Chium, in cuius summitate in parvo plano extant vestigia civitatis cum subterraneis cisternis in lapidibus sculptis, ad quod difficilis est ascensus propter maximam montis altitudinem. A Corice[1] promontorio, per longos et altos anfractus, in quibus rari apparent cupressi, ad Opon promontorium pervenitur, quod quasi astra tangere videtur; in radicibus multæ cavernæ mare recipientes ac illum deinde expellentes, quasi Scillam et Caribdim videntur insectari; a quo non longe antiquissimus portus ab aquis corrosus existit; iuxta quem per medium milliare antiqua Chissamospolis oppidum album videtur, in cuius medio fons uberrimus dulcis aquæ et palatium cum multitudine columpnarum iam fere prostratum cernitur; prope quod flumen Tiflon cum ponte lapideo vetusto est. In hoc etiam oppido cavernæ existunt multæ, in quibus refugium habent, cum pestifer notus[2] spiraret.

Cumque versus austrum per medium insulæ proceditur, nova ecclesia invenitur, in qua columpnæ porphireticæ et marmoreæ antiquæ existunt. Deinde cum per arenosum littus proceditur, statim ad flumen Napoliam non magnum pervenitur, iuxta quem rura non parva videntur, et ultra

1. Corico. — 2. nothus.

ad dexteram, dimittendo littus, montes eminentes cum antris cernuntur usque ad magnum et altissimum promontorium nomine Psacum, in cuius cacumine herbæ non videntur; et ulterius procedendo Risinum promontorium et Cadistum olim, hodie Capo de Spada, nuncupatum invenitur, cuius tanta est altitudo quod maria omnia minare videtur, et venientibus ab occidente vel a Cycladibus primum manifestatur. Et non longe procedendo portus olim Dictamus, nunc portus Dominarum, invenitur; prope quem civitas desolata olim ab Enea et Anchise condita, eiusdem nominis cum portu, videtur. In interiori parte ipsius portus torrentes decurrentes per planum fertilem existunt; in radice cuius episcopatus est Chissamospolis, et in eadem planitie est aliud flumen nomine Cuffo [1] cum viridariis et ruribus. Est etiam in eadem planitie aliud flumen nominatum olim Pieneum [2], nunc vero Plataneum a multitudine platanorum dictum. Circa medium huius fluminis rus magnum est cum aere infecto, in quo Chidoneæ episcopatum antiquum in conspectu huius posuere fluminis. Insula olim Latoa, hodie Todoru [3], est, in cuius medio antrum lapideum ingentissimum versus austrum prospicitur, a paucis calojeris habitata.

Recedentibus autem a flumine Plataneo, per arenosum littus et parvos monticulos, ad planum flumenque civitatis Cidoneæ et tandem ad portum antiquissimum eiusdem civitatis pervenitur. Cidonia igitur civitas, nunc Canea, dicta est olim a cotanorum [4] affluentia, postea Lachanea [5] a caulibus penuria, nunc propter iniquos incolas Canea vocatur, quæ iuxta littus in plano posita non longe a Leuco monte existit, in quo semper nives subsistunt, et ab eodem Cladissus flumen derivatur. Hæc civitas ab occidente in planitiem habet arbores cedrorum atque arantium infinitas, ab

---

1. Giffo. — 2. Pieneum. — 3. Todrum. — 4. Catanorum. — 5. Leuchanea.

oriente vero multas vineas, et seminum et piscium optimorum fertilissima est. Versus vero austrum palus est Laghia nomine, in qua multæ aquaticæ aves capiuntur. Cum a Canea disceditur post duo promontoria ad portum Sancti Nicholai devenitur, ultra quem, post aliqua promontoria, Drepanum[1] olim, nunc Meleca[2], promontorium apparet, ad dexteram cuius portus olim Amphimalis, hodie Suda, existit, in cuius medio monasterium Sancti Nicholai in insula apparet. In capite portus salinæ existunt, prope quas per duo milliaria ad austrum civitas antiquissima Minoa in monte posita est, quæ desolata tantum fragmenta marmorum et cisternas aliquas habet, quarum una in longitudine continet pedes XLV, in latitudine vero XVIII. Post brevem viam planus est cum Chilario flumine, qui per subterraneos meatus a Leuco monte devenit et in quodam rure Stilo nomine per multas cavernas frigidissimus[3] exit. Et in eodem plano, ulterius procedendo est flumen Lecardus[4] æqualis superiori procedens ex tribus foraminibus et subito cum impetu in mari deveniens.

Deinde in sinu montis Picornum oppidum est. Postea per saxa navigando non longe est flumen Chephalovrisus, in cuius ore ecclesiuncula in mare posita nova erigitur, qui per planum fertilem currens pontem lapideum vetustissimum habet, in quem versus orientem flumen salsum a radicibus montis per multa ora veniens subito decurrit. Ab alio latere ciusdem montis in profundis convallibus non magnus sed profundus est lacus, quod ingentes nutrit anguillas. Deinde est planus Muscella cum Scaffi flumine; et per humiles transeundo monticulos est episcopatus Calamonensis cum sua villa; a qua ad Petream[5] fluvium periculosum descenditur et per scopulosos colles ad Ritinam olim, nunc Retimum, civitatem devenitur, quæ pulcra est;

---

1. Drapanum. — 2. Meleta. — 3. frigidissimas. — 4. Letardus. — 5. Petram.

a qua non longe est flumen Platanicum cum viridariis
multis. Deinde Arius fluvius est, et non longe ab eo
monticuli lapidosi existunt, in quibus flumen Melo-
potamum pervenit, et prope eum castellum est eiusdem nominis. Versus austrum vero planus est magnus et fertilissimus, qui ab oriente in occidentem
vadit. Post hunc Athalis promontorium cernitur, retro
cuius est S. Pelagia, a qua Colucon mons altissimus videtur a quo Salvator Sanctus non a longe cernitur infinitis
pomis circumdatus. Deinde est promontorium ac portus
Fraschiæ, a quo versus occidentem per montes ascendendo
quasi in conspectu montis Colucon castrum olim Dion
invenitur. Cumque ulterius proceditur ad occidentem,
rura et colles amœni cum aquis fluentibus inveniuntur, et
tandem post longas ambages ad montem sublimem pervenitur, in quo Pantomatrion olim civitas ædificata erat, in
qua cisterna ac templa dirupta apparent, ac etiam sublime
monumentum Amerini, qui [quum,] cum fratre chir Phoca,
hanc obsideret civitatem, occisus est. Extra dictam civitatem mons in cœlum rotundus erigitur, in cuius cacumine
ecclesia Sanctæ Crucis est, e qua circum circa omnia
cerni possunt, in radicibus cuius duo reperiuntur monasteria. Denique torrens profundus invenitur, cuius aquæ
sunt salsæ : ab origine cuius multitudo quam maxima
aquarum scaturire non cessat et per duo ad minus miliaria in mare prorumpit cum copia molendinorum. Dat
deinde ille torrens prope Gangium oppidum cum eiusdem
nominis castello cæparum multitudinem et aeris infectio-
nem; ibique versus orientem planus maximus bachi
affluens et usque ad Diophirum flumen protenditur, a quo
per miliare Candida civitas albescit in muris, quæ a Græcis
recte Candaca vocabatur, in qua portus maris compositus
mœniis et turribus ab omnibus convalescit. Venetis civitas
non ex antiquis fuit; sed ubi nunc portus eminet, in orien-

tali latere oppidum parvum fuit, quod civitati propinquiori illis temporibus serviebat. Denique postquam Romani illam desolaverunt urbem, civium residuum huic oppido adhæsere, atque ghandacum, id est vallum, circum circa domos conglutinatas fecere. Denique, post sæculis et desolationibus multis, Veneti totam emere insulam et urbem mœniis amplis ampliavere. Veniunt ex omnibus mundi partibus huc naves, quæ XX millia ad minus onerantur vegetibus optimi vini et pinguis casei copia ac frumenti. Propter tamen rusticorum inertiam olivas non habent. Unde bene apostolus Paulus de eis dixit : *Fallaces Cretici, malæ bestiæ et ventres pigri*. Cum vero ab ea disceditur versus austrum per suaves colles ad maximam olim civitatem et antiquissimam Philopolim hodie Macritico devenitur, in qua pavimentum mosaicum cum multis figuris adhuc extat, et etiam sepulcrum Caiphæ, ut dicitur. Per miliare infra civitatem templum vetustum secundum christianorum ritum ædificatum, in quo Titi discipula[1] adoratur. Versus autem trionem per tria miliaria iuxta viam euntem ad montem Iucte[2] ad dexteram spileum in saxo parvo ore est, cuius longitudo XLII, latitudo vero IV passuum, in cuius capite sepulcrum Iovis maximi est cum litteris deletis. Hæc autem spelunca in durissimo silice fabricata sine aliqua figura; super eundem tumulum, magna circum ædificia quasi per quartum in circuitu unius miliaris hodie per totum campum frumentum et prata crescunt. Post hæc ecce ad meridiem viam capiendo ad montem hodie Iuctam[3] devenitur per periculosissimam viam. Hic mons a longe faciei effigiem habet, in cuius fronte templum Iovis usque ad fundamenta deletum invenitur ; in naso tres ecclesiæ sunt congestæ, scilicet Salvatoris, Pandon Aghion, id est ecclesia *Omnium Sanctorum*, et Sancti Georgii.

1. disciplina. — 2. Jurte. — 3. Jurtam.

Versus austrum, prope Ideum montem, ubi est barba, sub monte atro, Tegrinnum castrum inexpugnabile videtur, et prope ipsum est rus Sancti Blasii amplissimum.

Ab alia parte, versus orientem, planus est bachi fertilissimus Archanes nomine, in quo plura et ampla rura manent. Versus trionem, in radicibus montis huius monasterium Dominarum existit. A Candia, versus orientem est insula Dia a læva navigando deserta, in qua, ad trionem, iuxta mare, marmorea ædificia dirupta apparent, et in valle ad meridiem Sanctæ Mariæ, Sancti Nicholai, Sancti Georgii ecclesiæ sunt. Ex utroque latere huius insulæ duo sunt scopuli, quorum alter Paximadi dicitur, a dextro in littore est ecclesia Sancti Georgii. Deinde flumen Quartaro, ubi iuxta mare salinæ sunt, et a longe per miliare viridaria multa sunt. Non parum a flumine, in quodam monticulo, Carapina civitas ædificata erat, cuius parva extant vestigia. Præteriuntur deinde torrentes, promontoria et campi, in quorum summitate Elados olim oppidum videtur; a quo non longe Chirsonensis civitas cum fertilissimo campo circumdata, in qua antiqua palatia et columpnarum ædificia atque portus magnificus a vetustate deletus et aquarum longi conductus cernuntur; et cum a læva ulterius proceditur, scopulus nomine Corata vel Cimolis invenitur, et a dextra promontoria aliqua, donec in sinum nomine Cares pervenitur [1], in quo tanta est amœnitas loci quod Fratres Minores sancti Anthonii ibi basilicam ædificavere.

Versus orientem in monte magna civitas Elecos olim erat, cum oppido propinquo nomine Coso. Extant præterea in eodem sinu duæ insulæ, Pysira scilicet et Conida, et in extremo eius promontorium nomine Spinelconde, id est Spinæ Leonis, in quo Molopicxopolis olim, nunc Istrina civitas est, quæ tota desolata est, ad quam maxima

1. invenitur.

aquarum exuberantia ab antro quodam profluebat. Iuxta quod quatuor sunt molendina ; prope littus passibus decem duo immanes lapides marmorei in terra dimissi sunt, quorum quilibet in longitudine continebat brachia XVIII, in latitudine V, quorum grossities, quia a terra occupata erat, discerni non potest. Erant praeterea columpnæ et marmorea ædificia dirupta, quæ maximam fuisse civitatis nobilitatem ostendunt. Postea est littus arenosum ultra quod et altis præruptis montibus Panormum olim, nunc Pachiamo, oppidum desolatum existit. Transeundo deinde per longum iter infra alta saxa cum immeabilibus materiebus ad promontorium propinquum Septiæ oppido pervenitur, quod a magna olim civitate Serapoli retro sita derivabat. Prope, versus montem, episcopatus huius civitatis translatus fuit et de Septia hodie titulum capiet. Et magnum dimittendo sinum Mesos[1] insula cum Duio et Pori insulis videtur. Postea Yracleus[2] portus est, post quem Samonium promontorium existit, in cuius conspectu prope sunt quidam scopuli.

Restat nunc ut tertia pars huius insulæ describatur, quæ per ipsum medium transit. Est igitur in monte aspero ecclesia Sancti Isidori cum duobus calojeris ; ex qua ulterius procedendo per montes sine arboribus ad planum incultum devenitur non parvum, cuius in medio sub parvo monticulo civitas Camera erat, quæ in quodam sinu ac latere australi torrentem habet, cuius etiam ædificia marmorea prostrata sunt. Deinde per montes altissimos redolentes[3] thimi, in quibus etiam melissarum multitudo est, plura rura sunt, quorum rustici mel optimum in maxima quantitate

---

1. Meses. — 2. Traucus. — 3. reddentes.

faciunt, et in huiusmodi montibus Olum inexpugnabile oppidum est, ac etiam Chersonesus nunc villa.

Post hæc monti Dictano[1] zapinis minutissimis obviatur, a quibus non modica pix extrahitur. In planum parvum ambulando deinde devenitur, in quo rura, nuces, ficus et arbores domesticæ circumcirca fontem videntur, ex quo per montes asperos ad planum arenosum pervenitur. Quo transacto, per rectam lineam ad occiduum via, quæ infra anfractus zapinorum et aliarum arborum est sita, ad altissimum Dicteum[2] montem deducit, qui Causi nunc vocatur, in quo omnibus sæculis iuxta ripas nives sunt infinitæ. Deinde per immeabiles et præcipitatas semitas in campum maximum pervenitur, qui cum ab altis montibus circumdetur XVIII miliar. est. Circa finem dimittendo parvo maximum habet foramen, in quo aqua omnium montium circumstantium habet introitum. Hic[3] est ille campus fertilissimus qui Lasiti dicitur, quem propter timorem rusticorum nobiles seminare non dimittunt, sed multa nutrit armenta. Ad trionem palus mundissima sine piscibus[4] remanet. Ad austrum autem est Sanctus Cyrillus cum fonte nobilissimo propinquo. Denique cum ab isto plano exitur, duæ principales existunt viæ, quæ in tanta vigent arduitate atque periculo quod vix totus mundus auderet transire par eas uno custodiente. Altera vero ad meridiem subsequuta est, in cuius exitu rus aliorum maximus Embarus est, in quo nisi malefactores et exules habitant, qui in tanta vigent potentia quod nullus sine ipsorum concordia illuc accedere audet. Deinde hos agendo montes ad Sanctam Cardiotissam [pervenitur], in quam beata Virgo multa operatur miracula. Hic ab alto monte Lassiti a quodam antro tempore pluviali per subterraneas cavernas maxima copia aquarum exit et magno cum sonitu in mare descendit.

1. Ditano. — 2. Diteum. — 3. Hæc. — 4. passibus.

Postea ad Mirinam olim oppidum per altos montes pervenitur, in qua conductus per decem milliaria miræ amplitudinis et longitudinis descendebat. Ibique prope Pidiata oppidum in campo fertilissimo videtur. Ad trionem autem in rure quodam Chironensis episcopatus[1] cernitur; ad austrum vero Archadensis episcopatus. Post hæc ad orientem in valle quadam vir nobilis nomine Nicholaus, qui ex gente Scipionis existit, viridarium simile paradiso cum sculpturis marmoreis antiquissimis ædificari fecit. Ad occiduum Bonifacium oppidum antiquum in alto cernitur, quod a campis et vallibus circumdatur. Ibique prope ad occiduum Chitima olim maxima civitas erat, quæ fere videtur.

Relinquendo hic rura per declivum in planitiem magnam intratur, in qua iuxta montem Gortina urbs et metropolis invenitur, quam ille Minos rex iustissimus ædificavit. Est etiam mons separatus ab aliis cum palatio regali iuxta flumen ad trionem, in quo conductus ab alto veniens totam rigabat civitatem, quæ in magnitudine cum Florentia sine mœnibus cingebat. In medio quoque coctilibus muris templum superbum erat; prope inter palatium et templum ecclesia vero magna nimis Titi, discipuli Pauli apostoli, de stirpe Minois, iam desolata remanet cum corpore dicti non inventi. Quod flumen pontem miræ magnitudinis ad instar magnæ plateæ habet. Plura per civitatem busta idolorum et sanctorum sunt prosternata. Iuxta vero flumen hodie molendina existunt, et per illas undique casas columpnæ marmoreæ undique erectæ prostratæ videntur. In capite autem huius plani magni Artacina munitissima est, quæ hodie Belvedere vel Risocastro dicitur. Ab isto usque mare per planum XL sunt miliaria, in quo Lineum flumen in medio distenditur. Prope antedictam Gnosiam, ad orientem, per unum miliare Aghion

---

1. Cirphonensis episcopus.

Deca¹, id est *Decem Sanctorum*, ecclesia est, quæ est satis magna et cum azuro et auro purissimo fulget cum pavimento marmoreo. Prope vero, versus trionem, cellulæ heremitarum in circulo quodam fere centum apparent. A latere trionali, prope nobilissimam olim Gnosiam dictam per duo miliaria in altum, ut dicitur, est Laberinthus. Est enim os suum arduum, denique in amplitudine devenit. Via una versus orientem CC passuum est; altera versus trionem, ut dicitur, nullum habet finem, per quam multæ viæ circumflexæ videntur et in istam revertuntur principalem. Per MC passus fons cernitur, iuxta quem palus parvula harundinibus cooperta reperitur cum lapide pleno aquarum. Ultra hanc aquam longa manifestatur via quam nulli aut pauci aggredere curant. Per totam magna est multitudo vespertilionum, et periculosum est ambulare propter immanes lapides deorsum cadentes. De hostio dicti recedendo ad Castrum Novum parva valle devenitur, in quo, propter aerem infectum a fluvio Lineo, quia in eo in estate maceratur linum, homines infirmantur. Deinde per montes peragrando, ecclesia Sancti Iohannis apostoli cum multis calojeris est; et versus trionem non per multa stadea olim Gnosia in monte sublimi cernitur, in quo est episcopalis ecclesia cum cadavere sancti Pinyti², eiusdem episcopi. Inter ecclesiam et Ideum montem vallis a vento periculosissima est. Post hæc per altos montis anfractus ad Ideum pervenitur montem, cuius altitudo tanta est quod per omnia maria nivium albedo³ ibi cernitur, cuius longitudo ab oriente in occidentem, scilicet a Gnosia usque Apteriapolim, per lineam rectam, est XL milliar. Altitudo vero a radicibus usque ad summum est XXII milliar. et via usque prope civitatem lapidosa est et fere equitabilis. Quando vero prope cacumen pervenitur

1. Aghiosdeca. — 2. Pinti. — 3. albebo.

ad IV milliar. non potest equitari sine maximo periculo;
in summitate cuius nonnisi nives videntur. Ad meridiem
nulla est semita, sed tanta est altitudo quod oculus aspi-
ciens bovem nigrum ab ega discernere non potest.
Quinque de oriente ad occidentem collibus erigitur, quorum
medius sublimior est, in quo, ut dicitur, Saturnus, in illo
loco ubi est ecclesia Sanctae Crucis, templum in sui laudem
construxit. Pascua inter scabrosos lapides pinguia existunt et arborum granae magna copia. Hic, ut a pastoribus
dicitur, magna copia herbae lunariae invenitur, nam bestiae
eam ibi repertam in radicibus pascentes semper dentes
auratos habent. Insuper venam auri dicitur fuisse ibi repertam in radicibus montis. Odie, ad trionem, rus Oso nomine
omnium aliorum huius insulae maximum, quod iuxta principium fluminis situm est. In quo antra[1] parva et maxima habitabilia sunt, in quibus clam alendum ab Opi Iovem transmis-
sum et Curetis populis commendatum fuisse legitur. Isti ab
omnibus sunt dilecti et strenues in bello et plusquam mille
sagittatores in eo sunt. Per immeabiles vias rus istud ab omnibus visitatur cum cannulis infinitis, in quibus apes melli-
fluunt[2]. Desuper autem ab altis ripis cum sonitu maximo
aquae semper cadunt. Ad trionem per quatuor miliaria rus
Camaricti nomine, in quo, die sancti Georgii, populus infinitus assiduis choreis exercetur. Prope, ad orientem, antrum
non magnum in ore a Deo factum reperies, in quod aquae
omnium illorum montium deveniunt et per meatus subterraneos iuxta salsum flumen ad X passus exire videntur.

Deinde ad rus pervenitur quod olim Lasos oppidum
dicebatur, prope quod per quinque miliar. versus planum
in maximum intratur ambitum domorum, nomen cuius
Margarites appellatur, ubi iam Panonia olim nobilis et
magnifica urbs erat, cuius vix aliqua videntur vestigia.

1. antea. — 2. millifluant.

Versus orientem, non longe multum, inter viridaria et loca amœna, Millopotamensis, ut dicitur, [episcopatus] est. Ad occidentem per octo milliaria civitas Lephtina reperitur, quæ in monte aspero sita est, et in ea nullus sub capitis pœna audet habitare[1]; hoc tempore quo hæc insula a Venetis rebellavit, per duos annos permansit antequam capi posset. In ea quasi per scalarum gradus ascenditur periculose ; in qua duæ sunt cisternæ in saxo incisæ ; omnia ædificia deleta fuere. In plano prope eamdem civitatem est episcopatus cuius, propter arrogantiam Græcorum, episcopus ibi non audet redditus colligere neque habitare.

Post grave iter ab alia parte montis Idæ rus, Merona dictum, est in alto in suavi parte situm, ubi infinitæ arbores domesticæ existunt. Ab hoc loco planus magnis ruribus ornatus cernitur, et in cum per periculosas et asperas valles intratur. Exules cuiuscunque conditionis huc veniunt. Versus orientem altera planities sub iugis montium fertilissima cernitur, in fine cuius Tomasium rus maximum est, quod antiquitus, ut dicitur, sine mœniis et domibus populus maximus regebatur, et usque hodie in cavernis et de fructu cerasi et vinearum vivunt. Cum a Merona disceditur per montem graditur in cuius radicibus centum fontes emanare non cessant, in quibus amplissima Romanorum de Constantinopoli urbe in hanc insulam ad dominandum venit, qui omnibus istis nobilibus dominium atque loca concessit. Deinde, magno peracto tempore, ex continuis bellis iam fessi in ista devenere loca, qui hodie arma et nomen antiquum romanarum domorum ferunt, et in tanta devenerunt quantitate quod si concordes essent, leve fuisset eis insulam possidere, et primo sunt Gortazi, id est Saturi, quingenti; Mellisini, id est Vespasiani, trecenti numero ; Ligni, id est Subtiles, mille sexcenti ; Ulasti, id

---

1. abire.

est Papiniani [1], ducenti; Cladi, id est Ramuli, centum octoginta; Scordili, id est Aglati, octingenti. Venerunt post longum tempus duæ aliæ generationes, quæ cum istis locum habuere, scilicet Archuleades, id est Ursini, centum; et Colonni, id est Columnenses [2], qui fere triginta remansere, et versus Sithiam non cum aliis concordes locum elegere. Deinde cum ab huiusmodi ruribus disceditur, in planum non magnum pervenitur, a quo per angustam et periculosissimam viam in planum aliis meliorem devenitur, in quo ecclesia Sancti Constantini est, a qua cum per frondifluos montes et virentia prata disceditur, minera auri et argenti ac stamni videtur, quæ hodie Stimpolis nominatur quæque in altissimo monte collocata est. A latere orientis extra murum fons est, cuius latitudo XX, longitudo vero XL passuum est cum incisis lapidibus. Prope autem in proclive istarum aquarum per centum passus ecclesia est, in qua quinque sepulcra antiquorum discooperta et aquis plena sunt. Versus occidentem mons altissimus incipit, in quo homines brutales resident, qui nunquam in aliquibus ruribus ac civitatibus fuere; in cavernis ac tuguriis habitant et induti pellibus quasi per totum annum ordei farinas carnesque a sole combustas comedunt; cumque aliquis in eius summitate est infinitas et altissimas cupressorum arbores videt. Ad dexteram vero Mirechephala et Leucon [3] montes, in quibus nives sine arboribus sunt; in quorum medio via est strictissima, quæ circumcirca altos proruptus habet et per decem durat miliaria. Deinde per amœnos campos inter cupressos ad ecclesiam Santi Ioannis pervenitur, a qua flumen Cacoperato [4] videtur, cum per arduam viam disceditur. Deinde per montes ambulando ad planum fertilem et rurales casas pervenitur. Postea vero Olarnam [5] olim civitatem acceditur.

1. Papimani. — 2. Alumnenses. — 3. Lauco n. — 4. Cacopetra. — 5. Olernam.

DESCRIPTION DES ILES
PAR CHRISTOPHE BUONDELMONTI

DÉDIÉE A GIORDANO

CARDINAL DE L'ÉGLISE ROMAINE

Révérendissime cardinal Giordano, lorsque, animé du désir d'apprendre, je parcourais naguères la mer Méditerranée, j'ai rédigé concernant les Cyclades et les Sporades le présent ouvrage, où j'expose la forme de ces îles, leur grandeur, et les événements dont elles ont été le théâtre à diverses époques et jusqu'à nos jours. Cet ouvrage, j'ai cru devoir vous l'offrir de préférence à tout autre, car l'affection que je vous porte et votre goût prononcé pour les belles choses m'en imposaient le devoir.

J'ai recueilli presque tous ces détails durant les six années que j'ai consacrées à visiter lesdites îles, au prix de mille dangers suscités par les ennemis de notre foi et non sans avoir essuyé sur mer plus d'une tempête. Je quittai Florence, au sortir de l'adolescence, et me rendis dans la charmante ville des Colossiens, pour y achever mes études et en faire la dernière étape de mes pérégrinations dans les échelles du Levant.

Quand j'eus acquis une légère teinture des lettres grecques, l'affection de Votre Charité vola rapidement aux oreilles de votre serviteur; et, après que cette affection se fut arrêtée à la porte de mon âme et s'y fut fixée, je m'efforçai de l'y retenir le plus longtemps possible, en vous dédiant ce livre rédigé à votre intention.

Agréez donc, je vous prie, ce modeste présent que je vous envoie d'un lointain pays : vous y verrez brièvement narrés de nombreux et agréables récits concernant les hommes de l'antiquité et les exploits dus à la valeur des héros; vous y verrez, en outre, des montagnes verdoyantes et blanches de neige, des sources, des pâturages, des plaines où descendent les nymphes; vous y verrez encore des chèvres errant sur des rochers arides; des ports avec les caps et les écueils avoisinants, des villes fortes, des étendues de mer. Et c'est là que se terminera cet avant-propos.

★
★ ★

Voici maintenant en bon ordre les noms des îles et localités dont il va être question. Le lecteur pourra ainsi nous suivre sans peine.

Nous commencerons par Corfou, que beaucoup de gens considèrent aujourd'hui comme la première des îles grecques de l'Occident. Viendront ensuite Pachysos, Leucade, Ithaque, Céphalonie, Zante, les Strophades, la Sapience, Cythère, Sikili, Crète, Carpathos, Rhodes, Simia, Chalki, Épiscopi, Nisyros, Astypalée, Santorin, Sycandros, Polycandros, Polymia, Milo, Siphanos, Serphini, Thermia, Céos, Andros, le Caloyer, Tinos, Mycone, Délos, la Souda, Paros, Antiparos, la Panagia, Naxos, Podia, Rachéa, Ios, Anaphé, Bouport, Kinéra et Lévata, le Caloyer, Cos, Calamos, Léros, Patmos, Dipsi, Crousia, Icaria, Mandria, Agathousa et Phormachi, Samos, les Fourni, Ténosa,

Psara, Chio, Métélin, Ténédos, Gallipoli, Marmara, Calonymos, Péra, Constantinople, Lemnos, Imbros, Samothrace, Thasos, l'Athos (aujourd'hui la Sainte-Montagne), Sanstrati, Dromos, Macri, Skyathos [et Scopélos], Saint-Hélie, Skyros, Négrepont, Égine.

Il me reste maintenant, ô mon père, à vous faire connaître certaines particularités générales : le nom des provinces circonvoisines, la grandeur de la mer et ce que ces contrées offrent aujourd'hui de plus remarquable. On considère l'Archipel comme occupant le premier rang, ce que, d'ailleurs, indique son nom, car il signifie *Maître de la mer*. De Rhodes au cap Malée, en ligne directe, il y a quatre cent cinquante milles; et de Crète à Ténédos, on en compte cinq cents, dans lesquels est compris le parcours de l'Archipel tout entier. Cette mer borne l'Asie Mineure, où se trouvent la Cilicie, la Pamphylie et la Phrygie, provinces qui, ayant été conquises par les Turcs, ont reçu d'eux le nom de Turquie. Les Turcs ont soumis des villes ouvertes et gouvernent les populations qui leur obéissent.

A l'ouest de l'Hellespont s'étend la Grèce, pays entièrement plat et très fertile en toute espèce de productions, jusqu'à Andrinople. Sur la gauche, vers Thessalonique, il y a une province assez populeuse; nous y laissons sur notre route des villes et des villages, et nous arrivons à de hautes montagnes; nous atteignons ensuite l'île d'Eubée puis les localités [voisines] d'Athènes, dont des Turcs possèdent la majeure partie.

La mer Égée a, dit-on, pris son nom d'Égée, père de Thésée; elle commence à l'Hellespont et s'étend en formant de nombreuses sinuosités jusqu'au cap Malée. Toutes les îles comprises entre les bords de l'Archipel ont reçu le nom de Cyclades à cause de leur disposition circulaire, car le mot grec κύκλος équivaut au latin *circulus*.

Après avoir ainsi arrêté les divisions générales de cet ouvrage, abordons la description particulière de chacune des susdites îles.

En assemblant les lettres rouges qui figurent en tête des chapitres, vous trouverez mon nom et le vôtre, et vous apprendrez en quels temps et lieu j'ai terminé le présent ouvrage. Enfin, pour vous faciliter l'intelligence de ces matières, les montagnes seront tracées en noir, les plaines en blanc et les eaux en vert.

1. Corfou.

Cette île, dont nous allons parler en premier lieu, s'appelait anciennement Kerkyra [1], du nom d'un certain roi [2]; elle se nomme aujourd'hui Coryphi [3]. Sa circonférence est de cent milles [4].

Du côté sud, elle est couverte de montagnes [5], où abondent des chênes qui produisent la vélanède [6].

Sur le cap Amphipolis [7] s'élève le château Saint-Ange [8], qui est des mieux fortifiés et que les matelots aperçoivent de loin.

Du côté est, jusqu'à Corfou et au delà, en allant vers le nord, s'étend une plaine très riante et habitée par une population nombreuse. On y voit maintenant encore la ville antique de Corcyre [9], embellie de sculptures variées et de colonnes de tous styles [10]. On aperçoit, de cette ville, une très haute montagne appelée Phalacron [11], du sommet de laquelle on découvre, dans une plaine, la forêt de Dodone [12]. Dodone possédait un temple de Jupiter, dans lequel, dit-on [13], deux colombes avaient coutume de descendre du ciel, et, perchées sur de vieux chênes, de répondre aux questions qu'on leur adressait. L'une d'elles, paraît-il, s'envola à Delphes et l'autre au temple d'Ammon en Afrique [14].

Au pied du mont Phalacron gît un écueil que les anciens disaient ressembler au vaisseau d'Ulysse [15].

Près de Leucimne [16] est le cap de Cassiope [17]. La ville de Cassiope était défendue par de solides murailles, mais a jadis été détruite par des pirates [18]. Il y a là une plaine avec un marécage infect. A côté de la susdite ville, s'élève une église consacrée sous le vocable de la Mère de Notre-Seigneur [19]. Les pieux fidèles qui la visitent voient leurs prières exaucées et reprennent satisfaits le chemin de leur pays [20].

Du nord de l'île, on aperçoit les premiers contreforts des grandes montagnes de l'Épire, contrée ainsi appelée du nom de son plus ancien roi [21]. On y trouve la ville de Buthrotum [22], où se réfugia la mère d'Hélénus après la prise de Troie, comme dit Virgile :

> littoraque Epiri legimus portuque subimus
> Chaonio et celsam Buthroti ascendimus urbem [23].

Lorsque Titus Quintus Flaminius dirigea une expédition contre Philippe, roi de Macédoine, il fit route par Corfou, afin de rejoindre avec sécurité l'armée romaine [24].

2. Pachysos.

Au-dessus de Corfou, dans la direction de l'est, on trouve l'île de Pachysos [1]. Elle a un périmètre de dix milles [2] et possède un village [3] dont la population est peu nombreuse, par suite des embûches des Turcs. A son centre, du côté du soleil levant, cette île est plate, ce qui permet d'y cultiver la vigne et des arbres fruitiers [4]. Elle est pourvue d'un port très sûr [5]. Au témoignage des historiens, Pachysos était anciennement contiguë à Corfou [5]; mais, en ayant été violemment séparée par l'action incessante des flots et des vents, elle a formé un territoire à part. Ainsi s'est creusé entre les deux îles un canal maritime, du côté duquel Corfou perd nuit et jour du terrain.

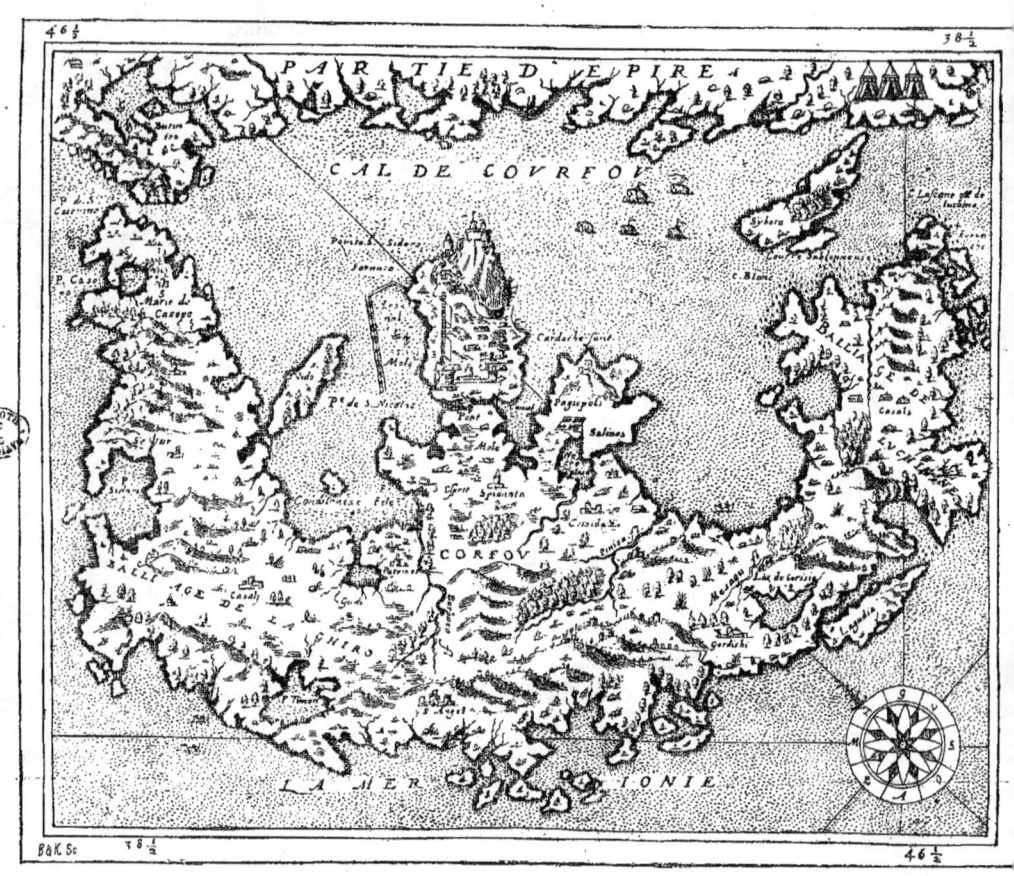

ILE DE CORFOU[1].

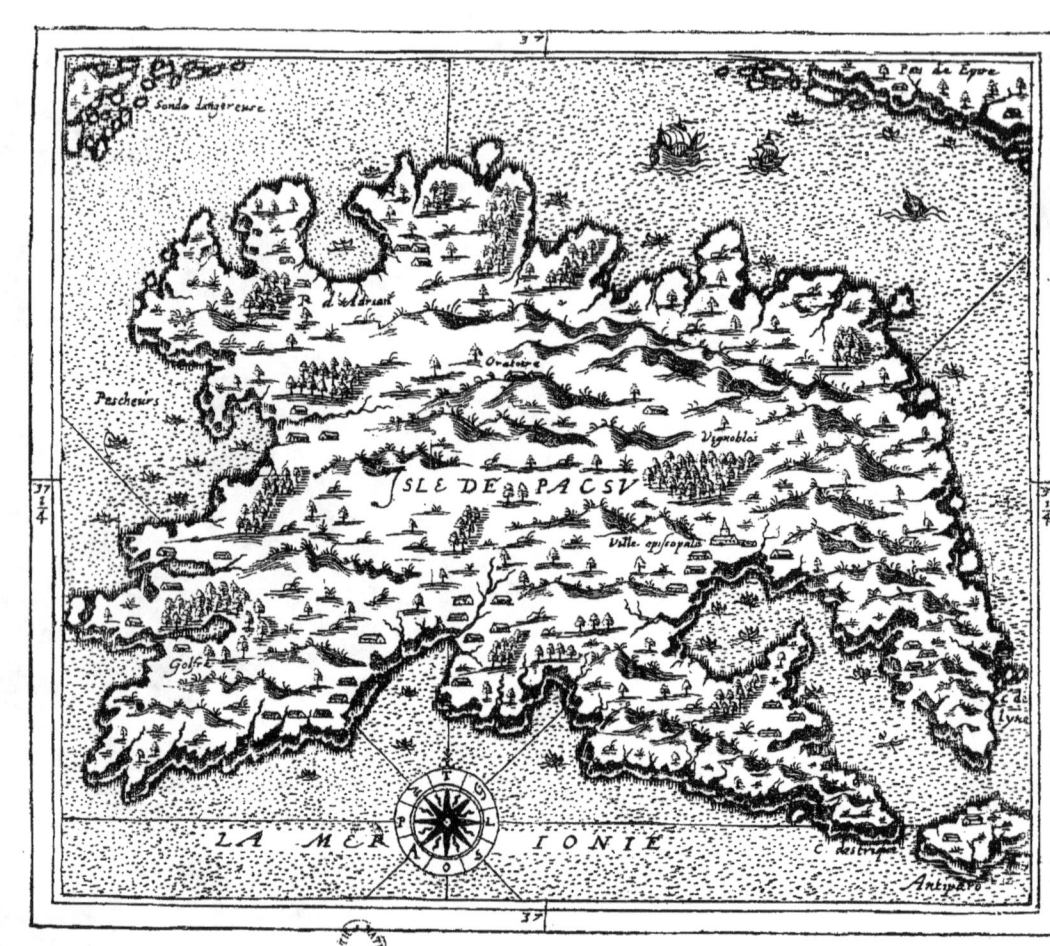

ILE DE PACHYSOS (PAXOS)[a].

ILE DE LEUCADE.

3. Leucade.

Parvenus, après avoir navigué vers l'est, à plus de cent milles de Corfou, nous pénétrons dans la très ancienne montagne de Leucade. Par suite du flux et reflux des flots de la mer, phénomène qui se produit quatre fois par jour, depuis une époque reculée, ladite montagne est devenue une île de quatre-vingts milles de circuit, arrosée d'eaux de source qu'ombragent des arbres touffus [1].

Au milieu de l'île s'étend une vaste plaine, où pâturent des troupeaux de bétail de toute espèce [2].

On trouve à l'est un port excellent [3] et, au nord, un autre port plus sûr encore [4], qu'embellissent des montagnes, des forêts et des fontaines. A peu de distance de ce lieu, sur le rivage, coule une source très abondante [5], où vont se rafraîchir les gens du voisinage et les voyageurs.

Sur la droite, au pied des montagnes, on voit les ruines d'une ville fort ancienne, qui possédait un antique temple d'Apollon [6]. Ayant abordé dans cette localité, le Troyen Énée y laissa ses armes, comme le rapporte Virgile :

> Mox et Leucatæ nimbosa cacumina montis
> et formidatus nautis aperitur Apollo, etc. [7].

Beaucoup plus tard, Auguste restaura, dit-on, cette ville, y rebâtit le temple d'Apollon et la nomma Nicopolis, après avoir vaincu dans ces parages Antoine et Cléopâtre [8]. A l'appui de ce fait, nous avons le témoignage de Virgile :

> Hic Augustus agens Italos in prælia Cæsar [9].

Vis-à-vis de cette ville, il y a une tour, non loin de laquelle est bâtie une forteresse avec un pont [10]. Il y souffle, en été, un vent malsain.

Une vaste plaine s'étend en cet endroit [11]. Si, de là, l'on se dirige vers le nord, on aperçoit une forêt [12] et le golfe Ambracique [13]. On voit, à l'est, des îles désertes et stériles, qui étaient jadis habitées, mais que la population a délaissées à cause des incursions des pirates [14].

4. Ithaque.

Nous en avons fini avec Leucade. Dirigeons-nous maintenant vers Dulichia, anciennement appelée Ithaque [1], et nommée aujourd'hui Val di Compare [2]. Entourée de très hautes montagnes, cette île est presque entièrement improductive et inhabitée [3]; en effet, dans sa partie centrale seulement une plaine exiguë renferme quelques arbres et un petit nombre de maisons [4]. Elle possède, en revanche, beaucoup de ports [5]. Sa longueur, du nord au sud, est de trente milles, sa largeur est de trois milles [6]. Ses deux extrémités, formées par une échancrure, s'avancent comme deux cornes et sont fort dangereuses pour les navigateurs [7].

On assure que le fameux Ulysse, le plus sage des Grecs, cet homme si fertile en expédients, épousa Pénélope, fille d'Ithacus, et eut d'elle un fils nommé Télémaque [8]. Plus tard, après l'enlèvement d'Hélène par Pâris, Ulysse, se voyant contraint de partir avec les autres Grecs pour la guerre de Troie, simula la folie. Cependant, Palamède s'étant rendu auprès de lui, Ulysse, afin de lui échapper, attela au joug des animaux d'espèce différente pour labourer, et se mit à semer du sel, comme s'il eût été réellement atteint de démence. Mais Palamède, qui était astucieux lui-même, éventa la ruse d'Ulysse par un stratagème de son invention : ayant pris Télémaque, qui était encore

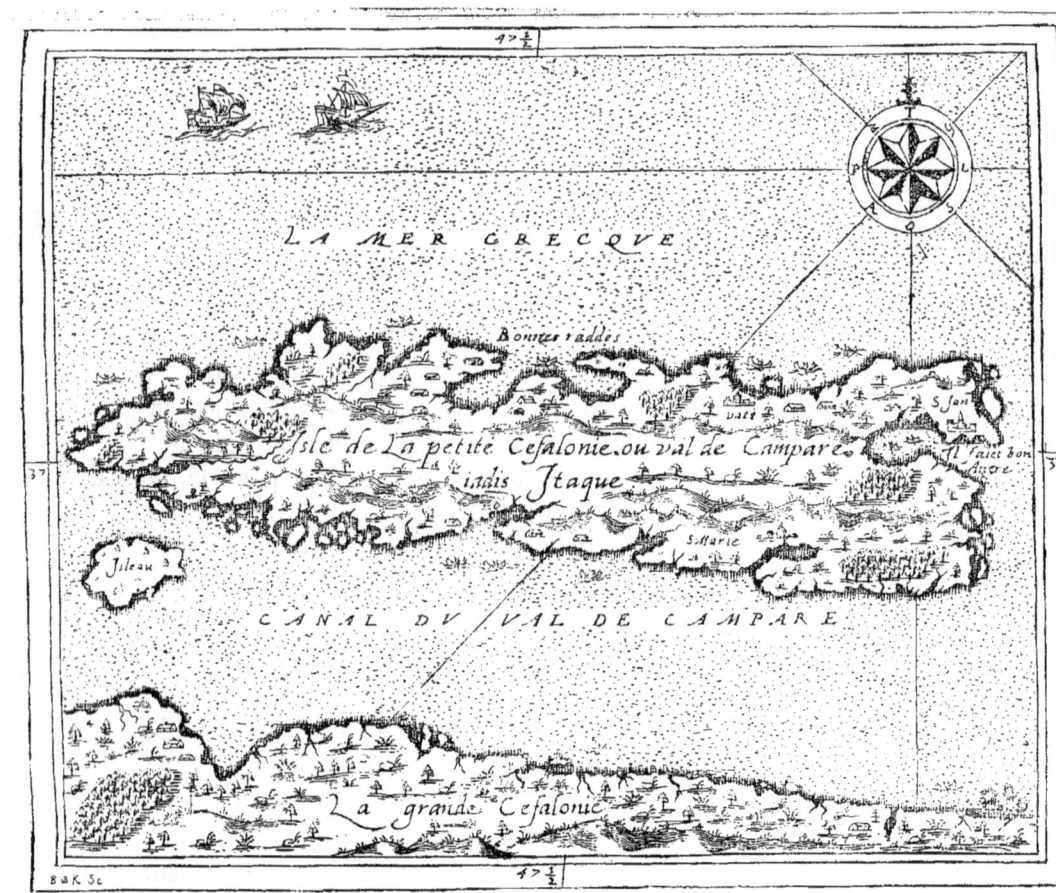

ILE D'ITHAQUE.

en bas âge, il le plaça devant la charrue. Quand Ulysse
aperçut son fils, il détourna le soc, pour ne pas tuer l'enfant. Ainsi démasqué, il fut contraint de partir pour le siège
de Troie.

Cette ville ayant été prise après de longues années, une
contestation s'éleva entre Ulysse et Ajax au sujet des armes
d'Achille ; grâce à la grande supériorité de son éloquence,
Ulysse remporta la victoire, et obtint les armes [9].

Ayant quitté Troie pour retourner dans sa patrie, il erra
longtemps en route, poussé par la violence des vents. Ses
pérégrinations ne durèrent pas moins de dix années ; et,
après avoir couru de nombreux dangers, il finit par arriver
à Ithaque. Rentré dans sa maison, il y trouva les prétendants de Pénélope, lutta vaillamment contre eux, les tua
tous, et mourut lui-même peu de temps après [10].

On lit dans Virgile :

> Et fugimus scopulos Ithacæ, Laertia regna,
> et terram altricem sævi execramus Ulyxis [11].

5. Céphalonie.

Maintenant que nous en avons fini avec Ithaque, passons à
Céphalonie [1]. Cette île s'appelait autrefois Céphale [2]. Le
mot grec κεφαλή équivaut au latin *caput*, et, en effet, quand
on vogue vers Céphalonie, en venant du nord, elle paraît
ronde comme une tête humaine [3]. D'ailleurs, depuis la
guerre de Troie jusqu'à nos jours, Céphalonie a figuré en
tête des îles qui forment la principauté et c'est par elle
que commence la dénomination de ce duché [4].

J'ai lu dans les vieilles chroniques [5] que cette région
fut gouvernée par Ulysse [6]. Le nom de l'île vient donc
du mot κεφαλή, comme nous l'avons déjà dit, attendu

qu'elle est tout à fait ronde. Elle est hérissée de montagnes [7] et a un périmètre d'environ cent milles [8]. Au milieu se dresse le mont Élatos [9], qui est très élevé et couvert, dans tout son pourtour, d'une forêt de pins et de chênes [10].

Aujourd'hui encore, on affirme que les nombreux animaux qui errent dans l'île, ne trouvant pas d'eau pour se désaltérer, ouvrent la gueule, quand ils sont pressés par la soif, afin d'aspirer le vent qui souffle des montagnes, lequel leur tient lieu de boisson [11]. On y trouve beaucoup d'aspics, reptiles dont la morsure est mortelle, mais qui, quand ils sentent la chaleur du corps humain, dorment avec les gens sans leur faire de mal [12].

Sur le bord de la mer, du côté de l'est, s'élève une église de saint François, bâtie par lui-même [13], et dans laquelle nous fîmes pieusement nos dévotions.

Céphalonie fut presque la dernière île qui fit sa soumission aux Romains, lors de la guerre de Macédoine [14].

A l'ouest, on voit le port Guiscard, qui, paraît-il, a pris son nom de Robert Guiscard, roi de Pouille [15]. C'est dans cette province que se trouvait jadis Pétilia [16], où Chilon, philosophe lacédémonien, habita longtemps, au dire d'Épiphane le Chypriot [17]. L'autorité de Chilon était si grande que l'on fit graver sur le temple d'Apollon cette sentence, dont il est l'auteur: *Connais-toi toi-même*. La force de ce précepte est très considérable, affirme Cicéron [18]; si considérable que nul autre homme ne pourrait en formuler un pareil. Car lorsque Chilon dit *Connais-toi toi-même*, c'est à ton âme qu'il fait allusion. Cette maxime, en effet, ne vise pas les parties du corps humain, ni sa forme, ce qui est facile à comprendre ; mais elle nous enseigne à réformer notre âme, à en corriger les défauts, à nous estimer nous-mêmes d'après nos actions, à veiller à ce que la noblesse de notre esprit ne se déprave pas dans la paresse, ni ne ternisse son éclat par un ridicule orgueil.

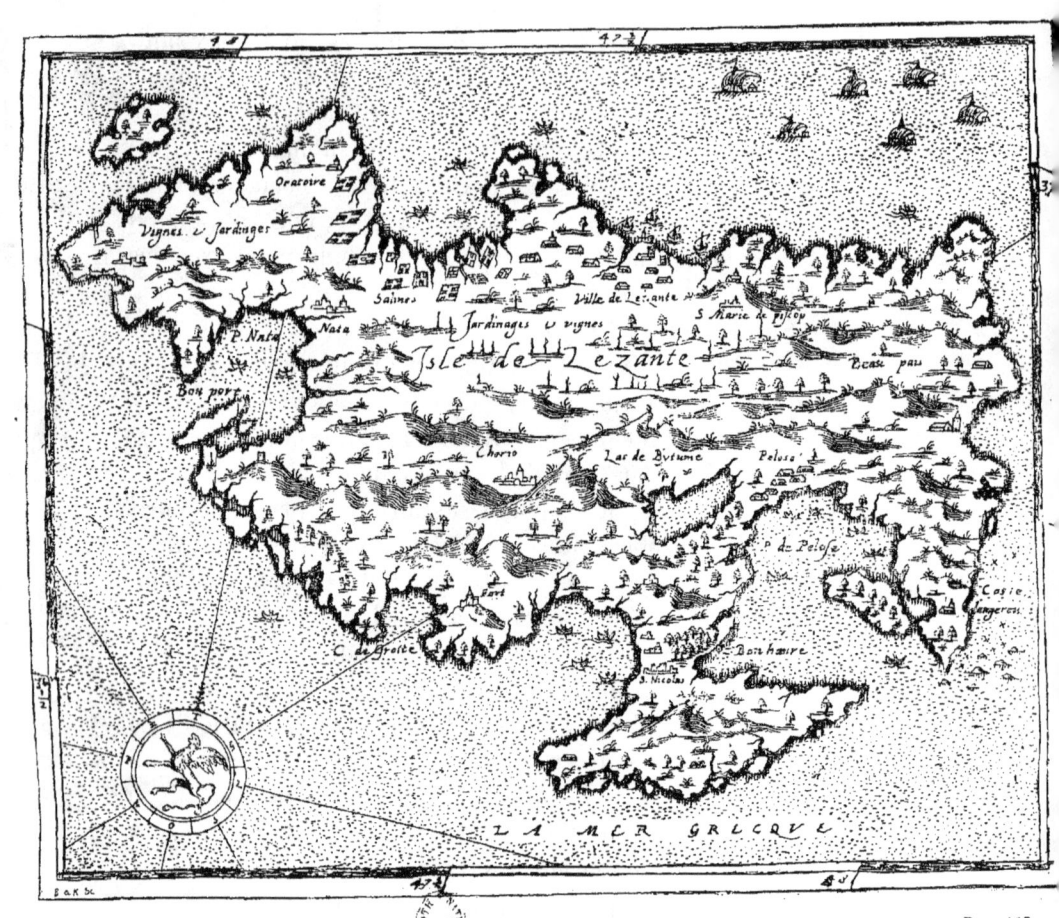

ILE DE ZANTE.

Bélisaire, neveu de Justinien [19], aborda dans cette île avec sa propre flotte et y échappa à un péril maritime [20]. Ayant appris que les Goths avaient injustement subjugué l'Italie et mû par un sentiment de pitié, il se rendit en Afrique avec des forces navales et en chassa les Goths, ainsi que de la Sicile [21]. Il marcha ensuite contre Naples ; mais, cette ville ayant refusé de lui ouvrir ses portes, il l'assiégea durant toute une année. Après l'avoir prise de vive force, il fit périr par le fer et le feu hommes, femmes, enfants et tout ce qu'il y trouva [22]. S'étant enfin dirigé sur Rome, il obligea les Goths à prendre la fuite [23].

Vis-à-vis d'Ithaque s'élève la ville de Samos [24], et, au sud de Céphalonie, on aperçoit le port de Saint-Isidore [25], très sûr abri pour les navigateurs.

6. Zante.

Nous avons donné sur Céphalonie des détails suffisants, consacrons maintenant quelques lignes à l'île de Zante. Zante a emprunté son nom soit à un roi [1], soit à une fleur [2], car c'est une île agréable et fleurie. Elle est située en face du golfe de Corinthe [3]. Ce fut, dit-on, de Zante que se rendirent en Espagne les colons qui restaurèrent et habitèrent une ville romaine, vieille mais fort jolie, laquelle fut plus tard prise et détruite par Hannibal [4].

Zante a aussi porté anciennement le nom de Jérusalem [5]. Robert Guiscard, duc de Pouille, ayant résolu de visiter le Saint-Sépulcre, il lui fut révélé en songe qu'il terminerait sa vie à Jérusalem. S'étant donc mis en route, il relâcha dans cette île par suite d'une impossibilité de naviguer. Y étant tombé gravement malade, il apprit qu'elle se nommait Jérusalem et expira au bout de quelques jours [6].

Du côté nord, Zante possède des plaines et de frais pâturages [7]. A l'est, se trouve un port appelé Naction [8], en face duquel il y a, dans une plaine, un lac de poix liquide [9]; un bœuf piqué par une mouche s'y précipita et y périt étouffé. Près de ce lac, un navire chargé de malvoisie marchant à pleines voiles, durant la nuit, avec un vent favorable, mais dirigé par des matelots ignorants, échoua sur le sable sans éprouver d'avaries et y resta immobile.

Ayant appris, elle aussi, que cette île s'appelait Jérusalem, sainte Véronique s'y rendit par dévotion. Elle montra, dit-on, le suaire du Christ aux habitants, leur prêcha la mort du Sauveur et les prépara tous à embrasser notre foi [10].

Sur le rivage oriental de l'île, se trouve, assure-t-on, une mine de métaux, laquelle se dirige vers le sud et s'avance au loin, à travers des arbres ombreux, jusque dans la région montagneuse [11].

A l'ouest, s'ouvre le port vaseux de Saint-Nicolas [12], près duquel s'étend une plaine propice à la fabrication du sel [13].

Au nord, vers le centre de l'île, s'élève une ville, souvent éprouvée par des tremblements de terre [14], et où a reçu la sépulture une duchesse de ma famille [15].

Zante a soixante milles de circonférence [16]. Elle jouit d'un climat tempéré et suffisamment sain, à la grande satisfaction de tous les habitants [17].

Voici ce que Virgile dit de cette île:

Iam medio apparet fluctu nemorosa Zacynthus [18].

7. Les Strophades.

Il me reste maintenant, Père Giordano, à vous décrire d'abord quelques saints rochers situés, vers le sud, dans la mer Ionienne, rochers dont le périmètre ne dépasse pas un mille [1] et qui, depuis une époque déjà ancienne, sont réputés très vénérables [2]; ensuite, à vous entretenir des Échinades, qui ont emprunté leur nom aux oursins de mer [3] et sont voisines du fleuve Achéloüs [4]; enfin, des Strophades, ainsi appelées du mot grec στροφή. Il y a aux Strophades une communauté de moines qui mènent un genre de vie rigoureux, ne se nourrissant que de poisson et ne buvant que de l'eau. Des religieux de ce couvent ayant été jadis réduits en captivité et vendus par les Barbaresques, ceux qui leur succédèrent, voulant parcourir en paix les voies de Dieu, bâtirent une tour [5], où ils vivent d'une façon véritablement érémitique. La communauté comprend plus de cinquante membres appartenant à différentes familles.

Les Strophades et une petite île voisine [6] furent habitées par des pirates, du temps de Phinée, roi d'Arcadie [7]. Ce Phinée avait, dit-on, aveuglé lui-même ses fils, sur le conseil d'Harpalyce [8], leur marâtre; voulant tirer vengeance de ce crime, les pirates occupèrent l'Arcadie et la tinrent bloquée afin de châtier Phinée. Mais Zéthus et Calaïs [9], frères d'Harpalyce, mirent les pirates en fuite, les repoussèrent jusque dans les Strophades, et délivrèrent Phinée du danger qui le menaçait. Les pirates appelèrent ainsi ces îles du mot στροφή, parce qu'ils y étaient revenus les mains vides et sans avoir réussi.

Lorsque Énée fuyait, après la prise de Troie, pour se

rendre en Italie, il aborda, dit-on, aux Strophades, afin d'y prendre son repas avec ses compagnons. Ils étaient tous assis en train de manger, lorsque les Harpyes, qui avaient occupé ces îles après avoir été chassées de l'Arcadie, se précipitèrent sur la table, enlevèrent les mets avec leurs griffes, ou les souillèrent de leurs attouchements impurs. Elles furent appelées Harpyes, à cause de leur gloutonnerie, parce que tous les navigateurs qui abordaient aux Strophades étaient victimes de l'avarice et de la rapacité des pirates qui les habitaient. Énée et ses compagnons employèrent le fer pour expulser les Harpyes de ces îles [10].

Aujourd'hui les Strophades ont passé du mal au bien et sont devenues amies des gens de mer; car autant jadis ceux-ci les détestaient, autant, de nos jours, ils mettent d'empressement à s'en approcher avec des sentiments de bienveillance et de piété.

Il y a, comme il a été dit, aux Strophades une tour avec une église; les moines, qui appartiennent à l'ordre de ceux dits réguliers, s'y rassemblent, et l'higoumène (en latin *prior*) leur lit la vie des saints Pères et la leur explique. Jugez donc de leur existence, très vénéré Père! On s'accorde à la considérer comme des plus dures; car l'île est très étroite, n'ayant qu'un mille de tour, et huit cents stades la séparent du continent [11]. Les moines des Strophades s'interdisent absolument l'usage des viandes et ne se nourrissent que de poissons, souvent desséchés au soleil, de pain sec et d'eau, afin que, en vivant de cette façon, chacun d'eux puisse rendre au Très-Haut son âme exempte de toute souillure.

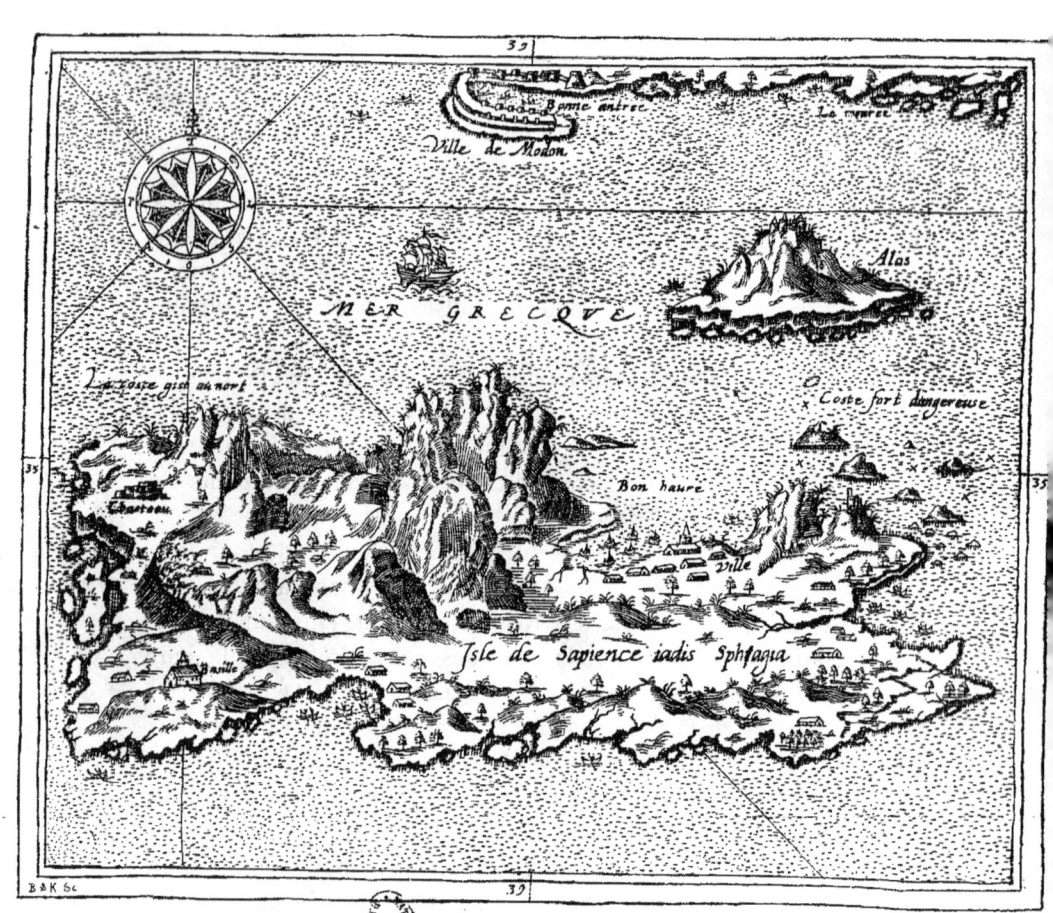

ILE DE LA SAPIENCE.

8. La Sapience.

De là je passe à la Sapience, petite île stérile qui gît en face de Modon [1]. On l'appelle Sapience [2], soit parce que les navigateurs doivent la côtoyer avec prudence, en se gardant des écueils cachés qui l'environnent (le mot latin *sapientia* équivaut aux expressions grecques σοφία et φρόνησις); soit parce qu'une femme de race hellénique, qui habitait dans cette île, dévoilait par ses incantations l'avenir aux passants [3].

Au centre de la Sapience, s'élève une montagne [4], sur laquelle les habitants de Modon plantent un drapeau, de façon à ce qu'on l'aperçoive des localités circonvoisines.

A l'est de la Sapience, on voit d'autres îles qui ne sont habitées que par des chèvres [5]. Sous le règne du grand Mourad, une galère turque aborda nuitamment dans la plus petite de ces îles; les hommes qui la montaient ne furent pas sitôt débarqués qu'ils s'élancèrent contre l'église et l'investirent; ayant entendu un moine psalmodier à l'intérieur, ils cherchèrent la porte sans réussir à la trouver. Ils tâtonnèrent ainsi jusqu'au matin. Quand le jour brilla, les Turcs, craignant une attaque de la part des chrétiens, songèrent à se retirer, mais ils ne purent quitter le rivage qu'après avoir réparé les dommages qu'ils avaient causés aux moines [5*].

En face desdites îles s'élèvent deux villes: Modon [6], extrêmement fertile en vin, présent de Bacchus; et Coron [7], couronnée d'oliviers, arbres de Pallas, qui produisent de l'huile en abondance. Ces deux villes font partie de la Morée, province anciennement appelée Péloponnèse, du nom de Pélops, fils de Tantale, comme l'affirme Barlaam [7],

[et] homme illustre dans les combats. Ayant, en effet, lutté avec Œnomaüs, roi d'Élide et de Pise, Pélops le vainquit à la course des chars, épousa Hippodamie, fille de son rival, donna son nom au Péloponnèse, qui s'appelait d'abord Argos, et en devint roi après la mort d'Œnomaüs [8].

9. Cythère.

Il me paraît superflu de parler des écueils situés dans ces parages, car il n'y a les concernant aucun fait digne d'être rapporté. Nous les passons donc sous silence et nous abordons l'île de Cythère [1], que tout le monde considère comme étant la première de celles qui se trouvent à l'ouest de l'Archipel. Elle est presque entièrement montagneuse. Elle possède une ville forte appelée Cythère [2], où l'on rendait à Aphrodite un culte particulier. C'est de cette ville que la déesse et l'île elle-même ont tiré leur nom [3]. On y voyait une statue d'Aphrodite, sculptée sous les traits d'une jeune fille extrêmement belle, nageant dans la mer et tenant dans sa main droite une conque marine; elle était parée de roses et escortée de colombes voletant autour d'elle. Malgré tous ses charmes, Aphrodite épousa Héphæstos, dieu du feu, qui était grossier et fort laid. Devant elle se tenaient debout trois jouvencelles d'une merveilleuse beauté, appelées les Grâces, dont deux la regardaient, tandis que la troisième lui tournait le dos. Près d'elle était Éros, son fils, ailé et aveugle, tenant un arc et des flèches, qu'il décochait de loin à Apollon [4]. Irrités de ce méfait, les dieux contraignirent l'enfant, effrayé, à chercher un refuge dans le sein de sa mère.

Allégorie. La planète nommée Aphrodite (Vénus) est de complexion féminine; et, pour cette raison, on la repré-

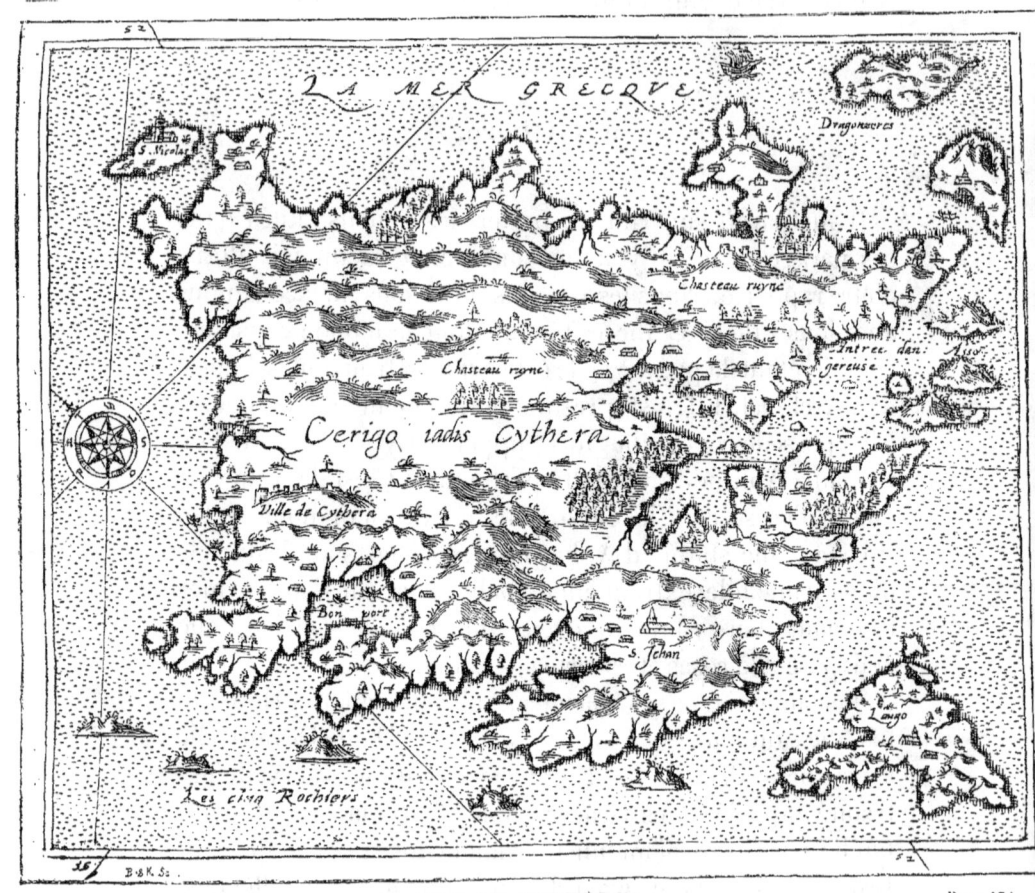

ILE DE CYTHÈRE.

sente sous les traits d'une jeune fille, attendu que la jeune fille possède un tempérament plutôt chaud et humide. Mariée à Héphæstos, Aphrodite passe pour aimer la mer, parce que c'est en combinant l'humidité et la chaleur qu'elle enfante Éros, le dieu de l'amour, c'est-à-dire le plaisir charnel ; car l'étoile de Vénus excite les hommes au coït [5].

Les trois jeunes filles symbolisent trois péchés, savoir : l'avarice, qui enseigne la recherche du gain dans l'acte vénérien ; la luxure, qui enseigne l'œuvre de chair ; enfin, l'infidélité, qui enseigne à se livrer à l'amour par esprit de lucre [6]. Éros est dit ailé, parce qu'il est prompt à survenir et à opérer l'union sexuelle ; aveugle, parce que peu lui chaut l'objet dont il s'éprend [7].

C'est de Cythère que Pâris, fils de Priam, enleva, avec son consentement, Hélène, femme de Ménélas. Celle-ci s'était rendue par hasard, un jour de fête, dans un temple situé près du rivage et encore reconnaissable aujourd'hui [8]. Quand ils s'aperçurent l'un l'autre, leur beauté respective fut la cause déterminante de l'enlèvement, lequel amena plus tard une grande calamité. Car tous les chefs des Grecs s'empressèrent de se liguer contre les Troyens, dans l'intention de saccager leur ville. Plusieurs réclamations au sujet de cet enlèvement étant demeurées stériles, ils dirigèrent une expédition contre Troie, avec une armée très considérable, sous le commandement d'Agamemnon. Après un siège de dix ans, ils s'emparèrent de cette ville et rendirent Hélène à Ménélas. Celui-ci reprit avec elle le chemin de Lacédémone ; mais il fut d'abord poussé en Égypte par de fréquentes tempêtes et rentra enfin dans sa patrie après avoir couru maints dangers [9].

L'île de Cythère a un périmètre de soixante milles [10] ; elle est entourée d'écueils possédant des eaux potables d'une très grande limpidité [11] ; aujourd'hui encore, il y a une source appelée la Dragonnière ⁽¹²⁾, comme les îlots de ce nom ⁽¹³⁾. La population de Cythère est, pour un motif que j'ignore, assez peu nombreuse.

10. Sikili.

A une courte distance de Cythère, gît l'île de Sikili ⁽¹⁾, que nous pouvons faire figurer dans le présent dénombrement. Elle a un périmètre de dix milles ⁽²⁾ et possédait autrefois une ville habitée par des hommes ⁽³⁾; mais, aujourd'hui, l'unique population de l'île consiste en une multitude d'ânes sauvages ⁽⁴⁾.

On dit que si, dans cette île, quelqu'un dort sur la peau d'un âne sauvage, il n'a rien à craindre des démons ; qu'un épileptique est guéri, s'il se fabrique une amulette avec de la peau prise sur le front de l'âne, ou s'il avale de la cendre produite par la combustion d'une parcelle du sabot de l'animal, ou s'il porte une bague fabriquée avec cette corne, laquelle facilite, en outre, l'accouchement d'une femme, si elle s'en fait des fumigations. Si l'on administre à un fiévreux de la cendre obtenue en brûlant des poils coupés avec un rasoir sur la tête ou la joue de la bête, il est délivré de sa maladie. Une personne atteinte de la fièvre quarte éprouve du soulagement, si elle boit du sang des oreilles de l'onagre; si l'on prépare une pommade composée avec ce sang, du suc de serpentaire et de l'essence de roses, et qu'on s'en oigne les reins avant l'accès de la fièvre quarte, on sera guéri. Les membres contractés par les rhumatismes reprennent leur souplesse, si on les lotionne avec du bouillon de viande d'onagre, ou si on les oint avec ce bouillon et de la graisse d'ânesse. La moelle des os d'onagre possède une très grande vertu pour les plaies et l'engourdissement des nerfs ⁽⁵⁾.

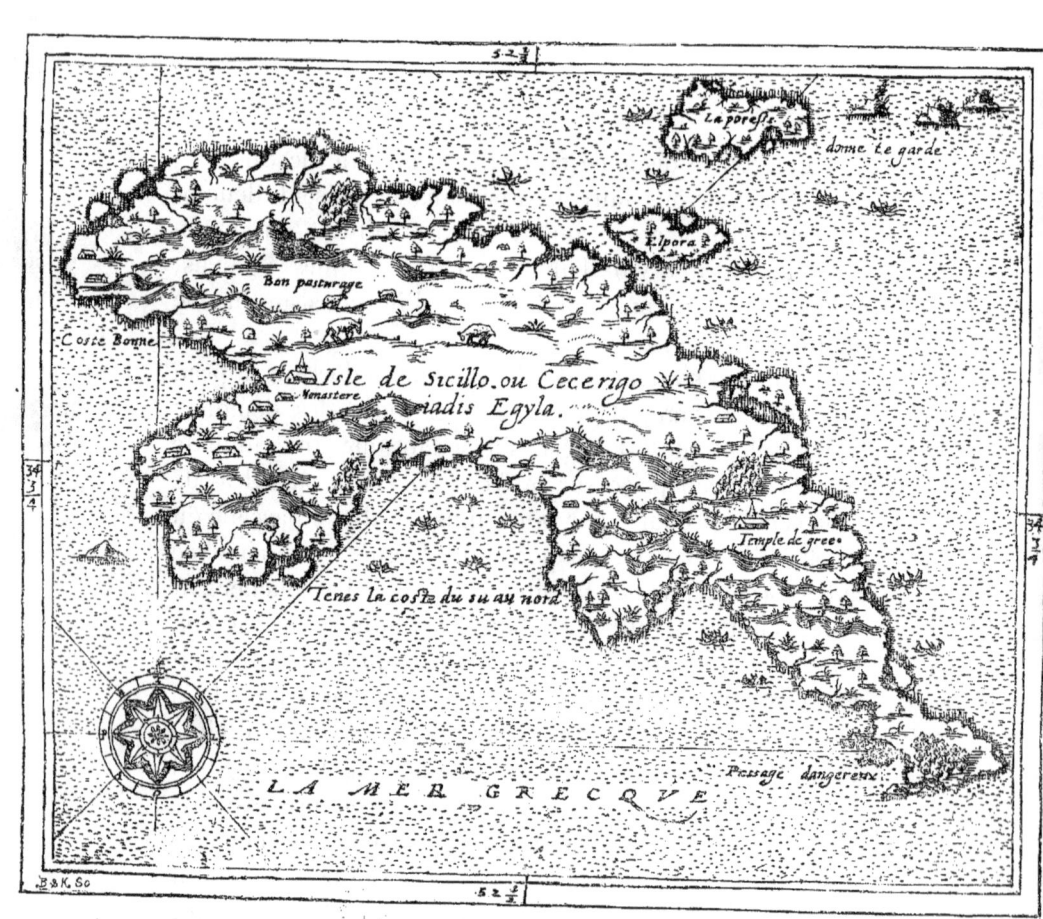

ILE DE SIKILI (CÉRIGOTTO)[10].

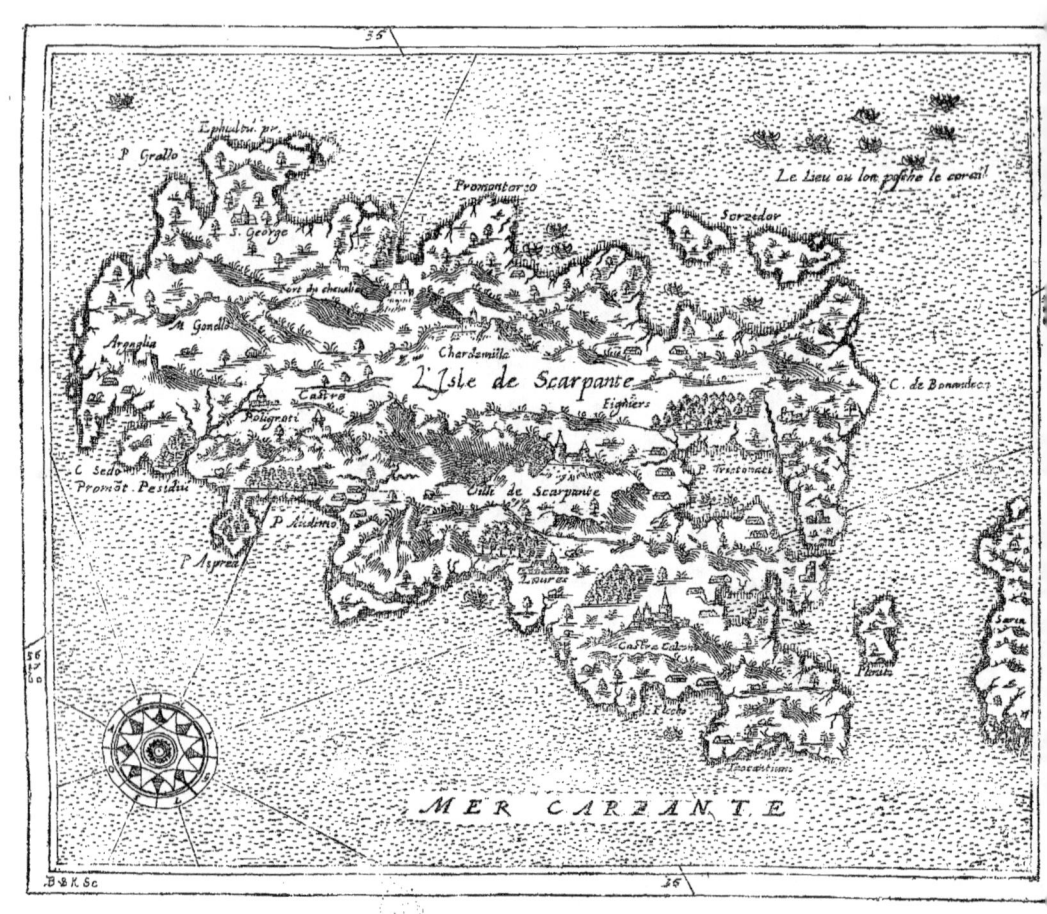

ILE DE CARPATHOS[12].

Des Turcs ayant jadis fait naufrage sur les côtes de Sikili, les Crétois l'apprirent et eurent bientôt préparé à ces mécréants la route de l'enfer.

De même, un navire s'étant jeté de nuit sur cette île, coula à fond. Après avoir nagé, durant huit jours, sur des planches, les hommes de l'équipage périrent tous, sauf un seul, qui, resté sur un écueil, y vécut une année, en se nourrissant de racines d'arbres et de plantes. Il fut enfin recueilli sain et sauf par un vaisseau, que l'impossibilité de faire voile avait contraint d'aborder cet écueil.

11. Crète.

On peut trouver, dans le livre spécial que j'ai consacré à la Crète [1], des détails plus amples que ceux que je me propose de donner ici ; néanmoins, pour l'utilité du lecteur, je vais brièvement esquisser ladite île et, à cet effet, la diviser en trois régions.

La Crète occupe à peu près le milieu de la mer Méditerranée ; elle est, de toutes parts, environnée de montagnes et incommodée par les vents. Sa longueur, de l'est à l'ouest, est de deux cent trente milles ; sa largeur de trente-cinq milles. A l'est, s'élève le mont Salmone, lequel regarde vers Carpathos ; à l'ouest, le Corycos, qui fait face au cap Malée.

La Crète a tiré son nom soit de Crétus, fils de Nemrod ; soit de ce que son sol ressemble à la terre blanche et collante appelée en latin *creta*.

Cette île possédait autrefois cent villes ; et les fondations de plus de soixante d'entre elles subsistent encore aujourd'hui.

Saturne, fils du Ciel et de la Terre, homme intelligent

et très puissant, régna, dit-on, en Crète et ordonna aux habitants de lui rendre des honneurs divins. Il fut le premier à fabriquer de la monnaie de bronze et à y graver son nom ; il enseigna aux Crétois à cultiver la terre, à faire les semailles et à récolter les moissons en temps opportun. Il s'éleva, en outre, un temple à lui-même et prescrivit de célébrer annuellement des fêtes, qu'il appela Saturnales. Il épousa sa propre sœur, nommée Vesta, dont il eut beaucoup d'enfants, qu'il dévora tous, dit-on, afin qu'ils ne le chassassent pas de son royaume, lorsqu'ils auraient atteint l'âge d'homme.

Cependant Jupiter étant né, et sa mère redoutant pour lui le sort de ses frères aînés, elle le fit porter sur le mont Ida et le confia aux Curètes, en leur enjoignant d'en prendre soin. Ceux-ci, afin de le soustraire aux embûches de son père, le transportèrent dans une grotte et étouffèrent ses vagissements en frappant sur des cymbales et des tambours ; grâce à cette précaution, on ne l'entendait pas crier. Charmées par le son des instruments de musique, des abeilles allèrent déposer leur miel dans la bouche de l'enfant : ce qui veut dire qu'on le nourrissait de lait et de miel.

Quand Jupiter eut atteint l'âge viril, il fit d'abord la guerre aux Titans ; ensuite, il chassa son père de ses États, parce qu'il se montrait très cruel, avait enseigné les sacrifices humains et même à immoler ses propres enfants. Après la fuite de son père, ce Jupiter devint roi de Crète et épousa sa sœur. Épris de gloire, il éleva des temples en son nom dans maints endroits. Il y eut plusieurs personnages ainsi appelés ; mais le Jupiter Crétois est le plus illustre de tous, attendu qu'il est l'auteur d'un grand nombre d'inventions utiles à l'homme. Étant venu à mourir, il fut enterré près de la ville d'Avlacra, bien qu'il passe pour avoir été déifié au ciel.

Il y a dans l'île de Crète une montagne qui porte le nom de ce Jupiter et au pied de laquelle il y a, vers le nord, ainsi que le rapporte Ptolémée, une grotte creusée de main d'homme, entièrement blanche, longue de quarante coudées, large de quatre, et ayant un orifice étroit; à l'extrémité de cette grotte, nous avons reconnu le tombeau de Jupiter, grâce à l'inscription qu'il porte, bien qu'elle soit déjà endommagée par le temps.

A l'extérieur de cette grotte, on voit les ruines considérables d'un temple. En poursuivant notre route vers le sud, nous apercevons sur le rivage, du côté de l'est, Hiérapolis, avec ses nombreux édifices construits en marbres extrêmement grands et beaux; il y a dans cette ville un temple grandiose sur le fronton duquel on lit en grec cette inscription : « Découvre ta tête, lave tes pieds et entre. »

Non loin de là est la magnifique ville de Kissamos, dans le voisinage de laquelle est situé le cap autrefois appelé Cadistos et actuellement Spada. Vient ensuite Cydonie, vulgairement nommée aujourd'hui la Canée, ville des plus agréables, où aborda Métellus, lors de son expédition contre les Crétois; lequel mit l'île tout entière à feu et à sang, pour tirer vengeance, je suppose, de ce que les habitants avaient obligé Marc-Antoine à rentrer à Rome, après l'avoir complètement défait dans une bataille navale, selon ce que raconte Tite-Live dans son Histoire.

Je passe maintenant à Rhéthymno, puis à Chandax, aujourd'hui Candie, laquelle, après avoir été rebâtie, est devenue la capitale de l'île; ensuite à Chersonisos, jadis entourée de hautes murailles; à l'ancienne Pyxopolis, aujourd'hui Istrina, où coule une source qui fait tourner huit moulins. On trouve encore d'autres villes sur le sommet des montagnes, non loin de la mer, notamment Sardopolis, jadis habitée par des géants. A l'extrémité orientale de l'île s'élève le mont Salmone, qui domine tous ses voisins.

Si, de là, nous nous dirigeons du côté de l'ouest, parvenus vers le milieu de l'île, nous apercevons le Dicté, montagne dont le sommet est occupé par un plateau ayant dix-huit milles de circuit et couvert d'excellents pâturages.

Au sud, s'étend une vaste plaine, vulgairement appelée Mésaréa, vers le centre de laquelle on voit encore aujourd'hui des restes considérables de Gortyne, ville célèbre et la principale de toutes celles du roi Minos; elle était bâtie avec art et pourvue d'aqueducs qui alimentaient tous ses quartiers. J'y ai compté moi-même deux mille colonnes et statues renversées par le temps. Comme grandeur, elle est pareille à notre Florence.

Au nord, dans la montagne, est le Labyrinthe avec une entrée creusée par la nature; c'est là que Dédale avait placé le Minotaure et que le tua Thésée, grâce à la ruse imaginée par Phèdre, sœur de Dédale.

Si l'on s'avance vers l'ouest environ dix milles, on trouve l'Ida, montagne très élevée et fameuse, au pied de laquelle est la ville de Cnosse. Cette montagne a cinq cimes; c'est sur celle du milieu, la plus haute, que Saturne passe pour avoir bâti un temple en son honneur et prescrit de considérer la poésie comme chose sacrée. Le mont Ida est couvert de neige toute l'année, depuis le milieu jusqu'au sommet. Son étendue de Cnosse à Aptère est de quarante milles et son altitude de vingt milles. Il y a, dans ce parcours, une foule de choses dignes d'être rapportées; mais nous les passons sous silence, afin de ne pas allonger notre récit.

Je visitai également la région boisée sise à l'ouest et où vinrent habiter, sous le règne de l'empereur Constantin, douze familles romaines; lesquelles, dans la succession des siècles et de génération en génération, ont conservé jusqu'à ce jour leurs noms, leurs armoiries respectives, et ont adopté les coutumes helléniques dans toute leur pureté. Ce sont les Chortatzis, en latin Saturi, au nombre de cinq cents; les Mélissènes ou Vespasiani, trois cents; les Lighnos ou Flexiles, seize cents; les Vlastos ou Papiniani, deux cents; les Clados ou Ramuli, cent quatre-vingts; les Scordylis ou Alliatæ, huit cents; les Kionios ou Columna, trente; les Arcouléos ou Ursini, cent.

Vers la pointe de cette île s'élève le mont Leucos, des deux versants duquel descendent plusieurs cours d'eau; ses vallées sont ombragées de cyprès si nombreux et si gros qu'on a peine à le croire; on en fait des planches qu'on exporte dans toutes les directions.

Voici ce que Virgile dit de l'île de Crète :

> Creta Iovis magni medio iacet insula ponto,
> mons Idæus ubi et gentis cunabula nostræ;
> centum urbes habitant magnas, uberrima regna.

12. Carpathos.

J'en ai fini avec la Crète et j'arrive maintenant à Carpathos [1], ainsi appelée d'un certain Carpos, fils de Titan [2]. L'expression grecque καρπός équivaut au mot latin *fructus*. C'est dans cette île qu'Athéné fut élevée et reçut le nom de Pallas [3]. Déesse de la sagesse, elle naquit du cerveau de Jupiter. On la sculptait sous les traits d'une femme armée, ayant la tête ceinte d'une hydre au lieu de bandeau, coiffée d'un casque avec crinière, tenant dans sa main droite une lance, dans sa main gauche un bouclier de cristal avec la Gorgone; elle portait un vêtement tricolore; il y avait près d'elle un olivier et une chouette perchée sur cet arbre [4]. On la représentait en armes, parce qu'un homme sage est armé de vertus; le bouclier était l'emblème de la force; la lance, de la droiture et de la justice ; le casque qui couvrait sa tête, de la sobriété et de la tempérance ; l'hydre, de la gloire et de la prudence ; l'olivier, de la pitié et de la miséricorde ; la chouette, de l'humilité et de la vie cachée ; les trois couleurs de sa robe symbolisaient les trois vertus théologales ; le cristal, l'éclat de la vérité ; l'image terrible, la crainte de Dieu ; la Gorgone, la mort ou le diable ; la crinière, l'honneur.

Cette île fut la patrie de Japet [5], qui eut deux fils, Prométhée et Épiméthée [6], doués l'un et l'autre d'un très grand génie et fort appliqués à l'étude. On dit que, ayant pris de la boue de la terre, ils en façonnèrent un simulacre d'homme. Athéné, en étant devenue amoureuse, emmena Prométhée avec elle au ciel, afin que, s'il voulait y prendre quelque chose pour perfectionner son œuvre, il pût faire son choix. Celui-ci, ayant dérobé un des rayons du disque solaire, le plaça dans la poitrine de son simulacre et lui communiqua ainsi la vie. Jupiter, irrité de ce larcin, foudroya Prométhée et l'attacha solidement sur le mont Caucase, où des vautours se repaissaient de son foie sans cesse renaissant [7].

Prométhée se livra, sur le Caucase, à des recherches physiques [8], grâce auxquelles il découvrit que notre nature matérielle avait une origine terrestre ; quant à notre nature intellectuelle, il arriva à comprendre que l'âme ayant une origine céleste, c'était elle qui avait animé le corps. On dit qu'il déroba un rayon de soleil, cela signifie qu'il trouvait une consolation dans la contemplation des choses célestes ; l'aigle ou le vautour, qui lui rongeait le foie, symbolise les gens studieux, qui cachent sous la pâleur de leur visage le feu dont ils sont intérieurement dévorés [9].

L'île de Carpathos a un périmètre de soixante-dix milles [10]. Elle possédait sept villes [11], dont trois existent

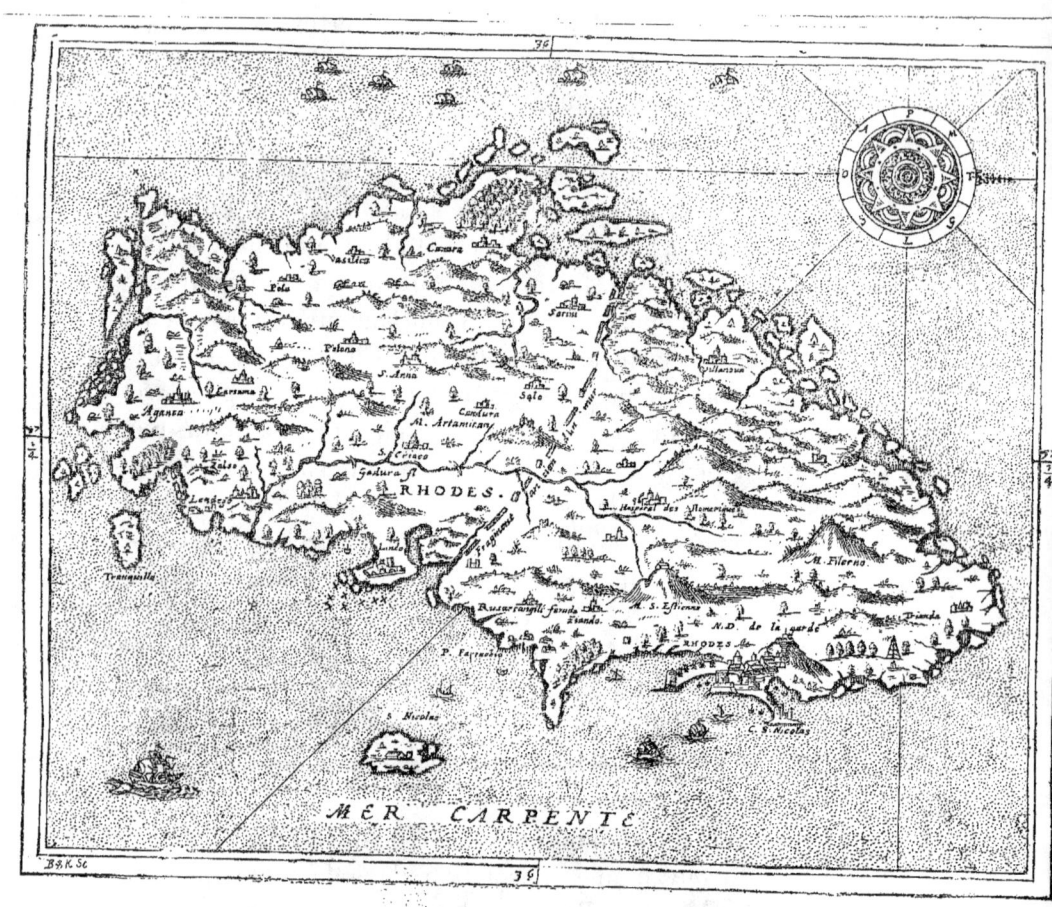
ILE DE RHODES[13].

encore dans les montagnes. Au levant se trouve la ville d'Olympos [12], avec le port Tristomos [13], protégé par l'écueil [de Pharia] [14]. A l'ouest, près du port de Théatros [15], sur le promontoire, il y avait deux villes : Teutho [16] et Arcassas [17], où l'on vénère aujourd'hui saint Théodore [18]. En face, est située l'île de Casos [19]. Près du mont Gomalos [20], on voit les villes de Ménétès [21] et de Corakès [22] ; au nord, près de la mer, était la magnifique cité de Phianti [23], non loin de laquelle, à peu près au centre de l'île, s'élèvent les monts Anchinata [24], Oro [25] et Saint-Hélie [56]. Au nord également s'étend une plaine, en tête de laquelle est le port d'Agata [27].

Tous les habitants de cette île sont affreux à voir, parce qu'ils travaillent la poix et en sont souillés [28]. Ils ne se nourrissent que de lait.

Jadis, des Turcs à la recherche de quelque proie abordèrent nuitamment à Carpathos ; les hommes préposés à la garde de l'île les attaquèrent courageusement et brûlèrent leur galère. Les Turcs étant revenus tout affligés (car ils parcouraient l'île pour se livrer au pillage) trouvèrent leur vaisseau incendié, abandonnèrent leur butin et s'enfuirent dans les montagnes, où il en périt plus d'une centaine [29].

13. Rhodes.

Voici le moment de parler de la très ancienne ville de Rhodes [1], cette cité qui donnait l'hospitalité tant aux rois et aux marchands de l'Asie-Mineure qu'aux étrangers qui s'y rendaient de toutes les parties du monde [2]. La région qui constituait jadis la Grèce inférieure est et s'appelle aujourd'hui la Turquie [3].

Rhodes a pris son nom de ῥόδον [4], en latin *rosa*, peut-être parce que cette fleur y est plus parfaite et plus belle que partout ailleurs [5] ; mais son nom peut aussi venir de ρόδι [6], en latin *malum punicum* (grenade), car cette ville était autrefois remplie d'hommes comme une grenade l'est de pépins [7]. Par sa configuration circulaire, elle ressemblait à un bouclier [8]. En effet, son enceinte, allant de Saint-Étienne à Saint-Jean-des-Lépreux [9], Saint-Antoine [10] et Saint-Callinique [11], et de ce point revenant à Saint-Jean, présentait la susdite forme. Au témoignage des auteurs qui ont traité de l'antiquité, cette enceinte était protégée par deux cents tours [12], dont chacune atteignait une hauteur de cinquante coudées [13] et que le Colosse dominait toutes de son imposante stature; car ce Colosse avait soixante-dix coudées [14] et portait une bannière [15] que l'on distinguait à une distance de quatre-vingts milles; par son élévation, il faisait paraître plus basses les parties hautes de la ville. Cette ville possédait une puissance extrêmement grande et fut longtemps florissante. Elle fit plus d'une fois la guerre aux Égyptiens, par lesquels elle fut enfin vaincue et détruite [16].

Quelques-uns veulent que le Colosse et toutes les tours aient été renversés par de fréquents tremblements de terre et aient de la sorte occasionné la mort d'une multitude de personnes [17]; mais, les avis étant partagés à ce sujet, je n'ose formuler le mien sur un fait aussi ancien, car j'ai conscience de mon ignorance. C'est une chose connue qu'il y a autant d'opinions que de cervelles et que presque tout le monde se laisse guider dans ses jugements plutôt par un sentiment personnel que par la droite raison. Toutefois, j'ai trouvé moi-même dans un livre grec [18] que, comme je l'ai déjà dit, le Colosse était une statue en bronze de soixante-dix coudées, ayant au milieu de la poitrine un grand miroir dont l'éclat était assez considérable pour que les navires qui quittaient l'Égypte pussent l'apercevoir [19]. Il y avait, en outre, plus de mille autres colosses disséminés par toute l'île et dressés sur des colonnes [20]; il y avait aussi une grande quantité de colonnes où étaient sculptées des têtes pareilles à celle du cerf [21].

Nous trouvâmes à Rhodes, en nous promenant, [des monnaies à] l'effigie de César [22] avec nombre de vases remplis de cendres de cadavres brûlés [23]. Ces vestiges conservés jusqu'à nos jours témoignent suffisamment de l'extrême magnificence de cette ville. On a récemment trouvé dans une vigne, près de Saint-Antoine et de Saint-Sauveur [24], une cachette qui contenait cinq cents statues de toute sorte [25].

Si donc on la compare avec l'ancienne, la ville actuelle est bien peu de chose et ne comporte pas même la comparaison. Elle regarde le levant [26] et est divisée en quatre quartiers : le premier est occupé par le grand maître de l'hôpital de Saint-Jean [27]; le deuxième par les frères dudit ordre [28]; le troisième par l'hôpital des chevaliers [29], édifice où ceux-ci ont l'habitude de se réunir; le quatrième et dernier est habité par les marchands et par les Grecs [30].

Les Rhodiens sont généralement appelés Colossiens [31], et ce nom leur vient du Colosse.

Rhodes est la plus agréable de toutes les îles de la Méditerranée; elle a un périmètre de cent cinquante-quatre milles [32]. Tout son littoral occidental, à partir de la pointe septentrionale jusqu'au sud, est entièrement plat et possède des villes et de nombreux villages [33]. L'une de ces villes, appelée Vasilica [34], en latin *Imperatoria,* était jadis puissante, mais est aujourd'hui réduite à rien.

On voit, au sud, deux forteresses en ruines [35] et une quantité de villages [36]; là se trouvent Polakkia [37], Catavia [38] et Aganéa [39], villes fortifiées, habitées par des paysans qui se livrent à l'agriculture et à l'élevage du bétail nécessaire à leurs besoins.

Du côté de l'est, près de la mer, s'étendait, dit-on, très loin autrefois, à travers les montagnes et les forêts, une muraille bâtie en pierres énormes, laquelle séparait l'île en deux parties (40) : preuve évidente que Rhodes formait deux États distincts (41).

Nous apercevons ensuite la forteresse de Lindos (42), où l'on offrait à Hercule des sacrifices suivant un rite différent de tous les autres; car on lui sacrifiait de la chair comme aux autres dieux (43).

On voit, en outre, dans l'île beaucoup d'autres vestiges de forteresses ruinées par le temps et complètement désertes ; car nous avons devant les yeux Pharaclo (44), Phando (45) et un village nommé l'Archange (46).

Nous arrivons ensuite à la très illustre ville de Rhodes, où les arbres sont si verdoyants et le paysage si agréable, qu'elle charme les regards du spectateur par son merveilleux panorama (47). Qui ne serait surtout frappé d'admiration à la vue du magnifique jardin que les Florentins ont créé en cet endroit (48) ?

Au centre de l'île s'élève le mont Artamiti (49), près duquel coule une rivière appelée Gadouras (50); sur la gauche se trouve le village d'Apollonia (51), [qui possède] sous le vocable de la Vierge Marie mère de Dieu [une église], où s'opèrent de nombreux miracles (52).

Près de la ville de Rhodes, dans la montagne, il y a une forteresse nommée Philermo (53), où de nombreux fidèles ne cessent d'aller vénérer Notre-Dame-de-toutes-les-Grâces (54).

C'est, dit-on, dans la ville de Rhodes que le code maritime a pris naissance (55).

Le grammairien Apollonius, qui a publié un ouvrage *Sur les huit parties du discours* (56) (ouvrage que Priscien a largement mis à contribution pour rédiger sa *Grammaire latine* (57)), se déclare Rhodien (58).

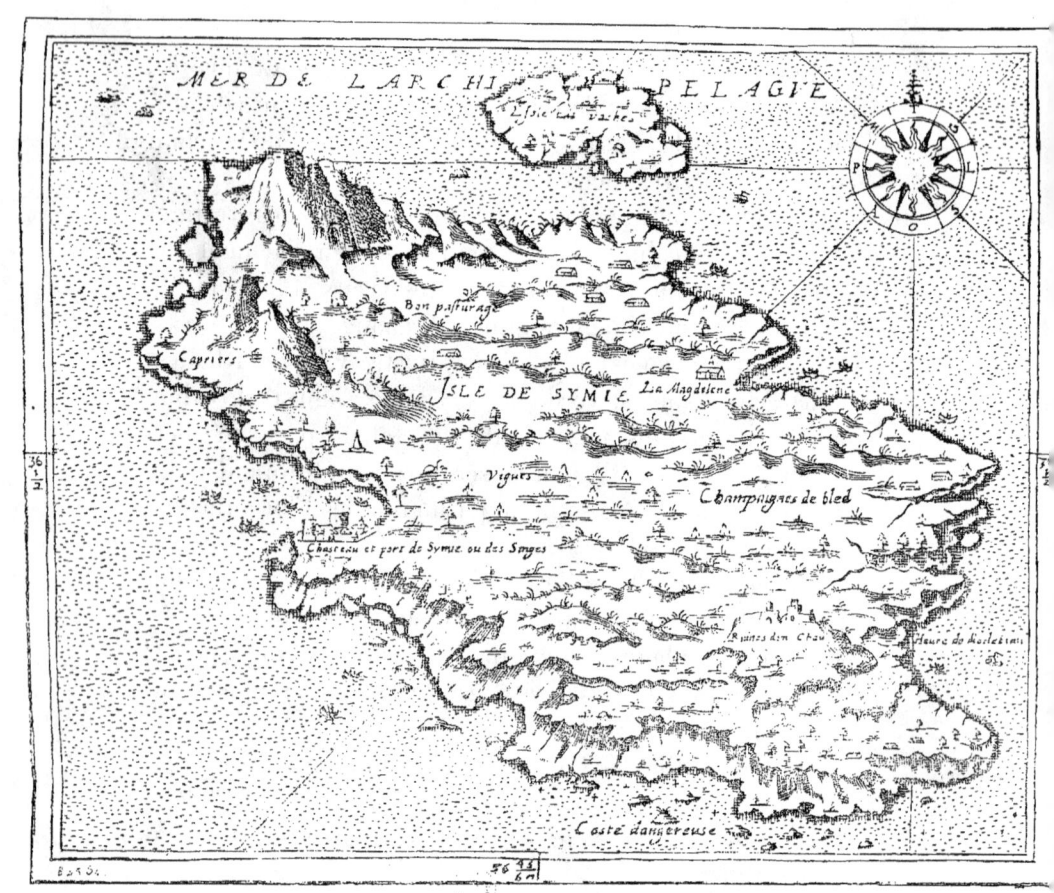

ILE DE SYMIA (SYME).

Notre Tullius (Cicéron), s'étant jadis rendu dans cette ville, y rencontra un grand nombre de savants grecs; il y prononça un excellent panégyrique en présence de tout le peuple et des savants eux-mêmes : ce qui lui valut les éloges et l'admiration des Rhodiens [59].

L'apôtre saint Paul adressa une épître aux Rhodiens, qu'il nomme Colossiens [60], à cause du Colosse. Aujourd'hui encore, on continue de les désigner ainsi tant verbalement que par écrit [61], comme nous l'avons déjà dit.

A Rhodes, quand le temps est à la pluie, le soleil se montre [au moins] une fois par jour, si même il pleut beaucoup [61]. Cette observation, fruit d'une expérience de huit années [62], confirme celle de Varron [63].

14. Simia.

Du temps de Saturne, cette île s'appelait Simia [1]. Son nom lui vient soit de Simétis [2], qui en fut roi, soit de σιμά [3], adverbe de la langue grecque vulgaire qui équivaut au latin *prope*, parce qu'elle est proche de l'Asie-Mineure. Grâce à leurs relations commerciales avec les voisins, les Simiens réussissaient à vivre péniblement. Plus tard, un très grand personnage appelé Prométhée, fils de Japet, s'étant rendu à Simia, enseigna aux habitants maintes pratiques utiles pour la conservation de la vie humaine [4]. C'est lui qui, par la seule puissance de son génie, créa l'homme avec de la boue. Quand Jupiter en fut instruit, il métamorphosa Prométhée en singe (car le mot *simia* est synonyme du grec μιμώ), et le Titan passa ainsi son existence [5].

Fort industrieux, les habitants actuels de Simia exercent le cabotage avec leurs propres bateaux dans les villes des Rhodiens et des Turcs, et, par leur activité, amassent de quoi vivre [6].

Au sud, Simia est environnée d'écueils [7] ; [lorsque] les navigateurs [s'en approchent, ils] carguent leurs voiles, dans la crainte d'être soudainement précipités sur eux [8].

Il y a, près de la mer, une ville bien fortifiée [9], et, dans les montagnes, une autre ville déserte [10].

Simia a un périmètre de trente milles [11]. Elle produit, dans les endroits rocailleux, un excellent vin [12], car les chèvres engraissent les vignes avec leurs crottes [13].

15. Chalki.

Fort loin de Simia [1], se trouve l'île autrefois appelée Carystos [2], aujourd'hui Chalki [3], où régnèrent les Titans [4]. Briarée, fils de l'un d'eux, en désigna les futurs habitants, mais la colonisation fut de courte durée, tant l'île est aride et improductive [5] ; aussi les hommes, pourtant toujours entreprenants, ne se donnèrent-ils pas même la peine d'y bâtir des édifices importants [6].

Sur la côte orientale, il y a un port [7] à l'extrémité duquel s'élève une ville très ancienne et des mieux fortifiées [8]. Saint Nicolas, fatigué d'une longue traversée, y relâcha, dit-on, et enseigna aux habitants le chemin de la vérité [9]. Ceux-ci obtinrent de lui par leurs prières une grande faveur. En effet, bien que sans cesse occupés aux pénibles travaux des mines de fer, situées dans des endroits secs et pierreux, ils ne courent jamais aucun danger et ne perdent rien de leurs forces corporelles. En outre, les lieux où sont ces mines n'ont subi aucune dépréciation, et les habitants les donnent en dot à leurs filles, quand ils veulent leur faire un cadeau de valeur [10].

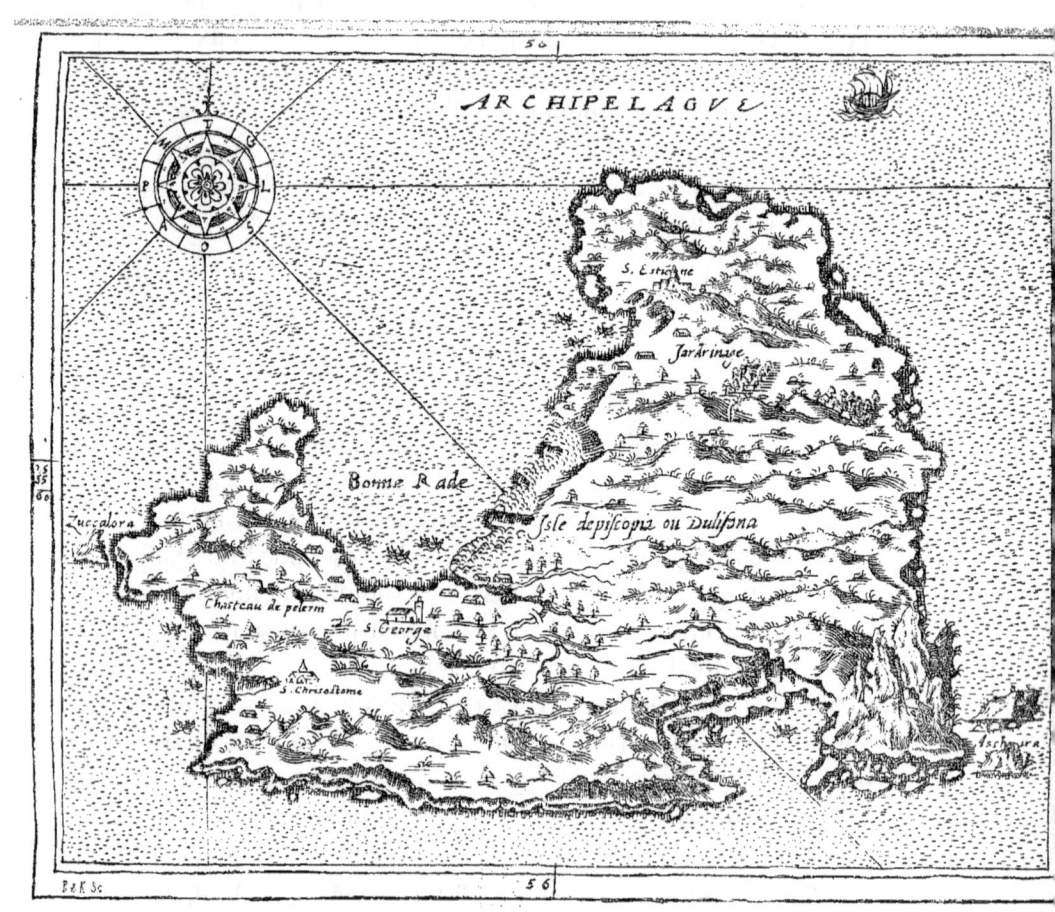

ÎLE D'ÉPISCOPIA.

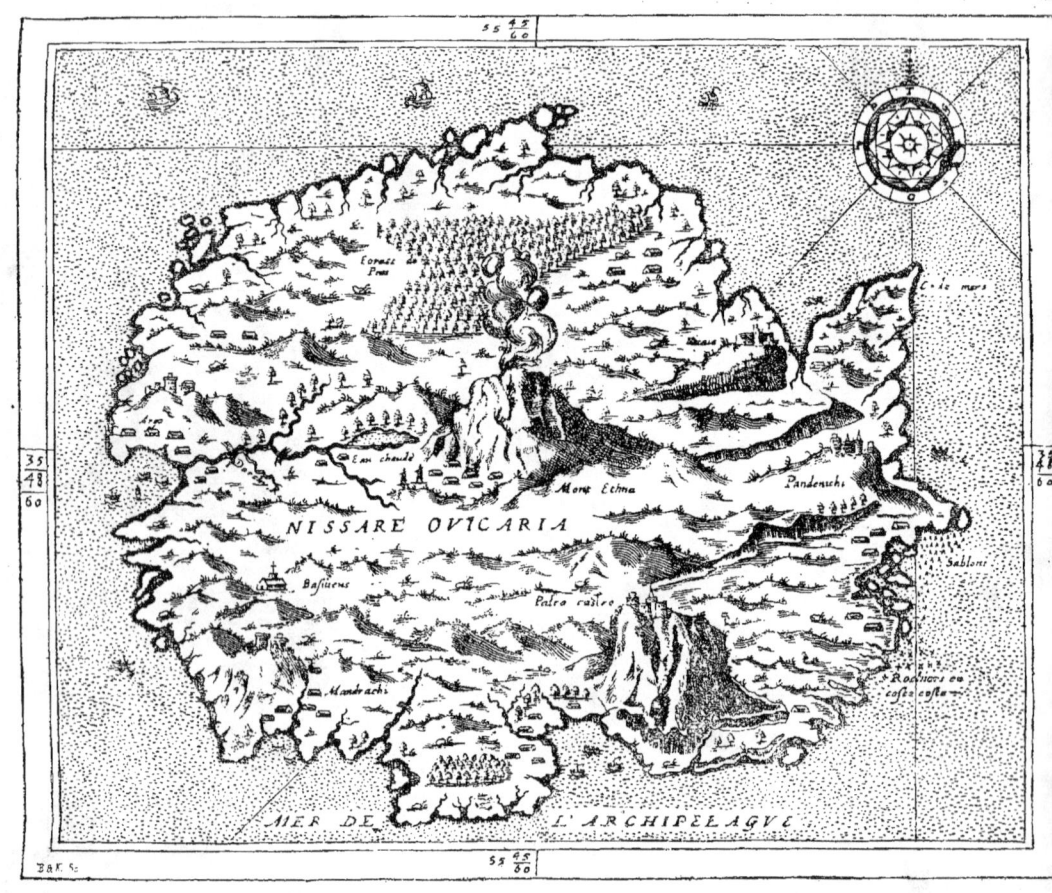

ILE DE NISAROS[17].

C'est pour ce motif qu'ils ont construit en l'honneur du saint une église riche en or et en argent, à l'entretien de laquelle ils apportent tout le zèle dont ils sont animés [11].

16. Épiscopia.

Maintenant que nous avons parlé de Chalki, hâtons-nous de passer à l'île jadis appelée Diliphanos [1] et aujourd'hui Épiscopia [2]. Le mot grec δηλήφανος [3] équivaut au latin *manifesta et apparens*. Ἐπισκοπία est composé de ἐπί, en latin *supra* (c'est-à-dire ἐπάνω) et σκοπός, *speculator* dans notre langue; parce que, étant formée de hautes montagnes, elle s'aperçoit de très loin [4]. Elle s'étend de l'est à l'ouest [5] et a un périmètre d'environ trente-cinq milles [6]. Au levant, s'élève une montagne boisée [7], au pied de laquelle il y a deux écueils [8], dont l'un appelé Askia [9]. Au nord, on trouve la ville forte de Saint-Étienne [10], avec un port et une plaine. A l'ouest, il y a une autre ville forte nommée Zoucalora [11], où règne une grande misère. Au centre, il y a encore deux autres villes fortes [12] dont la population est peu considérable et qui sont plus propres au pacage des chèvres qu'à loger des hommes.

17. Nisaros.

Voilà pour ce qui concerne Épiscopia. Je passe maintenant à l'île anciennement appelée Caria [1], aujourd'hui Nisaros [2], afin de faire connaître, si je puis, et l'île elle-même et la montagne volcanique qu'elle possède.

Quand le consul Flaminius revint d'Orient pour diriger

une expédition contre les Gaulois, il lui fut prédit, lors de son passage par Nisaros, qu'il remporterait la victoire. Cette prédiction le remplit de confiance et il en justifia peu après la véracité [3]. C'est pour cette raison que Nisaros a toujours eu la réputation d'aimer les lettres [4].

Antoine et Cléopâtre passèrent, eux aussi, par cette île, et la ravagèrent complètement pour châtier les habitants de n'avoir pas voulu obtempérer à leurs ordres [5].

Le périmètre de Nisaros est d'environ dix-huit milles [6]. On y voit cinq villes fortes [7], dont les deux principales sont Mandraki [8] et Palæocastro [9]. Pandoniki [10], Nicée [11] et Argos [12] sont situées sur les côtes de l'île.

Il y a, vers le centre, une montagne très élevée, dont le sommet vomit du soufre nuit et jour, comme cela se passe dans l'île de Lipari [13]. Quand on descend de cette montagne et qu'on est éloigné de la cime à la distance d'un jet de pierre, on rencontre une source extrêmement chaude, dont les eaux vont gagner un lac très profond et obscur, situé dans la plaine. Les habitants recueillent en cet endroit une quantité considérable de soufre, qu'ils vendent aux marchands. Du milieu de la montagne jusqu'au sommet, l'intensité de la chaleur est telle que personne n'ose en faire l'ascension, sans être chaussé de socques en bois [14].

La récolte des figues est si abondante à Nisaros que, chaque année, on en charge de petits bateaux [15].

Sur la côte septentrionale, au pied de la montagne et près de la mer, il y a une grotte où se rendent les gens atteints de quelques douleurs, et, après y être restés longtemps, ils s'en retournent chez eux guéris [16].

Cette île étant creuse [17], comme on le suppose, est souvent éprouvée par des tremblements de terre si violents que les étrangers qui s'y trouvent par hasard sont

ILE D'ASTYPALÉE[18].

saisis d'épouvante et se hâtent de déguerpir en maudissant le pays [18]. Quant aux habitants, il leur est indifférent de vivre dans une île affligée du dernier des maux [19].

18. Astypalée.

Je dirige maintenant ma course vers l'île jadis appelée Stymphalée [1] et aujourd'hui Astypalée [2], dont Pline parle ainsi : « La ville libre d'Astypalée a quatre-vingt-neuf mille pas de circuit [3]. » Et Ovide :

Hinc Anaphen sibi iungit et Astypaleïa regna [4].
Promissis Anaphen, regna Astypaleïa bello [5].
Cinctaque piscosis Astypaleia vadis [6].

Très étroite au milieu, cette île est assez large à ses extrémités [7], où l'on trouve les ruines de plusieurs villes fortifiées [8].

Au nord, il y a la ville forte de Vathy [9] ; au sud-ouest la ville d'Astypalée [10]. Encore aujourd'hui, l'île renferme des vestiges de quelques villes fortes très anciennes et possède d'excellents ports [11], jadis ravagés par les pirates, mais qui n'en subsistent pas moins, bien que dans un complet état de délabrement.

Une flotte considérable montée par des pirates aborda dans ces îles, sous le règne de Mourad, sultan des Turcs, et les dévasta entièrement [12].

Abandonnée par ses habitants, Astypalée était restée déserte jusqu'à nos jours. Ce fut seulement le fameux Jean Quirini, noble Vénitien, qui commença à la relever de ses ruines, à l'époque du concile de Constance [13].

19. Santorin.

Les historiens les plus exacts de l'antiquité attestent que cette île s'appela d'abord Agasa [1]; puis Philétæra, de Philétæros, qui en fut roi [2]; ensuite Calliste [3], à cause de sa bonne qualité; enfin Thérasia [4], avant d'être engloutie par les eaux; mais, après qu'elle eut à moitié disparu dans ce cataclysme, on la désigna sous le nom de Santorin [5], qu'elle porte encore aujourd'hui [6].

Elle passait pour très fertile et populeuse; mais, minée par l'action plutonienne, une moitié, nous l'avons déjà dit, s'effondra dans les flots. Nous voyons dans la mer une des portions de cette île, calcinée, luniforme, et nous la nommons Thérasia [7].

Entre les deux fractions qui restent du territoire primitif, il existe un gouffre immense, dont la profondeur est telle que Jacques, le très illustre duc de ces îles [8], l'ayant fait sonder avec une corde longue de mille pas, on ne put en trouver le fond [9]; et ceux qui tenaient cette corde la laissèrent aller dans l'abîme, tant son poids était considérable.

Santorin a un périmètre de quarante milles [10] et offre la forme du croissant lunaire. On y voyait autrefois, sur la côte occidentale, près de la mer, une cité magnifique [11]. Ses habitants l'abandonnèrent, quand elle fut en ruines, et bâtirent sur une haute montagne une autre ville bien fortifiée [12].

Nous trouvant dans ces parages, à bord d'un navire génois, nous vîmes une pieuvre de soixante coudées de circonférence, allongeant ses tentacules et s'avançant vers nous [13]. Saisis de frayeur, nous abandonnâmes le navire et gagnâmes rapidement le rivage, où, d'un endroit élevé, nous pûmes contempler cette bête monstrueuse. Bientôt après, un vent favorable étant venu gonfler nos voiles, nous partîmes avec joie.

Un jour, cinq galères vénitiennes, qui revenaient de Beyrouth, firent naufrage en ce lieu, mais l'équipage fut sauvé [14].

Les flottes de trois grandes puissances, celle des Romains, celle des Rhodiens et celle du roi Attale, se trouvèrent jadis réunies sur les côtes de cette île, avec un attirail de machines de guerre de toute espèce, à l'effet de détruire la ville; laquelle fut enfin soumise par les Romains, car elle ne put longtemps résister à des forces supérieures [15].

20. **Sycandros.**

Nous avons donné sur l'île précédente tous les détails nécessaires, hâtons-nous maintenant de passer à Sycandros. Cette île a emprunté son nom aux figues dont elle produisait autrefois une quantité considérable [1]. Le mot grec σῦκον équivaut, en effet, au latin *ficus*. Elle est extrêmement montagneuse [2] et, depuis une époque reculée, elle reste inculte, non seulement parce qu'elle est exposée aux ravages des pirates turcs et autres, mais encore à cause de l'insuffisance de ses ports [3]. Des ânes, jadis abandonnés dans l'île y errent jusqu'à ce jour à l'aventure et on ne réussit pas sans peine à les capturer.

On prétend qu'un vaillant homme nommé Mélios ayant quitté Sycandros avec deux vaisseaux pour se rendre au siège de Troie, en compagnie des Grecs, vénéra de loin l'oracle de Délos, en passant près de cette île, et, poursuivant son chemin, fit naufrage dans une violente tempête [4]. Par suite de cette catastrophe, les femmes étant restées veuves, l'île se dépeupla. Avec le temps, la population tant de la ville que des villages alla encore en diminuant et finit par disparaître entièrement [5].

21. Polycandros.

Dans la série de ces îles est comprise celle de Polycandros, laquelle tire son nom soit d'une plante ainsi appelée et souveraine contre l'épilepsie [1]; soit de πόλις et ἄνδρες, c'est-à-dire πόλις ἀνδρῶν [2]. Car, bien que la longue suite des siècles l'ait réduite à rien, cette île était autrefois populeuse [3]. Elle est très petite, car elle n'a que vingt milles de périmètre [4]. Au centre, il pousse des arbres et des plantes de toute espèce.

Un moine qui y vivait retiré dans une grotte et avait consacré de nombreuses années au service de Dieu fut, dit-on, mis à mort par les ennemis de notre foi ; ceux-ci, en effet, ayant abordé à Polycandros, allumèrent du feu autour de la grotte et y étouffèrent le religieux. Mais, quand ils voulurent se retirer, une voix venant du ciel se fit entendre, qui disait : « Vous avez donné la mort à un homme innocent qui m'était cher, aussi ne partirez-vous pas sans châtiment, scélérats. » Et, à l'instant même, celui qui avait ainsi parlé ayant tiré l'épée fondit sur ces coquins, tua les meurtriers et laissa les autres retourner chez eux. Ces derniers non seulement racontèrent partout ce miracle, mais embrassèrent avec joie la religion chrétienne [5].

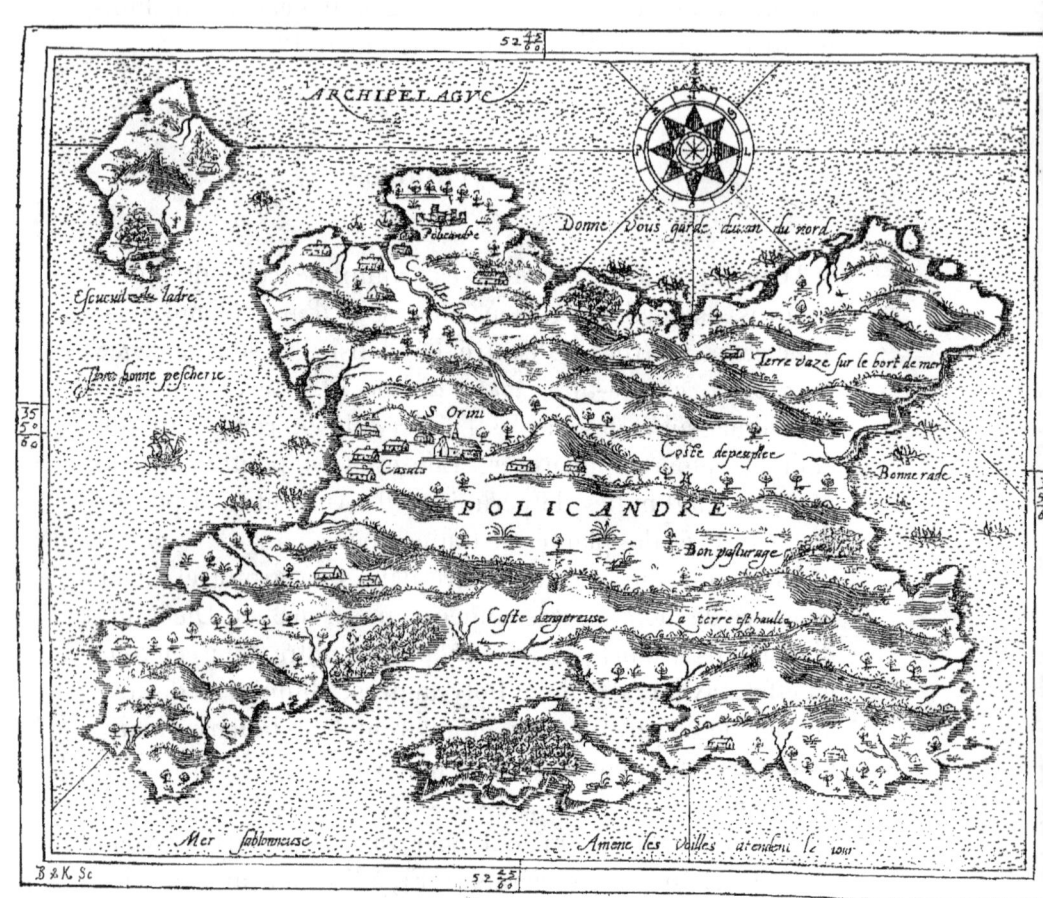

ILE DE POLYCANDROS[21].

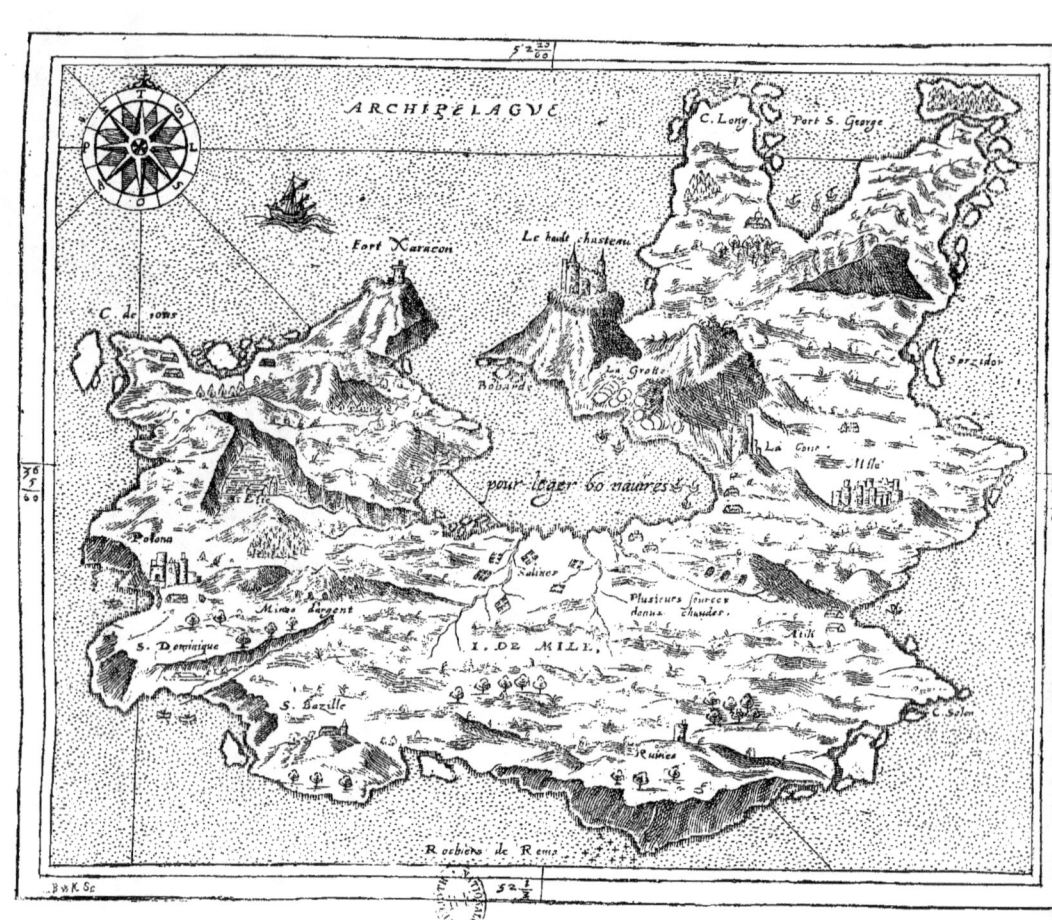

ÎLE DE MILO.

22. Polymia.

Quelques auteurs veulent que l'île de Polymia n'ait jamais été habitée par des hommes [1]. Mais, puisqu'elle possède des bois et des plaines propres au pacage des bestiaux, puisqu'on y voit encore aujourd'hui des traces de maisons, moi j'affirme que des hommes l'ont habitée. Mais que s'y est-il passé autrefois? c'est ce que tout le monde ignore présentement [2].

On raconte pourtant qu'une galère turque étant venue à Polymia pour y prendre des chèvres, cet acte aurait soulevé le courroux d'Éole. Le dieu ayant donc donné libre carrière à Borée, ce vent abîma la galère dans les flots, après l'avoir précipitée sur les écueils cachés en ces parages. Quand les hommes de l'équipage apprirent ce désastre, ils poussèrent de grands gémissements, errèrent à travers l'île et, au bout de peu de temps, rendirent leurs âmes à Mahomet.

Polymia a un périmètre de dix-huit milles [3]. On affirme que, chaque année, les faucons y nourrissent leurs petits dans des endroits élevés et pierreux [4].

23. Milo.

J'ai lu maints livres grecs traitant de l'histoire, très révérend Père Giordano, mais je n'ai trouvé nulle part les auteurs d'accord concernant le nom de cette île, bien au contraire. Et d'abord, Aristote l'appelle Mélida [1], à cause, je pense, de la quantité de miel que l'on trouve dans les cavernes des montagnes, comme l'affirme aussi Pline [2], d'accord en cela avec Aristote [3] ; Gorgias l'appelle Zéphyra [4], à cause du vent zéphyr qui y règne ; Callimaque l'appelle Mimallis, du nom d'une femme qui en était reine [5] ; Héraclide l'appelle Syriphis [6], du mot συριγμός (sifflement), parce que les eaux qui y descendent d'un lieu élevé produisent en tombant un bruit pareil à un sifflement. Aujourd'hui, on l'appelle Milos, ce qui signifie en latin *molendinum* (moulin), parce qu'on y trouve une grande quantité de pierres meulières et pas beaucoup d'une autre espèce. C'est donc avec juste raison qu'on lui a donné ce nom [6].

Milo est située dans la mer Égée, au-dessus de laquelle elle s'élève à une grande hauteur, en face du cap Malée [7]. La sardoine s'y trouve fréquemment [8]. C'est une pierre précieuse, rouge en dessus, blanche en dedans et noire en dessous [9]. Elle a la vertu de rendre chaste celui qui la possède [10].

Ménesthée, roi d'Athènes, y ayant abordé jadis, à son retour de la guerre de Troie, dans l'intention de se rétablir d'une maladie causée par le mal de mer et une traversée fertile en tempêtes, y mourut peu après son arrivée. On y voit encore aujourd'hui son tombeau, qui est des plus magnifiques et porte une inscription [11].

Le périmètre de Milo est d'environ quatre-vingts milles [12]. Au milieu de la côte septentrionale de l'île, s'ouvre un port excellent [13], près duquel coulent plusieurs sources d'eaux chaudes médicinales sulfureuses [14]. On voit aussi, non loin de là, une tour et une plaine avec un petit nombre de maisons [15].

Au nord-est, il y a une ville très forte [16]. Ses habitants s'étant absentés pour vaquer à leurs travaux, les esclaves profitèrent de l'occasion pour se rendre maîtres de cette ville et en tuèrent la reine. A la nouvelle de cet événement, les citoyens accoururent aussitôt avec des armes et de nombreuses machines de guerre; après un siège assez long, ils s'emparèrent de la ville, non sans peine et grande effusion de sang. S'étant alors saisis des esclaves, ils envoyèrent en enfer tous ces scélérats, en les faisant périr misérablement [17].

J'ai constaté que Cybèle était honorée à Milo; car j'y ai vu une sculpture qui la représente assise sur un char, coiffée d'une couronne murale ornée de pierreries diverses; des *galli* [18] la suivaient; des lions roux traînaient son char et elle tenait une clef à la main. Cybèle désigne allégoriquement la terre et le char désigne l'air, parce que la terre est suspendue en l'air; les roues désignent l'instabilité et l'inconstance du monde, qui tourne comme une roue; les lions symbolisent la piété maternelle et la persuasion, car il n'y a ni férocité ni cruauté qui ne cèdent à l'amour maternel; l'ornementation de pierreries indique, comme il a été dit, que la terre est suspendue dans l'air, qui donne à toutes les pierres précieuses leurs éclatantes couleurs; les *galli* sont les prêtres de Cybèle, qui étaient eunuques et qu'on appelait Corybantes; les couronnes murales symbolisent les villes qui sont par toute la terre; la clef que la déesse tient à la main ne signifie rien autre chose, je pense, sinon que la terre s'ouvre au printemps et se ferme en hiver [19].

Il y a, sur la côte occidentale de Milo, une ville forte nommée Polona [20], vis-à-vis de laquelle on voit des écueils et nombre d'îles incultes semées çà et là [21].

24. Siphanos.

Nous avons parlé de Milo, passons maintenant à Siphanos [1]. Quand on est débarqué dans cette île, on n'y marche qu'à travers des montagnes et par des chemins raboteux [2]; aussi les chèvres y sont-elles nombreuses. Le périmètre de Siphanos est de quarante milles [3]. A l'est, près de Séralia [4], on voit une ville qui porte le même nom que l'île [5]. On trouve, à l'ouest, les localités de Schinos [6] et de Signos [7]. Au midi, s'ouvre un port, voisin d'une ville depuis longtemps détruite et nommée aujourd'hui Platygialos [8]. En face de ce port, est situé l'écueil de Kytriani [9]. Au centre de l'île, s'élève une tour appelée Exambélos [10], d'où sort une source qui coule vers la mer [11]. Il y a aussi en cet endroit un verger où croissent différentes variétés d'arbres fruitiers [12].

On dit que Pan était vénéré à Siphanos; c'est ce que confirme une statue de ce dieu située sur une éminence et déjà endommagée par le temps [13]. Quand saint Paul et les autres apôtres parcoururent ces îles et y prêchèrent la parole divine, ils détruisirent toutes les idoles [14]. Les peintres et les sculpteurs ont représenté Pan cornu et rougeaud. Ses cornes indiquent la partie supérieure du monde; son teint rubicond, le feu et l'air; les étoiles qu'il a sur la poitrine symbolisent les astres du ciel; les sept roseaux qu'il a dans la bouche, les sept planètes; ses cuisses, les arbres et les plantes; ses pieds de chèvre, les animaux,

La population de cette île est clairsemée et misérable; les femmes en forment la majorité. A cause du petit nombre d'hommes, elles mènent une vie chaste jusqu'à la vieillesse. Elles restent fidèles à la religion catholique, bien qu'elles ignorent la langue latine [15].

25. Serphini.

L'île de Serphini est entièrement montagneuse [1] et a un périmètre de quarante milles [2]. Son nom lui vient ou de Serphinos, qui la colonisa [3], ou de la plante appelée σέρφη [4], laquelle est souveraine pour les maux de reins [5].

Sur la côte méridionale s'ouvre un port [6], en face duquel est un écueil de moyenne hauteur [7]. Il y a, dans la plaine, une ville forte qui conserve encore aujourd'hui le nom de Serphinos, son fondateur [8]. On trouve dans cette île une grande quantité de chèvres, dont la viande, desséchée au soleil, sert à l'alimentation des habitants [9].

Apollon était vénéré à Serphini sous les traits d'un enfant. Quand on le représente avancé en âge, voici quels sont ses attributs : il a sur la tête un trépied d'or ; il porte d'une main un carquois, un arc et des flèches ; de l'autre, il tient une lyre ; il a à ses pieds un énorme dragon à trois têtes, une de chien, une de loup et une de lion ; près de lui est un corbeau voletant autour d'un laurier. Tels sont les attributs de ce dieu [10].

En voici l'explication allégorique : Apollon symbolise le soleil, qui, le matin, est enfant, à midi, homme mûr, et, le soir, vieillard. Il tient un arc et des flèches, parce qu'il nous darde ses rayons ; il porte une lyre, parce que, par sa mélodie céleste, il efféminé les gens robustes ; un trépied, parce qu'il procure trois bienfaits à tous les habitants de cet univers : la lumière, la chaleur et la force intérieure qui agit dans tous les êtres vivants ; le monstre à trois têtes désigne les trois temps : le présent, le passé et l'avenir ; la tête de chien symbolise l'avenir, car l'avenir seul, pareil à un chien caressant, nous berce d'espérances ; la tête de loup indique le passé, parce que, semblable à un loup, le passé ravit et s'enfuit ; la tête de lion désigne le présent, parce qu'il ne daigne pas fuir, mais se tient fixe comme un lion ; le laurier indique que la Vierge, signe du zodiaque céleste, fait surtout sentir son influence en été.

On ne trouve dans cette île qu'une extrême misère et des habitants qui vivent comme des bêtes brutes [11] ; mais, ce qu'il y a de pire, c'est que, nuit et jour, ces insulaires sont dans les transes et redoutent de tomber entre les mains de leurs ennemis [12].

26. **Thermia.**

Après l'île précédente, on trouve celle de Thermia, dont le nom vient de θερμός ou de θερμότης [1], car le mot grec θερμός équivaut au latin *tepidus* [2]. Elle est très montagneuse [3] et n'a pas moins de quarante milles de circuit [4].

On voit, à l'est, une église dédiée à sainte Hélène [5], et une plaine à l'extrémité de laquelle est située la ville qui porte le même nom que l'île [6]. Cette ville fut jadis prise et saccagée par les Turcs, auxquels la livra un esclave qui y habitait [7]. Elle est aujourd'hui bien peuplée [8].

A l'ouest, non loin de l'église de Sainte-Lucie [9], il y a d'excellents ports [10] et on y voyait autrefois une ville bien bâtie [11]. Presque au centre de l'île, vers la montagne, se dresse une tour [12], d'où part un ruisseau qui va se jeter dans la mer, après avoir arrosé tout le pays qu'il traverse [13]. Il y a là une plaine cultivée et riche en bestiaux, qui se nomme Épiscopi [14]. Au sud, il y a un golfe [15] et, dans le voisinage, une autre plaine, dite de Merca [16], laquelle produit en abondance des fruits, du vin, du bétail et de la soie [17].

Un jour, les Turcs, ayant par hasard abordé dans cette île, résolurent de passer la nuit au port ; mais, la même nuit, deux galères crétoises étant survenues, les chrétiens qui les montaient attaquèrent courageusement les infidèles et les envoyèrent tous en enfer.

27. Céos.

J'arrive maintenant à l'île de Céos, qui a emprunté son nom à Cænée, Titan fils de la Terre [1], lequel était si agile et si orgueilleux que, avec ses frères, il osa se révolter contre Jupiter et lui faire une longue guerre. Ils furent enfin honteusement vaincus par le dieu et chassés de l'île de Crète. Ils errèrent longtemps de ci de là et, pour cette raison, dépensèrent toute leur fortune. Cænée, l'aîné des frères, vint aborder épuisé dans cette île et y eut deux filles d'une extrême beauté, Latone et Astéria [2], sur lesquelles j'aurais à dire beaucoup de choses, que je passe présentement sous silence.

Céos est montagneuse [3] et a un périmètre de cinquante milles [4]. Au couchant, il y a un port [5], et, entre ce port et la ville, s'étend une plaine où errent beaucoup d'animaux sauvages [6]. C'est aussi là que se trouve la vieille ville de Ioulis [7], où, suivant ce que j'ai appris, se pratiquait anciennement une telle coutume : Si quelque habitant, parvenu à la décrépitude ou miné par une longue maladie, se débarrassait de la vie à l'aide du poison, il était proclamé bienheureux et sa mort considérée comme digne des plus grands éloges [8].

Il advint jadis que Sextus Pompée se rendant de Rome en Asie, fut, malgré lui, obligé par une tempête de relâcher à Céos. Ayant appris qu'une matrone du pays, que son âge et ses vertus rendaient également vénérable, était sur le point de mourir et voulait, pour ce motif, prendre du poison, il se rendit près d'elle, la supplia de ne pas se donner la mort et de renoncer à cette exécrable coutume. Mais cette femme, couchée dans son lit et entourée de ses parentes, répondit en ces termes à Pompée : « O le plus illustre des Romains, je suis dans ma quatre-vingt-quinzième année ; jusqu'à ce jour, la fortune m'a sans cesse montré un visage riant et eu les bras ouverts pour m'accueillir ; dans la crainte que, obéissant à un souffle soudain, d'amie elle ne devienne ennemie et que, conséquemment, je ne finisse misérablement mon existence, après avoir subi toutes sortes de calamités, je préfère mourir. Car la mort au sein du bonheur est la plus gaie. » Ayant ainsi parlé, puis adressé quelques mots aux hommes et aux femmes qui l'entouraient, elle invoqua les dieux et but courageusement le poison. Elle ne tarda pas à expirer et fut ainsi délivrée de sa prison corporelle [9].

On trouve dans cette île une source dont l'eau émousse aussitôt les sens de ceux qui en boivent, mais ils reviennent ensuite à leur premier état [10].

Puisque, près de cette île, du côté de l'ouest, se trouvent le Ténare [11], le golfe Pagasétique [12] et la mer de Myrtos [13], dans laquelle gisent maints écueils et îles inhabitées, je vais, pour cette raison, consigner par écrit les noms de quelques-unes d'entre elles, afin de ne pas paraître les passer volontairement sous silence. Les voici : Macronisos [14], Albéra [15], Kitisos [16], patrie du poète Proclus [17], qui composa et publia une foule de pièces de vers en l'honneur d'une Grecque de Samos, dont il était amoureux [18].

28. **Andros.**

Il est notoire que les savants ont donné plusieurs noms à cette île : Myrsilus l'appelle Cauros [1] et Callimaque Antandros [2]. Le nom d'Andros lui vient de la fille du

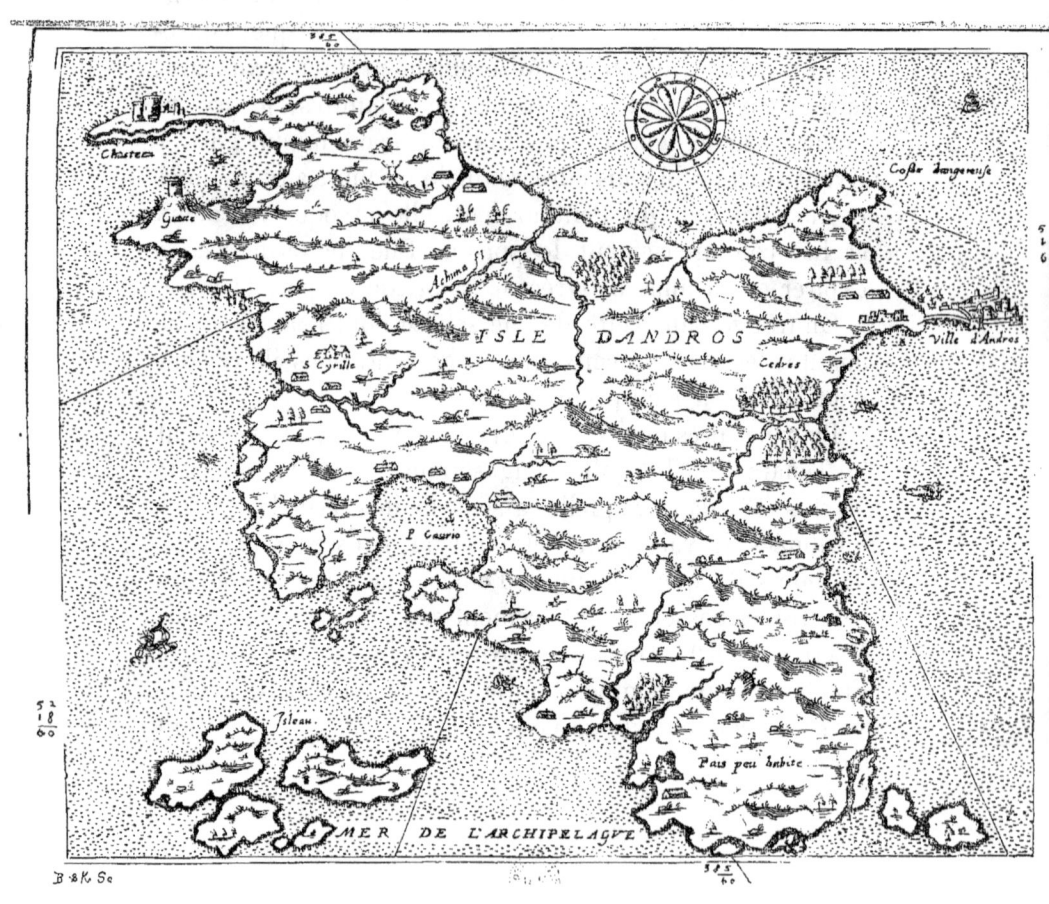

roi Anios [3]. Cette île est belle, bien arrosée et produit en abondance tout ce qui est nécessaire aux besoins de l'homme. Elle est entièrement montagneuse [4] et a un périmètre de quatre-vingts milles [5]. Il y a, à l'est, une ville habitée, mais dépourvue de port [6]. Sur la côte occidentale est située une petite île avec une vieille forteresse [7]; on pouvait y accéder par un pont de pierre magnifiquement construit [8]. Dans la mer, près du rivage, on aperçoit une tour qui servait jadis de refuge nocturne aux habitants contre les surprises des pirates [9].

Les filles du roi Anios vinrent, dit-on, chercher asile à Andros. Ovide raconte à leur sujet la fiction suivante : Bacchus aurait obtenu d'Hécate que tout ce que ces femmes prendraient dans leurs mains se changerait en blé, en vin et en huile. Agamemnon, roi des Grecs, en ayant eu connaissance, voulut les contraindre à l'accompagner dans l'expédition dirigée contre Troie. Celles-ci refusèrent de partir et, pour ce motif, prirent la fuite ; mais leur frère les livra à Agamemnon, qui, dans sa colère, se disposait à les mettre aux fers, lorsque, ayant levé les mains au ciel, elles implorèrent l'assistance de Bacchus leur père. Ce dieu, ému de pitié, les métamorphosa en colombes. Tel est le récit de la fable, mais voici la vérité : Les filles d'Anios se connaissaient à l'acquisition des champs et étaient, en outre, fort soigneuses. De cette façon, les biens leur affluaient de tous côtés et elles devinrent excessivement riches. Agamemnon, l'ayant su, les dépouilla de toute leur fortune à son départ pour Troie. De riches qu'elles étaient, elles furent donc réduites à une extrême pauvreté, et, pareilles à de luxurieuses colombes, elles furent contraintes de se livrer, par amour du gain, à une honteuse prostitution [10].

Les événements importants dont Andros a été le théâtre nous sont révélés par les ruines encore actuellement existantes; car, dans toute l'île, on ne trouve guère que de grandes et magnifiques sculptures de marbre [11].

Nous savons que Hermès y était autrefois honoré; car sa statue s'y trouve encore aujourd'hui [12]; il est représenté avec des ailes, ayant entre les mains un sceptre autour duquel s'enroulent des serpents; il porte un chapeau sur la tête (une tête de chien) et a devant lui un coq. On représente Hermès ailé, parce que la planète de ce nom opère sa révolution à des hauteurs fort élevées; on dit qu'il tient un sceptre somnifère, parce qu'il endort les hommes par la douceur de ses paroles; il a une tête de chien, parce que, dans leurs discours, philosophes et orateurs mordent comme le chien; il porte un chapeau avec un coq, parce que les marchands, en gens sérieux, circulent partout et savent agir conformément à leurs intérêts.

Le poète carthaginois Térence, qui a dépeint dans ses vers les mœurs des hommes jeunes et vieux, commença à s'occuper de théâtre dans cette île [13]; c'est pourquoi il donna le titre d'*Andrienne* à sa première comédie [14].

Par suite des incursions continuelles des Turcs, Andros est aujourd'hui bien déchue de son ancienne splendeur; et pourtant, si on la compare aux autres îles, elle paraît prospère [15].

29. Le Caloyer.

Entre les îles de Céos et d'Andros, se dresse, isolé, rocailleux et abrupte, un écueil appelé le Caloyer [1]. L'étymologie de ce nom vient de καλὸς, en latin *bonus*, et de γέρων, *senex*, c'est-à-dire *bonus senex* [2], par antiphrase, car il est très dangereux et menace en tout temps les navigateurs. Aussi maints vaisseaux qui voyageaient de

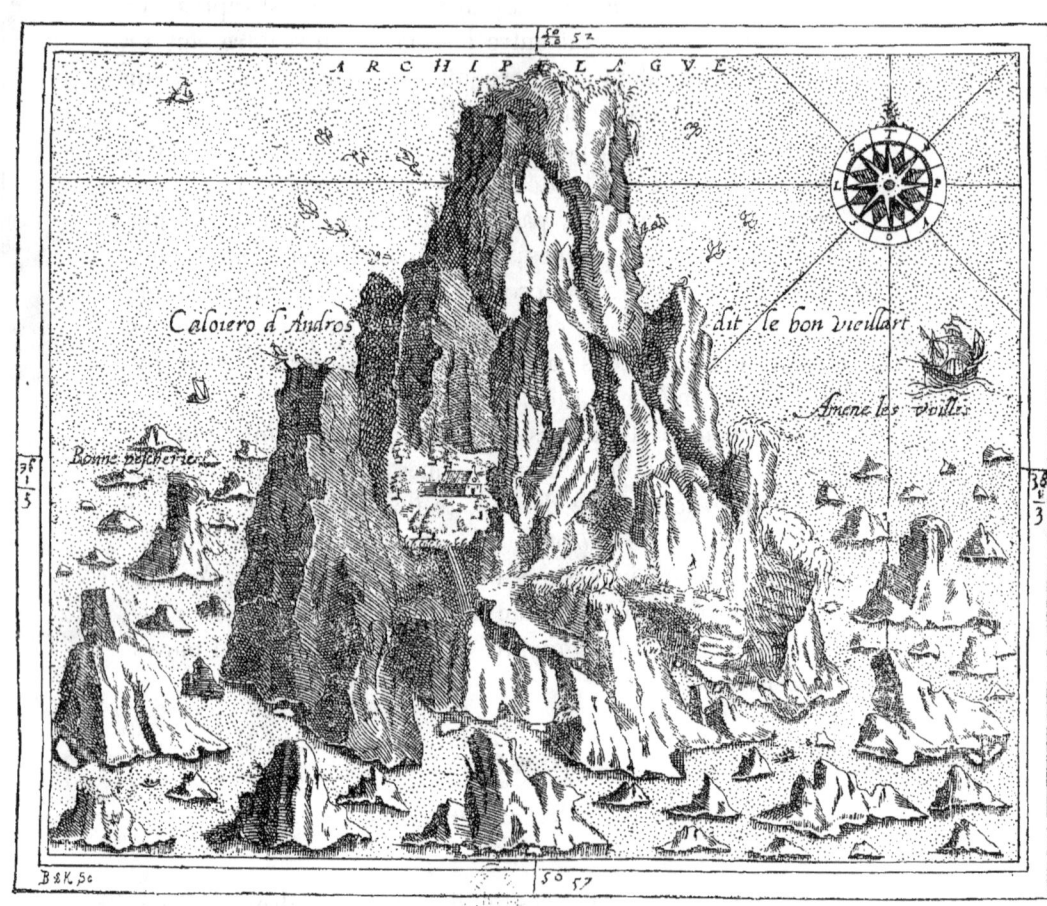

LE GALOYER.

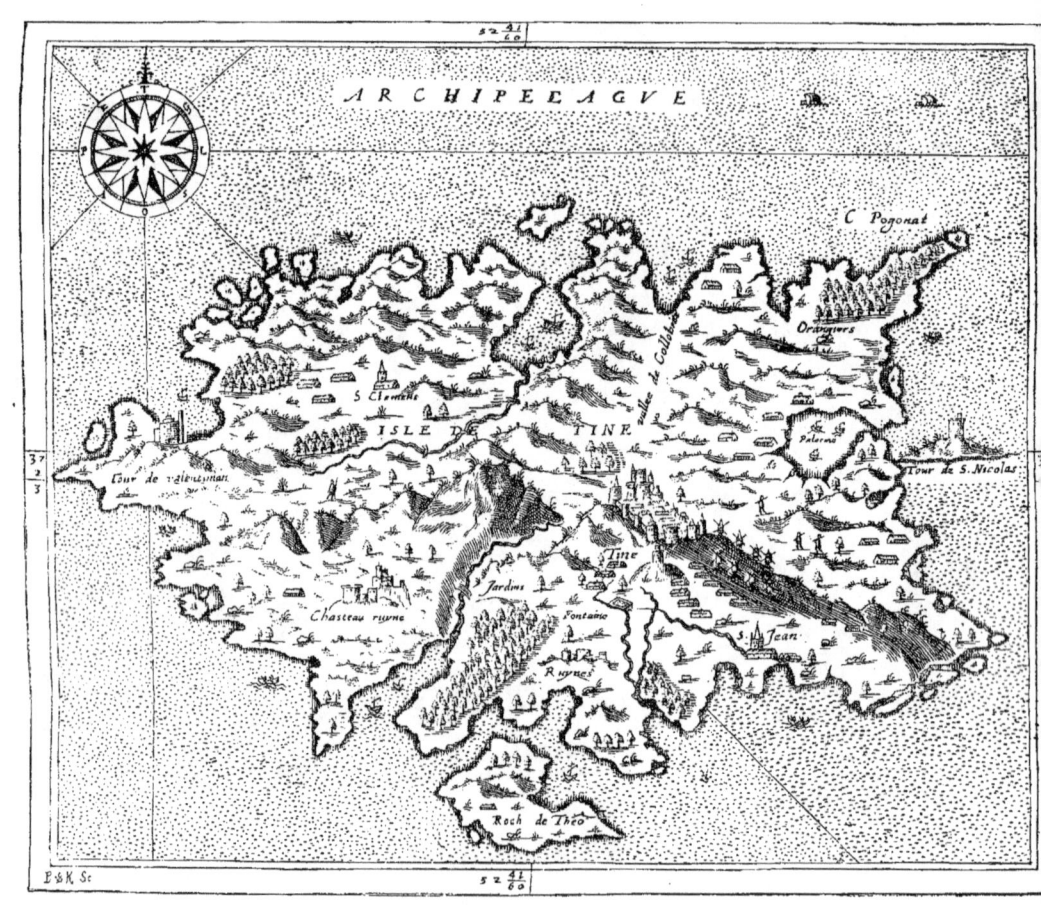

ILE DE TINOS.

nuit ont-ils coulé à pic, après avoir donné sur cet écueil. De notre temps, un navire venant de Galata fit naufrage en cet endroit. Tous les marins qui aperçoivent de loin le Caloyer lui lancent des malédictions et, se le montrant au doigt les uns aux autres, font voile vers la haute mer [3].

Une fois, deux galères turques allèrent se briser sur cet écueil ; les hommes de l'équipage se sauvèrent en escaladant le rocher et y demeurèrent sans prendre de nourriture. Le troisième jour, un vaisseau chrétien, passant dans ces parages, aperçut les naufragés assis au loin et eut pitié d'eux ; il s'approcha donc, les délivra de ce danger et les recueillit demi-morts. Ceux-ci, après avoir mangé et repris des forces, attaquèrent leurs bienfaiteurs, vainquirent ces braves gens, les emmenèrent dans leur pays, où ils les condamnèrent à une servitude perpétuelle.

Les faucons font annuellement leurs couvées sur les saillies des rochers de cette île.

30. **Tinos.**

Aristote appelle cette île Hydrousa [1], à cause, je pense, de l'abondance de ses eaux ; Démosthène et Eschine l'appellent Ophiousa [2]. Aujourd'hui, elle porte le nom de Tinos, qui lui vient de sa configuration, car elle est ronde comme un καδδίσκος, qui se dit en latin *tinum* [3]. Elle est voisine d'Andros et a un périmètre de quarante milles [4], sur le parcours duquel on trouve deux écueils [5].

Jadis, il y avait, dit-on, dans cette île, une magicienne. Ayant une fois aperçu les ennemis qui s'approchaient pour saccager la ville, cette femme se rendit sur la plus haute montagne ; là, elle se mit nue, et, les cheveux épars, les mains levées au ciel, commença ses incantations. Elle ne les avait pas encore terminées qu'un vent violent souffla de l'Afrique et submergea la flotte tout entière. Beaucoup de ceux qui la composaient se sauvèrent dans l'île ; mais par son art, la magicienne les rendit insensibles, et, de libres qu'ils étaient, ils furent réduits en esclavage. A la suite de cet événement, les citoyens de Tinos devinrent riches, car ils s'étaient approprié tout ce que possédaient les réfugiés [6].

Tinos était florissante du temps d'Alexandre [7]. Plus tard, elle fut ravagée par les Romains [8].

Il advint un jour qu'un navire venant de l'occident avec un fort chargement de chevaux aborda dans l'île de Tinos ; surpris par une violente tempête, il fut submergé, mais tous les chevaux purent se sauver; abandonnés dans l'île, ils s'y multiplièrent à l'infini [9].

Vers le milieu de l'île, sur le mont Pachinos [10], il y a une petite ville dont les alentours sont fertiles [11]. Sur la côte orientale, dans la mer, s'élève la tour de Saint-Nicolas [12]. A l'ouest, on trouve encore une autre tour très fortifiée [13]. Il y a, au nord, une plaine boisée des plus agréables [14] ; et, au midi, une ville forte jadis habitée, mais dont il ne reste plus aujourd'hui que des ruines [15].

31. Mycone.

Nous avons donné sur Tinos les détails nécessaires, passons maintenant à Mycone. Cette île emprunta jadis son nom, soit à un roi, soit au mot μῆκος, terme grec équivalent au latin *longitudo* [1].

Mycone fut autrefois excessivement florissante, comme en font foi les magnifiques édifices qu'on y trouve [2]. Elle est voisine de Délos, et, pour ce motif, les pèlerins qui venaient des différentes parties du monde vénérer

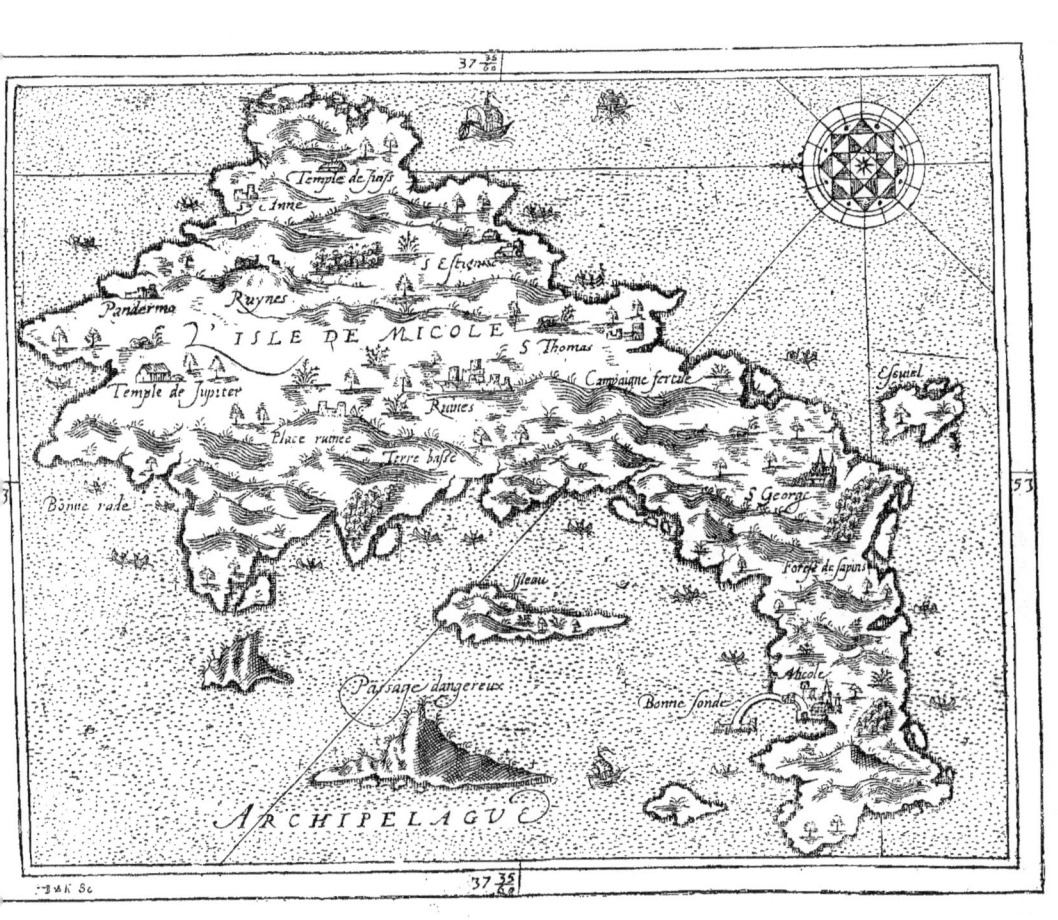

ILE DE MYCONE [31].

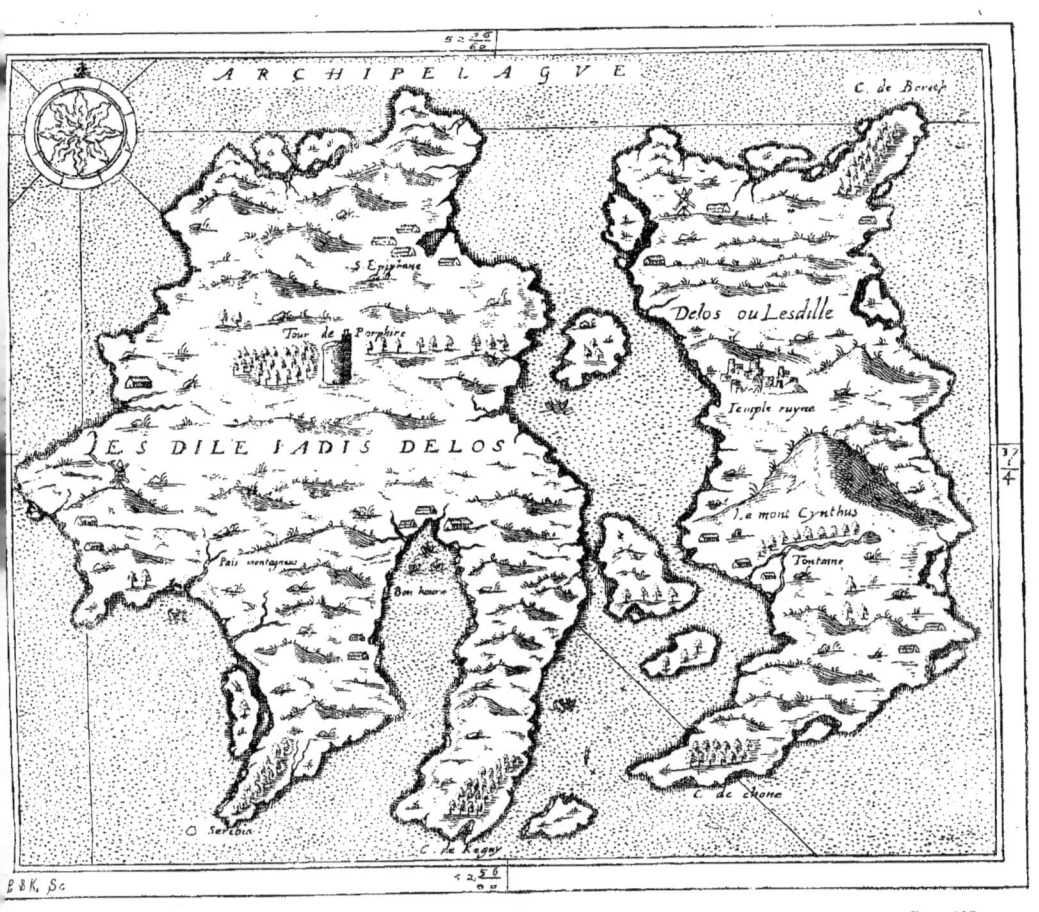

ILE DE DÉLOS.

l'idole [3], logeaient à Mycone, afin de pouvoir aller faire leurs dévotions plusieurs fois dans l'année [4].

Il advint une fois que des pirates turcs se rendirent à Mycone. Quand ils furent débarqués, ils se mirent aussitôt à ravager l'île et trouvèrent assis dans une grotte un moine qui adorait le vrai Dieu; au moment où ils pénétrèrent dans cette grotte, elle s'écroula et tous furent tués, à l'exception du moine [5].

Cette île fait partie des Cyclades; elle est située dans la mer Égée et a un périmètre de trente milles [6]; elle possède un port avec une jetée en pierre [7]. Au midi, on voit trois églises dédiées à saint Georges [8], saint Étienne [9] et saint Jean [10]; au levant, est celle de sainte Anne [11] et le port de Pandermos [12]. L'île est aride [13]. On y trouve beaucoup de chèvres errantes.

32. Délos.

Il me reste maintenant à parler de Délos. Les auteurs la mentionnent souvent, parce qu'elle était plus célèbre et plus illustre que les autres îles du groupe des Cyclades [1]; sa noblesse [2] est attestée par l'antiquité tout entière. Elle porta différents noms : Délos [3], Astéria [4], Corone [5], Midia [6], Ligia [7], Kinéto [8], Périple [9]. Aujourd'hui elle s'appelle Délos [10].

Les poètes ont raconté, touchant cette île, la fable suivante. Jupiter eut commerce avec la fille du Titan Cænée et la mit enceinte. Junon, en ayant été instruite, envoya Phyton à la poursuite de la belle. Celle-ci prit la fuite, parcourut divers pays et finalement fut métamorphosée en île par sa sœur Astéria, que Phyton châtia pour avoir outragé sa mère [11].

Quelques auteurs affirment que, lorsque Latone accoucha d'Apollon, ce fut Diane elle-même qui remplit l'office de sage-femme. C'est pour cette raison que l'on donne à Diane le nom plus mythologique de Lucine ; car, dans les douleurs de l'enfantement, toutes les femmes invoquent Lucine, c'est-à-dire Diane, afin qu'elle les aide à mettre au monde des enfants bien constitués. Presque tous les poètes s'accordent à dire que Diane était fille de Jupiter et de Latone, et veulent qu'elle ait gardé une perpétuelle virginité. Ayant donc renoncé au mariage, elle s'adonna à la chasse et poursuivait les bêtes fauves la nuit, au clair de lune; c'est pourquoi, utilisant la froideur de cet astre, elle repoussait les plaisirs de Vénus. Aussi quelques anciens ont-ils pris Diane pour la lune elle-même, tant était grande et continuelle leur intimité. Ils disent, en outre, que Diane portait un arc et des flèches ; ils l'ont appelée déesse des plaines et lui ont donné un cortège de nymphes l'adorant comme leur divine reine, à savoir les Dryades, les Oréades, les Naïades et les Néréides, qui, aujourd'hui encore, sont célèbres chez les Grecs. Chacune d'elles a son attribution particulière [12].

La lune est mère de la substance humide; c'est elle qui multiplie l'humidité dans les forêts, les montagnes, la mer et les sources, qui engendre les plantes des champs et les semences. On l'appelle également Proserpine [13].

Apollon, lui aussi, reçoit différents noms; suivant les attributs qu'il possède, on l'appelle : Soleil, Phébus, Titan, et Délien parce qu'il est né à Délos. Les promenades nocturnes de Diane, c'est-à-dire de la lune, nous prouvent qu'elle naquit la première, et, après elle, Apollon, c'est-à-dire le jour, qui est éclairé par le soleil [14].

Cette île fut appelée Délos, parce que, d'abord cachée sous les eaux, elle apparut ensuite au dessus [15]. Δῆλος est, en effet, synonyme de φανερός. Elle s'appelait antérieurement Ortygie [16], à cause, je pense, des cailles qui y pullulaient [17]. Il y a dans l'île une montagne appelée Cynthos [18], d'où l'épithète de Cynthie donnée à Diane qui y était née. Quant à Apollon, il emprunta son nom au fils de Vulcain et de Minerve, qui fut l'inventeur de la médecine [19]. Au pied de cette montagne coule une source qui croît et décroît à la même heure que le Nil : ce qui est merveilleux [20].

Apollon recevait à Délos un culte particulier. De lointains pays on apportait des présents dans son temple et on y envoyait des jeunes filles aptes au service du dieu [21].

On raconte que les fils de Tarquin, qui régna jadis à Rome et fut oncle de Brutus, se rendirent dans l'île de Délos avec des offrandes pour sacrifier à Apollon suivant la coutume. Brutus, qui les accompagnait, simulant la folie et accoutré comme un histrion, se moqua de Scipion [22], venu avec beaucoup d'or pour honorer le dieu. Ces pèlerins ayant demandé qui obtiendrait le pouvoir à Rome après Tarquin, l'oracle répondit : « Celui qui en arrivant embrassera le premier sa mère. » Quand Brutus entendit cela, il se laissa tomber, comme s'il eût donné du pied contre un obstacle, et embrassa la terre. Plus tard, les fils de Tarquin ayant été chassés de Rome, il devint évident que Apollon avait désigné la terre, commune mère de tous les mortels, et que Brutus avait compris le sens de l'oracle, car il fut le premier consul après l'expulsion de Tarquin [23].

Il y a deux îles contiguës [24], dont Délos est la plus petite, car son périmètre est de quatre milles [25], tandis que celui de l'autre est de dix milles [26]. Toutes deux s'étendent du nord au sud.

Nous vîmes à Délos, dans la plaine, un temple ancien orné d'un grand nombre de colonnes [27], ainsi qu'une statue colossale, gisant à terre et de proportions si considérables, que tous ensemble, et nous étions plus de mille, nous ne pûmes la remettre sur pied avec les machines et les cordages de nos galères. Ayant donc perdu tout espoir de réussir, nous la laissâmes à la même place [28].

Nous vîmes, en outre, gisant également à terre, une foule d'autres statues exécutées avec un art merveilleux, et d'autres encore enfouies sous de petits tertres [29]. Il y avait aussi de nombreuses maisons, dont les portes et les fenêtres étaient tournées vers le temple [30]. Au milieu de ces maisons s'élevait une tour, dans laquelle, après la destruction du temple et la cessation de toutes les cérémonies du culte des idoles, les habitants se retiraient pour prendre du repos [31].

Voici ce que dit Virgile :

Huc feror. Haec fessos tuto placidissima portu
accipit, et gressi veneramur Apollinis urbem,
templa dei saxo venerabar structa vetusto [32].

33. La Souda.

A l'ouest [de Délos], se trouve une île nommée la Souda [1], dont le périmètre est de quarante milles [2]. Elle s'appelait autrefois Géros [3], mot de la langue grecque vulgaire qui équivaut au latin *Senex*.

Ce fut sur ce rocher que vint se réfugier, après avoir essuyé maintes tempêtes dans la traversée, un certain duc de Calabre nommé Sidin [4], qui, pour se soustraire aux embûches de ses ennemis, avait quitté la Grande-Grèce et Scyllacea [5] sa patrie. Le roi de cette île étant mort depuis peu, Sidin épousa sa veuve, et son mariage obtint l'approbation de ses matelots eux-mêmes. Après avoir longtemps régné, se voyant sans successeur, car sa femme ne l'avait pas rendu père, il épousa la fille de celle-ci et la

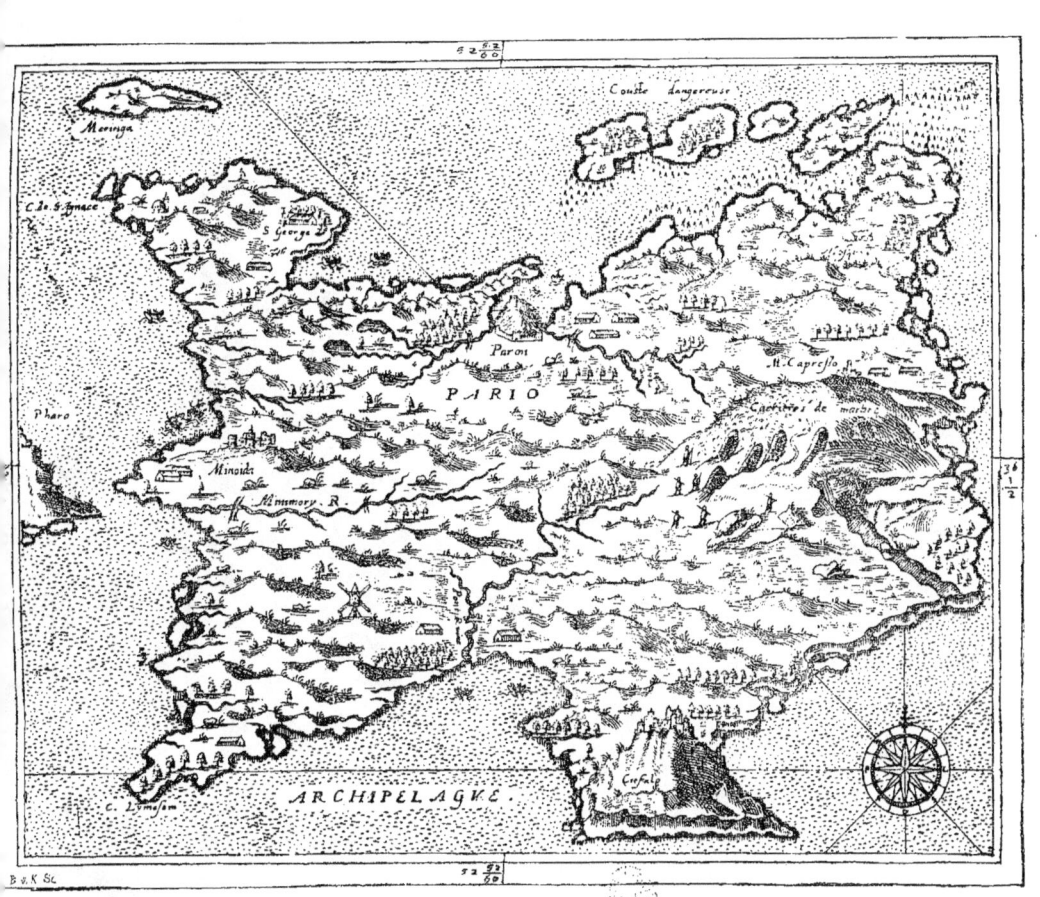

ILE DE PAROS.

surnomma Souda. C'est d'elle que l'île a pris son nom; mais, si l'on compare l'état actuel de cette île à ce qu'il était anciennement, elle est aujourd'hui réduite à rien.

Les habitants de la Souda se nourrissent de pain d'orge et de viande de chèvre. C'est peut-être la crainte des pirates qui les oblige à mener une si pénible existence; mais, à cause de leurs enfants, de leurs relations de famille et aussi par amour du sol natal, ils la supportent courageusement et se contentent de ce qu'ils ont.

Sur la côte septentrionale de cette île, gît l'Écueil-des-Chèvres [6], où errent, dit-on, des esprits impurs. Quand les navires s'en approchent ou que, la nuit, ils passent par hasard de ce côté, il se fait un tel vacarme de cris qu'il semble que ciel et terre s'écroulent. On prétend que lesdits esprits appellent d'une voix forte et par leur nom les gens qui s'aventurent dans ces parages [7].

34. Paros.

Vient ensuite Paros, une des Cyclades. Cette île, qui est d'une blancheur éclatante [1], s'appela jadis Platé [2], à cause de sa largeur; ensuite Minoïs [3], du nom de la magnifique ville fondée dans cette île, par Minos, roi des Crétois [4]; et enfin Paros, de Parans, fils de Pluton, qui, y ayant fondé une ville, lui donna son nom, lequel s'est étendu à l'île elle-même [5]. Elle possède des carrières de marbre si blanc que ceux qui les aperçoivent de loin croient que c'est de la neige [6], principalement celles du mont Carpèze [7], qui est plus élevé que les autres. Elle a beaucoup de sources jaillissantes et des rivières abondantes [8].

A l'ouest, se trouvait la ville de Minoïs, vis-à-vis de l'île Delphique: il en subsiste encore bon nombre d'édifices avec colonnes et dans la plaine un temple de marbre immaculé [9]. On voit, en outre, au pied de la montagne, une très ancienne forteresse construite avec des pierres énormes [10]. Au nord, il y a une autre petite ville [11], dont la population est peu nombreuse; elle est pourvue d'un port également petit, mais bordé de môles en pierre [12]. Dans cet endroit coule une source qui a la propriété de rendre noirs les bois ou les cuirs blancs qu'on y plonge [13]. Son eau fait moudre des moulins [14].

Il y a, en face, une forteresse appelée Képhalos et située sur une montagne très élevée, dont le sommet est si haut qu'il semble toucher le ciel [15]. On la gravit pourtant avec facilité, car de vieilles femmes ridées et d'une maigreur extrême en font l'ascension sans fatigue, chargées des ustensiles dont elles ont besoin. Ces femmes conçoivent même après avoir dépassé la cinquantaine.

Au levant, il y a un autre port dit Port-des-Pirates [16], près duquel s'étend une plaine immense.

Les îles voisines de Paros sont exposées aux ravages des Turcs et souvent dépeuplées; aussi les habitants vivent-ils perpétuellement dans la crainte d'échanger leur liberté contre la servitude.

35. Antiparos.

Non loin de l'île précédente, se trouve celle d'Antiparos [1], laquelle n'est pas habitée par des hommes [2]; on y trouve, en revanche, une quantité considérable d'aigles et de faucons. Il serait difficile de compter les nids que ces oiseaux y font en même temps chaque année; les rochers mêmes de la montagne disparaissent presque sous leur multitude. Les aigles sont toutefois plus nombreux que les

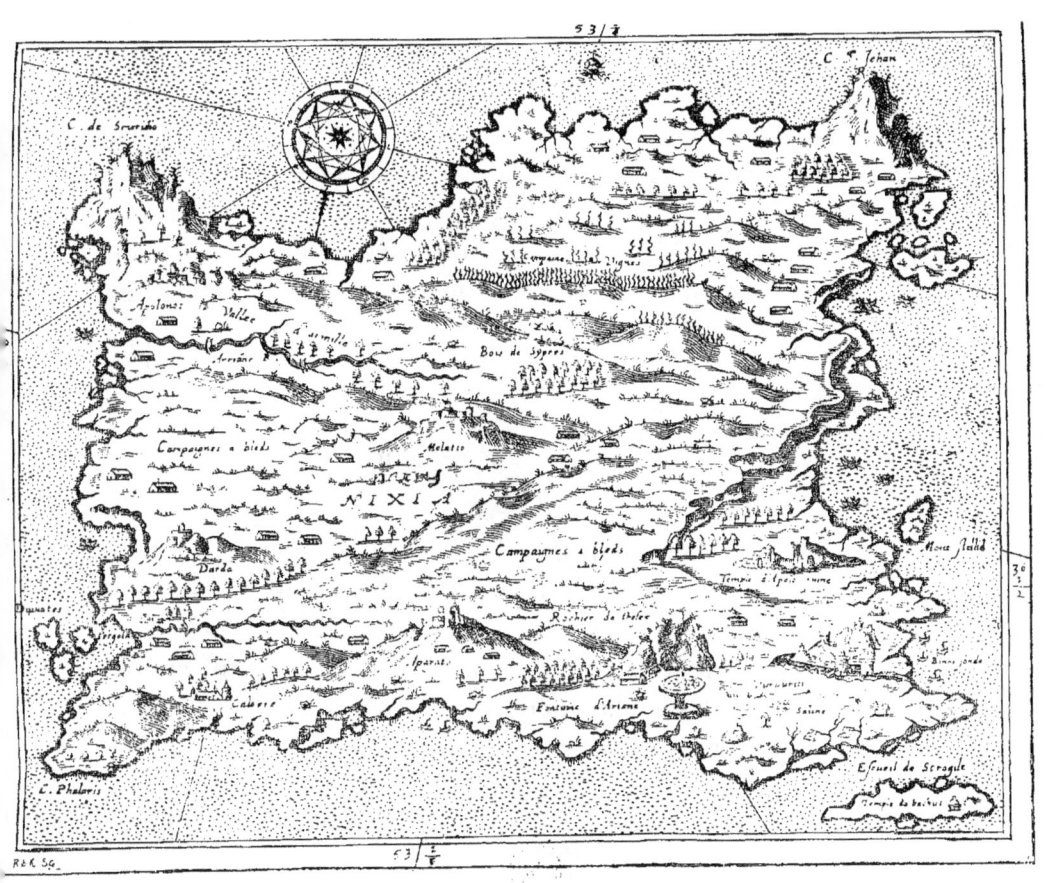

ILE DE NAXOS.

faucons; ils ne mangent jamais seuls le produit de leur chasse, à moins qu'ils ne soient pressés par une faim excessive. Chacun d'eux place dans son aire deux pierres précieuses, une mâle et une femelle, sans lesquelles, dit Pline, il ne saurait pondre [3]. Quant à la pierre appelée agate, l'aigle la dépose dans son aire pour préserver ses petits de tout venin et de la morsure des reptiles [4]. Quand ils expulsent leurs petits de l'aire, ils leur apprennent à chasser pendant toute une année, après quoi ils s'en vont, ne s'occupent plus d'eux et cessent de veiller à leur sécurité. Il y a des auteurs qui affirment que, si un aigle saisit un oiseau dans ses serres et l'y tient une nuit entière, il le tue par son excessive chaleur, mais que, au lever du soleil, il le laisse aller, revenu à la vie [5].

36. **La Panagia.**

A une courte distance de l'île susdite [1], je trouvai celle qu'on appelle la Panagia [2]; elle est petite et presque aussi rocailleuse que la précédente [3]. Elle possédait autrefois une église fort isolée [4], où habitait un ermite qui allait à Paros chercher ce qu'il lui fallait pour vivre; car il avait un petit bateau approprié à ses besoins. Aujourd'hui, on ne trouve plus dans cette île qu'une grande multitude d'oiseaux, qui volent autour, y nichent et poussent nuit et jour leurs cris divers.

37. **Naxos.**

L'île de Naxos fait partie des Cyclades et a un périmètre de quatre-vingts milles [1]. Pline l'a appelée Strongyle [2], ce qui, en latin, signifie *Rotunda;* Ovide l'a nommée Dionysias [3], à cause de la quantité considérable de vins qu'on y récolte; d'autres, la Petite-Sicile [4], parce qu'elle produit en abondance des fruits et autres choses nécessaires à la vie. Elle est, sous ce rapport, la première de ces îles. On y trouve de l'émeri, pierre très dure et excessivement noire [5].

Sur un écueil situé en face de l'île s'élève la forteresse de Strongyle, à laquelle la ville a plus tard emprunté son nom [6].

Vis-à-vis de cet écueil s'étend jusqu'à la mer une plaine immense couverte de vignes. C'est pour ce motif que l'île fut consacrée à Bacchus, comme protecteur de cette plante. La statue de ce dieu se trouvait, en effet, près de la ville [7]; il était représenté assis sur deux tigres, enfant au visage féminin, la poitrine nue, la tête ornée de cornes et couronnée de pampre nouvellement poussé. On représente Bacchus sous les traits d'un enfant, parce que, quand il est ivre, il se comporte sans raison, comme un enfant; avec un visage féminin, parce que les hommes pris de vin conçoivent le désir de s'unir charnellement à la femme; sa nudité symbolise la vérité; ses cornes, l'autorité; et les tigres, la fureur que cause l'ivresse.

Il y a aussi dans cette île des abeilles dont la piqûre est mortelle [8].

Thésée, fils d'Égée, roi d'Athènes, envoyé jadis en Crète, pour y être, dit-on, tué par le Minotaure, tua lui-même ce monstre et délivra ainsi Athènes d'une honteuse servitude [9]. Il enleva Ariadne et Phèdre, filles de Minos, et aborda en premier lieu à Naxos [10]; il y abandonna indignement Ariadne endormie près d'une fontaine voisine de la ville [11] et épousa Phèdre [12]. Comme j'ai trouvé dans beaucoup de lettres [13] que Thésée avait abandonné Ariadne à Naxos, cela m'a décidé à placer ici cette histoire, la traversée étant plus courte de cette île à Athènes qu'à Chio [14]. Je demande pardon à Ovide de le contredire sur ce point, car il affirme que Ariadne fut abandonnée à Chio par Jupiter [15]. Après le départ de Thésée, Bacchus, roi de ces îles, informé de sa criminelle trahison, eut pitié de la jouvencelle et l'épousa d'autant plus volontiers qu'il apprit qu'elle était de noble race, fille de Minos, roi des Crétois, et de Pasiphaé [16]. Vulcain lui fit cadeau d'une couronne enrichie de perles, qu'il plaça au nombre des astres du ciel [17].

Quand Jupiter partit en guerre contre les Titans, il aborda d'abord à Naxos. Comme il se disposait à offrir un sacrifice sur le rivage, un aigle descendit d'un endroit élevé et se posa sur sa tente ; Jupiter vit là un augure favorable, s'en alla rempli de joie et défit complètement ses ennemis, sans courir aucun risque personnel [18].

On dit aussi que Pélée fut roi de Naxos, à l'époque de la guerre de Troie, et que cette île était alors populeuse, car elle possédait une multitude d'hommes et de femmes si considérable que rien n'y était inculte [19]. Aujourd'hui, on y trouve surtout une grande quantité de chats-huants, qui ululent de la plus désagréable façon, et des troupeaux d'animaux sauvages errant dans les bois et les plaines. En outre, les perdrix y foisonnent [20].

J'ai trouvé à Naxos beaucoup de femmes vivant dans le célibat et gardant leur virginité jusqu'à l'extrême vieillesse. Ce n'est d'ailleurs ni le zèle divin ni l'amour de la virginité qui les décident à embrasser ce genre de vie, mais elles y sont réduites par disette d'hommes [21].

Il existe dans quelques endroits, à Naxos, des mines d'or, qui, faute d'ouvriers pour y travailler, restent inexploitées [22].

A l'ouest de l'île, s'élève un très magnifique temple d'Apollon [23], où était placée la statue de ce dieu. Dans le voisinage se trouvent l'emplacement des salines (24) et une tour déjà ruinée par le temps (25).

Au pied des montagnes, s'étend la fertile vallée de Darmili (26), dans les limites de laquelle se trouve la ville fortifiée d'Oustro (27). Nous arrivons ensuite au monastère dépendant de cette localité (28) et, par une autre vallée également fertile, nous descendons vers un verger qu'arrose une petite rivière (29) ; puis, de là, nous passons dans une plaine sablonneuse qui s'étend jusqu'au mont Stellida (30).

38. Les Podia.

Ces îles étaient, dit-on, jadis habitées l'une et l'autre. On les a appelées Podia, parce qu'elles ont la forme d'un pied : πόδια équivaut au latin *pedes* (1). La plus grande d'entre elles possédait autrefois une population considérable et un château bien fortifié (2); elle est aujourd'hui déserte, car ses habitants, pour ne pas rester exposés aux incursions des Barbaresques, ont émigré à Naxos. Le périmètre de la première est de six milles (3), celui de la seconde de quatre milles (4).

39. Héraclia et Kéros.

Héraclia (1) et Kéros (2) sont deux îles montagneuses et, à cause des incursions des Turcs, complètement désertes. On assure pourtant qu'elles étaient jadis habitées, car on y rencontre en quelques endroits des traces de ruines. Elles renferment une grande multitude de chèvres errantes.

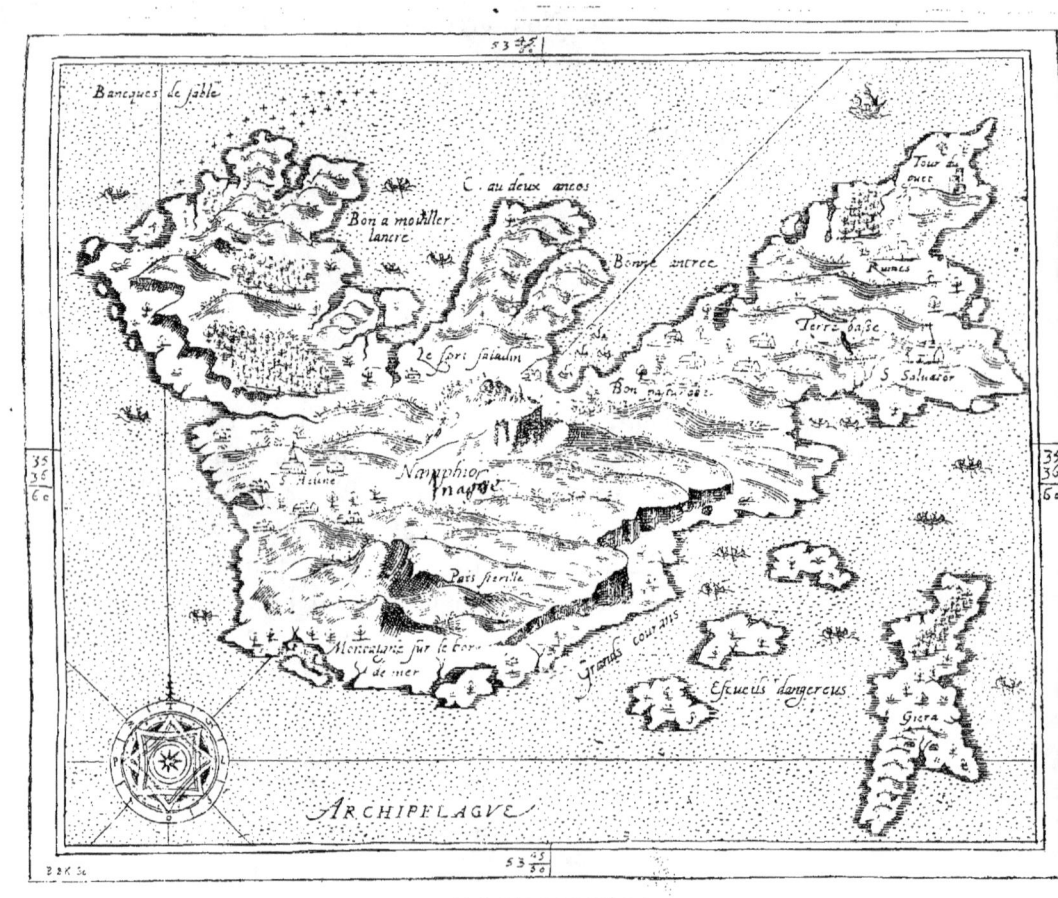

ILE D'ANAPHÉ.

L'une de ces îles a un périmètre de six milles [3], l'autre de huit milles [4].

40. Nio.

Les voyageurs épuisés par les fatigues de la navigation recherchent de préférence le port de Nio. Le nom de cette île vient soit de νεότης, soit de νεώς [1], parce que les navires maltraités par la mer y abordent avec joie. Nio a un périmètre de quarante milles [2]. Elle possède, au sud, sur une hauteur, un château [3], à peu de distance duquel on aperçoit une forêt et une plaine fertile, que les gens du pays ont divisée par portions et qu'ils cultivent. Quand vient le coucher du soleil, ils se retirent dans le château, par mesure de sécurité, et non sans beaucoup de peine. Le matin, ils ouvrent les portes et sortent, à un signal convenu, après que les vieilles femmes ont inspecté l'île. Ils passent ainsi leur vie dans une crainte et des transes perpétuelles [4].

Le fait suivant a eu lieu de notre temps. Des pirates s'étant rendus à Nio avec une galère dont ils voulaient réparer au port les avaries, ils la placèrent sur le flanc, comme c'est l'usage; mais, par une permission divine, survint un paquet de mer qui l'engloutit, et on ne la revit plus [5].

41. Anaphé.

Au nord se trouve Anaphé. Le nom de cette île lui est venu de ce qu'elle ne renferme pas de serpents; il est composé de la particule privative α et de ὄφις [1]. En effet, si l'on y apporte un serpent, il meurt aussitôt ; bien plus, si l'on transporte ailleurs de la terre d'Anaphé et que, après en avoir formé un cercle, on y place un serpent, il crève immédiatement [2].

Il y avait autrefois à l'extrémité de l'île une ville pourvue d'un excellent mouillage [3]; pour ce motif, les pirates venaient y abriter leurs navires et maltraitaient les habitants tout à leur aise. Après avoir longtemps souffert de cet état de choses, les principaux Anaphiotes bâtirent au centre de l'île une autre ville [4], et abandonnèrent l'ancienne, qui demeura ainsi complètement inhabitée.

42. Bouport.

Beaucoup d'auteurs ont nommé cette île Bouport [1], bien qu'elle possède encore aujourd'hui une ville appelée Amourgos [2]. L'île est bien habitée, presque entièrement montagneuse [3], et a un périmètre de quatre-vingts milles [4]. Elle a pour ainsi dire trois forteresses : Amourgos [5], Giali [6] et Plati. [7] Au nord, il y a trois ports : Sainte-Anne [8], Calos [9] et Catapla [10]. Les montagnes de l'ouest sont moins élevées que celles de l'est [11]; c'est pourquoi le canton de l'île qui regarde le couchant se nomme Catô-Méria [12], en latin *Pars inferior*, tandis que celui qui est situé au levant se nomme Anô-Méria [13], c'est-à-dire *Pars superior*. Au midi, de hautes montagnes rocheuses se dressent menaçantes et terribles pour les navigateurs [14]. Car la mer, agitée par la violence des vents, va se briser sur les rocs et ne diffère en rien de Charybde et Scylla. Aussi la fréquence des naufrages dans ces parages en éloigne autant que possible les marins et leur rappelle que des galères vénitiennes y furent jadis englouties.

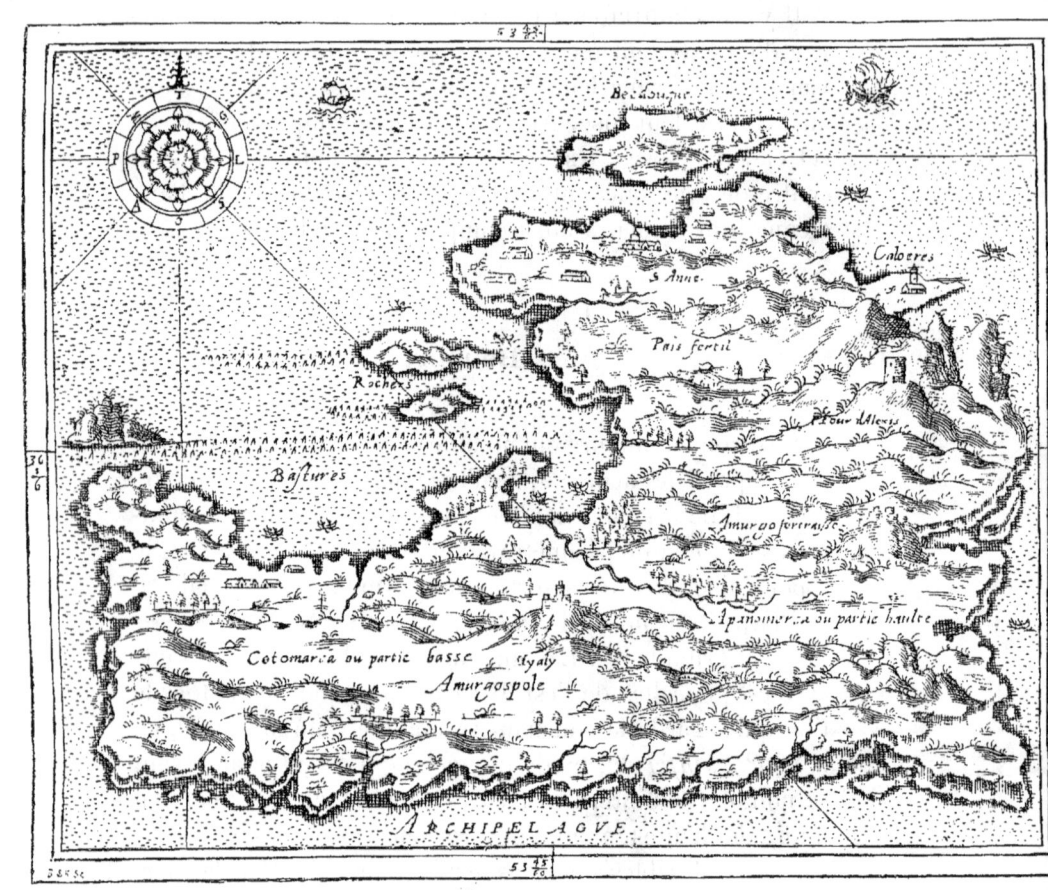

ILE DE BOUPORT (AMORGOS)⁴².

43. Kinéra et Lévata.

Kinéra [2] et Lévata [1] sont deux îles proches l'une de l'autre. On dit qu'elles possédaient autrefois des habitants, mais aujourd'hui elles sont complètement désertes et incultes, à cause des incursions des pirates barbaresques et autres. Les insulaires voisins y laissent leurs bestiaux pâturer en liberté avec les ânes sauvages, qui y sont en grand nombre.

44. Le Caloyer.

Nous allons parler du Caloyer [1], écueil très élevé, qui gît au milieu de la mer. Il constitue une île creuse [2], tournée vers le midi, entourée de hautes falaises, et, par son excessive altitude, il semble menacer toutes les îles voisines [3].

Sur la cime de cet écueil s'étend un plateau, où est bâtie une église [4] dans laquelle habitaient deux moines qui adoraient tranquillement Dieu nuit et jour. Ils avaient un bachot approprié à leurs besoins, qu'ils hissaient au moyen d'une corde, dans la crainte qu'il ne leur fût dérobé par les pirates. Ces moines menaient depuis longtemps un tel genre de vie, lorsque un Barbaresque astucieux, vêtu d'un froc pareil au leur, aborda nuitamment à cette île avec un petit bateau et cria d'une voix forte : « Hommes pieux, recueillez un malheureux, le seul survivant d'un récent naufrage. Car nous autres pauvres Grecs, nous faisions route avec notre navire, quand une violente tempête, qui s'est soudain déchaînée, nous a jetés sur cet écueil où nous avons fait naufrage. Ayez donc pitié, hommes de Dieu, d'un chrétien, d'un religieux comme vous, afin que, moi aussi, je ne périsse pas injustement; car la frayeur et la fatigue de la mer ont épuisé mes forces. » Émus par ce discours, les moines hissèrent aussitôt avec une corde, comme un ami, le nouveau Sinon. La nuit venue, quand les religieux furent entrés dans l'église, à l'heure où ils avaient l'habitude d'adresser leurs prières au Très-Haut, le traître les enferma dedans et appela aussitôt ses compagnons. Ceux-ci, étant montés promptement, s'emparèrent des serviteurs de Dieu et les emmenèrent chez eux avec tout leur mobilier [5].

45. Cos.

Nous arrivons maintenant à Cos, île que l'insalubrité de l'air rend malsaine la majeure partie de l'année [1]. Cos a quarante milles de longueur de l'est à l'ouest [2]. Elle est presque entièrement plate, sauf au sud, où elle est bornée par de hautes montagnes [3], sur lesquelles se trouvaient les villes fortes de Petræ [4], Thermia [5] et Pyli [6], appelée aujourd'hui Péripatos [7]. Sur le sommet du mont Dichæos [8], qui domine tous les autres, il y avait une ville bien fortifiée, où l'on voit encore aujourd'hui nombre de citernes [9]. Au pied du même mont jaillit la source nommée Phandicos, où prend naissance la rivière de Phandacos [10], qui coule près du mont Cilipe [11] et se jette dans la mer sur la côte septentrionale de l'île [12].

Au milieu de vastes plaines se dressent deux mamelons isolés [13], d'où sort une excellente source jadis appelée Licastos et aujourd'hui Apodomarvi [14]. Dans le voisinage de ces mamelons existait autrefois une ville forte, comme en

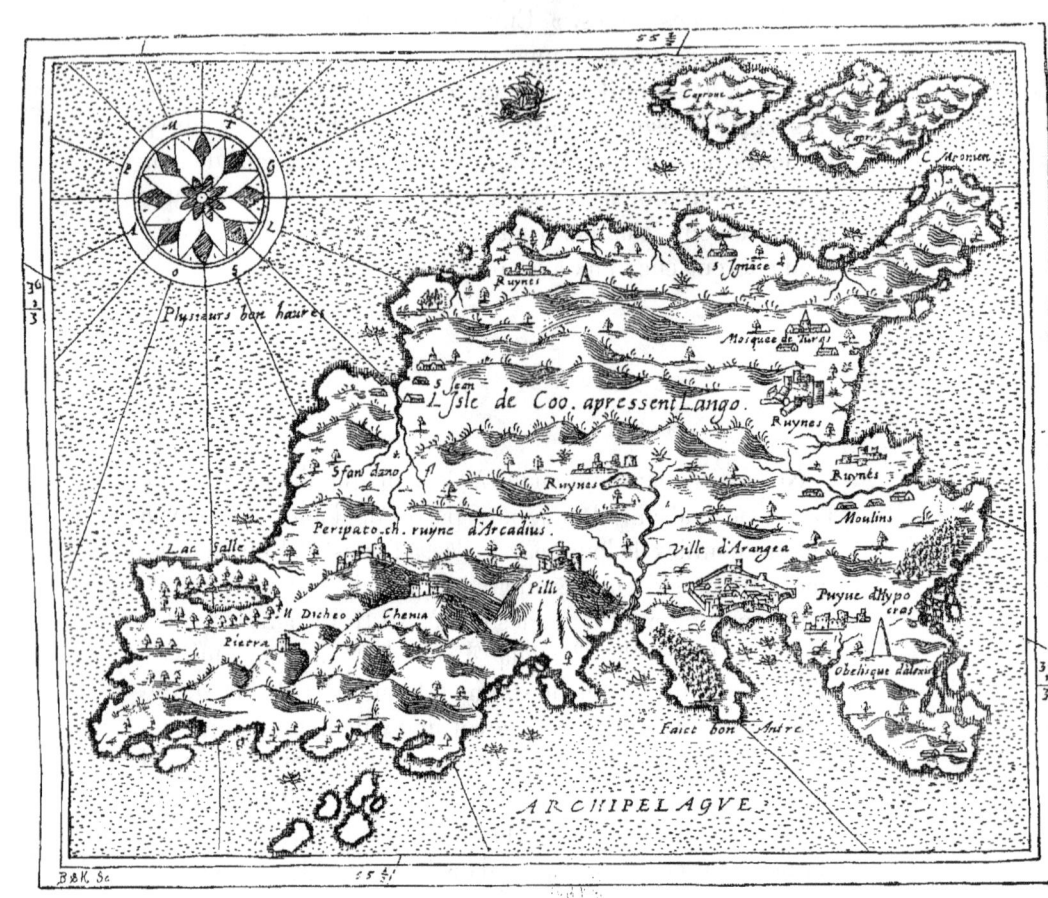

ILE DE COS.

témoignent des moulins et des jarres de marbre [15]. L'agrément de ces lieux joint au plaisir que procure le chant des divers oiseaux est capable de charmer non seulement des mortels comme nous, mais encore les dieux eux-mêmes [16].

Sur la côte orientale de l'île [17] se trouve la capitale, nommée Arangia [18], au centre de laquelle est un étang malsain, particulièrement au printemps [19]. Hors les murs de cette ville fleurissent de nombreux orangers (άράγγια, arbres que les Grecs appellent κίτρια) et c'est de là qu'elle a pris son nom [20]. On y trouve une multitude d'édifices en marbre et de théâtres qui font l'admiration des visiteurs, mais laissent incrédules les personnes qui en entendent seulement parler [21].

Hors de la ville, vers le nord et aux environs de l'étang [21*], se trouve la magnifique maison d'Hippocrate [22], le célèbre médecin. Près de cette maison, il y a une source et un étang nommé Lambi, qui grossit en hiver et prend une extension considérable, mais se dessèche en été [23].

Le divin Hippocrate apprit son art auprès de son père Héraclide et de son grand-père Hippocrate [24]; mais il ne s'initia près d'eux qu'aux principes de la médecine, ce qui constituait probablement tout leur savoir; quant à cette science entière, il l'apprit grâce à sa nature divine et il surpassa ses aïeux autant par la noblesse de son âme que par l'excellence de ses connaissances. Il descendait, dit-on, des dieux par la ligne masculine et féminine; par son père, il était de la race d'Esculape, et, par sa mère, de la race d'Hercule. Or le susdit Esculape était médecin et enseigna la médecine à ses fils; il ordonna que les enfants l'apprissent de leur père, afin que la noblesse de l'art de guérir restât toujours dans la famille et ne devînt pas le partage des étrangers. Il leur enjoignit, en outre, d'habiter au milieu des Cyclades, à cause de la température, mais de passer l'été dans les montagnes de Cos. Hippocrate légua donc aux Grecs l'ensemble complet des sciences médicales, négligées depuis cinq cents ans, comme l'affirment les historiens Isidore et Macrobe [24*]. Les premiers inventeurs de la médecine furent Apollon et Esculape [25]. Mais j'en ai dit suffisamment sur cette matière.

Quand on s'avance vers le centre de l'île, on trouve quelques monticules qui rendent cette plaine plus élevée que celle d'Arangia [26]. A partir de la ville forte d'Antimaque [27], située au midi, nous marchons en plaine jusqu'à l'extrémité de l'île, où se trouve actuellement, bâtie sur une hauteur, la ville forte de Képhalos [28]. Dans cette localité, se montra, il y a quelques années, comme je l'ai appris, un énorme serpent qui dévastait tout; il ne s'attaquait pas seulement aux animaux, mais encore aux gens. Tous fuyaient épouvantés. Cependant un homme courageux osa, pour le salut de la population, engager le combat avec le monstre. Lorsque, armé et à cheval, il s'élança contre le serpent, celui-ci saisit le cheval entre ses dents et l'étendit mort sur le carreau; mais, bien que privé de sa monture, le jeune homme lutta vaillamment quelque temps et finit par tuer la bête [29].

On affirme que la fille d'Hippocrate apparaît vivante, par intervalles, qu'elle parle et raconte ses malheurs; qu'elle prie, en outre, le créateur de l'univers de la prendre en pitié et de mettre fin au châtiment qu'elle endure. Elle se montre, tous les six ou huit ans, dans le voisinage de la maison paternelle, comme beaucoup de gens l'attestent, et pousse d'une voix forte des cris lamentables [30].

Pline rapporte que Aristée, fils d'Apollon, ayant abandonné Thèbes, sur le conseil de sa mère, passa dans l'île de Cos et y fixa sa résidence; il la soumit ensuite entièrement et y exerça le pouvoir [31].

On dit aussi que les femmes de Cos assassinèrent leurs maris, parce que, toujours occupés à guerroyer en Asie-

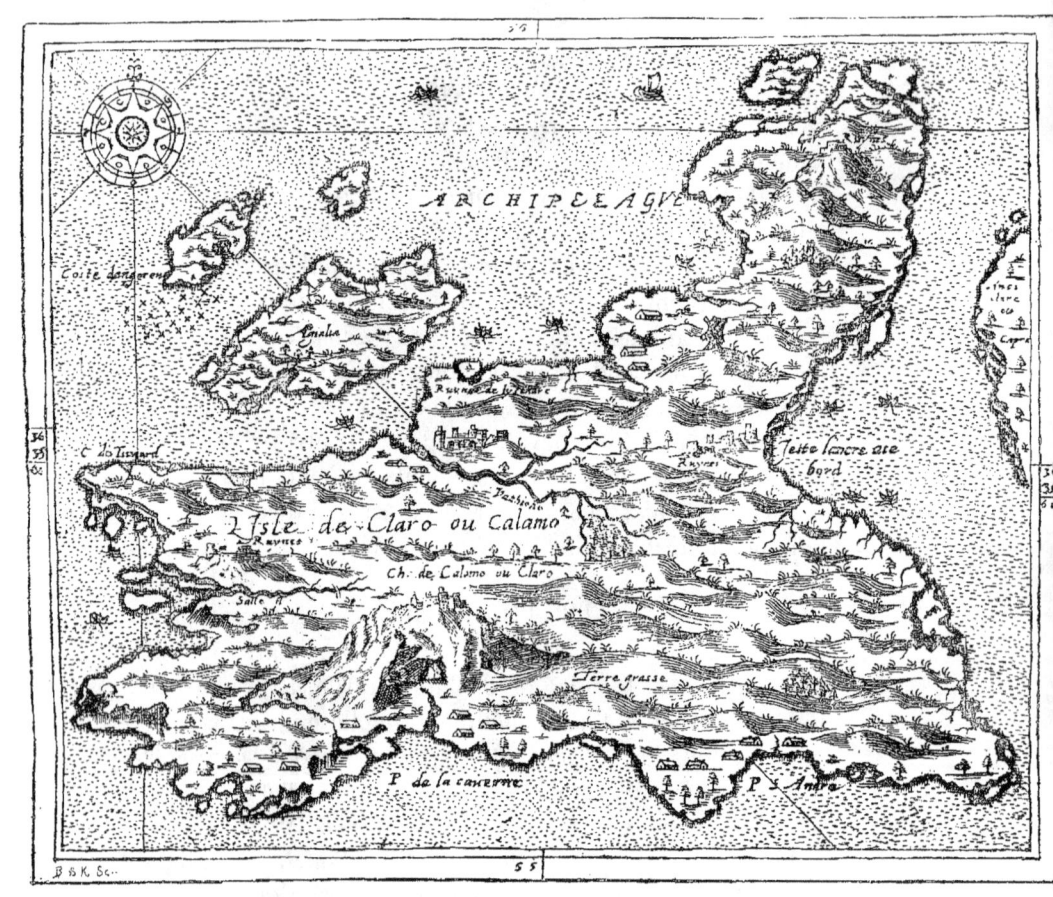

ILE DE CALAMOS.

Mineure, ils leur abandonnaient le soin de l'île. Ce fut, paraît-il, pour cette raison qu'elles s'indignèrent et commirent un si énorme forfait (32).

Lorsque Jason alla en Colchide, il passa par cette île, et de là se rendit dans la ville forte actuellement appelée Courcos et située en Asie (33). On voit encore aujourd'hui dans cette localité un grand nombre de magnifiques édifices. Elle est située dans la Basse-Arménie et regarde Chypre (34).

Il n'y a, pour ainsi dire, aucune île où tout abonde comme à Cos (34*). C'est là, assure-t-on, que fut inventé l'art de travailler la laine pour l'habillement des femmes (35). La plupart des auteurs affirment que ce fut aussi à Cos qu'eut lieu la mémorable naissance du poète Philis, qui imita Sappho et composa l'histoire de Bacchis (36).

D'après un récit fabuleux, un oiseau aurait fait son nid à Cos, dans les anfractuosités des rochers, et aurait pondu deux œufs, dont l'un aurait produit un oiseau et l'autre un chien. Aussitôt que la mère s'en serait aperçue, elle aurait tué le chien et l'aurait donné à manger à l'oiseau son frère (37).

Comme cette île est voisine de l'Asie-Mineure, qui possède de grandes villes, on assure que, pour ce motif, les chevaliers de l'Ordre de Saint-Jean y ont bâti, pour résister aux ennemis de notre foi, une forteresse dite de Saint-Pierre (38).

46. Calamos.

L'île jadis appelée Claros (1), aujourd'hui Calamos (ce qui, en latin, signifie *arundo*), domine les îles voisines à cause de ses montagnes (2). Elle s'étend en longueur du nord au sud et a un périmètre de quarante milles [3]. La hauteur des montagnes de Calamos est tellement considérable [4] que, de leur sommet le plus élevé, on découvre distinctement Éphèse, Chio et Palatia. Dans ces montagnes errent des troupeaux de brebis, qui, parce qu'elles foulent et triturent des herbes odoriférantes, n'ont rien à craindre des loups [5] ; on y rencontre aussi des chèvres jaunes, qui aiment à s'aventurer sur les saillies des rochers, où elles restent à brouter les arbres.

Il y a, à l'est, une vieille forteresse, située dans un endroit élevé, en face d'une petite île oblongue [6].

La prospérité de Calamos dans l'antiquité est encore actuellement attestée par le nombre et la grandeur des édifices qu'on y trouve [7]. Mais qui pourrait en dire la variété et le caractère artistique? Car, dans toute l'île, on ne voit presque exclusivement qu'une multitude d'œuvres inimitables.

Il y a dans un golfe de l'île une ville forte nommée Calamos [8]. Au couchant, se trouve la vieille ville de Vathy [9], située dans un autre golfe et baignée par une rivière dont l'eau est saumâtre [10]. Nous avons trouvé dans cette ville beaucoup d'édifices remarquables.

Au sud et au pied du promontoire, il y a deux ports [11], dans le voisinage desquels est une caverne spacieuse où jaillit une source abondante qui coule toujours et ne tarit jamais [12].

Partout dans cette île croît l'aloès [13], plante que l'on considère généralement comme très salutaire.

47. Léros.

Près de Calamos se trouve Léros, île très montagneuse [1] et qui produit beaucoup de marbre. Elle possède, à l'est,

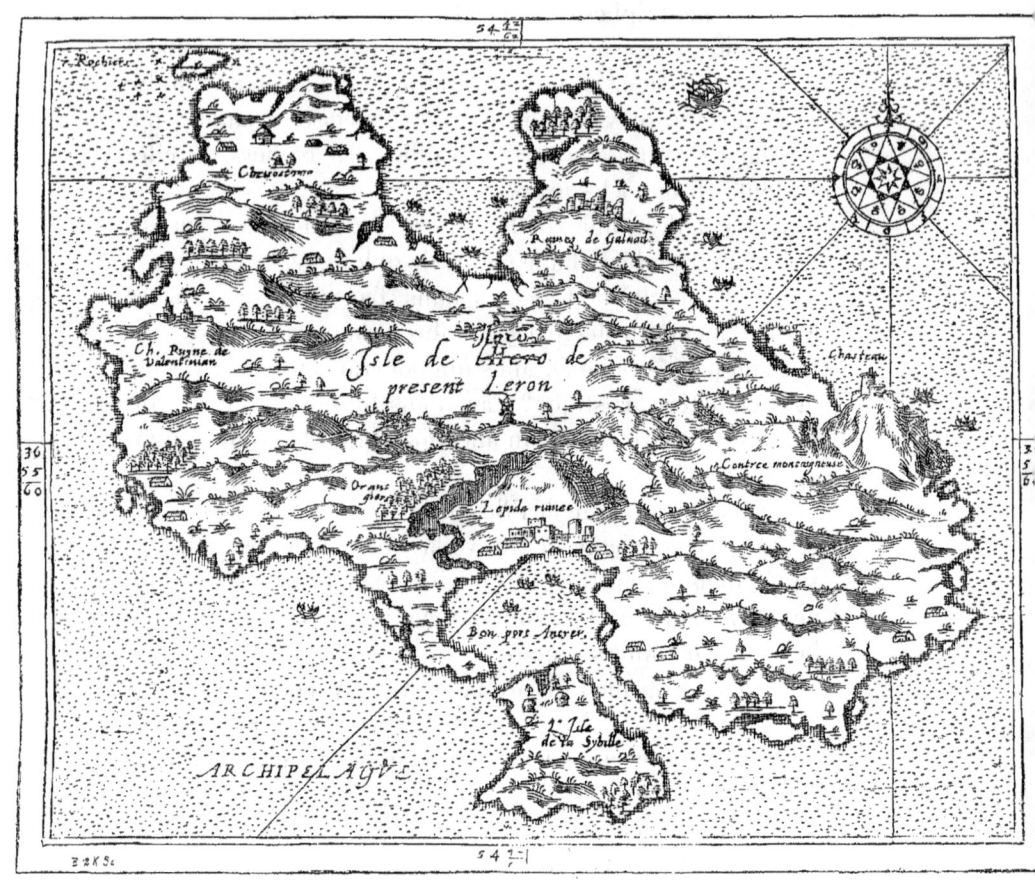

ILE DE LÉROS⁴⁷.

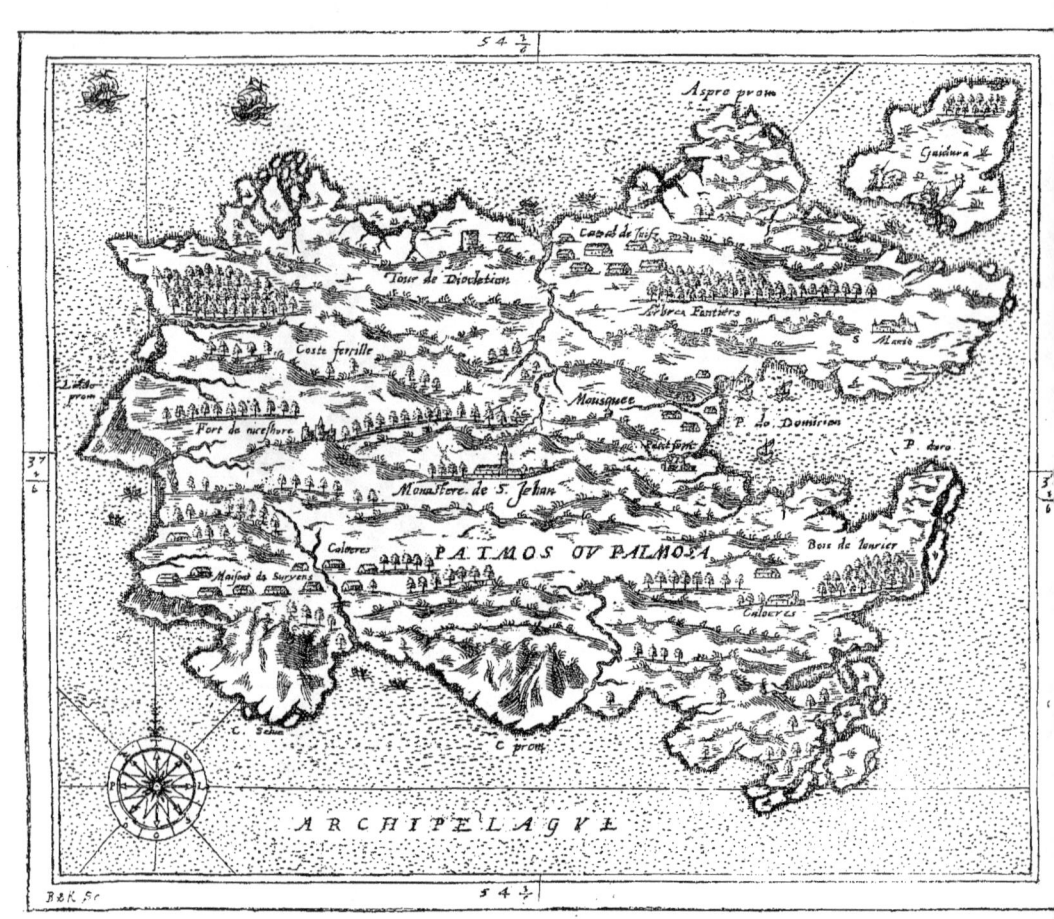

ILE DE PATMOS[48].

un château où se retirent, la nuit, par mesure de sécurité, tous les habitants de l'île (2). Au sud, s'ouvre un port très agréable (3), ayant dans son voisinage une ville située sur une hauteur (4), au pied de laquelle s'étend une assez vaste plaine (5). A l'ouest, il y a un golfe appelé Phalacros (6) et une ville forte inhabitée, autrefois nommée Parthénion (7).

Léros a un périmètre de dix-huit milles (8) et, bien qu'elle soit presque entièrement montagneuse, tout le monde s'accorde pourtant à la considérer comme relativement très fertile (9). L'aloès y pousse à foison (10); les habitants récoltent cette plante, la mettent en réserve et attendent pour la vendre les marchands habituels.

48. Patmos.

Il est temps de passer à Patmos, où, sous le règne de l'empereur Domitien, fut exilé Jean, disciple du Christ (1). Retiré dans un coin du port de cette île, le saint fut ravi en esprit jusqu'au troisième ciel et entendit les grands secrets de Dieu sur les choses présentes et futures (2). Il écrivit le livre de l'*Apocalypse*, dans lequel il nous fait de nombreuses révélations (3). Après la mort de Domitien, Jean se rendit à Éphèse (4), où il fut reçu avec de très grands honneurs et enseigna la foi chrétienne en accomplissant des miracles.

Plusieurs disciples de Jean se rendirent à Patmos et fondèrent, non loin de l'endroit où il avait habité, un monastère encore actuellement occupé par des religieux (5), que les Turcs non seulement ne molestent pas, mais auxquels ils fournissent les choses nécessaires à la vie, lorsqu'ils se rendent chez eux pour se les procurer (6).

Cette île est montagneuse et possède quelques collines peu élevées (7). On y trouve plusieurs mines de métaux (8).

49. Dipsa.

Nous avons donné sur Patmos les détails nécessaires, arrivons maintenant à la petite île de Dipsa (1) (le mot grec δίψα équivaut au latin *sitis*), ainsi nommée parce qu'elle est aride et montagneuse, et, pour ce motif, inhabitée. Elle possède un golfe sur sa côte orientale (2) et nourrit, outre des ânes sauvages, une multitude de chèvres.

50. Crousia.

De l'autre côté de la susdite île, c'est-à-dire à l'ouest, entre Patmos et Icaria, est située l'île de Crousia (1). Elle est entourée de montagnes peu élevées et quelques écueils apparaissent sur ses côtes (2).

Ses habitants l'ont abandonnée depuis longtemps; mais, une preuve qu'elle a été jadis habitée, c'est que l'on y voit encore aujourd'hui une vieille forteresse déserte (3).

On ne trouve dans toute l'île que des animaux sauvages, qui y vaguent en liberté.

51. Icaria.

Lorsque le Crétois Icare quitta la maison paternelle pour fuir l'orgueilleuse tyrannie des Titans, il se rendit dans cette île, ainsi que le rapporte Varron [1]. Cet événement eut lieu sous le consulat de Brutus, qui chassa de Rome les tyrans et soumit l'Italie entière [2]. C'est de cet Icare que l'île prit son nom d'Icaria [3]. Elle est très montagneuse [4] et a un périmètre de quatre-vingts milles [5]. Elle est orientée de l'est à l'ouest et affecte la forme d'un navire qui aurait la coque en l'air, car son arête montagneuse est bombée au centre et se déprime à ses deux extrémités [6]. Quand les navigateurs venant d'Éphèse voient le point culminant de l'île caché par les nuages, ils se hâtent de gagner le port, car c'est un indice certain de futures avaries pour les navires en marche. Il y a dans les trous et les fentes des rochers d'Icaria une quantité d'abeilles qui fournissent un miel excellent [7]. Cette île produit aussi en abondance du vin blanc et en procure une ample provision aux îles voisines [8].

Sur le sommet de la montagne susdite, il y a actuellement deux villes fortifiées [9], et sur la côte septentrionale, près de la mer, une très haute tour, appelée Phanari [10], dans laquelle on plaçait jadis une lumière par les temps de bourrasque, afin que, l'apercevant de loin, les navigateurs pussent chercher un abri, car l'île d'Icaria est entièrement dépourvue de ports [11].

52. Mandria.

Cette île a reçu le nom de Mandria, parce qu'elle est entourée de rochers et, pour ainsi dire, enclose de toutes parts comme une bergerie (μάνδρα) [1]. Actuellement déserte, elle possédait autrefois des habitants, comme on le voit à certains indices. On n'y trouve aujourd'hui que d'immenses troupeaux de chèvres et une multitude d'ânes sauvages, qui vaguent sans crainte et poussent leurs braiments.

53. Phormachi et Agathousa.

Viennent ensuite deux petites îles appelées Agathousa [1] et Phormachi [2], qui gisent en face du fleuve de Palatia [3]. Les pirates qui viennent continuellement de l'Asie y délibèrent sur la meilleure route à prendre [5]. La première de ces îles a un périmètre de douze milles [6] et la seconde de quatre milles [7]. De là, nous pénétrons dans l'embouchure du fleuve de Palatia, et en le remontant nous arrivons à la ville de ce nom, ainsi appelée des magnifiques palais qu'on y voyait jadis [7]. Il y a dans cette localité un lac qui devient immense durant la saison d'hiver et abonde tellement en poissons de toute espèce, particulièrement en anguilles, qu'on les transporte partout. [8]

De ces parages partent des galères montées par des pirates pour aller dévaster les îles, mais les Frères de Saint-Jean ou les Vénitiens en ont souvent capturé et coulé à fond [9].

54. Samos.

Non loin des susdites îles se trouve celle de Samos, qui, en peu de temps, se signala entre toutes les autres par les sacrifices offerts aux dieux helléniques, principalement à l'époque où la philosophie y était florissante [1].

Samos est entourée de montagnes fort élevées [2] et a un périmètre de quatre-vingts milles [3]. Elle s'étend en longueur de l'est à l'ouest [4]. Nous trouvâmes sur ses deux côtes des ports pourvus d'eaux très froides [5]. Au

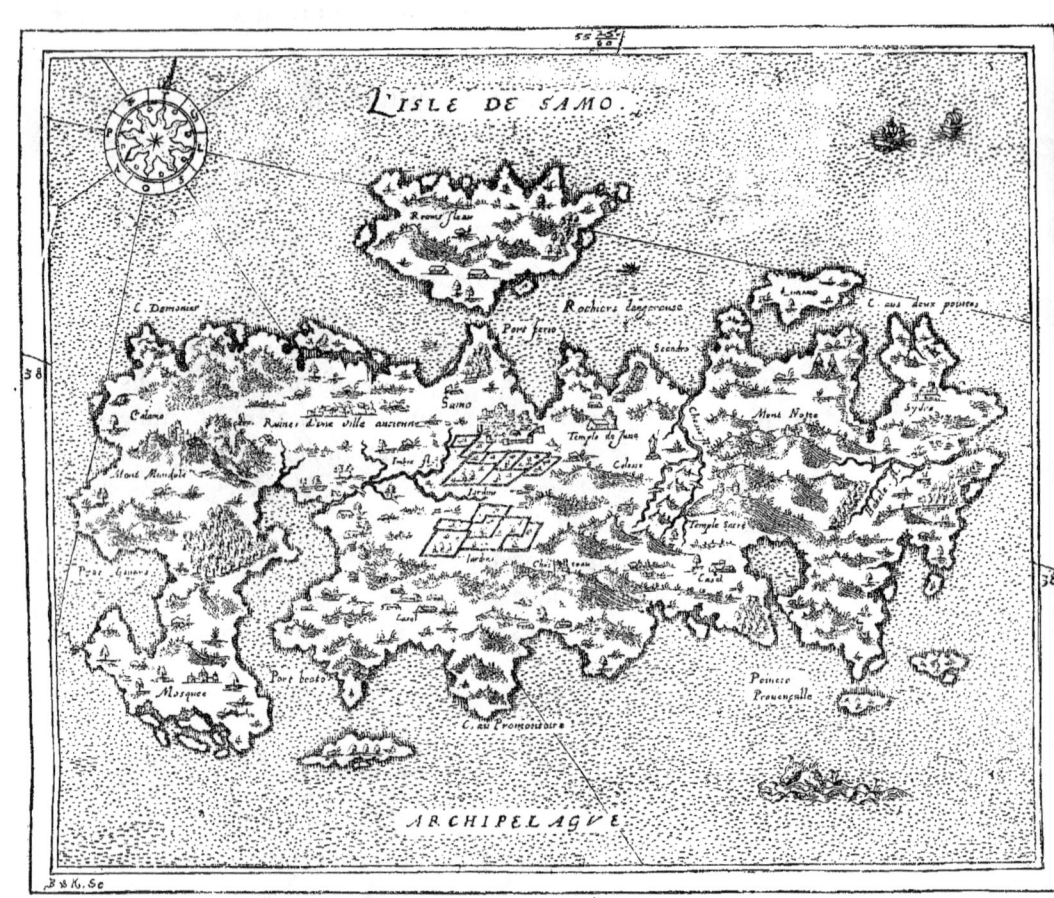

ILE DE SAMOS.

sud, dans une plaine voisine de la mer, il y avait une ville des plus magnifiques, dont il reste une telle multitude de ruines et de colonnes que l'on pourrait à peine les énumérer en une journée. Cette ville possédait, dit-on, un très grand temple de Junon, soutenu par une merveilleuse colonnade. On voit encore aujourd'hui, non loin de là, une statue de la déesse (6).

Cette île fut la patrie du fameux philosophe Pythagore (7). S'étant rendu à Babylone, pour apprendre les mouvements des astres et l'origine du monde, il acquit promptement un grand savoir en ces matières (8).

Polycrate, très cruel tyran, comme dit Valère Maxime (9), était roi de Samos. On assure qu'il fut le plus heureux des hommes, bien que la fortune ne lui ait pas toujours souri. En effet, Oronte, roi des Perses, l'ayant fait prisonnier, donna ordre de le crucifier sur la très haute montagne de Mycale (10).

Phêmô, une des dix sibylles, était de cette île; c'est pour ce motif qu'on l'appelait la Samienne (11).

Paul-Émile, général romain, vainquit à Samos Persée, roi de Macédoine, et lui tua, dit-on, dans la bataille plus de vingt mille hommes (12).

A une époque plus récente, un grand nombre de Turcs poursuivis par Tamerlan cherchèrent un refuge dans cette île (13).

Il y a, au centre de Samos, un endroit fertile, ainsi que l'assurent plusieurs personnes qui l'ont vu (14).

55. Les Fourni.

A l'ouest de la susdite île et dans son voisinage gisent d'autres îles appelées Fourni (1), dont l'homme fuit le séjour, tant leur aridité est excessive [2]. Elles sont bordées de falaises escarpées, près desquelles les navires surpris par la tempête vont souvent chercher un refuge pour passer la nuit à l'abri de la violence des vents; toutefois, ils n'y trouvent pas d'eau douce et ils y ont beaucoup à redouter les pirates turcs, qui rôdent autour de ces îles, cherchant des victimes.

Les îles Fourni ont un périmètre, la première de deux milles [3], la deuxième de trois milles [4], la troisième de dix milles [5], la quatrième et la cinquième de quatre milles chacune [6].

Dans une traversée de Rhodes à Chio, il nous arriva de donner contre la plus grande des îles Fourni par une nuit brumeuse et sans lune. Convaincus d'avoir trouvé un port, nous avions, en conséquence, amené les voiles afin d'y pénétrer, mais, loin d'entrer au port, nous jetâmes l'ancre sur les écueils voisins des caps. Quel n'était pas notre malheur! Nous essayâmes de nous dégager de ces rivages, mais, malgré mille efforts, nous ne pûmes y réussir. Contraints de descendre tous à terre, nous passâmes cette nuit brumeuse de la plus désagréable façon. Quand le jour brilla, nous cherchâmes partout notre navire, mais ne pûmes le découvrir nulle part. La mer l'avait déjà englouti dans ses abîmes.

Nous restâmes cinq jours sans nourriture, car on ne voyait pas même de plantes dans cette île; notre complet épuisement nous contraignit à boire l'eau conservée dans le creux des rochers. Beaucoup des nôtres rendirent leur âme à Dieu. Quand arriva le septième jour, n'ayant pas réussi moi-même à trouver des plantes pour m'en nourrir, je me retirai dans une grotte, où je traçai sur une pierre l'inscription suivante: *Ici le moine Christophe est mort de faim* [7].

Cependant, mes compagnons ayant vu un navire passer

dans le voisinage, ils l'appelèrent avec des cris lamentables, et ce navire devint, contre tout espoir, l'instrument de notre salut.

56. Ténosa.

Nous quittons ces îles privées de port et dépourvues d'habitants, et nous nous rendons avec plaisir à Ténosa [1], que nous n'abordons pas, toutefois, sans beaucoup de peine. Nous y trouvâmes parmi les épines et les haies des vestiges d'antiquités [2].

Dans cette île, les petits cailloux des montagnes brillent la nuit comme des étincelles ; ce phénomène est dû à la violence des vents, dont le souffle produit en même temps dans les arbustes une mélodie très douce à l'oreille [3].

Ténosa est très montagneuse [4] et a un périmètre de dix milles [5].

57. Psara.

A l'ouest de Chio et dans son voisinage se trouve l'île de Psara [1], dont le périmètre est de douze milles [2]. Elle était autrefois habitée et possédait même une ville forte [3] ; mais, dans la suite des temps, elle est devenue complètement déserte, et, pour cette raison, beaucoup d'animaux domestiques y sont retournés à l'état sauvage et restent indomptés.

Vis-à-vis de cette île gisent des écueils qui offrent un port des plus sûrs [4]. Une galère turque qui y avait pénétré, voulant éviter les embûches des chrétiens et passer tranquillement la nuit, se rendit sur la côte opposée ; mais un vent violent étant venu à souffler, elle fut submergée. Les barbares qui la montaient échappèrent au danger et se répandirent par toute l'île, où ils prirent et égorgèrent des chèvres et des ânes. Ils agirent ainsi non seulement pour se nourrir de la viande de ces animaux, mais pour employer leurs peaux à confectionner un radeau. En effet, ils en fabriquèrent des outres, agencèrent dessus des pièces de bois et y prirent place au nombre d'environ quarante. Ils firent alors voile vers leur patrie désirée, et ils en approchaient déjà, quand apparut un petit bateau monté par six hommes, qui les attaqua et les envoya dans le Tartare.

58. Chio.

Après l'île de Psara, nous visitâmes celle de Chio, qui gît dans la mer Égée, près de l'Asie-Mineure, et a un périmètre de cent vingt-quatre milles [1].

Hypsipyle y envoya autrefois son père, pour le soustraire aux embûches des femmes de Lemnos, qui cherchaient à le tuer [2]. Ce fut également à Chio que, après avoir occis le Minotaure et enlevé les deux filles de Minos, roi de Crète (raison pour laquelle il fuyait cette île), Thésée abandonna indignement Ariadne et épousa Phèdre [3]. Ce qui fait dire à Ovide :

> Protinus Ægides rapta Minoide Chion [4]
> Vela dedit comitemque suam crudelis in illo
> Littore destituit. Deserte et multa querenti
> Amplexus et opem Liber tulit : utque perenni
> Sidereclara foret, sumptam de fronte coronam
> Immisit cœlo ; tenues volat illa per auras [5].

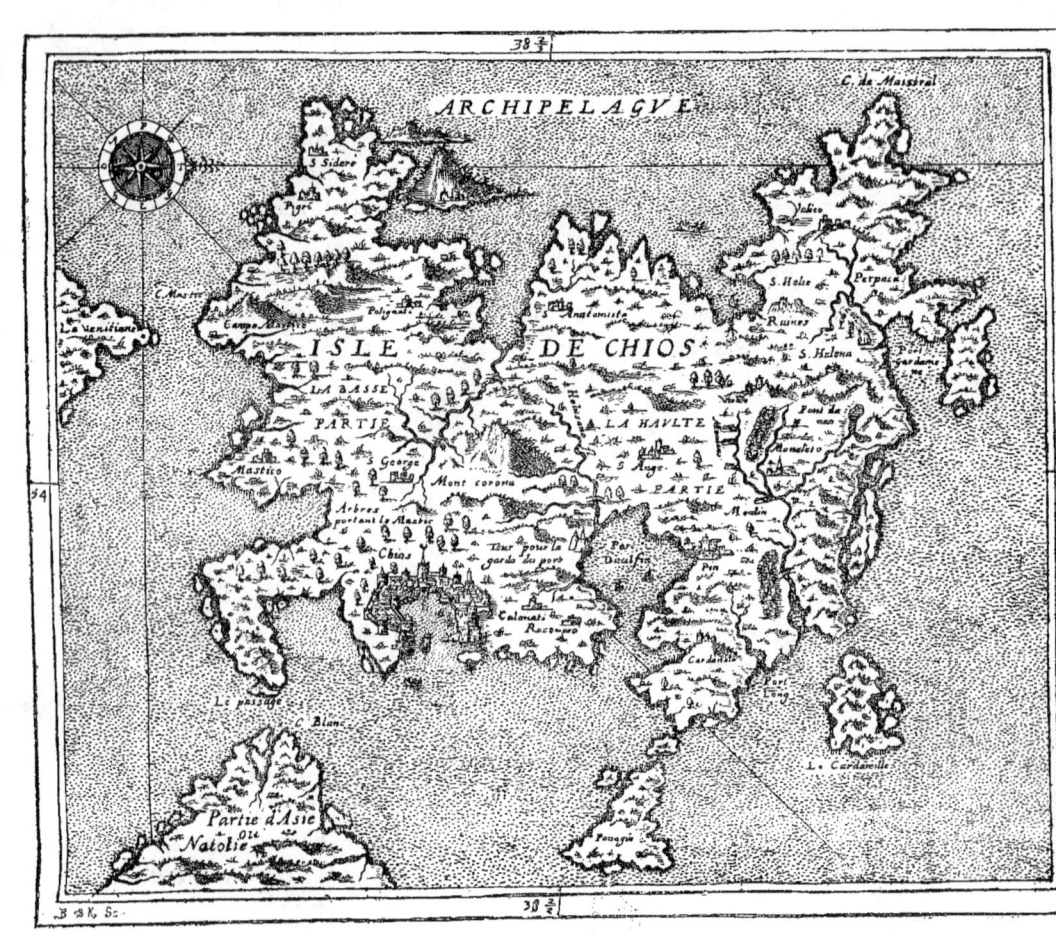

ILE DE CHIO.

Chio est orientée du nord au sud et divisée en deux parties, dont celle du nord s'appelle Épanô-Méria [6] et celle du sud Catô-Méria [7]. La première est hérissée de hautes montagnes plantées d'une multitude de pins et de platanes ; de ces montagnes jaillissent des sources d'eau froide et potable et, sous les ombrages, des rivières coulent vers la mer et font moudre des moulins [8]. Çà et là se montrent plusieurs villes fortes, les unes dans la montagne, les autres en plaine, à savoir : Volissos [9] avec une plaine excellente, Perparéa [10], Sainte-Hélène [11], Ménaléos [12], Viki [13], Python [14] et Cardamyla [15]. Toutes ces localités sont disposées circulairement et dans leur voisinage se trouvent Saint-Ange [16] et Saint-Hélie [17] ; on peut y ajouter une autre forteresse avec la Campagne d'Homère [18], où l'on voit le tombeau de ce poète, monument endommagé par son excessive vétusté ; mais, n'ayant sur ce sujet rien de véridique à dire, je laisse à ceux qui viendront après moi le soin de tirer la chose au clair [19].

Dans cette partie septentrionale de Chio, là où de sourcilleux promontoires menacent le ciel, coule une source abondante. Non loin de cet endroit, se trouve un port excellent avec une rivière et la plaine de Cardamyla [20], et plus loin un autre port avec une rivière lui aussi et une tour, lequel s'appelle port Delphin [21]. Enfin, après avoir parcouru un petit bout de chemin, on arrive à la ville de Chio, laquelle a été restaurée par les Génois et est pourvue d'un port très sûr [22]. Jadis située sur le mont Amachos [23], cette ville y jouissait en paix d'une extraordinaire prospérité. Au pied de ladite montagne est Sainte-Coronata, monastère dont on ne saurait trop célébrer les louanges [24]. Mais pour quel motif a-t-on abandonné ledit emplacement et bâti près de la mer cette magnifique cité ? C'est ce que j'ignore complètement. De chaque côté de la ville s'étendent des plaines très fertiles, plantées de vignes et d'arbres fruitiers de différentes espèces.

La Néa-Moni est située dans les montagnes [25]. [Ce monastère, où plus de trente religieux se consacrent au service de Dieu, possède une église d'une architecture si admirable que je suis incapable de la décrire [26]. On y voit aussi une citerne construite avec un art merveilleux [27]. Tous les passants sont hébergés gratuitement à la Néa-Moni. Là encore, vers le nord, s'élève une église consacrée à la Vierge Marie, sous le vocable de la Coronata [28]. A un mille de distance, on trouve Saint-Nicolas, avec une belle église, un verger et une jolie source [29] ; à deux milles plus loin, El Dragolio, avec une belle maison, un fort joli verger, une source et de magnifiques domaines [30] ; enfin, à un mille de là, Saint-Jean [31], avec un verger bien planté, une tour et une fontaine d'où coule une eau des plus fraîches [32].]

Parlons maintenant de la partie de l'île communément nommée Catò-Méria, où croissent les arbres appelés en latin *lentisci*, en grec σχῖνοι, et d'où l'on tire le *mastic*. Ce produit, les habitants le recueillent durant la saison d'été, après avoir d'abord soigneusement balayé le sol [33]. On s'étonne de ne pas trouver de ces arbres dans l'Épanô-Méria.

En continuant d'avancer, nous arrivons au mont Saint-Georges [34], d'où descendent des sources abondantes, lesquelles forment une rivière qui va se jeter dans la mer, après avoir traversé une plaine fertile [35].

Sur la droite de la montagne, il y a une grande forteresse nommée Leucobora [36]; ensuite une autre forteresse nommée Calamoti [37], avec un plateau. De là, nous apercevons la vaste plaine du Mastic et au loin l'écueil appelé le Caloyer [38]. Nous voyons ensuite et admirons Pyrgi [39], autre forteresse située dans une plaine ; puis Sainte-Anastasie [40] et près de là le port de Mista [41].

Il y a encore, au couchant, entre deux écueils, un autre

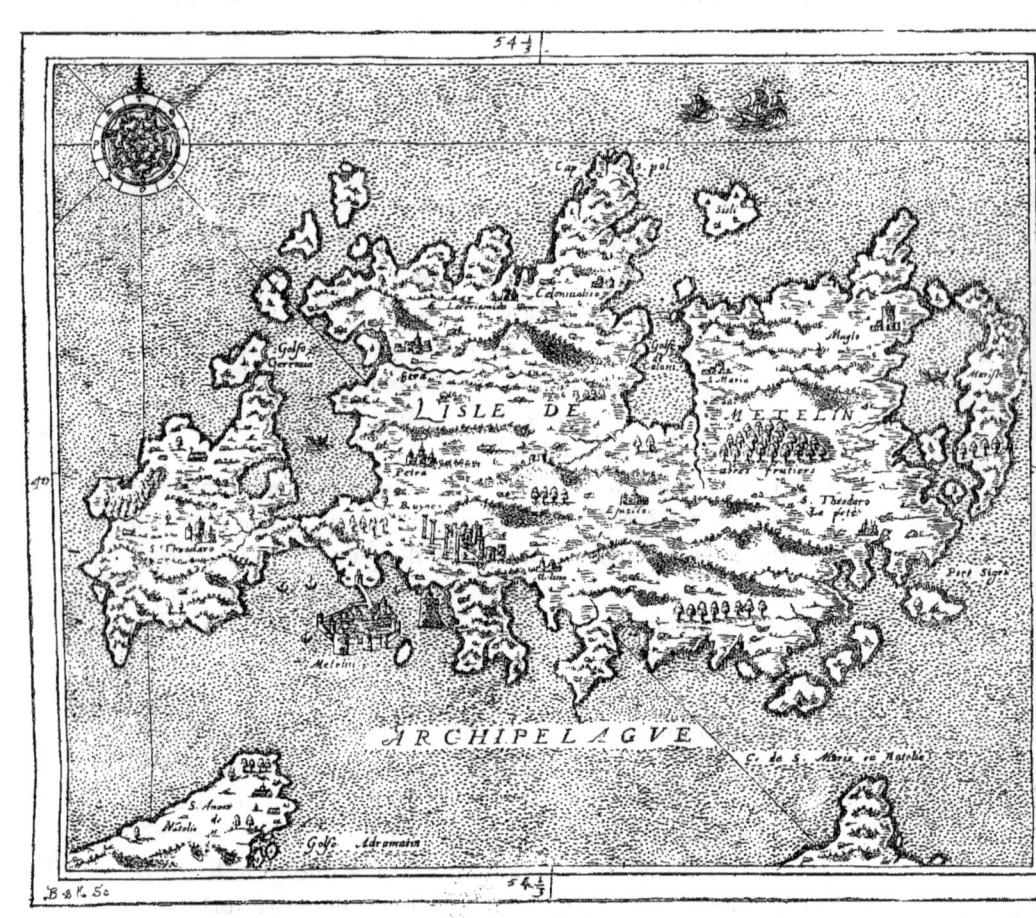

ILE DE MÉTÉLIN[39].

port nommé Lithin ⁽⁴²⁾ ; et dans son voisinage on aperçoit un golfe et une plaine avec une rivière ⁽⁴³⁾.

Sachez que le port Delphin s'appelait autrefois port de Bellophana ⁽⁴⁴⁾.

59. Métélin.

Nous avons parlé de Chio, arrivons maintenant à Lesbos. Cette île posséda jadis une marine si puissante qu'on la considérait comme la reine incontestée de la mer ⁽¹⁾. Elle gît dans la mer Égée et fut appelée Métélin, de Milétos, fils de Hélios, frère de Pasiphaé ⁽²⁾. Milétos s'étant révolté contre son parent Minos et ayant eu le dessous, quitta la Crète et se réfugia à Lesbos, dont il devint roi et où il bâtit une ville appelée d'abord de son nom Milet et, plus tard, par une transposition de lettres, Métélin ⁽³⁾. Le poète Alcée affranchit jadis cette île honteusement asservie par un tyran ⁽⁴⁾. Elle est la patrie de la grande poétesse Sappho ⁽⁵⁾ ; du philosophe Théophraste ⁽⁶⁾ ; de Nyctæos ⁽⁷⁾, père d'Antiope, laquelle, de son union avec Jupiter, métamorphosé en satyre, eut, selon la fable, deux fils nommés Zéthos et Calaïs ⁽⁸⁾.

Le grand Pompée laissa sa femme à Lesbos, lorsqu'il prit le chemin de la Thessalie, pour y livrer bataille à César ⁽⁹⁾.

Ce fut jusqu'à Lesbos que Castor et Pollux poursuivirent Alexandre, fils de Priam, qui avait enlevé leur sœur Hélène, à laquelle il s'était uni à Cythère ; empêchés, par une violente tempête, de rejoindre la fugitive, ils cessèrent leur poursuite à Lesbos. On affirme que Jupiter leur père les rendit immortels en les métamorphosant en un signe du zodiaque céleste, appelé encore aujourd'hui les Gémeaux ⁽¹⁰⁾.

L'apôtre saint Paul, venant de Syrie, trouva à Lesbos un refuge contre une tempête. Comme il y enseignait la foi du Christ, il tua un énorme serpent et convertit un grand nombre de personnes [11].

Il y a sur les côtes de cette île plusieurs villes fortes. La plus considérable est Métélin, qui fut dans l'antiquité une grande et très puissante cité [12]. Son enceinte, en effet, dépassait quatre milles, bien que présentement elle soit réduite à un périmètre fort exigu [13].

Un pieux moine de Lesbos prévit la catastrophe qui menaçait l'île et la mort du prince [14] ; il prédit clairement aux habitants que leur pays serait dévasté, ce qui arriva peu après. En outre, le prince de Lesbos, qui était allé à la chasse avec tous ses gens, s'étant retiré dans un château pour s'y reposer, fut, pendant la nuit, cruellement mordu à la main par un scorpion et poussa un cri de douleur. A ce cri, tout son entourage accourut et remplit la chambre à coucher du château ; le plancher s'effondra sous eux et les entraîna tous dans sa chute ; mais le prince seul et peut-être quelques-uns de ses gens avec lui trouvèrent une mort imprévue dans cet accident [15].

Au sud de cette magnifique ville se dressent quatre colonnes, avec de superbes édifices et des galeries souterraines, bâties anciennement avec une méthode et un art merveilleux [16].

Sur la côte méridionale, le golfe de Kéramia [17] occupe une étendue considérable. De là, on aperçoit plusieurs forteresses qui s'échelonnent jusque sur la côte occidentale : Hiéra [18], Kéramia [19], Kydonia [20], Basilica [21], Pétra [22], Molyvos [23]. Au nord, se trouve Saint-Théodore [24] et plus loin une tour [25]. Au centre de l'île s'étend une plaine très fertile [26]. A l'est et à l'ouest, s'élèvent des montagnes [27] peuplées d'animaux sauvages et couvertes de pins et de chênes d'une très grande hauteur.

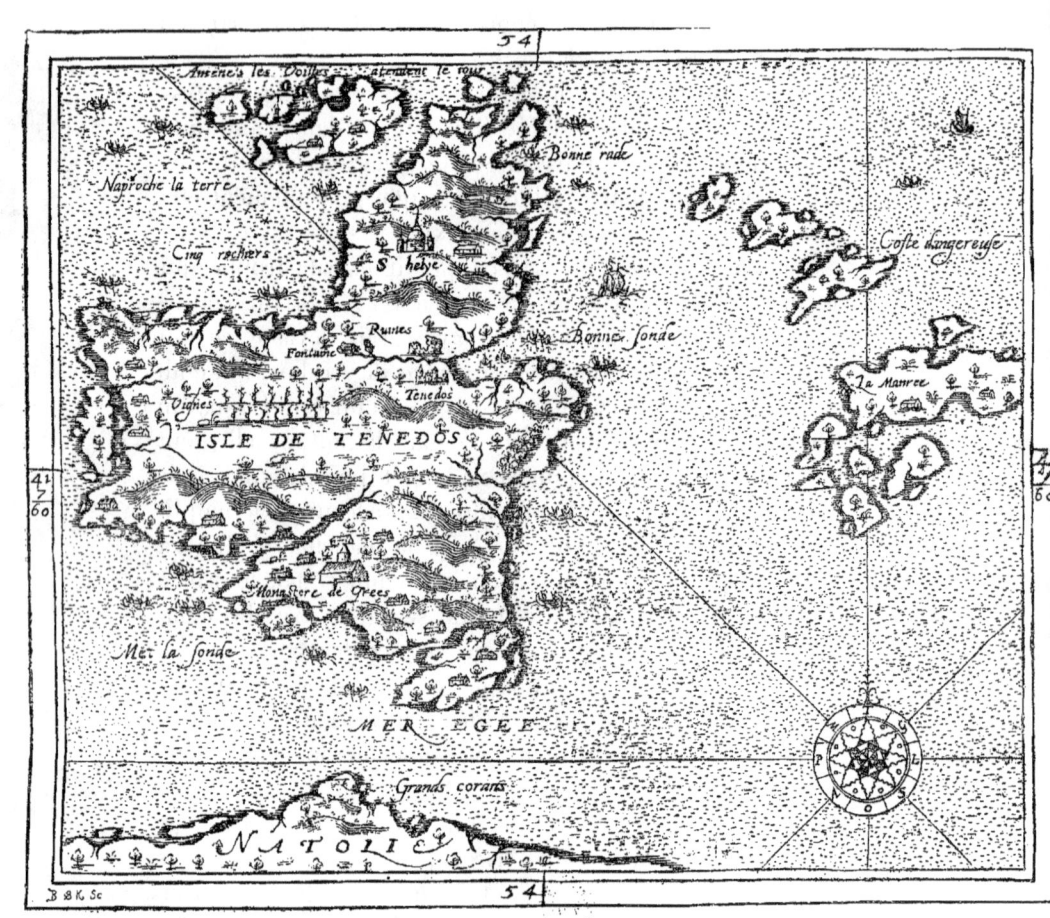

ILE DE TÉNÉDOS.

DESCRIPTION DES ILES

L'île possède plusieurs ports et des écueils [28]. Elle a un périmètre de cent trente milles [29] et est voisine de l'Asie, laquelle, depuis que les Turcs l'ont conquise, a pris le nom de Turquie.

60. Ténédos.

Il est temps de parler de Ténédos. Cette île gît dans la mer Égée, vis-à-vis de l'entrée de l'Hellespont et en face de la très ancienne ville de Troie [1]. Elle prit son nom d'un jeune homme nommé Ténédos. Celui-ci, ayant eu à Athènes un commerce charnel avec sa belle-mère, fut pour cette raison noté d'infamie; obéissant à un sentiment de confusion, il abandonna sa patrie, se rendit dans cette île alors inhabitée et en prit possession [2].

Ténédos était extrêmement florissante et riche du temps de Laomédon et de Priam. Ce fut dans le golfe de Ténédos que les Grecs, qui plus tard détruisirent la ville de Troie, ourdirent leurs complots contre les Troyens [3].

De mon temps, a eu lieu entre les Vénitiens et les Génois une guerre terrible pour la possession de Ténédos; car chacun des belligérants voulait occuper cette île. En fin de compte, les deux adversaires épuisés résolurent d'un commun accord de la dépeupler entièrement; de la sorte, personne n'ose y habiter [4]. C'est pour ce motif que les animaux domestiques y sont redevenus sauvages et indomptés.

Au pied de la plus haute montagne de Ténédos [5], il y a une source abondante qui, de trois heures de nuit à six heures, débite une telle quantité d'eau qu'on dirait un très grand fleuve [6]. Ce phénomène se produit au solstice, mais jamais à d'autres époques de l'année.

Ténédos est une île entièrement plate et entourée de montagnes peu élevées [7], sauf une seule, sur laquelle trois mille Francs furent empalés, lorsque la flotte des Barbares fut vaincue par les Vénitiens devant Gallipoli et coulée à fond tout entière. Il y avait sur cette flotte un grand nombre d'hommes de toutes nations qui prêtaient leur concours aux ennemis de notre foi. Cet événement eut lieu durant le concile de Constance [8].

On trouve à Ténédos plusieurs sortes d'arbres fruitiers [9].

Si l'on dirige ses regards du côté de la plaine de Troie, on aperçoit distinctement de nombreuses ruines de cette ville.

Nous pénétrons enfin sur la gauche et par une étroite embouchure dans l'Hellespont, à l'entrée duquel nous trouvons les Dardanelles. Dans la plaine voisine de cette ville on voit une quantité de colonnes debout. La grande cité de Troie occupait, à mon avis, l'espace compris entre le susdit détroit et les Dardanelles.

61. Gallipoli.

Puisse notre arrivée ici indiquer que nous allons bientôt décrire la très illustre ville de Constantinople, afin que, à partir de ce moment, l'âme du lecteur soit mieux préparée à entendre notre récit, car il renfermera des choses véritablement merveilleuses [1].

Nous voici donc à l'entrée de l'Hellespont, canal très étroit qui sépare l'Europe de l'Asie. En y pénétrant, nous laissons Troie sur notre droite, et nous trouvons sur notre gauche, près de la mer, une tour qui semble plus voisine de l'Asie [2]. De cet endroit jusqu'à Abydos, la route est courte [3]. Aussi, lors de son expédition contre les Grecs,

Xerxès y fit-il construire un pont de bateaux, sur lequel son armée effectua son passage d'Asie en Europe (4). Cette armée dépassait un million d'hommes, au dire de Démosthène (4*). La flotte de Xerxès se composait de 4,200 galères, ce qui n'empêcha pas cet orgueilleux monarque, après une honteuse défaite, d'être réduit à fuir avec un seul navire (5).

Dans son histoire, Tite-Live raconte le fait suivant : Philippe assiégeait Abydos et se disposait à en détruire les murs avec ses machines de guerre; mais les habitants, ne voulant pas être témoins d'un pareil spectacle, eurent pitié de leur ville et résolurent de l'abandonner intacte à l'ennemi, après avoir emporté leur mobilier. Informé de cette détermination, le commandant de l'acropole appela près de lui tous les habitants et leur tint ce langage : « Citoyens, vous avez pitié des murs et des maisons de votre ville; mais, à ce qu'il paraît, vous n'avez pas pitié de vous-mêmes. Ne croyez pas, en effet, que si les ennemis s'emparent de vos personnes, ils vous laisseront aller sains et saufs ; tout au contraire, ils vous mettront aussitôt à mort. » Quand les Abydéniens entendirent ce discours, ils brûlèrent leurs maisons et tout ce qu'ils possédaient, puis ils s'élancèrent à la mort (6).

Nous voyons ensuite Gallipoli, laquelle est située sur la côte d'Europe. C'est une ville très bien fortifiée, dont l'empereur des Grecs a fait présent aux Turcs (7), auxquels il a donné ses propres filles en mariage (8). Cette faveur eut et continue d'avoir pour les chrétiens de funestes conséquences, car on pourrait à peine, dans sa vie entière, compter, s'ils étaient écrits, les noms de ceux que les infidèles ont ou tués ou faits prisonniers.

Descendus très pauvres des montagnes de l'Arménie et de la Perse, les Turcs se répandirent en Asie-Mineure et s'y établirent sur l'ordre dudit empereur; ils substituèrent leur autorité à la sienne et eurent bientôt rempli cette contrée d'une population à la langue et aux mœurs nouvelles.

Plusieurs de leurs princes moururent sur le champ de bataille [9]. Selon la loi de leur pays, celui-là seul est digne de mémoire qui a eu une bonne conduite, a bien administré l'empire et enlevé de vive force beaucoup de provinces aux chrétiens [10]. Il y en a un parmi eux qu'il est juste de citer, c'est le fameux Mourad [11]. Je laisse de côté sa vaillance comme étant manifeste, mais je donnerai deux ou trois exemples de sa justice et de sa libéralité.

Une villageoise portait à son mari, qui travaillait aux champs, un repas composé de laitage ; un serviteur de Mourad l'ayant rencontrée lui arracha, avec des menaces, cette pitance et la mangea. La femme courut vite vers Mourad, lui raconta le fait en pleurant et contraignit le coupable à comparaître devant le prince. De cette façon, le procès fut promptement jugé. Le très juste monarque fit couper l'homme en deux, et le lait par sa présence attesta que la femme avait dit la vérité. Cet acte de l'admirable Mourad est un éclatant hommage rendu à la justice [12].

Un abbé, après avoir dérobé tous les ornements d'une église et des saints qui s'y trouvaient, se rendit auprès de Mourad et, avec une grande joie, embrassa l'islamisme, déclarant qu'il voulait être un vrai disciple de Mahomet. Instruits de ce fait, les moines de la Sainte Montagne (car l'abbé était un religieux du mont Athos) allèrent trouver le sultan et lui dénoncèrent le crime commis par ce scélérat d'higoumène. Quand il eut appris la perversité et la fraude du moine, Mourad fit restituer aux religieux ce qui leur appartenait et donna ordre de précipiter le voleur du sommet d'une haute montagne [13].

Voilà assez d'exemples de la justice de Mourad ; je vais en mentionner un seul de sa libéralité pris entre mille.

Un paysan, qui labourait la terre avec sa propre charrue,

trouva un vase rempli d'argent et le porta aussitôt avec sa voiture au susdit véritablement grand Mourad. Celui-ci, à la vue des pièces d'or, demanda aux plus âgés de son entourage quel était le prince dont elles portaient l'effigie; mais, comme ils ne purent le dire (car elles étaient fort anciennes), Mourad parla ainsi au paysan (qui n'admirerait la noblesse de cette âme!) : « Mon brave homme, cette effigie n'est pas la mienne, ni celle d'aucun de mes aïeux (14); c'est pourquoi il ne me paraît pas juste de m'approprier la trouvaille d'un autre. Elle t'appartient, prends-la donc et retire-toi en paix (15). »

62. Marmara.

Quand on pénètre dans l'Hellespont, on a, sur sa droite, l'île de Marmara (1), laquelle est entièrement montagneuse et a trente milles de circonférence (2). On y voit des arbres très élevés (3), et elle possède des carrières, d'où Constantin, Justinien et beaucoup d'autres empereurs firent extraire une grande quantité de marbres, qui furent transportés à Constantinople et employés à bâtir des édifices (4). Sur la côte opposée de cette île, il y a quelques écueils (5), et une ville dont la population est peu considérable (6).

L'Hellespont a emprunté son nom à Hellé, fille d'Athamas, laquelle, fuyant, avec son frère Phrixus, les embûches de sa propre marâtre, voulut, pour ce motif, passer ce bras de mer, et, afin d'abréger la traversée, elle monta sur un bélier doré; mais, ayant eu le malheur de tomber, elle fut engloutie par les flots et laissa à tout jamais son nom à cette mer; car, auparavant, elle s'appelait simplement πόντος, et, depuis, on l'a nommée Ἑλλήσποντος, pour la raison que nous venons de dire (7).

63. Calonymos.

En naviguant sur la mer de Marmara, pour nous rendre à Constantinople, nous apercevons à notre droite une île entièrement montagneuse, nommée Calonymos (1). Autrefois bien habitée, parce que toutes ces régions faisaient alors partie de l'empire grec, elle est aujourd'hui déserte (2). On n'y voit errer que des animaux sauvages et tout à fait indomptés.

64. De quelques petites îles.

On trouve près de Constantinople d'autres petites îles avec quelques écueils disséminés çà et là (1). Leur voisinage de cette ville est cause qu'il y a toujours des moines qui vont y chercher asile. De nombreux et magnifiques édifices y existaient jadis, et des monastères qui subsistent encore aujourd'hui en attestent l'antique prospérité (2).

Au delà de ces îles, vers l'est, il y a, près de la mer, une grande ville nommée Nicomédie, où l'on ne voit presque rien, sauf des édifices de marbre tombés de vétusté (3). C'est dans cette localité qu'un bouvier trouva un cercueil renfermant le corps d'un prince avec une couronne, un sceptre et une épée dorée. Quand, par ordre de l'empereur (car on l'avait informé de cette découverte), on essaya de tirer le cadavre du cercueil, il s'en alla en poussière (4).

De là il y a une route qui conduit à Nicée et à Brousse (5). Dans cette dernière ville habite actuellement l'empereur des Turcs avec ses femmes et ses enfants. C'est, d'ailleurs, depuis peu de temps qu'il y a fixé sa résidence, car auparavant il errait en tous lieux avec ses tentes [6].

65. Constantinople.

Nous arrivons maintenant à la très infortunée ville de Constantinople [1]. Bien qu'elle ne forme pas une île, nous ne manquerons pas, puisque nous sommes venu jusque-là, de lui consacrer quelques lignes, afin que le lecteur puisse s'en former une idée.

Le nom qu'elle porte lui vient de Constantin, son fondateur [2]. Ce prince l'ayant réunie à Byzance, en fit une immense cité. Les empereurs ses successeurs l'embellirent d'églises et d'édifices magnifiques, principalement Justinien, le législateur, qui fit construire Sainte-Sophie, un palais et un hippodrome [3].

Constantinople a la forme d'un triangle [4] et un périmètre de dix-huit milles [5]. La distance du premier angle, celui de Saint-Démétrius [6], à l'angle des Blaquernes [7] est de six milles [8], et dans cet espace se dressent cent dix tours [9]; des Blaquernes à la Porte Dorée [10], il y a cinq milles [11], avec un double mur [12] et un fossé rempli d'eau [13]. Le mur, qui est très élevé, porte quatre-vingt-seize tours [14]. Enfin, de la Porte Dorée à Saint-Démétrius, il y a sept milles [15] et cent quatre-vingt-dix-huit tours [16].

Dans tout ce parcours, une plaine s'étend sous les murs. Là se trouvait jadis le port de Vlanga [16], où, mus par un sentiment soit d'envie, soit de crainte, les Grecs donnèrent insidieusement la mort à cinquante mille Francs, en leur faisant manger du pain composé de chaux et de farine. Les innombrables ossements de ces malheureux attestent encore aujourd'hui leur triste sort [17].

Non loin de là est Contoscali [18], où se trouve le chantier maritime [19]. Venait ensuite, sur les murs, le fameux palais de Justinien [20], avec une merveilleuse église consacrée aux Neuf légions d'Anges [21], laquelle, tant à cause de sa magnifique architecture et de ses peintures en mosaïque d'or que de son pavage disposé avec un art admirable, est fameuse en tous lieux [22].

Dans le voisinage de cette église, sur une éminence, près de la mer, il y avait une vigie [23] d'une hauteur colossale et qu'on apercevait de fort loin. Cet édifice était entièrement construit en marbre, comme on peut s'en convaincre encore aujourd'hui par les ruines qui en restent dans la mer, où il s'est écroulé de vétusté [24].

Là aussi, il y a un très petit port, dit Port de l'Empereur [25].

Une route longue d'un mille, avec une double colonnade, conduisait du Grand Palais à Sainte-Sophie; c'est par cette route que passait l'Empereur [26].

Autour de Sainte-Sophie, il y avait des logements pour huit cents clercs, qui recevaient, dit-on, à titre de provende, tous les revenus de la Sicile [27].

Il ne reste plus actuellement que le dôme de l'église; toutes ses dépendances sont tombées en ruines et anéanties [28]. Sa hauteur, à partir du sol jusqu'à la voûte, est de cent trente-quatre coudées [29]; et celle des fondations, depuis le bas, où se trouve la citerne de l'église, jusqu'au niveau du sol, est de vingt-deux coudées [30]. D'un angle à l'autre de l'église, la distance est de cent vingt coudées [31]. L'église est ronde par le haut et absolument carrée à sa base [32]. Mais qui pourrait énumérer la variété de ses porphyres et de ses marbres, la magnificence de ses mosaïques d'or diaprées de couleurs et de dessins [33]? Car je ne sais vraiment par où commencer!

A l'extérieur de Sainte-Sophie, du côté sud, se dresse une

colonne de soixante-dix coudées de hauteur, sur le sommet de laquelle est une statue équestre en bronze de Justinien, tenant dans sa main gauche une pomme d'or, regardant vers l'est et menaçant de sa main droite.[34]. Près de cette colonne se trouve une rangée de six autres grandes colonnes [35], au delà desquelles, vers le sud, s'étend l'hippodrome (en latin *equi cursus*), où les nobles se réunissaient à cheval pour jouter en présence de la foule; on y donnait aussi des duels et d'autres combats pour l'amusement du peuple. L'hippodrome a cinq cent quatre-vingt-dix coudées de longueur et cent vingt-quatre de largeur[36]. Il est entièrement bâti sur des colonnes, car au-dessous du sol il y a une citerne d'eau excellente, de grandeur égale à l'hippodrome lui-même[37]. En tête de l'hippodrome, se dressent vingt-quatre colonnes, sur lesquelles prenaient autrefois place l'Empereur et les grands dignitaires [38]; sur les deux côtés étaient des gradins de marbre destinés au peuple; la multitude assise sur ces sièges voyait sans fatigue tout ce qui se passait dans l'arène[39].

Au milieu de l'hippodrome, il y avait un mur peu élevé, qui le divisait dans toute sa longueur [40]. Du côté de Sainte-Sophie, ce mur était percé d'innombrables fenêtres, auxquelles les femmes se tenaient pour regarder ce qui leur faisait plaisir [41].

Au commencement de ce mur, se trouvait le Grand-Bain, où l'on déposait les blessés [42].

Passé ce bain, on voit une pyramide de marbre, monolithe, reposant sur quatre cubes de bronze, haute de quarante-quatre coudées [43] et portant gravés sur sa base les vers suivants :

Κίονα τετράπλευρον, ἐπὶ χθονὶ κείμενον ἄχθος,
μοῦνος ἀναστῆσαι Θευδόσιος βασιλεὺς
τολμήσας, Πρόκλῳ ἐπεκέκλετο, καὶ τόσος ἔστη
κίων ἠελίοις ἐν τριακοντάδυο [44].

Non loin de cette pyramide se dressent trois serpents de bronze entrelacés [45]; de leurs gueules ouvertes sortaient, dit-on, de l'eau, du vin et du lait destinés aux combattants, mais seulement les jours où les joutes avaient lieu [46].

Il y a encore, sur ledit mur de séparation, une autre pyramide composée d'un grand nombre de pierres et haute de cinquante-huit coudées [47]. Et, à l'extrémité de ce mur, se dressent quatre colonnes basses, sur lesquelles l'Impératrice se plaçait les jours de fête et d'où elle dominait la foule [48].

Ce fut Théodose qui fit élever tous ces monuments dans cette illustre ville, ainsi que beaucoup d'autres édifices dignes d'éloges [49].

On trouve encore aujourd'hui à Constantinople d'innombrables colonnes, parmi lesquelles cinq sont particulièrement remarquables pour leur hauteur; car chacune d'elles mesure cinquante-six coudées [50]. Ce sont, d'abord, la colonne de Justinien [51]; ensuite celle de la Croix [52], près de laquelle se dressent quatre colonnes de porphyre, qui portaient autant de chevaux dorés, que les Vénitiens prirent et transportèrent jadis dans leur patrie, et qu'ils placèrent dans l'église de Saint-Marc [52]. Les colonnes sont seules restées. La troisième [53] et la quatrième colonne [54] sont presque au centre de la ville et offrent la représentation des hauts faits des Empereurs. Près de l'église des Saints-Apôtres se dresse la cinquième colonne, dont le sommet porte un ange de bronze et Constantin à genoux [55].

Ladite église, déjà ruinée par le temps, renferme les somptueux tombeaux des Empereurs taillés dans du marbre pourpre [56], notamment le vaste sarcophage de Constantin [57]. On y voit aussi la colonne à laquelle le Christ fut attaché pour la flagellation [58].

On conserve, au monastère du Pantocrator [59], la pierre sur laquelle Joseph ensevelit le Christ dans un suaire propre [60]; au monastère de Saint-Jean-de-Pétra [51], les vêtements du Christ, et avec eux le roseau, l'éponge, la lance, la couronne d'épines, des poils de la barbe du Sauveur [62]. Toutes ces reliques sont soigneusement placées dans un endroit bien protégé.

Constantinople possède, en outre, d'admirables églises, de vastes citernes construites avec un art inimitable, mais que le temps, qui vient à bout de tout, a déjà réduites en ruines. Dans chacune d'elles on a planté des vignes, qui donnent annuellement quatre tonneaux de vin [63]. Ce sont les citernes du susdit Saint-Jean [64], du Pantocrator [65], des Saints-Apôtres [66], de Mahomet [67], dans laquelle les colonnes sont rangées avec un art si parfait, que la description en paraîtrait difficile à croire, et plusieurs autres encore [68].

La principale et la plus vaste des églises est celle de Sainte-Sophie, que Justinien fit construire en quinze années [69]. Viennent ensuite d'autres églises qui diffèrent entre elles en grandeur et en beauté. Telles sont : Saint-Georges-de-Mangana [70], Sainte-Irène [71], Saint-Lazare [72], la Mère-de-Dieu [73], les Neuf légions d'Anges [74], Saint-Pierre-et-Saint-Paul [75], les Quarante-Martyrs [76], avec une citerne d'eau excellente, dont on ignore la profondeur, tant elle est considérable [77], Sainte-Anastasie [78], la Périvleptos [79], Saint-Jean-de-Studium [80], Saint-André [81], les Blaquernes [82]. Il y a encore à Constantinople beaucoup d'autres magnifiques églises, que tout le monde aurait de la peine à énumérer, mais moi surtout qui suis un étranger nouvellement arrivé dans cette illustre ville.

Les Constantinopolitains sont fort peu nombreux [83] et hostiles aux Latins, vis-à-vis desquels ils n'observeront jamais une paix certaine et durable, en eussent-ils fait dix mille fois la promesse [84].

Cette ville autrefois si belle fut un véritable palais où régnèrent la sagesse et le bon ton. Aujourd'hui, oublieux de leur ancienne gloire et devenus grossiers, les Grecs ne s'appliquent plus qu'à satisfaire leur gourmandise ; c'est là leur unique souci (85). Aussi, l'énorme consommation de poisson et de viande qui se fait à Constantinople est-elle cause que le quart de la population est affecté de la maladie sacrée (86). Les Grecs ont, en outre, abandonné les enseignements de saint Jean Chrysostome, de saint Jean Damascène et autres saints Pères renommés pour leur vertu et leur savoir (87).

Au nord, se trouve Galata, la ville des Génois (88), distante de huit milles de Constantinople (89), dont elle est séparée par la Corne-d'Or. De cet endroit, il y a dix-huit milles jusqu'à l'embouchure du Pont-Euxin (90), laquelle est si étroite que tous les navires qui la franchissent courent le plus grand danger (91).

Il y a, en outre, près de ladite ville des Génois, vers le nord, deux colonnes, au pied desquelles viennent se ranger les navires qui se préparent à partir. Ces colonnes sont munies d'un tronc, et l'argent que l'on y dépose est employé à récompenser les hommes qui, ayant pris femme, ne l'ont pas regretté dans l'année. Et tous ces détails sont véridiques (92).

66. Lemnos.

Cette île gît dans la mer Égée, est entièrement plate (1) et a un périmètre de cent milles (2). Elle possède des golfes (3) et des ports excellents (4) ainsi que plusieurs villes fortes bien peuplées (5).

Ce fut à Lemnos, dit-on, que Vénus eut avec Mars un commerce adultère, que le Soleil révéla à Vulcain, époux de la déesse. Celui-ci, ayant surpris les deux coupables, les lia avec des chaînes de diamant et les exposa honteusement accouplés aux regards des autres dieux (6). Pour ce motif,

ILE DE LEMNOS.

les Lemniennes prirent Vénus en aversion et déclarèrent qu'elle était indigne de leurs hommages. Irritée de ce procédé et voulant défendre ses droits, Vénus leur donna à toutes une odeur de bouc, afin de les faire détester de leurs maris. La vengeance de la déesse ayant produit son effet, toutes les femmes tuèrent leurs époux, à l'exception d'Hypsipyle, fille de Thoas, qui, à l'insu des autres, épargna son mari, et pour cette raison fut proclamée reine par les autres Lemniennes. Lors de leur expédition contre Colchos, les Argonautes abordèrent à Lemnos et la soumirent par les armes. Jason, leur chef, épousa Hypsipyle et en eut deux fils : Œnée et Thoas. Peu après, jalouses de ce que Hypsipyle seule avait fait une bonne action en épargnant son mari, les mégères de Lemnos voulurent la tuer. Elle s'enfuit et fut prise par des pirates, qui la vendirent comme nourrice aux Argiens [7].

Les Minyæ, eux aussi, étaient originaires de cette île d'où ils furent chassés par les Pélasges. Les Spartiates les accueillirent; mais, plus tard, ils les incarcérèrent dans l'intention de les faire mourir pour avoir tenté d'usurper le pouvoir. Mais ils échappèrent au danger, en changeant de vêtements; ayant, en effet, endossé les robes de leurs femmes, ils laissèrent celles-ci dans la prison et en sortirent, la tête penchée et couverte comme pour indiquer leur malheur [8].

Thoas, fils de Bacchus, fut roi de Lemnos [9]. Cette île passe pour très fertile en froment [10].

67. Embaros.

Au nord est située l'île d'Embaros [1], dont le nom équivaut au latin *ambra* [2]. Elle gît dans la mer Égée, est très montagneuse⁽³⁾ et a peu d'habitants. Elle regarde vers l'extrémité de l'Hellespont, là où l'on voit encore aujourd'hui la ville inachevée des Argonautes⁽⁴⁾. Embaros a un périmètre de trente milles⁽⁵⁾ et fut, dit-on, autrefois une possession de l'empire grec⁽⁶⁾.

68. Mandraki.

Il me reste maintenant à dire quelques mots de Mandraki, dont le nom équivaut au latin *clausura pecudum*⁽¹⁾. Suffisamment peuplée, cette île est fort propice à la culture et passe pour produire beaucoup de miel et de chèvres⁽²⁾. Après l'avoir dépassée, nous entrons dans le golfe où est située la ville d'Ænos⁽³⁾, qu'habitent les Gattilusi⁽⁴⁾, et près de laquelle coule le fleuve Achéloüs⁽⁵⁾.

69. Thasos.

Vient ensuite Thasos, île voisine de la Sainte Montagne, comme on appelle aujourd'hui l'Athos. Elle a un périmètre de quarante milles⁽¹⁾, est très populeuse et beaucoup plus fertile que les autres îles⁽²⁾. Elle possède trois jolies villes fortifiées⁽³⁾ et est située vis-à-vis du fameux fleuve Achéloüs⁽⁴⁾. Les susdits Gattilusi sont également seigneurs de Thasos⁽⁵⁾.

70. Athos, aujourd'hui Sainte Montagne.

Après la susdite île, nous trouvâmes la montagne autrefois appelée Athos, laquelle, bien qu'actuellement contiguë à la terre ferme, en était séparée du temps de Xerxès, roi des Perses [1]. Elle porte aujourd'hui le nom de Sainte Montagne, à cause, je pense, des saints hommes qui l'habitent. Elle est très élevée et se trouve dans la province de Thrace, près de Thessalonique.

Il y avait jadis sur le sommet de l'Athos une ville fortifiée [2], dont les habitants vivaient plus longtemps que partout ailleurs [3]. On peut voir de cet endroit, tant il est haut, à une distance de plus de cent vingt milles.

Il y a, dans cette montagne, un si grand nombre de monastères des saints Basile, Chrysostome et Grégoire de Nazianze [4], qu'il serait difficile d'en faire la description.

Les moines de l'Athos observent la règle suivante : Ils se lèvent silencieusement pendant la nuit au son d'une cloche, laquelle est en bois, suivant la coutume des Grecs, et ils se rendent à l'église pour y chanter le divin office du matin. Quand ils ont fini, ils retournent dans leurs cellules et mangent en paix séparément ce que leur supérieur envoie à chacun d'eux.

Il y a quelques monastères où l'on vit en communauté et d'autres où la discipline est plus sévère. Le samedi soir, en effet, tous les moines quittent la montagne et la solitude, rentrent dans leurs cellules, assistent, le lendemain, à l'office, puis se rendent au réfectoire. Après quoi certains d'entre eux, n'emportant pour nourriture que du pain et des légumes, se préparent à retourner dans la solitude : là les yeux fixés au ciel, soupirant de toute leur âme à la pensée de la patrie éternelle d'où ils ont été bannis par le péché de notre premier père, le cœur contrit et humilié, ils remuent les lèvres pour chanter une hymne.

Voilà pour les exercices de nuit. Quand le soleil se lève, chacun d'eux court de nouveau réciter, d'une bouche pieuse et le cœur plein d'allégresse, les offices du jour à la louange de Dieu. Recueilli en lui-même, travaillant pour lui, ne redoutant pas l'isolement (car Dieu est avec lui), toujours heureux de regarder le ciel, sans souci de l'or, le moine aime à fouler aux pieds la terre, acquittant ainsi le tribut de louanges et d'actions de grâces que sa bouche ne cesse jamais d'offrir à Dieu.

Ces hommes mènent un genre de vie tel qu'ils se contentent de peu et ne désirent nullement ce que le grand nombre considère comme la richesse; ils ne redoutent aucunement ceux qui détiennent le souverain pouvoir, lequel ne peut nuire à l'homme intérieur; leur existence est véritablement pacifique et joyeuse, leurs nuits sont agréables, leurs jours occupés, leurs repas tranquilles. Chacun d'eux va librement et sans crainte là où il veut, sans redouter les embûches et sans en dresser lui-même aux autres. Le lieu qu'ils habitent est, pour ainsi dire, le palais des anges; là règnent une bonne odeur et une ferveur spirituelle; la modestie est juge et témoin de leurs mœurs; car leur table est pacifique: elle ne connaît ni la prodigalité ni le bruit, elle leur sert à dompter la gourmandise; la honteuse volupté en est bannie, la sobriété y règne en souveraine; leur lit est chaste et tranquille; leur conscience un paradis tout préparé.

Beaucoup de religieux, dans cette montagne, ont volontairement embrassé un genre de vie qui les attire tellement vers la contemplation, que si un mur immense s'écroulait par hasard auprès d'eux, ils n'en seraient nullement effrayés et ne détourneraient pas même la tête ou les yeux pour regarder [5].

Quelques-uns de ces moines ont coutume de ne prendre de nourriture que trois fois la semaine.

J'ai compté moi-même dans quelques couvents cent moines, dans d'autres cinq cents. Il y a environ trente couvents soumis à une pareille règle [6]. Ils possèdent de nombreuses ruches d'abeilles [7]; partout, mais principalement dans les vallons, verdoient les figuiers et les oliviers.

Assis dans leurs cellules, ces moines tissent des vêtements, cousent des souliers, fabriquent des filets, travaillent la laine, tressent des corbeilles avec de l'osier, font des vases pour mettre le vin, et des coiffures qu'ils appellent camélafkia [8]. Enfin, tous, à des heures fixées, s'empressent de louer Dieu, et au milieu d'eux règne une paix éternelle.

71. Sanstrati.

Non loin de l'île de Lemnos, on aperçoit la petite île de Sanstrati [1]. Elle gît dans la mer Égée. Jadis les Turcs la dévastèrent et, pour cette raison, personne n'y habite, sauf une multitude d'animaux sauvages. Il y eut autrefois, paraît-il, à Sanstrati une ville dépourvue de murs [2]. On dit que son périmètre est de quinze milles [3].

72. Limen.

Dans cette même mer Égée se trouve également l'île appelée Limen [1]; elle est montagneuse et pas très grande. Elle fut belle autrefois et bien peuplée, mais ne possède aujourd'hui qu'un petit nombre d'habitants [2]. Son périmètre est de quarante milles [3]. De Limen à Thessalonique la traversée est très directe, aussi les navires qui font voile dans ces parages se hâtent-ils de dépasser cette île, afin que leur trajet s'effectue ensuite avec plus de sécurité.

73. Dromos.

On trouve ensuite Dromos [1], dont le nom correspond au latin *cursus* et lui vient de ce que les navigateurs qui vont d'orient en occident consultent le sémaphore de cette île, afin de savoir si le signal que les habitants donnent souvent aux vaisseaux qui passent, leur permet de faire route avec sécurité [2]. Dromos a un périmètre de trente milles [3] et est tout entière d'une très grande fertilité.

74. Macri.

L'île de Macri, appelée aussi Chalki [1], gît dans la mer Égée et ne possède qu'un petit nombre d'habitants. Jadis, une flotte romaine, qui marchait contre Macri, fut prévenue par celle d'Antiochus, animée des mêmes intentions; car toutes deux se proposaient de soumettre cette île. Mais la flotte d'Antiochus fut complètement défaite par la vaillance de sa rivale [2]. Macri a un périmètre de quarante milles [3].

75. Skiathos et Scopélos.

Près de la susdite île on en trouve deux autres appelées Skiathos [1] et Scopélos [2], qui gisent, elles aussi, dans la mer Égée. Le périmètre de la première est de vingt-deux milles [3], celui de la seconde est de douze milles [4]. Ces îles furent jadis la propriété d'un maître industrieux et rusé. Une fois pourtant il éprouva un échec dans l'île d'Eubée où il s'était rendu pour se livrer au pillage. Aussitôt qu'on eut jeté l'ancre, presque tous ses gens descendirent à terre. Les Eubéens en ayant eu connaissance, attaquèrent les galères et tuèrent tous les pirates [5].

76. Saint-Hélie.

Vis-à-vis de ces îles et paraissant plus élevé qu'elles, gît l'écueil nommé Saint-Hélie [1]. Sur son sommet se trouve une petite église [2]. Un moine qui y servait Dieu fut, tandis qu'il dormait au soleil, privé de ses yeux par un aigle. En effet, cet oiseau, ayant pris le religieux pour un animal, fondit sur lui et avec ses ongles rapaces lui arracha les yeux. Le moine, en proie à une vive souffrance, appelait Dieu à son secours. Son attente ne fut pas longue : saint Hélie vint se placer à ses côtés et, en présence d'un grand nombre de personnes, lui guérit les yeux [3].

77. Skyros.

Vient ensuite l'île de Skyros, qui s'étend en longueur du nord au sud dans la mer Égée. Elle a un périmètre de quatre-vingts milles [1] et possède de nombreux ports [2]. Elle regarde le golfe Pagasétique [3], est montagneuse [4] et riche en prairies [5].

Ce fut dans cette île que Thétis cacha jadis son fils Achille sous des vêtements féminins ; elle le confia au roi Lycomède, quand elle eut appris, du devin Carpathios, qu'il périrait s'il se rendait à la guerre de Troie. Déidamia, fille du roi, reconnut Achille, en devint amoureuse et s'abandonna volontairement à lui en de honteux embrassements. De son union avec Achille, accomplie à l'insu de ses sœurs, elle donna le jour à Pyrrhus, appelé ensuite Néoptolème. Mais je crois superflu d'en dire davantage à ce sujet, car les poètes en parlent suffisamment [6].

Quant à l'île de Skyros, sachez qu'elle est raboteuse et, pour cette raison, ne possède qu'un petit nombre d'habitants. En revanche, elle nourrit des animaux sauvages de toute espèce et en si grand nombre qu'on en est émerveillé. Elle n'est pas petite, ainsi qu'il a été dit; et, pour ce motif, les Turcs la visitent continuellement, sans crainte des habitants [7]. Elle possédait autrefois quelques forteresses habitées [8]; aujourd'hui, il n'y en reste plus que deux [9].

78. Négrepont.

Vis-à-vis du duché d'Athènes [1], au nord, gît l'île anciennement appelée Eubée et aujourd'hui Négrepont [2], qui est reliée au continent par un long pont, sur lequel s'élève une tour très fortifiée [3]. Deux fois par jour, il se produit, sous ce pont, un mouvement des eaux si impétueux que c'est chose merveilleuse à voir, car il est aussi rapide que le vol d'une flèche. La profondeur est énorme dans cet endroit [4]. En tête de ce pont se trouve la ville qui porte le même nom que l'île et passe pour la plus riche cité de cette région [5].

Négrepont fut, dit-on, autrefois la propriété de Nauplios, qui, pour venger le meurtre de son fils Palamède, tué dans le camp des Grecs par suite de la traîtrise d'Ulysse, parcourait toute la Grèce et pénétrait dans le palais des chefs,

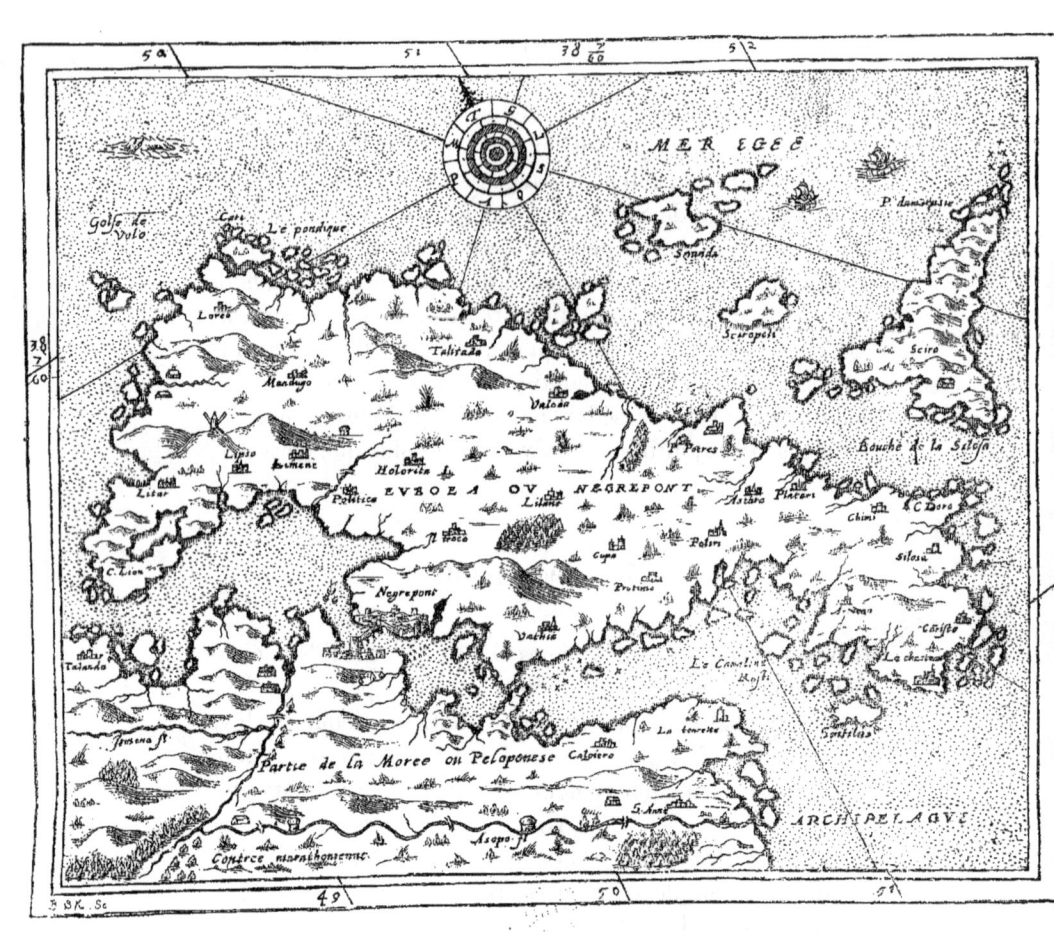

ILE DE NEGREPONT.

afin de pousser leurs femmes à l'adultère, sur le conseil de sa propre épouse. Cela fut cause que beaucoup de ces chefs, à leur retour, périrent victimes de ceux pour lesquels leurs femmes s'étaient prises d'amour.

Nauplios ayant, en outre, gravi le mont Capharée, alluma un feu immense sur le sommet, de sorte que, à leur retour de Troie, les Grecs, éprouvés par de violentes tempêtes et voulant éviter le danger, se dirigèrent de ce côté, comme vers un port de salut, et, au lieu d'un abri, trouvèrent tous la mort sur les écueils. C'est ainsi que Nauplios tira vengeance de l'assassinat de son fils [6].

Ce fut également à Négrepont que fleurit le plus ancien des poètes, Orphée [7], lequel affirma qu'il est un Dieu vrai et très grand ; que ce Dieu gouverne l'univers, qu'aucun être avant lui n'avait reçu l'existence, mais que c'est lui qui a créé toutes choses [8].

Le philosophe Gorgias était aussi de cette île. Il naquit, à ce qu'on assure, après la mort de sa mère, alors qu'on la portait au tombeau ; car, comme elle gisait déjà dans le cercueil, on entendit l'enfant pousser des vagissements, de sorte que ses proches le prirent et le sauvèrent. Gorgias fut le premier inventeur de la rhétorique ; il vécut cent ans et ne cessa jamais d'étudier [9].

On ajoute que Neptune était père du susdit Nauplios et qu'il fut roi de Négrepont [10].

Cette île s'oriente de l'est à l'ouest [11] ; elle a une longueur de cent milles [12] et un périmètre de trois cents milles [13].

Au nord se trouve le mont Capharée [14], et c'est là que gît l'île appelée Aulis [15], où, jadis, voulant obtenir une traversée favorable dans leur expédition contre Troie, les Grecs se préparaient à immoler Iphigénie, fille d'Agamemnon, à Artémis, irritée de la mort d'une biche ; mais la déesse, émue de pitié, enleva Iphigénie et lui substitua une biche comme victime [16].

La ville de Négrepont est située au sud [17]. Elle appartenait autrefois aux Lombards, mais c'est aujourd'hui une possession vénitienne [18].

79. Égine.

Nous arrivons enfin à l'île d'Égine [1], où l'on vénère le chef de saint Georges [2] et qui est située en face de la ville d'Athènes. C'est à Égine que relâcha notre vaisseau, tant par mesure de sécurité que pour prendre du repos, et elle devint ainsi le terme de nos laborieuses pérégrinations : car nous avons visité, en quatre années, presque toutes les îles de l'Archipel, non sans crainte et sans lutte, non sans être exposés aux périls divers que Neptune suscite aux navigateurs [3].

FIN.

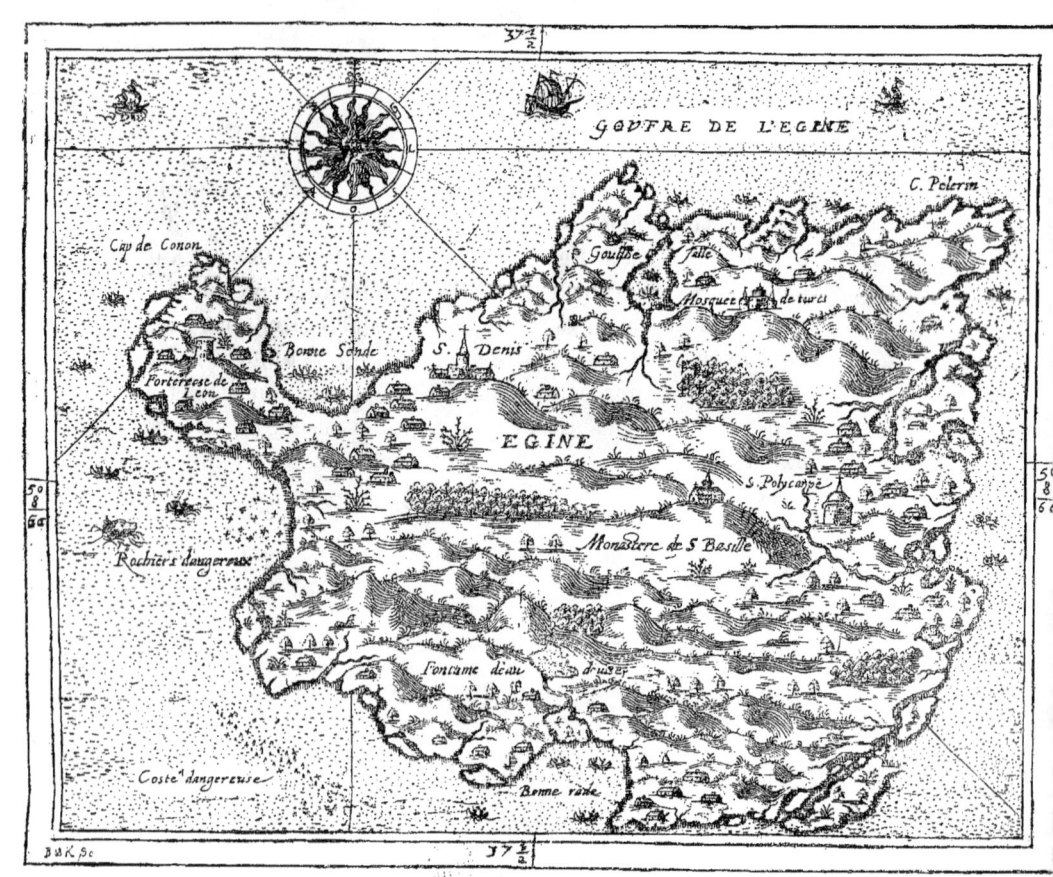

ILE D'ÉGINE [70].

TABLE DES MATIÈRES

(Le premier chiffre indique la version grecque, le second la traduction française.)

Agathousa. 70. 226.
Anaphé. 59. 215.
Andros. 44. 200.
Antiparos. 54. 210.
Astypalée. 33. 189.
Athos. 92. 248.
Bouport (Amorgos). 60. 216.
Calamos. 66. 221.
Calonymos. 83. 240.
Caloyer (1). 46. 202.
Caloyer (2). 61. 217.
Carpathos. 23. 179.
Céos. 42. 199.
Céphalonie. 9. 165.
Chalki. 30. 186.
Chio. 74. 230.
Claros. *Voir* Calamos.
Constantinople. 84. 241.
Corfou. 5. 161.
Cos. 62. 218.
Crète. 19. 175.
Crousia. 68. 224.

Cythère. 16. 172.
Délos. 49. 205.
Dipsa. 68. 224.
Dromos. 95. 252.
Égine. 100. 256.
Embaros. 91. 247.
Épiscopia. 31. 187.
Fourni (Les). 72. 227.
Gallipoli. 80. 236.
Héraclia. 58. 214.
Icaria. 69. 224.
Ithaque. 8. 164.
Kéros. 58. 214.
Kinéra. 61. 217.
Lemnos. 90. 246.
Léros. 67. 222.
Leucade. 7. 163.
Lévata. 61. 217.
Limen. 95. 251.
Macri. 96. 252.
Mandraki. 91. 248.
Mandria. 69. 225.

Marmara. 83. 239.
Métélin. 76. 233.
Milo. 37. 193.
Mycone. 48. 204.
Naxos. 56. 211.
Négrepont. 98. 254.
Nio. 59. 215.
Nisaros. 31. 187.
Pachysos. 6. 162.
Panagia (La). 55. 211.
Paros. 53. 209.
Patmos. 67. 223.
Phormachi. 70. 226.
Podia (Les). 58. 214.
Polycandros. 36. 192.
Polymia. 36. 193.
Princes (Iles des). 84. 240.
Psara. 73. 229.
Rhodes. 25. 181.
Saint-Hélie. 97. 253.

Samos. 70. 226.
Sanstrati. 95. 251.
Santorin. 33. 190.
Sapience. 15. 171.
Scopélos. 96. 252.
Serphini. 40. 196.
Sikili. 18. 174.
Simia. 29. 185.
Siphanos. 39. 195.
Skiathos. 96. 252.
Skyros. 96. 253.
Souda. 52. 208.
Strophades. 13. 169.
Sycandros. 35. 191.
Ténédos. 78. 235.
Ténosa. 73. 229.
Thasos. 92. 248.
Thermia. 42. 198.
Tinos. 47. 203.
Zante. 11. 167.

TABLE

DES CARTES GÉOGRAPHIQUES

	Pages		Pages
Anaphé	215	Mételin	233
Andros	200	Milo	193
Astypalée	189	Mycone	204
Bouport	216	Naxos	211
Calamos	221	Négrepont . . .	254
Caloyer (Le) . . .	202	Nisaros	187 (2)
Carpathos . . .	179	Pachysos	162
Chio	230	Paros	209
Corfou	161	Patmos	223
Cos	218	Polycandros . . .	192
Cythère	172	Rhodes	181
Délos	205	Samos	226
Égine	256	Sapience (La) . .	171
Épiscopia	187 (1)	Sikili	174
Ithaque	164	Simia	185
Lemnos	246	Ténédos	235
Léros	222	Tinos	203
Leucade	163	Zante	167

Les seize phototypies forment une feuille qui doit être pliée de façon à donner l'ordre suivant : 1 Insula Val de Compar, 2 Chephalonia, 3 Insula Iacincti, 4 Insula Carpanti, 5 Insula Roddi, 6 Insula Nisari, 7 Insula Astimphalea, 8 Insula Santilini, 9 Insula Sdillio, 10 Naxos, 11 Insula Lango, 12 Insula Samo, 13 Chios, 14 Lesbos, 15 Gallipoli, 16 Constantinopolis.

IMPRIMERIE LEMALE ET Cie. — HAVRE

ERNEST LEROUX, ÉDITEUR, 28, RUE BONAPARTE, PARIS

Recueil de Poèmes historiques en grec vulgaire, relatifs à la Turquie et aux Principautés danubiennes, publiés, traduits et annotés par *Émile Legrand*. 1 vol. in-8°............ 15 fr.

Chronique de Moldavie depuis le milieu du XIVe siècle jusqu'à l'an 1594, par Grégoire Urechi. Texte roumain en caractères slaves, et traduction française par *Émile Picot*, de l'Institut. 1 fort vol. in-8°, en 5 fascicules.................. 25 fr.

Éphémérides daces ou Histoire de la guerre entre les Turcs et les Russes (1736-1739), par Constantin Dapontès. Texte grec publié, traduit et annoté par *Émile Legrand*. 3 vol. in-8°... 47 fr. 50

En tête du tome III se trouve une étude bio-bibliographique sur Constantin Dapontès, en religion frère Césaire.

Cent dix Lettres grecques de François Filelfe, publiées intégralement pour la première fois d'après le *Codex Trivulzianus 873*, avec traduction française, introduction, notes et commentaires, par *Émile Legrand*. 1 vol. in-8°.................. 20 fr.

On trouve, en outre, dans ce volume des poésies grecques inédites de François Filelfe et d'Andronic Calliste, des lettres de Guarino de Vérone, la correspondance échangée entre le cardinal Bessarion et Guillaume Fichet, des lettres inédites de Jean Eugénicos, Matthieu Camariote, Georges Scholarius, Georges de Trébizonde, Théodore Gaza, Anne Notaras, Jean Argyropoulos, Démétrius Chalcondyle, Emmanuel Adramyttenus, Janus Lascaris et Sergius Stissus.

Chronique de Chypre, par Léonce Machéras. Texte grec publié, traduit et annoté par *Emmanuel Miller*. 2 vol. in-8°... 40 fr.

Chronique dite de Nestor, traduite sur le texte slavon-russe, avec introduction et commentaire critique, par *Louis Leger*. 1 vol. in-8°................................ 15 fr.

L'Estat de la Perse en 1660, par le P. Raphaël du Mans. Publié et annoté, par *Ch. Schefer*, de l'Institut. In-8°....... 20 fr.

www.ingramcontent.com/pod-product-compliance
Lightning Source LLC
Chambersburg PA
CBHW060605170426
43201CB00009B/902